두 번째 '전후'

이 도서의 국립중앙도서관 출판예정도서목록(CIP)은 서지정보유통지원시스템 홈페이지(http://seoji.nl.go.kr)와
국가자료공동목록시스템(http://www.nl.go.kr/kolisnet)에서 이용하실 수 있습니다.
CIP제어번호: CIP2017013853

두 번째 '전후'

1960~1970년대
아시아와 마주친 일본

The Second "POSTWAR"

Japan's Re-encounter
with Asia in the 1960s and 1970s

성공회대학교 동아시아연구소 기획
권혁태 · 조경희 엮음

한울
아카데미

이 저서는 2007년 정부(교육과학기술부)의 재원으로 한국연구재단의 지원을 받아 수행된 연구임(NRF-2007-361-AM0005).

책머리에

일본의 '전후(戰後)'라는 말에는 특유의 난해함이 있다. 이 말은 '전쟁 종결 후'라는 문자 그대로의 뜻을 벗어나, 어느새 태평양전쟁에서 패배한 일본이 미국과 밀월 관계를 맺으며 이루어낸 민주주의, 평화주의, 경제성장이라는 질서와 가치 전반을 가리키게 되었다. 일본 사회는 오랫동안 '전후' 질서의 과실을 향유해온 한편, 미국으로부터 주어진 평화와 민주주의에 대해서는 이율배반적 태도를 취해왔다.

패전과 미군 점령이라는 부정적인 초기조건은 일본 사회에 일종의 자아의 뒤틀림을 낳았다. 평화헌법 개정을 통한 '전후 레짐으로부터의 탈각'을 지향하는 극우 세력도, 이념으로서의 전후 민주주의를 계승하는 리버럴 세력도 이와 같은 '전후'의 모순을 묵인하고 서로를 지탱해왔다. 요즘 우파는 '전후'를 극복의 대상으로, 리버럴은 되돌아가야 할 '행복'했던 시대로 보고 있지만, 좌우할 것 없이 일본의 '전후' 이야기는 패전과 점령이라는 '뼈아픈 경험'과 그 경험을 딛고 일어선 '성공'의 틀에 가두어졌다. 이 메타적 맥락은 현재까지도 매끄러운 '전후' 이야기의 핵심 요소이다. 한마디로 말하면 일본의 '전후'에는 아시아가 없다.

언제부터인가 한국에서도 일본을 논할 때 '전후'라는 말을 종종 쓰기 시작했다. 그러나 위와 같은 이유로 일본에서의 용법을 그대로 옮기는 것에는 각별히 유의해야 한다. 1945년 식민지에서 해방되었으면서도 전쟁을 종결시키지 못했던 한반도의 위치에서 바라볼 때, 과연 일본의 '전후'는 어떤 모습인가. 우리는 '전후'라는 말을 통해 '전후'를 둘러싼 일본과 아시아의 시간차·온도차를 드러내고 그 불협화음에 귀를 기울일 필요가 있다. 이 책을 만든 성공회대학교 동아시아연구소 '전후 일본 세미나 팀'은 애초부터 이와 같은 문제의식을 공유하며 지속적으로 세미나를 진행해왔다.

첫 번째 연구 성과인 『전후의 탄생: 일본, 또는 조선이라는 경계』(2013)에서는 주로 1950년대에 초점을 맞추어, 일본의 '전후'라는 제도가 식민지 조선의 사상(捨象) 혹은 소거(消去)와 불가분의 관계 속에서 성립되었음을 밝히고자 했다. 이 책에서 우리는 일본의 사상과 담론, 제도와 일상이 소거된 흔적으로만 존재하는 '조선'을 가시화함으로써, 식민 제국의 과거를 봉인했던 전후 일본의 자화상을 적극적으로 드러내고자 했다. 이어서 기획된 『주권의 야만: 밀항, 수용소, 재일조선인』(2017)에서는 전후 일본의 주권의 핵심이자 은폐된 시공간인 '오무라(大村) 수용소'에 초점을 맞추어, 조선인 밀항자 관리를 통해 국가 시스템을 만들어간 일본의 '전후'와, 탈국경의 삶이 구조화된 한반도의 '해방 후' 사이의 낙차를 대조적으로 조명했다.

일본의 '전후' 이야기에서 지워진 조선의 흔적을 찾아내고 과거를 봉인하는 장치로서의 수용소를 포착한 우리가 다음으로 주목한 것은, '전후' 시스템이 정착하는 과정에서 드러난 자본주의적·냉전적 모순의 심화와 유착, 그리고 이를 둘러싼 아시아 혹은 제3세계와의 갈등과 적대의 경험들이다. 『두 번째 '전후': 1960~1970년대 아시아와 마주친 일본』은 이 같은 공동 연구의 세 번째 성과물이다.

먼저 제목에 있는 '두 번째'라는 대목에 대해 부연해야 할 것이다. '전후'라는 말은 대상이 되는 시기적 범위가 넓을 뿐만 아니라, 그 맥락에 따라 의미와 내용이 변하기 때문이다. 시기적으로 구분할 때 '전후'는 1945년 8월 15일 이후의 역사를 가리킨다. 다만 체제로서의 '전후'는 그보다 나중에 성립된다. 체제로서의 전후는 1956년, 일본 경제기획청이 '전후가 끝났다'고 선언한 바로 그 시기에 본격적으로 시작했다. 제1의 전후가 패전 후 혼란기였다면, 제2의 전후는 바로 미국과의 동맹 관계를 기반으로 정치·경제적 안정을 이룩한 시기이다.

'전후'라는 말이 문제적인 의미를 지니게 된 것은 그보다 훨씬 후인 1990년대이다. 1980년대 후반부터 1990년대 초반에 걸쳐 진행된 국내외적 변동, 즉 버블 경제와 냉전 체제의 와해, 천황 히로히토의 죽음, '55년 체제'의 균열, '북핵 문제'의 부상, 역사 문제의 표면화 등으로 인해 전후 질서가 붕괴되기 시작하면서 '전후'는 요란하게 거론되기 시작했다. 이처럼 '전후'라는 말에는 그 시대적 맥락에서 부각되는 의미가 겹겹이 쌓여 있다. 다시 말해 시간으로서의 '전후', 체제로서의 '전후', 또 담론으로서의 '전후'가 서로 중층적으로 얽혀 있는 것이다.

따라서 이 책에서 말하는 '두 번째 전후'란 단지 시간적인 의미에서 1960~1970년대만 뜻하는 것이 아니라 고도의 경제성장을 거친 일본이 체제로서 완성되는 단계를 가리킨다. 동시에 탈식민의 좌절을 딛고 일어선 아시아 국가와 민중이 다시 일본의 시야에 들어오게 되는 국면이기도 하다. 일본은 1951년 연합국과 샌프란시스코강화조약을 체결하고 국제사회로 복귀한 후, 1960년대 자본주의의 세계적 고양과 냉전의 심화 과정에서 아시아 국가들과 새로운 파트너십을 형성하기 시작했다. 1965년의 한일국교정상화와 1972년 중일평화우호조약 체결, 1972년의 오키나와의 본토 '복귀' 등은 일본과 아시아 간 정치적 봉합이라는 현실, 그리고 미국이 주도한 새로운 동아시아 냉전 질서하에서 적대적 공범 관계가 어떻게 작동하고 있는지를 잘 보여준다.

한편 이 적대적 공범 관계에 대항하는 아시아 민중의 반체제운동은 안팎에서 '전후' 시스템을 와해하는 물결을 일으켰다. 베트남 반전운동의 고양, 중국의 문화대혁명과 세계적인 68혁명의 영향은 일본에서도 '전공투'를 중심으로 한 청년들의 저항운동으로 이어졌다. 재일조선인과 중국인, 그리고 오키나와인들이 주도한 내셔널리즘의 고조와 반차별투쟁은 일본 전후 민주주의의 기만적 성격을 내파(內破)하는 움직임으로 작용했다. 그 과정에서 '또 다른' 일본과 아시아의 상(像)을 구상하려는 사상적 영위가 이루어졌다. 1960~1970년대에 일어난 일련의 사건과 대안적 운동들은 '전후' 체제의 심화 과정에서 나타난 신체적 거부반응이자 사상적 반격이었다.

다만 이상의 움직임들은 1960~1970년대부터 자리를 잡아간 냉전 - 국민국가 - 자본주의라는 복합적 시스템을 뒤흔들기에는 너무나 작은 소수의 로컬투쟁이었다. 혹은 일본과 아시아 사이에 재생산되는 식민주의적 관계가 여전히 강력한 역사적 구속력으로 작용했는지도 모른다. '두 번째 전후'를 살았던 일본은 진정으로 아시아와 '다시' '만났던' 것인가. 이러한 의문은 이 책을 관통하는 문제의식으로 남아 있으나, 그렇다고 일본과 아시아의 관계에 미리 정답을 준비해둘 필요는 없다. 이 책의 부제를 '만남'이 아닌 '마주친'이라 정한것은 역사를 어떤 목적의식성을 지닌 연대나 운동의 결과라기보다는, 우발성과 우연성에 의한 조우(encounter)의 지속으로 보는 것이 중요하다는 관점 때문이다. 알튀세르가 '마주침의 유물론'에서 서로 우연히 마주치는 것들이 응고함으로써 역사가 형성된다고 보았듯이,[1] 이 책에서 다루는 1960~1970년대 사건들은 서로의 우발적인 마주침의 흔적들로 볼 수 있다. 그 흔적들이 과연우리에게 풍부한 역사를 제공해줄 것인지 판단하는 일은 독자의 몫이다. 어

---

[1]   루이 알튀세르, 「마주침의 유물론이라는 은밀한 흐름」, 서관모·백승욱 옮김, 『철학과 맑스주의: 우발성의 유물론을 위하여』(새길, 1996).

쨌거나 현재까지 이어지는 일본과 아시아 간 관계의 불균형과 인식의 비대칭을 생각한다면, 1960~1970년대 아시아와 일본이 마주친 순간들을 포착하고 그 사상적 영위를 발굴하는 것은 필수적인 작업이라고 믿는다.

이 책은 3부로 구성되었으며 총 9편의 글을 싣고 있다. 각 장의 내용을 간략하게 조망하면서 책의 전체적인 흐름을 살펴보면 다음과 같다.

먼저 1부 '식민의 잔상, 냉전의 정착'은 한일국교정상화가 이루어지기 전인 1960년대 초반까지를 중심으로 탈식민의 과제가 냉전의 역학에 수렴되어가는 국면을 다루고 있다.

1장 「조선학/한국학'의 국교정상화」는 해방 후 한일 간의 첫 번째 공식 학술 교류의 장이었던 일본 '조선학회'에 초점을 맞춰 한일 간 탈식민적 관계의 모색과 미국의 안보 전략이 만나는 과정을 그린다. 정종현은 한국 학자들에게 '조선학회' 참가가 과거 동양학의 일환이자 제국의 지방학으로서의 '조선학'에서 탈피하여 해방된 국가를 배경으로 한 탈식민지 '한국학' 연구자로서 자기 정체성을 자각하는 계기가 되었음을 밝히고 있다.

2장 「강박으로서의 식민(지), 금기로서의 제국을 넘어」는 1960년대 최인훈의 일본과 관련된 텍스트 읽기를 통해 당시 한국사회에서 '일본'이라는 키워드를 경유해 제기된 식민성 문제에 다가간다. 장세진은 최인훈의 텍스트에서 근대 식민성 일반의 작동 논리와 미·소 중심의 신식민주의적·냉전적 구조, 그리고 이에 맞서는 제3세계 내셔널리즘의 흐름까지 포괄적이면서도 모험적인 사유들을 읽어낸다.

2장이 한일국교정상화 전후의 공시적 맥락에서 한국 지식인이 직면했던 일본과 아시아를 그려냈다고 한다면, 3장 「냉전기 일본 진보파 지식인의 한반도 인식」은 같은 시기에 일본의 잡지에 나타난 한반도 인식을 보여준다. 임성모는 전후 일본에서 대표적인 진보 언론이었던 ≪세계(世界)≫의 북한 '귀국사업'과 한일회담 보도를 통해 일본의 진보 지식인들이 '귀국사업'을 지지하고 한일회담에 반대했던 논리를 추적했다. 그러면서 '귀국사업'이 가졌던 재일조선인 추방이라는 측면, 그리고 한일회담에서 배제된 식민지 지배 책임이라는 문제에 대해 일본 진보 지식인들이 보여준 인식의 결여를 지적하고 있다.

2부 '교착하는 시선'에서는 일본과 아시아 사이, 혹은 주변부 사이의 '전후' 시공간의 격차 속에서 서로 교환되거나 부딪히는 시선들을 그리고 있다.

4장 「두 개의 '전후', 두 가지 '애도'」는 1950년대 후반 일본에서 출판된 재일조선인 소녀의 일기 『니안짱』과 1960년대 중반 한국에서 출판된 이윤복의 일기 『저 하늘에도 슬픔이』가 각각 한국과 일본에서 번역·영화화되어 대중적 동정 속에 문화적으로 전유되는 과정을 검토하면서 그 정치 - 의미론적 맥락을 고찰하고 있다. 차승기는 가난한 아동의 비참한 삶을 다루는 사회적 감정 - 행위의 본질이 '전후 경험'에 대한 애도 작업에 있다고 보면서도 일본 - 재일 - 한국에서의 애도의 차이를 섬세하게 드러내고 있다.

5장 「오키나와인과 재일조선인, 상호 응시의 '전후'사」에서는 대일본제국의 위계질서하에서 서로 다른 위치에 놓인 오키나와와 조선의 관계에 주목해 전후 그들이 서로에 대해 '응시'하는 순간들을 포착하고 있다. 또한 임경화는 재일조선인과 오키나와가 각각의 정체성을 정치적 상황에 따라 주체적으로 선택하며 외국군 철수를 통해 민족 해방을 이루고 사회변혁에 참가하는 제3세계 아시아 '인민'이 되고자 했음을 밝히고 있다.

6장 「주변을 포섭하는 국가의 논리」에서는 류큐와 아이누를 포함해 일본을 내부에서 파열시키려 했던 지리 공간적 개념인 시마오 도시오(島尾敏雄)의 야포네시아론이 한편으로는 탈국경적 확장성을 지닌 인터내셔널리즘이면서 다른 한편으로는 주변부를 일본이라는 국가에 포섭/회수하려는 내셔널리즘의 성격을 지니고 있음을 밝혔다. 이는 동시에 반문명·반근대의 성격을 지닌 오리엔탈리즘이며, 식민주의를 전후에 계승하는 것이기도 했다.

3부 '아시아라는 문제'에서는 일본 지식인들이 아시아와 마주치는 순간들을 포착하고 그 논리와 방식이 무엇이었는지를 검토하고 있다.

7장 「여행하는 자와 세 개의 지도」는 전후 한반도를 망각이나 회피가 아닌 대면해야 할 상대로 삼았던 대표적인 지식인 오다 마코토(小田実)의 한국, 북한 방문기를 전후 일본 지식인의 세계인식 - 자기인식 - 타자인식이라는 문제계에 놓고 독해한다. 김예림은 오다 마코토가 구성한 '아시아'라는 정체성, 제3세계론 등을 함께 분석하면서, 그가 남북한을 신흥국으로 '인정' 또는 '긍정'할 때 작동하는 역사 처리 방식과 더불어 제3세계 인식의 변화가 시사하는 바를 규명했다.

8장 「'원폭'을 둘러싼 상상력의 틀」에서 고영란은 1960년대 등장한 원폭 관련 작품에 나타난 '아시아 담론'을 베트남전쟁과 한일국교정상화를 매개로 나타난 미군에 대한 기억, 그리고 식민지 지배의 기억이 복잡하게 얽히는 과정과 함께 읽어낸다. 그와 동시에 이들이 같은 시기에 이루어졌다고 알려진 '원폭 문학'과 '재일(在日) 문학'이라는 장르 틀의 편성에 어떠한 역할을 했는지 검토하고 있다.

9장 「'아시아적 신체'의 각성과 전형」은 1970년대 쓰무라 다카시(津村喬)의 출입국관리 반대투쟁과 반차별론을 중심으로, 당시 일본에서 아시아 또는 제3세계와의 만남이라는 과제가 어떤 논리 속에서 인식되었는지를 추적하고 있다. 조경희는 쓰무라의 이론적·실천적 개입 과정을 통해 '화청투 고발'의 충격과 함께 중국에서의 원체험이 그의 운동 과정에서 어떻게 지각되고 승화되었는지를 밝히고 있다.

이 책은 성공회대학교 동아시아연구소 HK사업단의 3단계 연구 사업의 결과물이다. 2011년 초부터 지속해온 동아시아연구소 전후 일본 세미나는 벌써 7년째에 접어들었다. 출판물을 내기 위한 목적으로 모인 것은 아니었지만, 독서와 토론의 과정은 결과적으로 참가자들의 글로 발표되었고 그 성과가 또 생산적인 논의로 발전해갔다. 제3탄이 되는 이 책의 내용도 함께 공부하는 과정에서 각자가 발표한 글들을 바탕으로 하고 있다.

다만 주로 1950년대 일본과 '조선'의 탈식민적 관계를 다루었던 전작들에 비해 1960~1970년대 일본과 아시아라는 시공간은 너무나 광범위한 문제 영역을 포함하고 있어 하나의 주제로 묶기에 어려움이 있었음을 고백해야겠다. 필자들의 전공은 경제사, 사회학, 문학 등 다양했으며 연구시기와 지역도 서로 달랐다. 그 상황에서 서로의 관심사를 적극적으로 접목시켜 굵은 줄기를 이룰 수 있었던 것은 무엇보다도 참가자들의 깊은 탐구심과 낯선 것에 대한 겸허함, 그리고 서로에 대한 조언과 지적 자극을 아끼지 않는 학술적 태도 때문이었다. 이 책은 일본 '전후'를 주된 연구 대상으로 삼고 있지만, 한국이라는 탈식민적·냉전적 국민국가에서 살아온, 혹은 한반도와 일본 '사이'에서 살아온 필자들의 경험과 관찰이 깊이 반영되어 있다.

연구팀의 버팀목인 권혁태와 '원년 멤버'인 김예림, 차승기, 조경희는 세미나 운영과 출판 기획을 주도적으로 이끌어주었다. 비교적 느슨하게 굴러가던 전후 일본 세미나에 새로운 지적 자극을 심어준 임경화, 장세진, 정종현은 연구팀이 지치지 않도록 큰 동력이 되어주었다. 기획 취지에 공감하고 원고 게재를 흔쾌히 허락해준 임성모와 고영란에게도 이 자리를 빌려 깊은 감사를 전한다. 사정상 필자로 참여하지 못했지만 이번 연구팀에서 심정명과 김인수의 역할을 빼놓을 수는 없다. 심정명이 이 책에서 번역을 맡아준 것은 행운이었다. 우리는 성공회대학교 동아시아연구소의 지원으로 '전후 일본팀'을 오랫동안 든든하게 운영할 수 있었다. 늘 자유로운 연구 환경을 조성해주는 백원담 소장과 진솔한 조언으로 격려해주는 동료들은 늘 소중한 존재이다. 마지막으로, 임현주 편집자를 비롯한 한울엠플러스 출판사의 노고에 진심으로 감사드린다.

2017년 6월

집필진을 대표하여 조경희, 권혁태

차례

|1부|

식민의 잔상, 냉전의 정착

01

'조선학/한국학'의 국교정상화
한국학자들의 '조선학회' 연차대회 참가와 아시아재단의 지원을 중심으로

1. 덴리대학 조선어과/조선학회, 그리고 아시아재단

한국의 학자들이 과거 식민 종주국인 일본의 학자들과 대등한 위치에서 국가 간 교류를 하게 된 것은 언제부터일까? 양국 정부의 공인 아래 한일 학계가 공식적인 교류를 시작한 것은 1961년 10월에 덴리(天理)대학에서 개최된 제12회 '조선학회'부터이다. 해방 후 첫 번째 교환교수로 한국에 체류했던 오타니 모리시게(大谷森繁)[1]는 '조선학회'의 설립과 한국 연구자들의 학회 참여

---

1   오타니 모리시게(大谷森繁) 덴리대학 교수는 일본에서 한국 고소설 연구자로 독보적 존재이다. 다카하시 토루(高橋亨)가 일본으로 귀환한 후 덴리대학에서 길러낸 제자라는 점에서 다카하시의 전전(戰前) 조선 문학 연구를 전후 일본에서 잇고 있는 상징적인 인물이기도 하다. 한일 간의 첫 교환교수인 오타니 교수의 한국 파견이 아시아재단에서 지원한 것이었다는 사실도 흥미롭다. "Exchange of professors with Chonju college - Mr. Ordani Mori," Education_Schools & University_TENRI University(Japan_Program),

에 대해서 이렇게 소개하고 있다.

　작년 10월 중순 일본의 덴리대학에서 열린 '조선학회' 제12회 연차대회에는 제
2차 세계대전 후 처음으로 한국학자 10명이 참가했으며 그 대회에 참석했던 이병
도 박사를 위시한 몇몇 학자께서 귀국 후에 학회 인상기를 신문과 잡지 등에 발표
한 일이 있다. …… 일본에서의 한국학 연구를 말하려면 먼저 '조선학회'를 이야기
해야 한다. 조선학회란 1950년 10월에 전 경성제국대학 교수로 재직했던 다카하
시 토루(高橋亨) 박사를 중심으로 전 경성제국대학 관계자와 기타 유지들이 뜻을
합해 창립했다. 그리고 재정적인 면에서는 덴리대학으로부터 상당한 원조를 받았
고 학회의 기관지로서 ≪조선학보(朝鮮學報)≫를 간행하고 있다. 이 학회는 어
학, 문학, 역사학은 물론 기타 모든 한국 연구를 포함하고 있으며, 한국 연구자들
의 하나의 친목 단체이자 동시에 그들의 연구를 발표하는 기관이었다. 학회는 창
립 후 얼마 안 되어서 다수의 재일한국인이 회원으로 참가했으며 외국인들의 큰
관심을 끌었다. 특히 3년 전부터는 한국 내에서도 주목을 받게 되어 현재 약 50명
의 한국학자들이 가입하고 있다. 이제는 일본 사람끼리의 협소한 학회에 그치지
않고 오히려 한·일 양국의 공동 학회라는 인상이 깊다. 그 노력이 결실을 보게 되
어 작년 가을에 「부상근역 문화교류 기념호(扶桑槿域文化交流記念號)」가 간행되
었고 양국 학자의 공필(共筆)로 1000여 쪽이 넘는 대논문집이 간행되었다.[2]

　오타니 모리시게 교수는 1961년 개최된 제12회 조선학회 연차대회가 제2
차 세계대전 이후 독립국가가 된 한일 간의 학자 간 첫 공식 교류임을 밝히고,
일본 한국학 연구의 거점인 '조선학회'를 소개하고 있다. 1950년 10월에 설립

Box P-204, The Asia Foundation, Hoover Institution Archives.

2　　大谷森繁, "일본에서의 한국연구", ≪동아일보≫, 1962년 4월 12일 자, 4면.

된 조선학회를 이해하기 위해서 그 모태가 되는 덴리대학 조선어과 설립으로 거슬러 올라가보자. 일본 나라시에 있는 덴리외국어학교는 1925년 조선어부를 설치했다. 덴리외국어학교의 조선어부는 덴리교를 해외로 선교할 목적으로 설치된 5개 어부(語部)[3] 중 하나였다. 1949년 일본 대학들이 신제대학으로 전환할 당시 GHQ(연합군 최고사령부, 이하 GHQ)는 "외국어라는 것은 학문 연구의 궁극적인 목적이 아니라 그 목적 달성을 위한 일종의 기술"이라는 이유로 외국어대학을 허가하지 않았다. 그 때문에 대학 설립을 추진했던 덴리외국어학교는 각각의 언어에 문학을 추가하는 방식으로 설립 신청서를 변경해야만 했다. 덴리대학은 기존의 조선어부에 문학을 추가해 '조선문학조선어학과' 설립을 추진했다. 이 과정에서 조선총독부 학무국장이었던 세키야 데이자부로(關屋貞三郎)의 도움으로 오다 쇼고(小田省吾)와 다카하시 토루를 소개받아, 이들을 중심으로 1950년 일본 최초의 '조선문학조선어학과'가 설치된다. 두 사람 외에도 아키바 다카시(秋葉隆), 고노 로쿠로(河野六郎), 미시나 쇼에이(三品彰英)가 새로 부임했는데 이들 모두는 경성제국대학 인맥이었다.[4] '조선문학조선어학과' 설치와 더불어 덴리교의 도움으로 '조선학회'가 1950년 10월에 창립되고 이듬해인 1951년 5월에 ≪조선학보≫ 창간호가 발간되었다. 학과와 마찬가지로 '조선학회' 창립의 중심도 다카하시 토루였다.[5] 조선학회에는 초

3 　덴리외국어학교의 5개 어부는 조선어, 중국어, 영어, 프랑스어, 독일어부였다.

4 　최태원, 「원점의 풍경: 전후 일본의 '朝鮮學'과 '朝鮮近代文學研究'의 성립」, 상허학회/인하대학교 한국학연구소 학술회의, 『고유성의 지정학, 한국(문)학의 학술사적 변동』(2012.7), 39~40쪽. 미시나 쇼에는 경성제국대학 졸업생이고, 나머지는 모두 경성제국대학 교수 출신이었다.

5 　平木實, 「朝鮮學會の創立と天理大學(試稿)」, ≪朝鮮學報≫, 174輯(2000). 다카하시 토루가 당시 덴리대학에서 지녔던 위상을 가늠하기 위해서는 '오이샤도 연구소'를 이해할 필요가 있다. 덴리대학에 부설된 오이샤도 연구소는 이부(二部)로 구성되어 있는데 제1부는 종교를 연구하는 기관, 제2부는 동양 문화를 연구하는 기관이었다. 제2부에는 만몽반,

창기부터 재일조선인이 참여했으며, 50여 명의 한국학자들도 참여했다. 특히 1961년 가을에는 한국학자들의 첫 공식 참여와 함께 「부상근역 문화교류 기념호」라는 표제를 내건 한일 양국 학자의 공동 논문집인 ≪조선학보≫ 21·22 합본호가 간행되었다.[6] 오타니 모리시게는 한일 양국 연구 교류의 중요한 결절점으로 1961년의 제12차 조선학회와 문화교류 기념호 발간을 강조하고 있는 셈이다.

주목해야 하는 것은 한일 학술 교류 활성화의 결절점이 된 1961년 10월의 학회와 논문집 간행이 5·16 쿠데타 직후에 일어난 사건들이라는 사실이다. 제12차 조선학회는 민간 학자들 사이의 교류이지만, 크게 보면 이후 국교정상화로 이어지는 한일 공식 교류의 시작을 알리는 사건이었다. 한일국교정상화가 냉전 시대 미국의 대아시아 전략의 일환으로 한국과 일본을 중재·압박하며 이루어졌듯이, 이른바 학술의 국교정상화에도 그 배후에 미국의 작용이 있었다는 숨겨진 사실이 각별히 강조될 필요가 있다. 한국학자들의 조선학회 참여를 위한 항공권과 체재비 등은 미국 캘리포니아 샌프란시스코에 본부를 둔 아시아재단에서 지원했다.[7] 알다시피 제2차 세계대전에서 승리한 미국의

중국반, 한국반이 있었으며, 제2부를 총괄하는 부장이 다카하시 토루였다. 김사엽, 「일본 학회의 한국학 연구 동정」, ≪현대문학≫(1961.10.9), 226~227쪽 참조.

6 1961년 10월 23일 간행된 ≪조선학보≫ 21·22 합본호는 「부상근역 문화교류 기념호」로 구성되었다. 총 46편의 논문이 실렸고, 한국 측에서는 최호진, 이혜구, 이병도, 이상은, 원병오·우한정, 황명엽·원병오, 김형규, 유창순, 강영순·조완규, 최창수 등의 논문이 실려 있다. 그 이전에도 ≪조선학보≫에 한국인의 논문이 간간이 실리고 있었다. ≪朝鮮學報≫ 7집에는 李弘稙, 「貞元二十年在銘新羅梵鐘」; In-sob Zong, 「Korean Drama」, ≪朝鮮學報≫ 9집에는 In-sob Zong, 「Korean Novel」, ≪朝鮮學報≫ 11집에는 鄭万朝, 「芳亭遺草」, ≪朝鮮學報≫ 13집에는 呂圭亨, 「荷亭遺作: 演本沈靑傳」, ≪朝鮮學報≫ 20집에는 김사엽, 「가사문학의 전개」; 「〈みかぐらうた〉의 韓語譯」 등이 게재되었다. 이 외에도 재일조선인 연구자였던 김종국의 논문도 발표되고 있어 주목된다. 金鍾國, 「金錫亨著 '兩班論'」, ≪朝鮮學報≫, 15輯; 「高麗武臣政權의 特質에 關하는」, ≪朝鮮學報≫, 17輯.

7 아시아재단(The Asia Foundation)은 1951년 미국 캘리포니아 주 법에 따라 설립된 자

전시 싱크탱크를 구성했던 연구자와 그들이 생산한 지식은 전후의 아시아에 관한 학술로 전환되었다. 이 과정에서 일본 제국의 지식은 미국에 흡수되어 냉전 지식을 형성하는 데 활용되었다.[8] 가령 아시아재단의 덴리대학 도서관 지원이 한 사례이다. 아시아재단은 덴리대학 도서관에 말레이어, 베트남어, 타이어, 힌디어 등 동남아시아 언어의 사전류 및 문화에 대한 연구 도서 지원 프로그램을 시행했다. 아시아재단 일본지부에서는 덴리대학 도서관을 위해 미국의 유수한 대학들 ― 예일, 미네소타, 하버드, 뉴욕, 미시간, 시카고, 펜실베이니아, 코넬, UC버클리 ― 등에 서신을 보내 그 대학에서 생산한 남아시아, 동남아시아를 취급하는 학술 연구, 연구 프로그램 등과 관련된 팸플릿, 카탈로그 등을 요청해 수집했다. 또한 이들 대학의 어학 관련 교수들에게 자문해 남아시아, 동남아시아 관련 사전류 등도 수집했다. 덴리대학 도서관 지원과 관련해 제임스 스튜어트(James L. Stewart)[9]가 본부에 보낸 서신은 이른바 '대동아전

유아시아위원회(Committee for Free Asia: CFA)가 그 전신이다. 1954년 가을에 아시아 재단으로 재편되었다. 아시아재단의 한국 지원에 대한 개략적인 이해에 대해서는 이순진, 「아시아재단의 한국에서의 문화사업: 1954~1959년 예산서류를 중심으로」, ≪한국학연구≫, 40집(2016.2) 참조.

8   장세진, 「라이샤워(Edwin O. Reischauer), 동아시아, '권력/지식'의 테크놀로지」, ≪상허학보≫, 36집(2012.10)은 제2차 세계대전 이후 미국에서 한국학의 제도적 성립 과정을 라이샤워를 통해 살펴보면서 당대 글로벌 냉전 서사에 내재한 '미-일 트랜스퍼시픽의 공범성'을 문제적으로 드러내고 있다. 이 논문에서는 제2차 세계대전 당시 미군-국무부-정보기관을 오가며 아시아 지역에 관한 언어, 역사, 문화 등의 '정책화된 지식'을 제공하는 두뇌집단을 축으로 한 연구 구도가 전후에 냉전 지역연구로 재편되었으며, '군-산-학' 복합 트라이앵글이 완성되었다고 설명한다. 특히 흥미로운 대목은 하타다 다카시의 전후 '조선사'가 라이샤워의 동양 문화사의 한국사 편에 어떻게 접맥되고, 이를 통해 전전 제국의 동양 사학이 전후 미국의 아시아 연구에 어떻게 접속되는가를 여러 차원에서 논증하는 대목이다. 장세진의 연구는 전후 미국학이 일본의 전전/전후 조선사(동양사학)와 접속되는 장면과 다시 미국/일본/한국의 아카데미즘이 연동되는 한 장면을 포착한다는 점에서 흥미롭다.

9   제임스 스튜어트는 제2차 세계대전 당시 동아시아 지역에서 전쟁 특파원이자 정부 전문가로 활동했다. 진주만 습격 당시에는 충칭(重慶)에서 CBS 특파원으로 활동했다. 1942

쟁' 당시 일본이 구축한 아시아에 대한 지식과 미국이 생산하는 새로운 아시아에 관한 지식이 어떻게 교환되었는가를 잘 보여준다. 1961년 2월 16일 자 서신에서 스튜어트는 아시아재단 이사장에게 "90만 권 이상의 흥미로운 장서들을 소장한 서부 일본 최고의 도서관 중 하나"인 덴리대학 도서관이 "인도네시아에 대한 현대 코넬대학교 시리즈", "동남아시아 연구를 전문으로 하는 미국 대학들의 카탈로그", "경제 분야와 인문학 분야 양쪽에서 동남아시아에 대한 새로운 미국 책들"과 "캘리포니아와 미시간대학으로부터 동남아시아의 언어에 대한 언어학 책들"을 받아보고 싶어 한다고 적고 있다. 덴리대학은 "코넬대학교가 관심을 가질 만한 몇몇 출판물을 가지고 있"으므로, 이러한 자료를 제공한다면 자신이 덴리대학의 출판물 중 견본 몇 가지를 골라서 배편으로 보내겠다고 제안했다.[10] 이러한 제안이 성사되어 덴리대학 도서관은 동남아시아의 언어 교본 및 코넬대학교의 인도네시아 총서 등의 책을 제공받았다.[11]

년에는 전쟁정보국(OWI) 중국지부 설립을 도왔고, 중국 사무소 부책임자를 역임했으며 1944년에는 중국 쿤밍(昆明)에서 전쟁정보국 심리전 책임자로 일했다. 1947년에는 한국의 서울에 주둔한 미군의 제14연대 공보관으로 일했으며, 미군정 공보국(OCI)을 조직해 책임자가 되었다. 주한 미 대사관의 첫 번째 대외협력관이었으며, 북한 지역 미국 사령관의 정보 및 교육 프로그램 책임자로 위촉되었으나 '중공'이 한국전에 개입하며 무산되었다. 이후 1950년대에는 아시아재단본부 사무국장으로 활동했다. 검토한 서신은 일본지부 대표의 입장에서 발신한 것으로 이해되지만, 제임스 스튜어트의 당시 정확한 직함을 확인하진 못했다.

10 James L. Stewart, "Project Proposal: Specialized Books for Tenri University-A Sum not to exceed $250," February 16, 1961, Education_Schools & University_TENRI University(Japan_Program), Box P-204, The Asia Foundation, Hoover Institution Archives.

11 스튜어트의 제안이 수락되어 덴리대학에 제공된 자료들을 정리하면 다음과 같다. Spoken Burmese, Books I & II plus recording/ Burmese Chrestomathy(1957), William S. Cornyn/ Burmese Glossary(1958), William S. Cornyn/ Outline of Burmese by William S. Cornyn/ The Burmese Writing System: R. B. Jones, Jr. and U Khin(1953)/ Thai Reader(1954), Mary R. Haas/ Thai Vocabulary, Mary R. Haas(1955)/ Thai System of Writing(1956)/ An Introduction to Spoken

앞에서 언급했듯이 덴리대학은 다카하시 토루를 비롯한 경성제국대학 출신들을 중심으로 하는 조선학회와 타이완제국대학 출신자들이 포진한 타이완학회 등을 설립해 구제국 시기의 '학지(學知)'를 연속시키는 역할을 담당했다. 여기에 그치지 않고 동남아시아, 남아시아 등 이른바 '대동아공영권' 시절의 지역 연구에 줄곧 관심을 보였다. 덴리대학의 도서관을 지원하고 출판물을 교환하는 아시아재단의 덴리대학 지원 사례는 이러한 제국 지식을 연속하고자 하는 일본의 욕망, 공산화의 위험이 있는 동남아시아에 대한 전후 미국의 아시아학의 이해가 교차하는 양상을 보여준다.

제2차 세계대전 이후에는 이른바 '자유 아시아'라는 냉전 블록 안에서 미국을 매개로 패전 전의 제국인 일본의 지식(인)이 냉전 지식으로 재편성되는 과정을 밟았다. '한국학'의 경우에도 이러한 큰 틀 속에서 과거 지식의 모태였던 식민자의 '지(知)의 체계'와 새로운 (지식) 헤게모니로 등장한 미국과의 관계 설정을 통해 자기 위치를 정위했다. 이 새로운 관계 설정이 어떠한 양상으로 이루어졌는가를 알려주는 것이 한국 연구자들의 조선학회 공식 참가 사건이었다. 이제부터 미국 스탠퍼드대학교 후버 아카이브에 소장된 아시아재단의

Vietnamese(1957)/ Spoken Lao, Books Ⅰ, Ⅱ, G. E. Roffe and Thelma W. Roffe(1956)/ Spoken Malay: Isadore Duncan, Yale University/ Vietnamese Reader: Laurence Thompson, Yale University/ Indonesian-English Dictionary, Cornell University Press, 1961, Echols and Shadily/ Cambodian Basic Course(1959)/ Spoken Vietnamese units 1-10(1959)/ Sinhalese Basic Course units 1-12/ Indonesian Basic Course Units 1-30(1959)/ Hindi Basic Course units 1-6, 13-18/ Hindi Basic Reader/ Urdu Basic Course/ Hindi Basic Course: Gumperz(ready fall 1961). 코넬대학의 현대 인도네시아 시리즈: 1. The Indonesian Elections of 1955(1957)/ 2. Problems of Regional Autonomy in Contempory Indonesia(1957)/ (중략)/ 28. Commonwealth Economy in Southeast Asia(1959). 이상은 Education Schools & University_TENRI University_General_6399(Japan_Program), Box P-204, The Asia Foundation, Hoover Institution Archives.

자료에 남아 있는 1961년 제12차 조선학회 및 1963년 제14차 조선학회 참가 지원 관련 서류를 중심으로 그 사건의 의미를 검토해보자.

2. 아시아재단의 제12회 조선학회 참가 지원

1961년 8월 24일 아시아재단 한국지부 대표인 윌리엄 아일러스(William L. Eilers)는 샌프란시스코의 본부 이사장에게 '조선학회'에 참가하는 한국 연구자들에 대한 지원 승인을 요청하는 서한을 보낸다.

덴리대학의 제12회 조선학회가 10월 20~26일 개최될 것이다. 덴리대학은 한국의 학자들에 대한 애정을 갖고 있는 것으로 유명하다. 제임스 스튜어트가 발표한 보고서 「TKY-KO-19」는 덴리대학 연구자들의 수준을 공인하고 있다.

이전의 덴리대학은 조선학회에 한국인 참가자들을 초대하지 않았다. 올해 이루어진 초대는 전 문교부 장관이자 현재 서울대학교 대학원장인 이병도 박사를 포함한 3명이다. 이병도 박사는 학회에서 연설하도록 요청되었으며, 그 비용은 덴리대학이 지불할 것이다. 한국의 반응은 매우 열광적이어서 50명 이상의 한국 학자들이 학회에 초청받기 위해 덴리대학에 요청서를 보냈다. 우리는 덴리대학 측이 현재 한국인 참가자들을 늘려야 하는 상황이라고 이해하고 있다.

우리는 보통 하나의 콘퍼런스에 2~3명의 여행 경비 이상을 지불하지 않는다. 하지만 우리는 조선학회를 위해서는 10명의 참가자들을 지원해주도록 고려할 만한 충분한 이유가 있다고 믿는다. 우리는 최종 결정을 내리기 전에 당신의 의견을 듣고자 한다. 공식적인 한국 참가자들은 한국 언어, 문학, 그리고 역사 분야에서 평판 있는 학자들이다. 그들은 일본학자들의 한국 연구가 수준 높다는 것을 인식하고 있으며, 각각의 분야에서 일본과 개인적이고 가능한 한 제도적인 관계를 형성하기를 원하고 있다. 일본 여타 대학의 학자들 또한 이 모임에 참석할 것이며 한국의 모든 참가자는 10일에서 2주가량 일본 내의 다른 학교와 기관을 방문할 것이다.

우리는 각 학문 분야에서 1명 이상의 참가자와 한국의 각 대학별로 1명을 넘지 않는 지원자를 심사할 것이다. 이것은 우리가 6명에서 8명을 지원한다는 것을 의미한다. 비용은 1인당 평균 200달러이다(항공료 122.40달러, 체재비 50~75달러).

한일관계는 공식적인 수준에서는 계속 긴장되었지만 낮은 수준에서, 특히 학술, 과학 및 스포츠 분야에서 양측의 관계 개선에 대한 관심은 확실히 증가했다. 일본 조직들은 그들의 활동에 한국인 참가자들을 더 많이 초대하고 있으며, 한국인들은 이제 그 초청을 더 자유롭게 받아들이고 있다. '5·16혁명(the May 16 revolution)' 이후 일본 방문을 위한 지원 요청이 본 사무소에 3배 이상 증가했다. 한국과 일본 정부 사이의 정식 외교 관계 수립은 불가피한 일이지만, 몇 개월 또는 몇 년이 더 걸릴지 모른다. 그 사이에 비공식 교류가 증가함에 따라, 특히 두 나라 정부가 비공식적으로 이러한 활동을 장려하고 있기 때문에, 분위기는 개선될 것이다. 우리 재단은 이러한 경향을 장려하는 좋은 위치에 있으며, 덴리대학의 조선학회는 이상적인 기회를 제공한다. 신청자들의 통관 절차가 오래 걸리기 때문에 우리는 가능한 한 빨리 결정을 내려야 한다. 계속 진행하기 위해 귀하로부터 국제 지급 승인을 받을 수 있기를 바란다(번역_인용자).[12]

---

12   William L. Eilers, "Korean Participation in the Twelfth Congress of the Korean Institute(Chosen Gakkai) of Tenri University, Tenri-si, Japan," August 24, 1961, Education Schools & Univ_Tenri University_Twelfth Chosen Gakukai(Japan_Program), Box P-204, The Asia Foundation, Hoover Institution Archives.

한국지부 대표의 보고서는 제12차 '조선학회'에 한국인이 참석하는 배경과 관련해 여러 긴요한 정보를 제공한다. 이전까지 한국인 연구자들을 공식적으로 초청한 적이 없던 덴리대학의 '조선학회'는 제12차 연차대회를 앞두고 3명의 한국학자들을 공식 초청했다. 그 3명 중 1명은 이병도로 지정했으며, 나머지 두 사람은 특정하지 않은 것으로 보인다. 이 두 자리를 두고 한국에서는 50여 명의 학자들이 덴리대학 측에 초청을 요구하는 신청서를 보냈으며, 아시아재단 한국지부 대표는 덴리대학 측에서 초청자를 늘려야 한다고 말했다. 이 보고서에서 흥미로운 것은 누구를 보낼 것인가에 대한 심사를 아시아재단 한국지부에서 관할했다는 점이다. 아일러스는 아시아재단 한국지부가 국제콘퍼런스에 통상 2~3명의 참가비를 지원하는 관례를 깨고 10명가량의 지원을 재단이 부담해야 하는 상황임을 본부의 이사장에게 역설한다. 동시에 '각 학문 분야당 1인' 및 '각 대학당 1인'이라는 선발 기준을 제시하고 있다. 이러한 보고서는 덴리대학 측의 한국학 연구자 초청이 '조선학회' 독자적으로 수행된 것이 아니라 아시아재단의 도쿄지부와 한국지부 사이의 조율 속에서 이루어진 결정이라는 점을 강하게 시사한다.

보고서에서 특히나 흥미로운 것은 5·16 쿠데타 직후의 한일관계에 대한 인식이다. 5·16 이후 일본 방문 지원이 3배 이상 증가했으며, '한일 정부 사이의 정식 외교 관계 수립은 불가피한 일'이지만, 성사되기까지 짧게는 수개월, 길게는 수년이 걸릴 것이라 전망한다. 그 때문에 양국 정부의 공인하에 비공식적인 민간 교류를 활성화할 필요가 있으며 아시아재단이 '이러한 경향을 장려하는 좋은 위치'에 있고 덴리대학의 조선학회가 '이상적인 기회'를 제공하고 있으므로 이를 적극적으로 지원할 필요가 있다고 역설한다.

이 지원 프로그램이 수행된 이후 제출된 또 다른 평가보고서에 따르면, '조선학회'에 참가하는 한국 연구자의 수를 10명으로 결정한 것은 한국의 문교부였다.[13] 또한 제12차 연차대회 첫째 날 '조선학회' 회장의 인사말에 따르면, "금번 실현을 본 한국학자 초청은 2, 3년 전부터 계획되었고 양국 정부의 적극적인 이해하에 이루어졌으며, 이번 제12차 연차대회는 '학회 발족 이래 역사적이고 획기적인' 대회"라고 그 성격을 강조한다. 또한 "이번 대회기 중에 도쿄에서는 정치적인 '한일회담'이 진행되고 있는데 이곳 '덴리'에서는 한국학자가 참석해 한일 문화 교류를 하고 있으니 참으로 의의 깊다"[14]라고 역설하고 있다. 요약하자면 덴리대학 '조선학회'의 한국 연구자 초청과 참석에는 일본 정부의 승인 또는 장려하에 덴리대학 '조선학회' 측의 초청, 한국 문교부의 승인 또는 장려, 그리고 그 배후에 아시아재단 본부, 도쿄지부, 한국지부의 적극적인 개입과 지원이 동시에 작용한 셈이다.

아시아재단이 개입한 것은 문화적 관심 때문만은 아니었다. 아시아재단을 냉전 시대 당시 중앙정보국(CIA)에서 자금을 댄 표면 단체로 보는 견해도 존재[15]하거니와, 이러한 관점에 따르자면, '조선학회'의 한국학자 참여 지원은

---

13 "AP-8099-Twelfth Congress of the Korean Institute, Tenri University, Nara, Japan," Education Schools & Univ Tenri University Twelfth Chosen Gakukai(Japan_Program), Box P-204, The Asia Foundation, Hoover Institution Archives. 이 보고서의 문맥 역시 앞선 보고서의 내용을 공유하고 있으며, 지원을 받은 "그들이 유용한 학문적인 유대를 구축했"으며 "조선학회가 학술적으로도 그리고 인간적인 관계의 견지에서도 성공적이었다고 판단"하고 있다.

14 최호진, 「일본덴리대학 조선학회주최 제12차 한국학술연구대회의 참석보고」, ≪경제학 연구≫, 9권 1호(1961), 1126쪽.

15 아시아재단의 자금원이 CIA라는 사실은 1967년에 폭로되었다. 1967년 3월 미국의 잡지 ≪램파트(Ramparts)≫는 아시아재단의 주 자금원이 CIA였다고 보도한다. 1972년에는 '자유유럽위원회(The National Committee for a Free Europe)'와 '자유를 위한 십자군(Crusade for Freedom)', 그리고 '라디오 프리 유럽(Radio Free Europe)'이 "CIA의 패키지"였으며 '자유아시아위원회'는 CIA의 '아시아 구성원(Asian Component)'이라는 주장이 보도되었다. Steve Weissman and John Shoch, "CIAsia Foundation," *Pacific Research and World Empire Telegram*, September/October, 1972, p.3. 일본 연구자인 이치하라 마이코(市原麻衣子)는 자유아시아위원회/아시아재단에 관한 CIA 기밀해제문서를

민간 교류의 촉진을 통해 한일국교정상화를 시급히 해결하려는 미국의 정치적 목적에 부합하는 작업의 하나라고도 이해할 수 있다. 아시아재단의 한국지원도 1960년대, 특히 5·16 이후 1950년대와는 질적으로 달라지는 특징을 보여준다. 1961년 5·16 쿠데타 직후 아시아재단은 쿠데타 이후의 한국 정치 상황에 대한 긴 보고서를 남겼다. 그 보고서에는 1950년대 재단이 맺고 있던 한국 사회의 주요 채널들이 쿠데타 이후에 전혀 유용하지 않게 되어버려서 새롭게 네트워크를 구성해야 한다며 고충을 토로하고 있다. 이후 1960년대 아시아재단 사업은 새로 등장한 쿠데타 권력의 직접적인 관심에 부합되는 방향으로 조정되었다. 구체적으로 보자면 경제개발 5개년 계획 입안, 서울대학교 이전, 외교연수원 건립 등 쿠데타 정권이 관심을 갖는 정치, 경제, 사회의 정책적 영역에 대한 지원으로 변화했다. 덴리대학의 조선학회에 한국학자들을 보내는 지원 프로그램은 1950년대 학자, 지식인, 문화인 콘퍼런스 참여에 대한 개별적 지원을 잇는 측면도 있지만, 미국의 국익에 부합하고 한국의 쿠데타 권력에도 긴요했던 한일국교정상화라는 정책적 과제를 실현하기 위한 정치적 목적에 부합하는 지원의 맥락도 띠고 있었다.

그렇다면 1961년 제12회 조선학회에 참여한 한국학자들은 누구인가? 아시아재단의 지원 서류와 이병도의 보고서 등을 종합해보면 참여자 10명은 〈표 1-1〉과 같다.

현재 남아 있는 서류에서는 김두헌을 제외한 총 9명에 대한 지원을 확인할

분석해 자유아시아위원회가 CIA의 'DTPILLAR 프로젝트'의 핵심을 이루는 표면 단체였음을 밝히고 있다. 市原麻衣子, 「冷戰期アジアにおける米国の反共支援と冷戰後民主化支援への影響: 自由アジア委員会·アジア財団を事例として」, ≪コスモポリス(Cosmopolis)≫ ₩, No.8(2014.3), p.28 참조. 아시아재단뿐만 아니라 냉전 시대 CIA가 문화 분야에서 막대한 자원을 투입해 '문화자유회의' 등을 통해 드러나지 않는 폭넓은 선전 활동을 했다는 사실 등이 드러난 바 있다. 이에 대해서는 프랜시스 스토너 손더스, 『문화적 냉전 CIA와 지식인들』, 유광태·임채원 옮김(그린비, 2016) 참조.

표 1-1 제12회 조선학회 한국인 참가자 명단

이름	소속	전공 관련
李丙燾	서울대학교, 전 문교부 장관	한국사
朴昌海	연세대학교	국민학교 국어교과서 저자
崔虎鎭	중앙대학교	경제학
Fred Lukoff	연세대학교	언어학
李泰極	이화여자대학교	국어국문학회 대표이사, 시조시인
閔泳珪	연세대학교	고전문학
金亨奎	서울대학교 사범대학	언어학
林憲道	공주교육대학교	고전문학
全在昊	경북대학교	국어학
金斗憲	건국대학교	교육학

주: 아시아재단의 지원 서류와 이병도의 보고서를 토대로 작성했다. 소속과 전공은 재단 서류의 표기를 따랐다. 재단의 경비 지원 서류에는 10명 중에 고려대학교의 이홍직이 포함되어 있는데, 실제 대회를 다녀온 이병도의 보고서에는 이홍직 대신에 연세대학교에 초빙되어 있던 루코프 교수가 참가자로 명기되어 있다. 재단 서류에 따르면 이홍직은 도쿄에서 열린 국교정상화 회담의 한국 측 대표단에 포함되어서 조선학회에 참석하지 못했다.

자료: William L. Eilers, "Korean Participation in the Twelfth Congress of the Korean Institute," December 18, 1961, Education Schools & Univ Tenri University Twelfth Chosen Gakukai(Japan_Program), Box P-204, The Asia Foundation, Hoover Institution Archives.

수 있었다. 김두헌의 경우 지원 내역을 확인할 수 없었는데 지원 서류가 보관 과정에서 누락되었는지, 아니면 다른 경비로 참석했는지 여부는 확정할 수 없었다. 이병도의 경우 주최 측에서 항공료를 부담했으며, 아시아재단에서 체재비를 지원했다. 그 외의 사람들은 항공료와 체재비 모두를 아시아재단에서 부담했다. 앞서 살펴본 한국지부 대표의 요청과는 달리 개인별 계약서에 명기된 구체적인 지원 액수는 항공료 122달러, 체재비 100달러였다. 이들의 선발이 구체적으로 어떤 과정을 거쳐 이루어졌는가는 서류로 확인하기 어려웠다. 참여자의 좌장격인 이병도는 와세다대학 출신이며, 최호진은 규슈제국대학, 김두헌은 도쿄제국대학, 민영규는 다이쇼대학, 김형규는 경성제국대학, 이태극은 와세다대학 전문부를 거쳐 서울대학교를 졸업했으며, 박창해는 연희전문학교, 임헌도는 서울대학교 문리대학 출신이다. 참석자 대부분이 식민지 시기 일본 유학 및 경성제대 졸업생이며, '조선학회'의 일본인 회원들과 동료 또는 지우 관계를 맺고 있던 인물들이었다. 이제부터 한일 학자들이 공식적으로 처음 조우하는 장면을 참석자들의 보고서를 통해 묘사해보도록 하자.

3. 제12회 '조선학회'의 풍경: '조선학'과 '한국학'의 관계 조정

1950년대부터 아시아재단은 자신들의 지원을 받아 국제 콘퍼런스 및 미국, 유럽 등지의 연수를 수행한 지식인/문화인들에게 사업 종료 후 보고서를 요청했다. '조선학회'에 참여한 한국 연구자들도 예외는 아니어서 참석자 대부분의 영문 보고서가 서류로 남아 있다. 또한 해방 이후 일본과의 첫 학술 교류라는 점에서 저널리즘의 주목을 받아 당시 신문과 잡지에 '조선학회' 참석과 관련한 리뷰 글이 다수 존재한다. 제12회 '조선학회' 참석 관련 기사와 보고서를 정리하면 〈표 1-2〉와 같다.

이 목록에서 특징적인 몇 편의 글을 통해 제12회 조선학회의 풍경과 한국 측 학자들의 인식에 대해서 살펴보자. 먼저 제3자적 위치였던 프레드 루코프(Fred Lukoff)[16]의 보고서가 눈길을 끈다. 프레드 루코프는 이병도의 개막 강연과 이어지는 연구 발표회를 간략히 소개하고, 한국학자들과 일본학자들이 친밀한 분위기 속에서 교류했다고 전반적인 학회 풍경을 전한다. 그는 자신

---

16 펜실베이니아대학에서 「A grammar of Korean」(1954)로 박사학위를 취득한 프레드 루코프는 아시아재단의 지원을 통해 연세대학에서 영어학을 강의하며 『영어학본』(동명사, 1958) 등을 출판한 학자였다. 그는 한국어 연구와 한국어의 국제적 교육 분야에 업적을 남겼다.

표 1-2 제12회 조선학회에 참가한 한국학자의 참가 보고서 및 보고된 매체

이름	보고서 제목	매체명	비고
이병도	일본 '조선학회' 제12차 대회 보고	《사상계》 1961. 12	
	Impressed by Korean Study in Japan: Yi	《The Korea Times》 1961. 11. 4	이병도 조선학회 참가 소개 기사
민영규	Report on Chosen Gakukai Annual Meeting	재단보고서	
이태극	진지한 학문의 교류: 제12차 한국학회 연구대회 보고기	《조선일보》 1961. 11. 19	
	A Report of the 12th Conference of the Japanese Society for Korean Studies	재단보고서	《조선일보》 기사 번역
	Report of Korean Society Conference Participation	재단보고서 1961. 11. 10	별도 보고서
김형규	제목 없음(영문보고서)	재단보고서 1961. 11. 7	
	A Stimulus to our linguistic studies	《민국일보》 1961. 11. 12	《민국일보》 기사 번역
최호진	The Society for Korean Studies at Tenri Colleges	《민국일보》 1961. 11. 12	《민국일보》 기사 번역
	Korean Studies in Tenri University - Superintended by Prof. T. Takahashi, former Professor of Keijyo(Seoul) Imperial University	재단보고서	
박창해	Young Japanese Scholars Promising	《민국일보》 1961. 11. 12	《민국일보》 기사 번역
Fred Lukoff	Annual Conference of the Chosen Gakkai at Tenri University, Japan	재단보고서 1961. 11. 7	

의 전공 분야인 언어학 분야의 사례를 들며 전반적으로 일본의 한국학 연구 수준이 높다고 평한다. 일본의 한국학 연구 현황으로 덴리대학을 비롯한 몇 몇 대학에서 한국어와 문학 과목이 교수되고 있고 현재 대략 80명의 학부생 들이 있으며, 그들이 한국어를 배우는 동기는 향후의 '외교'와 '사업' 부문을 준비하기 위해서라고 적시한다. 루코프는 덴리대학을 일본 한국학의 중심으 로 높이 평가하는 한편, 박물관과 특히 도서관 설비에 경탄한다.

일본의 한국학 연구 수준 및 연구자에 대한 고평에 비해 한국 측 참가자에 대해서는 그 평가가 박하다. 그는 학회에 참석한 한국인 참가자들을 평가하며 이병도와 민영규 정도만 지명도에 값하는 인물이었고, 나머지는 수준 미달의 인물들이었다고 평가한다. 특히 연세대학교의 박창해의 경우 "다른 사람의 견해와 관심에 대한 이해와 존중심이 부족해 더 젊은 학자에게 다소 거만하게 행동하는 경향" 때문에 "좋은 인상을 남기지 못했다"라고 비판하는가 하면, 경북대학교의 전재호는 루코프와 일본학자 간 대화를 "끔찍하게 지루해" 했으며, 타이완에 교환교수로 가 있다가 조선학회에 참석한 이원식[17]은 "철없는 어린애처럼" 말했다고 힐난한다. 김두헌에 대한 루코프의 평가는 단순한 인물평을 넘어서 '조선학회'에 임하는 한일 간의 입장 차이를 느끼게 한다.

김두헌은 모든 사람에게 충격을 주는 실수를 했다. 김두헌은 학술 발표 중에 일본인 조선학 연구자(Koreanologists)들을 향해 '조선'이라는 용어 사용의 관행을 바꾸어서 대신에 "한국"을 사용할 것을 요청했다. 이러한 10분 동안의 발표는 한국 대표단을 포함한 모든 사람들에게 충격을 주었다. 그러나 세션의 좌장인 다카하시 토루 교수는 김두헌 교수에게 지금은 이 문제를 제기할 적절한 장소와 때가 아니며 개별적으로 논의해야 한다고 김두헌을 달래면서 이 문제를 능숙하게 피했다. 나는 그날 저녁 연회에서 일본인들이 주목한 사람이 실제로 김두헌이었음을 알게 되었다(번역_인용자).[18]

---

17 한국에서 출발한 학자들 외에 타이완에서 이원식이 조선학회에 참석한 것을 확인할 수 있다. 당시 이원식은 서울대학교에서 중문학을 전공하고 타이완의 중국문화학원대학(中國文化學院大學)에서 한국학을 연구·교육하고 있었다. 이원식의 조선학회 참가에도 아시아재단의 타이완지부에서 지원을 했을 것으로 추정된다. 다만 아직 타이완지부의 서류는 확인하지 못했다.

18 Fred Lukoff, "Annual Conference of the Chosen Gakkai at Tenri University, Japan," November 7, 1961, Education Schools & Univ Tenri University Twelfth

일본의 '조선학(Koreanology)'이라는 명칭은 '중국학(Sinology)'을 의식한 것
이고, '조선학회'는 조선학 학회(Academic association)를 뜻했다.[19] 전후 일본
의 '조선학'은 식민지 시기 경성제국대학을 중심으로 동양학의 일환으로 성립
한 식민지 관학으로서의 '조선학'을 계승하고 있었다. 그 자신도 도쿄제국대
학 문학부 출신으로 제국의 '학지' 프로그램에서 훈련된 지식인이었지만, 해
방 이후 한국의 문교부 관료를 지냈고 국가를 대표하는 지식인으로서 일본의
'조선학회'에 참가한 김두헌에게 '조선(학)'이라는 명칭은 계속 거슬렸던 듯하
다. 더구나 '조선'이라는 용어는 식민지의 유산을 내포할 뿐만 아니라 '북조선
민주주의인민공화국'과도 연결되는 기표이다. '조선(학)'과 '한국(학)'의 표기
문제는 식민지 문제와 분단 문제가 겹쳐 있는, 복잡하고 뜨거운 이슈였던 셈
이다. 루코프는 김두헌의 이러한 제안을 '실수(error)'라고 표현하며 일종의 결
례라고 인식했다. 다카하시 토루는 이 민감한 문제를 공식석상에서 논의하지
않고 넘겼지만, 저녁 연회에서는 김두헌의 이 문제 제기가 일본인 연구자들
사이에 화제가 되었음을 알 수 있다.

루코프는 텐리대학의 조선학회가 "비공식적인 측면에서 한일관계의 획기
적인 사건"이었으며, "일본과 한국학자들이 모여서 서로를 격려"했고, "협력
에 대한 열망을 자극"했다고 고평한다. 루코프에 따르면, 무엇보다도 양측은
"서적과 저널을 교환하고 장래에 연락을 취할 준비"를 마련했는데, 그 구체적
인 사례로 연세대학교 도서관과 동양문고의 협약을 들고 있다. 연세대학교
도서관의 사서이기도 한 민영규 교수는 동양문고와 연세대학교 도서관 사이
에 고서 아카이브의 카탈로그 마이크로필름을 제공하고, 요청하는 자료를 서

    Chosen Gakukai(Japan_Program), Box P-204, The Asia Foundation, Hoover
Institution Archives.

19   「座談會 25年をかえりみて(第27回大會記念)」, ≪朝鮮學報≫, 83輯(1977.4), pp.197~198.

로 제공하기로 협의한다. 또한 아시아재단 도쿄지부의 도움으로 많은 책 자료를 구입해 선적하는 등의 활동을 벌였는데, 루코프는 연세대학교 동료인 민영규의 이러한 활동을 높이 평가하고 있다. 마지막으로 루코프는 1962년 조선학회 연차 회의가 도쿄에서 개최되며, 조선학회는 내년에도 한국학자들을 초청할 것이라고 발표했다고 전한다. 다음 연차 회의 때에는 더 유망하고 흥미로운 학자들을 한국 대표단으로 포함해주기를 요청하며, 루코프는 보고서를 마감한다. 우리는 이러한 루코프 보고서를 통해 한국과 일본의 '조선학/한국학'에 대한 견해 차이를 확인할 수 있다. 이 문제를 한국 측 대표인 이병도의 학회 보고를 통해서 좀 더 숙고해보자.[20]

이병도는 ≪사상계≫에 발표한 「일본 '조선학회' 제12차 대회 보고」에서 조선학회를 '일본 국내의 유일한 한국 연구 기관'이자 '한국 연구와 문화 교류의 센터'로 소개하며, 한국인으로는 김사엽이 덴리대학 교수로 봉직하고 있다는 사실을 덧붙인다. 한국 측의 참가자 10명이 도착하자 다카하시 토루가 "마치 고향사람이나 만난 듯이 기뻐하는 내색"으로 반겨주었으며, 학회에 참석한 일본학사 중에는 "오랜만에 만나는 친구들도 있어 반가운 인사와 기쁜 표정으로 얽히었다"[21]라고 감회를 적는다. 이들 사이의 친밀감과 학연을 확인할

---

20 앞서 살펴본 장세진의 논문에서는 라이샤워, 하타다 다카시를 매개로 한 더욱 긴밀한 인적 네트워크에도 주목하고 있다. 특히 에드워드 와그너(Edward Wagner), 이병도를 트랜스퍼시픽 인맥의 핵심적 중간 터미널로 규정하는데, 와그너를 전전/전후 일본의 조선학 연구와 연결해준 고리는 경성제대 법문학부 교수 다카하시 토루이다. 와그너는 그의 문하에서 2년간 현장 연구하며 한국사를 학습하고 다시 이병도와도 접속하게 되었다고 밝힌다. 특히 덴리대학 소선학회 주최의 조선학 학술내회의 내용과 의의를 한국 독자들에게 단독으로 리뷰하고 해설하는 이병도의 위치를 주목하며, 국내 역사학계, 일본 조선학계, 미국 내 한국학계를 왕래하고 연계하는 권위자이자 국제적인 에이전시의 위치도 강조하고 있다. 중요한 지적이지만 장세진의 논문에서는 '조선학회'를 매개로 한 미국-일본-한국의 학술의 연계에 대해서는 간과한 측면이 있다. 이 글에서는 이병도를 '조선학회'와 관련해 주목하고자 한다.

표 1-3   제12회 조선학회 전체 프로그램(재구성)

	이름	소속	발표제목
대회 1일차 기조 강연	李丙燾	서울大學	舊三國墓制의 二, 三에 대하여
	三上次男	東京大學	낙랑군시대의 사회에 관한 二, 三문제
대회 2일차 오전	中村完	親理研究所	陀羅尼의 朝鮮譯音에 就하여
	玄昌厦	天理大學	고려가요의 서정성에 就하여
	阿部吉雄	東京大學	自省錄·困知記의 朝鮮本과 日本本
	金斗憲	建國大學	湖洛學派의 논쟁에 就하여
	青山秀夫	天理大學	擬態語小考
	有井智德	墨田川大學	李朝의 復戶에 就하여
	中村榮孝	名古屋大學	壬辰戰爭의 義兵에 就하여
대회 2일차 오후	大塚鐙	甲南大學	在日朝鮮人의 道德判斷
	笠井倭人	京都女子學園	삼국유사연표와 일본서기
	金亨奎	서울大學	한국어에 있어서의 g음의 탈락현상
	三品彰美	大阪市立博物館	신라 골품제에 就하여
	閔泳珪	延世大學	新羅興德王碑斷石考
	村上四男	和歌山大學	北漢山州의 置廢에 就하여
	森岡康	東洋文庫	贖還被擄婦人의 이혼문제에 就하여
	渡部學	武藏大學	趙克善餘論
	末松保和	學習院大學	高麗式目形止案에 就하여

수 있는 광경이다. 이병도가 이 기사에서 소개한 10월 23~24일 이틀간에 걸친 학술회의의 전체 프로그램을 표로 재구성해보면 〈표 1-3〉과 같다.

「일본 '조선학회' 제12차 대회 보고」에서 이병도가 묘사한 학술회의장은 뚜렷한 하나의 경향성을 지니고 있다. 바로 민족주의 정서를 환기시키며 일본인의 학술을 비판하는 자신의 입장을 강조한 것이다. 식민지 시기 이병도는 문헌 고증에 중심을 둔 일본 제국의 동양사학 전통에 충실한 연구자로 민족주의와는 거리가 있는 역사학자였다. 식민지 시기 그의 학술적 이력에서

---

21   이병도, 「일본 '조선학회' 제12차 대회 보고」, ≪사상계≫(1961.11), 311쪽.

애써 민족의식을 찾자면, 식민주의 사학과 대결하는 민족주의적 역사의식이라기보다는 일본 제국의 동양사학이라는 큰 틀 안에서 일본인 동료 학자들과 경쟁하는 의식을 지니고 있었다고 보는 편이 타당할 것이다. 이병도는 과거 일본인과의 경쟁의식을 변형시켜, 조선학회의 발표와 이후의 민족주의적 서사를 강조하는 보고서를 통해 스스로를 탈식민지 한국학을 수행하는 민족주의 사학자로 재구성하고 있다. 이를테면 미카미 쓰구오(三上次男)의 기조 강연에 대한 그의 비판적 견해가 한 사례이다. 미카미 쓰구오의 발표는 "낙랑시대의 고분 기타 유적에서 출토된 벽돌 등에 나타난 왕씨(王氏), 한씨(韓氏) 등의 씨성(氏姓)이 모두 토착 한인(漢人)에 불과하다"라며, 일본에 문자를 전해준 "백제의 왕인도 결국 이러한 류의 토착 중국인의 자손"[22]이라는 것이었다. 이병도는 강연이 끝난 후 사석에서 미카미 쓰구오에게 "한식(漢式) 씨성(氏姓)을 가진 사람을 일률적으로 모두 한인이라고 보는 것은 부당하다[토착 조선인 사회에서도 한식 씨성을 모방한 사람이 있었을 것이며 실제 한씨(韓氏)는 낙랑 이전 조선 왕실에서 칭성(稱姓)해오던 것이다]라는 것과 왕인도 일본 『고사기』에는 그 본명이 와니기시(和邇吉師)로 나타나지 않느냐? 이것이 정작 그의 백제 본명이기 때문에 왕인이라 한 것은 한식화(漢式化)한 씨명으로 보아야 한다"[23]는 것을 반박했다고 보고한다. 알다시피 한사군(漢四郡)의 하나인 낙랑에 대한 고고학적 발견과 그 역사적 해석은 식민지 시기 일본 관학의 아카데미즘이 조선사의 타율성을 구성하는 중요한 전거였다. 미카미 쓰구오의 논의 역시 패전 이전의 동양사학이 구성한 조선사 인식을 공유한다. 이병도는 한식(漢式) 성(姓)을 가진 자들, 즉 지배계급이 모두 한족(漢族)만은 아니라고 주장하며 이러한 역사 인식을 공박하고 있다.[24]

---

22 같은 글.
23 같은 글.

그렇다면 첫날 미카미 쓰구오와 맞선 이병도의 기조 강연은 무엇이었을까? 이태극이 ≪조선일보≫에 남긴 보고기에 따르면, 이병도는 한국의 문헌 고증과 현실을 답사한 '슬라이드'[25] 등을 이용해 "삼국시대 고분의 내외구축의 양상을 밝히며 고구려 고분에서 보여준 좌청룡, 우백호, 전주작, 후현무 등으로 내려온 풍수설적 발원 등을 흥미 있게 논파"[26]했다고 한다. 이병도 자신이 밝힌 강연 요지에 따르면, 삼국 중 고구려, 백제의 능묘는 "내부적으로 발달해 종종(種種)의 독특한 구조와 벽화를 나타내고 있는바, 그중에 특히 사신(청룡, 백호, 주작, 현무) 벽화와 같은 것은 단지 장식(裝飾)으로써뿐만 아니라 그 이상의 형이상학적인 내재적 의의"를 지닌다는 것과 신라의 능묘 중 통일 이후의 "화석십이지신 석난간(護石十二支神 石欄干), 상석(床石) 등은 중국 역대의 능묘에서는 발견할 수 없는 신라의 독특한 것으로 서양에서 이른바 서클 스톤(circle stone) 류의 발달된 형태로 볼 수 있다"[27]는 점을 강조했다. 이병도의 강

---

24 미카미 쓰구오의 강연에 대한 반발이 이병도에게서만 확인되는 것은 아니다. 국어국문학회 회장이었던 이태극도 동일한 강연에 대한 비판적 견해를 밝히고 있다. 이태극은 미카미 쓰구오의 발표가 "낙랑의 왕족은 물론이요, 귀족층까지도 한의 이민이요. 후계 왕권에 반항한 씨족들도 그 이민의 후예들이었다는 점"이었으며, "그 결론에 도달하는 과정이 그 시대의 사회를 고구한다기보다는, 낙랑의 지도층은 토착민이 아니라 한족이었다는 것을 전제로 한 서론 단계였다"라고 비판했다. 이태극, "진지한 학문의 교류: 제12차 한국학회 연구대회 보고기", ≪조선일보≫, 1961년 11월 19일 자, 4면.

25 이병도가 발표 때 사용한 슬라이드와 관련해 아시아재단 서류에 흥미로운 기록이 남아 있다. 1955년 11월 15일 국립박물관장 김재원은 아시아재단의 잭 제임스(Jack James)에게 편지를 보내, 진단학회 주도로 3년 전쯤 경주에서 고고학 발굴 작업을 할 때 이용민 촬영감독과 함께 다큐멘터리 영화를 만들었는데 예산상의 이유로 완성하지 못했으므로, 지금이라도 자금을 지원해준다면 이 다큐멘터리 영화를 완성하고 싶다고 요청했다고 한다. 당시 발굴 작업을 주도한 진단학회의 회장은 이병도였으며, 일본 조선학회에서 발표하며 사용한 슬라이드는 이때 찍은 것으로 추정된다. Box P-60, The Asia Foundation, Hoover Institution Archives.

26 이태극, "진지한 학문의 교류: 제12차 한국학회 연구대회 보고기", 4면.

27 이병도, 「일본 '조선학회' 제12차 대회 보고」, ≪사상계≫(1961.11), 312쪽.

연은 삼국시대의 고분이 중국의 영향을 받지 않았으며 독자적인 구조와 형이
상학적 의미를 지녔다는 점, 다시 말해 고대 한국문화가 가진 독자성과 주체
성을 강조하는 내용을 담고 있었다.[28] 특히 독자적인 한국 고대문화가 지니는
보편성을 '서양의 서클 스톤 류의 발달된 형태'로 이해하는 방식은 미국 헤게
모니하에서 '지금-여기'의 한국 문화를 서구적 보편성과 연관 짓고자 하는 당
대적 필요와도 겹쳐 있는 듯하다. 이병도의 민족(주의) 서사는 미국식 민주주
의를 새로운 헤게모니로 수락한 '지금-여기'의 남한의 위치에서 배타적으로
구성된 것이라고 할 수 있다.[29]

　이처럼 이병도의 보고서에는 자신이 탈식민지 지식인으로서 식민 종주국
이었던 일본인들의 한국(사)에 대한 과거의 잘못된 편견에 맞서고 있다는 자
의식이 강하게 드러난다. 이러한 의식은 그의 보고서 전체에서 발견된다. 가
령 목록 10번의 '재일조선인의 도덕 판단'이라는 발표에서 반드시 "좋지 못한
내용의 말이 나올 터이니 애초에 그 연구 발표에는 들어가지 않는 것이 어떠
하냐고 발론"하거나, 모리오카 야수(森岡康)의 발표는 병자호란에 잡혀갔다가
송환된 상류층 부녀들에 대한 이혼 여부 문제를 다루었기 때문에 "우리로서
는 좀 창피스러운 감을 억제치 못하였다"[30]라는 표현으로 민족적 감정을 강하

28　그의 이 강연은 조선학회가 끝난 이후 ≪조선학보≫에 발표되었다. 이병도, 「舊三國の
　　墓制の二三について: 特に四神と護石·床石などどの發達について(要旨)」, ≪朝鮮學報≫,
　　23輯(1962.4).
29　이병도는 1950년대를 전후해 두레, 향약, 계, 화백 제도, 비변사 등을 '협동과 타협' 정신
　　의 증거로 제시하며, 한국문화의 저류에 민주주의적 자질이 존재했었다는 점을 강조한
　　다. 미국식 민주주의의 헤게모니가 본격화하는 1950년대에 이병도는 민주주의와 결합된
　　'민족주의'를 창출하고 있는 셈이다. 미국의 외교관이자 한국학 연구자였던 그레고리 헨
　　더슨(Gregory Henderson)은 한국에서 민주주의 문화의 발전을 기대할 수 있는 근거로
　　이러한 이병도의 한국사론을 제시하고 있다. 이병도의 '협동과 타협'의 한국사 논의는 냉
　　전 시대 미국식 민주주의 진영에 편제된 한국학의 자기 구성을 보여주는 한 사례라고 할
　　수 있을 것이다. 그레고리 헨더슨, 「한국문화에 대한 기대」, ≪사상계≫(1958. 9) 참조.

게 표출한다. 마지막으로 이병도가 보고서의 말미에서 밝힌 감상과 비전에서는 해방 이후 한국학 연구자들이 식민 종주국이었던 일본의 식민지 '조선학'을 계승하는 전후 일본의 '조선학'과의 관계를 새롭게 설정하고자 하는 의욕을 엿볼 수 있다.

이번 참석에서 제일 크게 느낀 바는 '조선학회'와 덴리대학의 한국어과를 중심으로 일본의 한국 연구자가 해마다 늘어가고, 대개 신인들은 아무런 선입견이나 색안경을 쓰지 않고 그야말로 진지한 학구적인 태도로 연구하고 있다는 것이다. 이런 의미에서 피차 서적 교환은 물론 학생 또는 교수의 교환도 빈번히 행해야 하겠다는 느낌을 절실히 갖게 되었고, 또 **앞으로는 우리가 주체가 되어 대회를 열고 그들을 초청할 필요가 있음을 느끼었다.** 사실 **우리에 관한 연구 발표에서 우리가 주최적 역할을 하지 못하고 남에게 초청을 당한다는 것이 떳떳지 못한 까닭**이다. 국교의 재개도 긴급한 문제이지만 상호 문화의 교류는 더욱 긴급을 요하는 문제라고 생각된다(강조_인용자).[31]

이병도는 일본의 한국학 연구가 세대교체되고 있으며, 신진 연구자들은 '선입견과 색안경을 쓰지 않고' 연구하고 있다고 설명하면서 일본 '조선학'의 신구 세대를 변별한다.[32] 더불어 한국학 연구는 한국인의 손으로 주도되어야 한

---

30   이병도, 「일본 '조선학회' 제12차 대회 보고」, 313쪽.
31   같은 글.
32   일본에서의 '조선학' 연구가 신구 세대를 교체하고 한국인 및 한국어 중심의 한국학 연구로 변화해야 한다는 인식은 조선학회 한국인 참가자들의 공통된 감상이었던 듯하다. 규슈제국대학 출신의 경제학자 최호진은 '조선학회'를 참관한 후 「The Society for Korean Studies at Tenri Colleges」[《민국일보》, 1961년 11월 12일 자 기사 번역]과 재단에 별도로 제출한 보고서 「Korean Studies in Tenri University-Superintended by Prof. T. Takahashi, former Professor of Keijyo(Seoul) Imperial University」를 남기고 있

다고 주장한다. 즉, 일본의 조선학계 내부를 제국주의 침략과 연결된 일본 구세대의 '조선학'과 '선입견 없는' 신인들의 '조선학'으로 구분하고, 전체적으로는 한국학의 주도 집단을 독립한 한국의 연구자들로 호명하고 있다. 이러한 인식은 물론 일본의 연구자들을 만나기 이전에도 형성되고 있었지만, 일본의 '조선학'이라는 타자와의 조우를 계기로 비로소 뚜렷하게 자각되었다고 이해된다. 이러한 인식은 제14회 대회에서 '한국어' 중심의 한국학 연구를 제기하는 것으로 이어진다.

4. 제14회 '조선학회'의 풍경: '한국학'의 독립 선언

앞서 루코프 보고서에서 1962년 연차대회에서도 조선학회 측이 한국학자들을 초청할 것이라고 전언했듯이, 1962년에 개최된 조선학회 제13회 대회에도 한국학자들이 참여했다. 건국대학교 교수 김일근의 신문 기고에 따르면, 12명의 한국학자들이 제13회 조선학회에 참여했다.[33] 그러나 이 대회 참가에는 아시아재단의 지원이 없었던 듯하다. 김일근은 이 기사에서 개인적인 "경제적 희생"을 통해 참여했다고 적고 있기 때문이다. 실제로 아시아재단 서류에서도 제13회 대회와 관련된 서류는 부재한다. 아시아재단 아카이브에 참가

다. 그 중심적인 내용은 다카하시 토루의 지도하에 조선학회가 설립 운영되고 있으며, 두 정부의 긍정적인 양해하에 이번 학회가 개최된 사실을 적고, 한일 양국의 태두로 다카하시와 이병도를 규정하고 있다. 또한 '일본의 한국학은 이전의 식민지 세대와 새로운 젊은 세대가 공존해 발전하고 있으며', 해방 이전의 일본의 과오 및 조선학의 과오에 대해 한국학자들이 날카롭게 지적했고, 이에 대해 전전부터 연구해온 일본학자들이 동의했으며 새로운 세대가 한국 연구에서의 한국어의 중요성을 자각해감에 따라 미래에는 한일 양국 학자들의 공동작업에 의해 한국학이 올바르게 발전하게 되리라는 기대를 피력하고 있다.

33　김일근, "韓國을 硏究하는 日本人들", ≪동아일보≫, 1962년 11월 7일 자, 6면.

지원이 확인된 것은 1963년 10월 19일부터 22일까지 4일간 열린 제14회 조선학회이다. 아시아재단 서류 「KO-SX-777」에 따르면 제14회 대회에 재단 지원금을 받고 참가한 한국인 학자는 고창식(대한교과서), 문선규(전북대학교),[34] 이병주(동국대학교), 황성팔(서울 문일직업학교), 박창해(연세대학교), 최호진(연세대학교) 등 6명이었다.[35]

연세대학교 경제학 교수 최호진이 학회 참가 이후 남긴 영문보고서 「일본 한국학의 최근 동향(Recent Trend of Koreanology in Japan)」이 서류철에 남아 있어 제14회 대회의 풍경을 알 수 있다. 최호진은 "한일 간의 더 나은 우호와 문화적 교류를 조성하는 것"을 이상으로 삼아 출발한 조선학회가 "처음에 전체 회원 200명이 채 안 되었"지만 "지금은 12개국에서 이 분야에 400여 명의 학자를 포함하고 있"고, "학회지 ≪조선학보≫는 일 년에 4회 발간되며 지금은 29호까지 간행되었다"라고 간략하게 학회의 연혁을 서술한다. 여기에 이어서 묘사된 '조선학회' 제14회 대회의 첫날 풍경은 흥미롭다.

첫째 날 모임에서 박종홍 교수는 "한국 근대 사상의 흐름"이라는 주제로 2시간 동안 한국어 강연을 한 후 짧게 일본어로 요약했다. 그 내용은 한국 사회에서 근대 합리주의 사상의 역사적 관점에 대한 그의 최근 연구에 대한 것이었다. 강연 이후 박 교수는 한국에 대해 배울 때 한국어가 중요함을 강조했다. 그리고 **조선학**

---

34 전북대학교 국문과 교수인 문선규에게는 1965년 한 달여 간 교토대학에서의 박사학위 취득을 위해 아시아재단에서 항공료와 체재비 300달러를 지원한 서류가 남아 있다(KO-TKY-69, December 27, 1965). '조선학회' 참가뿐만 아니라 일본으로의 연수에도 아시아재단이 지원을 했음을 확인할 수 있다.

35 서류에 따르면 참가자에게 100달러씩 총 600달러가 지원되었다. David Steinberg, "KO-SX-777 Transmittal of Letters of Agreement," October 23, 1963, 14TH CHOSEN GAKUKAI CONF.(KOREANOLOGICAL)_1963(Japan Conference), P-268, The Asia Foundation, Hoover Institution Archives.

회의 공식적인 언어를 일본어에서 한국어로 교체할 것을 제안했다. 이 제안은 회의의 일반적인 분위기를 상당히 변화시켰다. 박 교수의 연설 이후 모든 한국인 참석자들은 한국어로 자신을 소개하고 일반적인 토론 세션에서도 한국어로 이야기했다. 일본학자들은 경악해서 한국어에 익숙하지 않은 일본학자들을 위해 짧게 요약해주기를 제안했다. ……

올해 모임에서 가장 두드러진 점은 일본인 학자들이 이제 한국학(Koreanology) 연구에서 한국어의 중요성을 깨달았다는 사실이다. 최근까지 일본학자들은 그들의 한국학 연구에서 한국어를 전혀 모른 채 한국문학에서 사용되는 한자만을 전적으로 의존해 연구를 해왔다. 조금 늦은 감이 있지만 한국어의 중요성을 자각한 것은 일본에서 한국학의 수준을 높이기 위한 희망적인 징표이다. 한국의 독립 이전에 활동했던 일본의 늙은 조선학 연구자들은 서서히 퇴장하고 있다. 내게는 젊은 세대, 특히 대학원생들이 현재의 일본 한국학에서 더욱 중요한 역할을 수행해가고 있는 것처럼 보인다(번역 및 강조_인용자).[36]

제14회 대회 첫날 박종홍은 기조 강연자로 나섰다. 앞서 제12회 대회에서 이병도가 수행했던 역할을 박종홍이 맡았다. 아시아재단 서류상에는 박종홍을 지원한 것과 관련된 서류가 없지만 이병도의 초청 경비를 '조선학회' 측에서 부담했듯이 박종홍의 경비 역시 '조선학회'에서 부담한 듯하다. 이 당시 박종홍은 5·16 쿠데타 직후 '국가재건최고회의'가 구성한 교수자문회의의 성원이었다. 그는 박정희와 긴밀한 관련을 맺고 있었으며, 이후 국민교육헌장 기초위원 등을 맡아 박정희 정권의 대표적인 이데올로그로 활동하기도 했다.

---

[36] Hochin Choi, "Recent Trend of Koreanology in Japan," 14TH CHOSEN GAKUKAI CONF. (KOREANOLOGICAL)_1963(Japan Conference), P-268, The Asia Foundation, Hoover Institution Archives.

'조선학회' 측에서 박종홍을 기조 강연자로 초청한 데에는 당시 그가 군사정권과 맺고 있는 관계와 함께, '조선학회'의 핵심 멤버들인 경성제국대학 인맥과 박종홍이 맺고 있는 인연도 중요하게 고려된 것으로 보인다. 박종홍은 경성제국대학 철학전공 3회 졸업생이며, 조선어문학 교수였던 다카하시 토루와 전공은 달랐지만 넓은 의미에서 경성제국대학 사제관계를 형성하고 있었다. 박종홍은 다카하시 토루 등 경성제국대학 출신 교수들이 만든 '조선학회'에 참석해 스승과 과거의 동료들 면전에서 "조선학회의 공식 언어를 일본어에서 한국어로 교체할 것"을 제안했다. 박종홍의 연설 이후 한국인 학자들은 자신들의 발표 섹션에서 한국어로 자신을 소개하고 토론함으로써 한국어에 익숙하지 않은 일본 측 참가자들을 경악시켰다고 최호진은 전한다.

식민지 시기 제국의 관학자들은 '조선어'에 대한 배경 없이도 한자 문헌을 통해서 '조선학'을 수행하는 데 아무런 문제를 느끼지 않았다. 박종홍은 과거 일본 제국에서 일본어를 중심으로 한 지식의 권력관계 속에서 이루어졌던 '조선학' 연구를 한국어 중심의 '한국학' 연구로 탈바꿈시켜야 한다고 주장하고 있는 셈이다. 성격은 조금 다르지만 '한국어' 중심으로 학술을 독립하는 것은 식민지 시기부터 박종홍 등의 경성제국대학 조선인 출신들이 지향했던 목표이기도 했다. 경성제국대학 출신 조선인 졸업생들이 간행했던 학술지 ≪신흥≫이 바로 그 사례이다. 경성제국대학이라는 제국의 학지 프로그램에서 훈련된 조선인 학생들은 자신들을 일본인 교수들로 대표되는 식민지 관학 아카데미즘의 일본어 학술과 변별하고, 동시에 아마추어적인 민간의 조선인 학술과도 구별하면서 본격적인 아카데미즘에 입각한 '조선어 학술'을 표방했다.[37]

덴리대학의 '조선학회'를 중심으로 연구된 '조선학'은 식민지 이래 관학 아

---

[37] 이에 관련해서는 박광현, 「경성제대와 『신흥』」, ≪한국문학연구≫, 26집(2003.12) 참조.

카데미즘으로서 연속된 '조선학'이며, 일본어를 토대로 하는 '지'의 체계였다. 다카하시 토루 등 일본인 교수들에 의해 일본어 아카데미즘의 프로그램 속에서 육성된 조선인 제자들은 제국의 '지'의 체계에서 지방학적 위치에 있었던 일본어 중심의 '조선학'을 한국어에 기반을 둔 탈식민지 '한국학'으로 재정립하면서, 일본인 은사와 동료들에게 한국어가 '조선학'의 핵심이 되어야 한다고 주장했다. 조선학회는 지금도 일본어로 진행되고 있는데 이는 박종홍의 주장이 받아들여지지 않았다는 사실을 보여준다. 그렇지만 박종홍의 이러한 주장과 한국 참석자들의 동조는 제국 일본의 '조선학'이 해방 이후 새로운 국민국가인 일본의 '조선학'과 한국의 '한국학'으로 분기되었음을 보여주는 상징적인 장면이라고 할 수 있다.

5. 결론

지금까지 한국학자들이 제12회(1961), 제14회(1963) '조선학회' 연차대회에 참가한 배경과 대회의 구체적인 내용에 대해 살펴보았다. 덴리대학에서 개최된 조선학회를 둘러싼 한·미·일의 입장은 각기 달랐다. 미국은 냉전 체제하 아시아 전략의 핵심적 현안으로 한일국교정상화를 추진하면서 한국의 쿠데타 정권에 이를 압박했다. 미국 정부의 이러한 방침 속에서 민간 기구인 아시아재단 역시 학술 부문에서 적극적인 한일 교류를 유도하는 역할을 자임했으며, 일본 조선학회 연차 회의에 한국학자를 참가시키는 빙안이 제안되었다. 아시아재단의 입장에서 보면, 한일 민간 학술 교류의 촉진은 무엇보다 미국의 이익에 부합하는 프로그램이었다.

일본의 조선학회 측에서는 이 문제를 어떻게 간주했을까? 직접적인 자료는 확인할 수 없었지만, 추론은 가능하다. 패전 이후 일본 정부는 큰 틀에서 미국의 아시아전략에 한 축을 담당한 것이 사실이거니와, 미국의 압박 속에서 한일국교정상화 회담에 응하고 있었다. 일본 정부 입장에서는 별도의 예산을 들이지 않으면서 생색을 낼 수 있는 조선학회의 한국학자 참여를 마다할 이유가 없었다. 조선학회의 입장에서도 한국 연구자 초청을 통해 행사를 이슈화하는 것은 큰 이득이었다. 정준영의 연구에 따르면, 일본의 패전 후 일본으로 돌아온 경성제국대학 관계자들은 대부분 도쿄제국대학 출신으로 경성제국대학에 재직했다는 엘리트로서의 주류성과, 그럼에도 불구하고 식민지에서 쫓겨 온 '외지' 출신이라는 비주류성이 혼재된 불안정한 사회적 위상을 지니고 있었다. 패전 당시 경성제국대학 예과에 재학하고 있던 재학생들이 일본 '내지'로 귀환한 후 구제고등학교에 편입하고자 했을 때, 그 실력을 의심받아 검정을 통과해야 한다는 분위기가 조성된 것이야말로 일본 사회에서 경성제국대학 관련 귀환자들이 받은 취급을 상징적으로 보여준다. 경성제국대학 교수들 역시 돌아온 직후에는 일본의 학술장에 편입하지 못하다가 도쿄제국대학이라는 학벌, 경성제국대학이라는 인맥 등을 공통분모로 하는 집단 정체성을 토대로 일본 학술계에 어렵사리 자리를 잡았다. 따라서 일본으로 귀환한 직후부터 이들은 동창회를 조직하고 일본 사회에서 생존하기 위한 집단 정체성을 형성하기 시작했다. 1950년대부터 이들은 식민지 (대학)경험이 일본과 한국 사이를 교섭하는 가교를 놓는 데 중요한 자산임을 내세우며 자신들의 사회적 효용을 일본 사회에 주장했다.[38] 제12회 조선학회가 한국학자들을 초청한

---

[38] 경성제국대학 예과생들에 대한 검정 방침은 경성제국대학 출신 교수들의 극력 운동을 통해 철회되었다. 일본 패전 이후 경성제국대학 교수들의 귀환과 일본 사회 정착에 대해서는 정준영, 「경성제국대학 교수들의 귀환과 전후 일본 사회」, ≪사회와 역사≫, 통권 99호 (2013년 가을) 참조.

것은 귀환 이후 경성제국대학 출신자들이 일본 사회에서 자리를 잡기 위한 일환이었다는 맥락에서도 이해할 수 있을 것이다.[39]

마지막으로 조선학회 참가 신청이 공고되었을 때 한국인 연구자들이 보인 '열광적'인 반응은 어떻게 이해해야 할까? 그것은 아마도 청년 시절 유학처였던 일본에 대한 '향수', 그리고 그동안 막혀 있었던 만큼의 반대 급부로 일본행에 대한 강한 열망이 분출된 것으로 이해할 수 있을 것이다. 특히 그곳에서 만난 일본학자들은 자신들에게 학문을 전수해주었던 은사 또는 함께 공부했던 동료들이다. 아시아재단의 경제적 지원을 통해 자신의 학문을 형성했던 유학처를 다시 방문하고 은사 및 동료들과 전공 학문을 발표·토론할 수 있는 기회는 매력적으로 다가왔을 것이다. 조선학회 참가는 이들 한국학자들에게 더욱 중요한 자각을 가져다준 계기이기도 했다. '조선' 대신 '한국'을 사용하자는 김두헌의 주장, 일본학자의 낙랑론을 비판하고 삼국시대 고분의 독자성과 주체성을 강조한 이병도의 언설, 조선학회의 공식 언어를 한국어로 변경하자는 박종홍의 제안 등은 식민지의 '조선학'에서 벗어나 독립국가의 '한국학'을 천명한 학술의 독립 선언이라고도 할 수 있다. 한국학자들의 이러한 인식은 조선학회에 참가해 자기 정체성의 일부를 구성했던 '조선학'이라는 현존하는 과거'와 조우함으로써 비로소 강렬하게 자각된 것이다.

마지막으로 당대 한국 사회에서는 한국인 학자들의 조선학회 참석에 대해 어떤 인식을 가지고 있었을까? 앞서 살펴본 참가자들의 보고서를 여러 저널

---

[39] 이 글에서는 일본에서의 한국학 연구를 '조선학회'에 국한해서 살펴보았지만, 1960년대를 전후해서 조선사연구회, 조선연구소 등 '조선학회'에 대항하는 새로운 분위기가 일본 학계에 대두했다는 사실을 기억해야 한다. 이들은 조선사의 과학적 연구를 표방했으며, 식민통치기의 조선 연구에 대해서도 비판적 검토를 수행했다. '조선학회'와 '조선사연구회'의 경합에 대해서는 미쓰이 다카시, 「전후 일본에서의 조선사학의 개시와 사학사상(像):1950~60년대를 중심으로」, ≪한국사연구≫, 153(2011.6)를 참조.

리즘에서 보도한 데에서 알 수 있듯이, 해방 이후 처음 이루어진 공식적인 학술 교류에 대해서 사회 일반은 높은 관심을 보였다. 그렇지만 한일국교정상화 회담에 대한 비판적인 인식이 팽배해서 이 학술 교류에 대해서도 비판적인 인식이 강하게 자리하고 있었다. "본부에 있는 덴리대학을 중심으로 하는 조선학회는 한국 역사의 연구기관으로 되어 있다. 물론 이것을 학술 면에서 침투해오는 공작이라고 속단할 수는 없겠지만 매년 여름에 학회를 개최할 적마다 그 기회에 도일해보려고 체면 불고하고 덤벼드는 비학자(非學者)들도 없다고 할 수 없는 실정에는 두려움을 느끼게 된다"[40]라고 우려하는 기사는 당대 대중의 무의식에 잠재해 있던 '일본적인 것'에 대한 공포와 반감을 잘 보여준다. 이러한 부정적인 인식에도 불구하고 한국학자들의 '조선학회' 참가는 해방 이후 학술상의 첫 교류라는 점에서 의미를 지닌다. 무엇보다도 일본 연구자와 한국 연구자의 이 조우는 많은 한국학자들에게 자신들의 학술적 정체성을 구성했던 배경인 일본 제국의 '조선학'에서 벗어나는 계기가 되었다. 그리고 자신들이 새로운 국가를 배경으로 하는 '한국학'을 수행하는 집단이라는 점을 자각시키는 계기였다는 점에서 큰 의의를 지닌다.

---

40   "창가학회와 덴리교", 《동아일보》, 1964년 4월 10일 자, 3면.

02

강박으로서의 식민(지), 금기로서의 제국을 넘어
1960년대 한국 지식인들의 일본 상상과 최인훈 텍스트 겹쳐 읽기

장세진

1. 1960년대 일본 상상과 최인훈 텍스트

1963년 6월 시작해 이듬해인 1964년 6월까지 ≪세대≫지에 연재된 최인훈의 소설 「회색의 의자」(단행본으로 출간하면서 『회색인』으로 개제했으나 이 글에서는 편의상 원제를 단행본으로 취급해 『회색의 의자』로 표기한다)에는 말로만 전해 듣던 전후 일본 사회의 번영과 풍요를 처음 목격한 한국 청년들의 충격이 다음과 같은 '대담한' 방식으로 제시되어 있어 눈길을 끈다.

"김 소위, 내 말하지. 아까 식사 전에 이 앞을 지나다가 문득 내 머리에 희한한 생각이 떠올랐단 말이야. 이 포(砲)(그는 포신을 어루만졌다) 말이야. 이걸 저기다 대고 그냥 쏘아 붙인다면 ……." 그는 턱으로 요코하마를 가리키는 것이 아닌가. 순간 내 몸 속을 쭈뼛한 것이 좍 흘러가더군. 나는 **어떤 감동에 사로잡힌 채**

온통 갖가지 조명이 아름다운 항구에 눈을 준 채 벙어리처럼 대꾸를 못했어. 멍한 채 섰는 내 귀에 녀석의 말은 무슨 마술처럼 계속 들려왔지. …… **그 생각이 떠오른 순간의 감격**을 어떻게 나타냈으면 좋을까. …… 나는 내 손을 두려워했어. 내 머리에 떠오른 무서운 생각을 실천에 옮기고 싶어서 떨고 있는 내 손을 ……. 탄(彈)은 충분해. 내 손이 단 1분간만 작업하면 그 찬란한 밤의 도시는 순식간에 그야말로 수라의 뜰이 돼. **아 …… 그 기쁨**. 집이 무너지고 차가 깔리고, 그렇지, 사람이 죽는다. 왜놈들이(강조_인용자).

결코 실현될 수 없는 불발의 에피소드로 설정되어 있지만, 이 텍스트는 요코하마 시내를 포격한다는 젊은 해군 소위들의 상상을 적어도 그 발상의 최초 순간에서만큼은 불온하고 파괴적인 것으로 그려내지 않는다. 반대로 "어떤 감동"과 "감격"조차 야기하는 정서적인 고양의 순간으로 묘사한다. 물론 텍스트 안에서 이내 부연되듯이 이때의 감동이 개인적 차원일 리는 없다. 그것은 한 사람이 "한국 민족이라는 전체(성)"를 견지하면서 민족이라는 "전체가 그(요코하마 포격자)를 통해 복수하려" 한다는 전제를 공유할 때만 비로소 성립 가능한, 일종의 민족주의적 '숭고'에 가까운 감정이다. 독일과 동일한 '전범국'이면서도 일본은 국토를 오롯이 온존한 반면 식민지였던 한반도가 오히려 분단된 상황, 게다가 분단이 원인이 되어 구(舊)식민지는 처참한 내전의 격전지가 되었고, 이웃 식민 모국은 이 전쟁을 발판으로 기적 같은 부흥을 이룩했다는 전후의 성공 스토리. 명암이 극명하게 엇갈리는 저간의 역사 진행은 어쩌면 구식민지인들에게 충분히 분노와 선망을 야기할 수 있을 터였다. 소설 속 젊은이들이 느낀 오싹한 전율의 정체는 '민족/종족'의 관점에서 가정된, 그러나 현실에서는 거의 실현된 바 없는 역사의 '시적 정의(poetic justice)'에 대한 감격인 셈이었다.

돌이켜보건대 『회색의 의자』가 부분적으로 포착해낸 일본을 향한 분노 또는 강렬한 민족적 에토스의 편린은 당시 한국 공론장의 분위기와 어떤 식으로든 관련을 맺고 있었다. 널리 알려진 대로 이 소설이 연재된 1963~1964년은 한일국교정상화를 위한 일련의 회담들이 거센 반대 여론 속에서 절차적 파행을 거듭하던 시기였다. 결국 계엄령 발포라는 박정희 정권의 초강수로 한일협정은 끝내 강행되었지만[1] 이후 6·3 사태라고도 불리는 범국민적 저항을 거치면서 '일본'은 단연 당대 공론장의 으뜸 화두로 부상했다. 자연스러운 귀결이지만 애초 한일국교정상화라는 외교 현안에 대한 찬반 여부로부터 비교적 단순하게 시작된 일본에 관한 논의의 스펙트럼은 시간이 지날수록 넓고 깊고 두터워졌다. 다시 말해 36년간의 식민 통치에 대한 일본 정부 측의 정식 국가 배상이 아닌, 어디까지나 '독립 축하금'이라는 전제 위에 세워진 협상의 조건들은 동시대인에게 일본을 화두로 좀 더 근본적인 차원의 질문을 던지게 만들었다. 실제로 질문의 프레임은 '일본이라는 국가를 어떻게 이해할 것인가'라는 **타자 규정의 문제**에서 점차 타자를 통해 구성되는 **주체의 문제** 쪽으로 무게중심을 이동하고 있었다. 예컨대 회담 과정에서 괄호로 처리해 누락되고 만 과거 식민지 경험을 어떻게 해석할 것인가 하는 문제, 나아가서는 식민지 경험의 해석을 통해 어떻게 새로운 (민족) 주체를 구성할 것인가 하는 문제 등이 잇달아 제기되었다. 피식민 경험과 주체 사이를 왕복하는 이 질문들은 사실상 4·19 이후 1960년대 공론장의 우세종으로 등장한 민족주의가 자신의 논의를 지속적으로 전개하기 위해 어떤 식으로든 응답해야 했던 난제들이기도 했다.[2]

---

1   1965년 6월 22일 한국과 일본의 외상이 서명함으로써 체결된 '한일협정'은 1조약 4협정으로 구성되어 있다. 즉, '한일기본조약'을 위시한 '한일문화재 및 문화협력에 관한 협정', '한일어업협정', '재일교포 법적 지위와 대우에 관한 협정'. '한일재산 및 청구권 문제 해결과 경제협력에 관한 협정'이 그것이다. 다카사키 소우지(高崎宗司), 『검증 한일회담』, 김영진 옮김(청수서원, 1998), 1장 참조.

이 글의 목표는 1960년대 공론장의 지형도 안에서 일본 상상과 관련된 최인훈 텍스트의 독특한 위치를 파악하고 그 의의를 가늠하는 것이다. 이 시기 최인훈의 텍스트에 주목해야 하는 이유는 단지 소재적 차원에서가 아니라 일본이라는 키워드를 경유해 제기된 (내 안의, 우리 안의) '식민성'[3]의 문제를 어떻게 극복할 것인가 하는 질문이 사실상 그의 소설을 이끄는 핵심 동력으로 설정되어 있기 때문이다. 선행 연구에서 적절히 지적했듯이, 식민성과 관련된 질문들은 멀게는 해방기 '반민특위'의 실패 이후 공론장의 수면 아래 단지 '가능태'로 잠복해 있다가 한일협정의 국면에 이르러 뒤늦게 "논제로서 발견"된 것이 사실이다.[4] 그도 그럴 것이 한국전쟁으로 시작된 1950년대 '식민성'이라는 화두는 이승만 정권의 '반공' 및 서구식 '자유민주주의' 담론의 압도적인 비중에 가려져 제대로 발화조차 되지 못한 형편이었다. 물론 1950년대 이승만 정권의 '반일' 프로파간다가 유난히 요란스러웠다는 사실은 잘 알려져 있다. 그러나 동일한 바로 그 이유로 내면화된 식민성에 대한 심도 깊은 질문은 오히려 원천 봉쇄되기 쉬웠으며, 결과적으로 이전 시기의 반일 담론은 일방적인 증오와 배제를 기반으로 한 국민 동원 이데올로기 수준에 머무르고 있었다. 이러한 맥락에서 6·3 국면이란 "식민지 경험이 집단적·개인적 자기 정의와 역사 이해

---

2 한일협정 당시 공론장의 민족주의를 둘러싼 전반적인 구조나 논의 전개 양상에 관한 최근 연구가 축적되고 있다. 오제연, 「1960년대 전반 지식인들의 민족주의 모색」, ≪역사문제연구≫, 25호(2011.4); 장세진, 「시민의 텔로스(telos)와 1960년대 중반 ≪사상계≫의 변전」, ≪서강인문논총≫, 38집(2013.12); 김려실, 「≪사상계≫ 지식인의 한일협정 인식과 반대운동의 논리」, ≪한국민족문화≫, 54호(2015.2); 김성환, 「일본이라는 타자와 1960년대 한국의 주체성: 한일회담에 관한 논의를 중심으로」, ≪어문론집≫, 61집(2015.3) 등 참조.

3 당시 '내 안의 일본'이라는 언설을 전유하는 양상에 관해서는 권혁태, 「한국과 일본 언설의 비틀림」, ≪현대문학의 연구≫, 55권0호(2015) 참조.

4 장문석, 「후기 식민지라는 물음: 최인훈의 『회색의 의자』에 관한 몇 개의 주석」, ≪한국학연구≫, 36집(2015.6).

를 위한 지식으로 구축, 체계화되기 시작한 분기점"[5]이라고 할 수 있다.

그런데 이 대목에서 한 가지 놓치지 말아야 할 것은 '식민(성)'이라는 어젠다의 뒤늦은 발견 자체가 미국의 동아시아 반공 블록 구축이라는 당대의 냉전적 맥락을 배경으로 비로소 가능했다는 점이다. 실제로 한일회담이 한일 양국 모두의 반대 여론을 뚫고 성사될 수 있었던 데는 두 나라의 국교정상화를 강력히 희망했던 미국의 정치적 요구가 다른 무엇보다 컸다고 보아야 한다.[6] 바야흐로 이 시기는 미국이 '통킹 만 사건'(1964)을 조작해 프랑스의 뒤를 이어 베트남 전선에 뛰어든 때로, 미국 정부로서는 막대한 규모의 군사적 비용이 인도차이나 일대에 투입되는 동안 자국 정부의 역할을 아시아에서 대신해줄 일본이라는 존재가 절실하게 필요했다. 대안적 반공 리더로서 일본은 신생 독립국들이 편재한 아시아 지역의 반공 전선을 유지하고, 이들 국가에게 경제성장의 기본 동력인 자본과 기술을 제공해줄 것으로 기대되었다. 따라서 한일국교정상화란 미국이 구상한 이 '글로벌'한 헤게모니 기획이 동아시아 역내 차원에서 실행되는, 일련의 정해진 수순에 의거한 것이기도 했다.

이러한 맥락에서 당대 식민(성)이라는 화두는 미·소 중심의 국제 냉전 질서에 맞서는 또 다른 전 지구적 규모의 움직임, 즉 '신(新)식민주의' 또는 '신제국주의'에 관한 비판적 논의들과 상당 부분 겹치면서 등장할 수밖에 없는 것이었다. 주지하다시피 이 용어들은 식민지의 수 자체는 명백하게 감소했음에도 1945년 이후 독립한 신생국들이 여전히 "대외적으로 강국 정치의 '보이지 않는 손길'"[7]로부터 자유롭지 않은 상황을 적극 타개하기 위해 고안된 신조어들

---

5   이혜령, 「겨울 공화국으로 가는 길목에서의 외침」, 『생활문화사: 1960년대-근대화와 군대화』(창작과비평, 2016), 19쪽.
6   박태균, 「한일협정 반대운동 시기 미국의 적극적인 개입 정책」, 『한일회담과 국제사회』(선인, 2010).
7   이기원, 「신식민주의와 민족주의의 갈등: 전후 두 물결의 기원적 고려」, ≪청맥≫, 2~3

이었다. 예컨대 1961년 4월 반둥에서 개최된 '아시아·아프리카 인민 연대 구상' 제4차 대회에서 아프리카의 신생 독립국 지도자들이 한결같이 동의했듯이, 신식민주의란 "정치적, 사회적, 군사적, 기술적" 차원의 "교묘한 지배 형태"이며 결국 "한 손으로는 아프리카인에게 독립을 주면서 다른 한 손으로는 그 독립을 취소하려는" 시도로 이해되었다.[8] 신식민주의에 대한 이러한 견해는 1960년대 중반의 한국, 그중에서도 특히 박정희 정권 및 배후인 미국의 협정 강행 의지를 반대하는 비판 진영에 의해서도 이론적으로 전유가 가능했던 논리였다. 실제로 1960년대 중·후반 공론장에서는 신식민주의와 신제국주의, 그리고 그에 대한 예측되는 반응으로서 신생 독립국에서 광범위하게 성행했던 제3세계 내셔널리즘에 대한 논의들이 본격화되는 중이었다. 본문에서 다시 서술하겠지만 ≪사상계≫나 ≪청맥≫ 같은 잡지 또한 이러한 사상적 조류에 각각 조금씩 다른 입장을 견지하면서 신식민주의에 관한 논의를 유통시키는 중이었다.

미리 말하자면 최인훈 텍스트에서 우리가 발견할 수 있는 것이 일본에 의한 식민 통치라는 한반도 특유의 식민성에 관한 사유로만 국한되지는 않을 것이다. 오히려 일본을 넘어서서 과거에 서구 열강의 제국주의가 야기한 근대 식민성 일반의 작동 논리, 나아가 1945년 이후 미·소 중심의 신식민주의적 구조와 여기에 맞서는 제3세계 내셔널리즘의 흐름까지 다루는데, 거기에는 식민성이라는 화두를 둘러싼 당대의 가장 포괄적이면서도 모험적인 사유가 개진되어 있다. 실상 최인훈의 텍스트는 소설로 쓴 '식민론'이라 해도 과언이 아니다. 이러한 특성으로 말미암아 특히 2000년대 이후 탈식민주의(post colonialism)를 의식적인 방법론으로 활용해 최인훈 텍스트에 접근하려는 연구 경향이 현저히 늘

월호(1965).

8   송건호, 「식민주의와 제국주의: 보이지 않는 손이 더 무섭다」, ≪사상계≫, 3월호(1963).

어나고 있다. 탈식민주의가 식민(지)의 체험 이후에도 여전히 나타나는 (역사적
으로) 구조화된 식민성의 문제를 다루는 이론이라는 점을 환기할 때, 이는 충분
히 예측 가능할 뿐만 아니라 논리적으로도 정합적인 현상으로 보인다.

　다만 탈식민주의를 표제로 내건 연구 성과에는 어느 정도 편차가 있는 것
이 사실이다. 탈식민주의의 이론적 용어들을 빌려와 최인훈의 텍스트를 다시
정리해보는 초보적 수용 단계가 있었다면, 이제는 정전화된 서구의 이론 체계
로서 탈식민주의를 받아들일 것이 아니라 실제 "우리의 역사적 '상황'을 중심
에 두는 태도가 필요하다"[9]는 탈식민주의 본연의 문제의식을 복구하고 요청
하는 연구들이 점차 등장하기 시작했다. 픽션(fiction)이라는 소설의 합의된
속성을 파괴할 정도로 당대의 정치 담론으로부터 복잡한 사변과 논증을 거리
낌 없이 취한 최인훈의 텍스트를, 바로 그러한 방법론을 낳은 "당대 상황과의
관계망"[10] 속에서 역사적으로 읽어내야 할 필요성을 강조한다는 점에서 이러
한 요청은 이 글의 기본 발상과 크게 다르지 않다. 그러나 이러한 요청을 작품
분석에서 실감나게 구현하는 것은 또 다른 차원의 일이다. 실제로 1960년대
중반 한일협정 국면이나 1960년대부터 1970년대 초반에 이르는 제3세계 간
연대의 시도와 좌절과 같은 동시대의 맥락이 최인훈 텍스트를 설명하기 위한
유력한 콘텍스트(context)로 활용되기 시작한 것은 비교적 최근의 몇몇 연구
에 이르러서이다.[11]

9　구재진, 「최인훈 소설에 나타난 기억하기와 '탈식민성': 서유기를 중심으로」, ≪한국현대
　　문학연구≫, 15집(2004.6).

10　김정화, 「최인훈 소설의 탈식민주의적 연구」(서울대학교 국어국문과 석사학위 논문,
　　2002), 5쪽.

11　예컨대 앞에서 언급한 김려실의 논문은 한일회담 반대 진영의 대표적 전형으로서 ≪사상계≫
　　지식인들의 운동 논리를 살펴본 후, 결론 부분에서 최인훈을 이 국면에서 등장한 더욱 진전된
　　사유의 예로 언급하고 있다. 최인훈의 텍스트와 6·3 국면을 좀 더 본격적으로 연관해서 조명
　　한 선행 연구로는 장문석의 「후기 식민지라는 물음: 최인훈의 『회색의 의자』에 관한 몇 개의

이 글은 최근 연구 성과의 연장선상에서 동시대의 역사적 콘텍스트를 좀 더 확장하고 심화할 것을 제안하는 가운데, 특히 한일협정 및 신식민주의, 제3세계 내셔널리즘에 관한 논의들을 이 시기 최인훈의 주요 텍스트들과 함께 배치할 것이다. 일본 상상으로 인해 촉발된 탈식민적 문제의식을 여실히 드러내는 용어이면서 당대 공론장에서 실제로 유통되었던 언어가 신식민주의, 제3세계 내셔널리즘이다. 이들 용어는 발화의 주체와 논의의 주요 대상이 때론 일치하면서도 때로는 대척점에 놓이기도 하는, 요컨대 발생의 측면에서 구조적 연관성이 대단히 높은 상관 개념들이었다. 그뿐만 아니라 이 용어들은 식민성과 관련해 점진적이면서도 동시에 어느 순간 단절에 가까운 비약적인 변화를 보이는 최인훈 텍스트를 설명하는 데 빠질 수 없는 핵심적인 키워드들이기도 하다. 거듭 말하건대 최인훈의 텍스트는 당대 공론장의 움직임과 의식적으로 부단히 교류하는 쪽을 선택한 결과물이다. 또한 자기부정의 운동(성)을 통해 이전 텍스트에서 선보인 식민성에 관한 사유를 지양하거나 혹은 멈춰 선 자리에서 사유를 다시금 재개하는 변화의 과정 그 자체이기도 하다.

주석」 참조. 이 논문은 최인훈 텍스트와 동시대적 맥락 간의 상관성을 명확하게 지목했다는 점에서 주목할 만하다. 그러나 이 논문은 1960년대 최인훈 텍스트 전반에 관한 분석이라기보다는 『회색의 의자』 단일 텍스트에 집중하고 있다. 동시대의 역사적 맥락을 적극적으로 배치한 논문으로는 권보드래·천정환, 「중립의 꿈, 1945~1968: 최인훈 소설의 정치적 상상력과 '제3의 길' 모색」, 『1960년을 묻다: 박정희 시대의 문화정치와 지성』(천년의상상, 2012)을 들 수 있다. 이 논문은 제목에서 드러나듯 해방기의 중립화 지향과 1950년대 중반 이래 제3의 길을 모색한 국제적 운동으로서의 제3세계 내셔널리즘을 적극적으로 참조하면서, 최인훈의 장편 소설 『태풍』(1973)을 흥미롭게 분석하고 있다. 『태풍』을 좌절된 중립의 꿈에 대한 조사(弔詞)로 해석하는 이 논문의 시각은 충분히 타당하다. 다만 제3세계 내셔널리즘이 국제정치 무대에서 힘을 잃어간 것과는 별도로 한국의 공론장에서는 오히려 1950년대 중반보다 훨씬 실천적인 모습으로 변모하고 있었다는 점에 주목할 필요가 있다. 1960년대 중후반을 거쳐 1970년대에 이르기까지 제3세계 내셔널리즘이 한국 사회에서 실제로 어떤 일을 행하고 있었는가 하는 '수행성'의 문제는 민족주의 담론을 비롯한 당대 공론장과의 적극적인 상호작용과 개입이라는 관점에서 조명되어야 할 것으로 보인다.

신식민주의 비판이나 제3세계 내셔널리즘의 수용은 바로 최인훈 텍스트의 변화를 추동하는 심층의 내러티브에 해당된다고 할 수 있다.

2. 회귀하는 식민지: "일본이 다시 온다"

1) 재식민화의 공포와 식민(지)의 봉인

최인훈의 텍스트를 본격적으로 논의하기 전 6·3 국면에서 ≪사상계≫가 대표한 특정 입장이나 견해의 범위를 간략하게나마 살펴볼 필요가 있다. ≪사상계≫가 초기부터 광범위한 규모의 반대운동에서 선도적으로 비판의 목소리를 냈다는 점은 이미 잘 알려져 있다. 1964년 4월, 공론화를 위해 긴급증간호를 출간한 ≪사상계≫는 첫머리에 실린 권두언의 「우상을 박멸하라!: 굴욕 외교에 항의한다」와 함석헌의 「매국 외교를 반대한다」라는 글을 통해 협정에 관한 시(社)측의 기본 입장을 선명하게 드러냈다. 구한말까지 거슬러 올라가는 '망국' 외교의 통시적 계보[12]에서 시작해 전후 일본과 동남아시아 국가들이 맺은 배상 처리를 한국의 경우와 공시적으로 비교하는 글[13]에 이르기까지 ≪사상계≫의 한일협정 비판은 전방위적이면서도 강경했다. 이 긴급증간호에는 그밖에도 언론, 종교, 문화 및 학계의 여러 인사들과 대학생들까지 골고루 참여한 설문조사 결과가 실렸는데, 확인되는 중론은 일단 그들 역시 한일국교정

---

12 박준규, 「구(舊)한 망국 외교의 사적 배경: 독점 지배를 견제하는 다변적 정치 체제의 와해」, ≪사상계≫, 긴급증간호(1964.4).

13 양흥모, 「일본의 전후 배상 현황: 버마, 필리핀, 라오스, 월남, 인도네시아, 태국, 캄보디아, 싱가포르, 인도, 중국의 경우」, ≪사상계≫, 긴급증간호(1964.4).

상화라는 커다란 방향성 자체에 대해서는 반대하지 않는다는 것이었다. '왜 현 (現) 한일회담을 반대하나'라는 설문 제목이 말해주듯이 비판의 초점은 정부가 한일협정을 체결하려는 '현재의 방식' 바로 그것에 있었다. 간단히 말해 ≪사상계≫의 입장은 과거 식민 통치에 대한 민족의 청구권과 일본이 제공하는 (유상과 무상을 포함한) 경제원조로 대체하는 자본과의 '교환' 방식에 반대하는 것으로, 이 교환의 논리에는 일반 국민들이 기대한 일본 측의 식민 지배에 대한 사죄 절차가 누락되어 있었다. 더욱이 1963년 대통령 선거에서 이른바 '민족적 민주주의'를 전략적 슬로건으로 내세워 당선된 박정희 정권이었던 만큼 대중의 분노는 집권 여당의 민족주의적 수사에 기만당했다는 배신감으로 한층 증폭될 수밖에 없는 상황이었다.

이러한 맥락에서 보자면 '교환'의 논리는 정권 차원의 선전과는 달리 자본을 토대로 근대화될 '미래'를 연상시키지 못했다. 오히려 이 논리는 식민 통치의 기억과 결부된 과거, 불길한 기시감을 수반할 수밖에 없는 과거를 곧장 상기시킬 뿐이었다. 일본의 원조는 곧 "경제적 노예화의 시작"[14]이라는 인식, "확고한 자주적 태세의 확립 없이 덤벼들다가는 일본의 경제적 식민지"[15]로 다시 한 번 전락할 것이라는 견해가 ≪사상계≫가 반영하는 비판의 목소리들 가운데 지배적이었다. '해방'을 맞이한 지 20년가량 된 시점에서 일본에 의한 **'재식민화'**를 즉각 예상하는 이 반응은 얼핏 강박적인 것으로 보일 수도 있지만, 결코 근거 없는 두려움이라고 할 수는 없었다. 실제로 근대 식민주의를 개념적으로 정의할 때 가장 먼저 기술되는 항목은 '경제'로, 식민주의란 "하나의 사회 전체가 자체 역사 발전의 기회를 박탈당하고" 타 문화 출신의 식민자에

---

14   권두언, 「우상을 박멸하라!: 굴욕 외교에 항의한다」, ≪사상계≫, 긴급증간호(1964.4).

15   안병욱, 「왜 현 한일회담을 반대하나, 앙케트, 각계각층의 여론을 들어본다」, ≪사상계≫, 긴급증간호(1964.4).

의해 조종되는 관계, 무엇보다 "식민자의 **경제적인 필요**와 이해관계에 의해 종속되는 관계"를 말한다.[16] 게다가 경제적 예속이 정치적·군사적 종속과 언제나 동시적인 현상이었음을 몸으로 직접 기억하는 세대가 아직 사회 구석구석에 생존해 있는 시점이기도 했다. 한일협정뿐만 아니라 일본과 다른 아시아 국가 사이의 관계 정상화를 기획했던 미국조차 이 문제에 관한 한 조심스러운 접근을 선호하는 편이었다. 단적으로 "일본과의 통상 증가가 **정치적 의존 관계까지 수반하는 것이 아님**"을 아시아 국가 국민들이 "**확약받은 것처럼 느껴야 할 것**"이라는 대(對)아시아 정책 가이드라인이 설정된 것만 보아도 그러하다.[17]

그런데 이 대목에서 한 가지 흥미로운 것은 이미 대규모로 지원받아왔던 미국으로부터의 경제원조와 향후 시작될 일본의 경제원조가 사뭇 다른 차원으로 인식되었다는 점이다. 여기에는 해방 이후 미국과 "20년간 접촉하는 사이에 미국화되었던 페이스"와는 "전연 다르게 급속도로 일본화될 것"이라는, 과거 식민 경험의 유무에 기초한 심정적 전망이 자리하고 있었던 것으로 보인다.[18] '미국적인 것'과는 달리 '일본적인 것'은 과거 기나긴 식민 통치로 인해 우리 안에 **이미 너무 많이 들어와 있기 때문에**, (경제원조로 인해) '새로 들어오게 될 일본'과 '이미 있는 과거의 일본'이 상승작용을 일으켜 건잡을 수 없게 '일본화'가 진행될 것이라는 논리였다. 일본은 때때로 아편에 비유되기까지 했

---

16 위르겐 오스터함멜, 『식민주의』, 박은영·이유재 옮김(역사비평사, 2006), 32쪽.

17 1967년 12월 이후 ≪사상계≫를 장준하로부터 인수해 발행인 겸 사장이 된 부완혁에 따르면, 미국 측의 이 발언은 W. 로스토(W. W. Rostow)가 1955년 발표한 「아시아에 관한 미국 정책」이라는 글에 등장하는 것으로 되어 있다. 부완혁, 「조국의 미래를 저주하지 말라: 새 일본의 가장(假裝) 체질 개선에 무비판적일 수 없다」, ≪사상계≫, 5월호 (1965).

18 「좌담: 어제와 오늘의 일본: 전후 일본을 어떻게 볼 것인가」, ≪사상계≫, 1965년 10월호. 좌담 참석자는 권오기(동아일보 정치부장), 박용구(음악 평론가), 유장순(전 경제기획원 장관), 김철(평론가) 등이었다.

다. 이 예사롭지 않은 비유는 "중독이 된 사람이 몇 달 동안 아편을 끊었다가 다음에 아편을 다시 먹으면 그 흡수력이 굉장"[19]하다는, 거의 직관적이고 본능적인 두려움에 가까운 것이었다.

그러나 우리 안에 '이미 너무 많이 들어와 있는 일본'이라는 사태 진단이 6·3 국면에서 양면적인 기능을 수행했다는 것을 기억해둘 필요가 있다. 물론 이 진단이 일본과의 조급한 수교를 경계하는 반대 진영의 공세적 논거로 자주 활용되었던 것은 틀림없는 사실이다. 그러나 다른 한편으로 '이미 너무 많이 들어와 있는' 일본을 언제까지 두려워할 수만은 없다는 논리, 그리하여 "이미 들어와 있고, 앞으로도 또 들어올 왜색을 막는 길"은 "민족적 주체성을 확립" 하는 길밖에 없다는 논리가 이 우려스러운 진단의 뒤를 따라 언제든 손쉽게 등장할 수 있었다.[20] 이러한 화법은 기실 한일 수교의 정당성을 강조하면서 박정희 정권이 반대 진영의 목소리에 선제적으로 대응하는 방식이었기에 더욱 눈여겨볼 만하다.

실제로 정권 차원에서는 협정 반대의 목소리를 불필요하게 과거에 사로잡힌 태도로 공박하면서 '식민지 강박증(과거)'과 '근대화된 미래', '(민족적) 두려움'과 '자신감'이라는 대조적인 틀로 논의 구도를 새롭게 배치하고자 했다. 일단 표면적으로 드러난 주장 자체도 타당하지 않았지만, 이러한 시도의 더욱 큰 문제는 사태를 설명하는 프레임을 불명확하게 전치(轉致)시켜버렸다는 데 있었다. 즉, 경제적 예속에 따른 (재)식민지화를 경계하는 애초의 질문은 문화적으로 민족의 주체성을 확립한다는 다른 층위의 답변에 의해 봉쇄되는 구조였기 때문이다. 프레임 전환이 일단 시작되면, 이제 일본이 아니라 그것을 받아들이는 우리의 '태도'로 문제가 전면화될 수밖에 없다. 가령 협정 체결 이후 "공무원은 일본

---

19 같은 글.
20 이규태, 「한국 속의 일본: 사회 편」, 《세대》, 10월호(1965).

어에 대해 주체 의식을 갖고 의연한 자세로 임해야"[21] 한다든지 "간부급 공무원들이 일본인과 만날 때는 반드시 국제어나 통역을 통"하라는 요지의 공식 담화들이 쏟아진 것은 민족 주체의 태도와 의지를 전시하려는 관(官) 차원의 공식 퍼포먼스 중 하나였다. 일본과의 경제적 무역과 통상의 문은 활짝 열린 반면, 다른 한편에선 일본 대중문화에 대한 정부 차원의 차단 정책인 '금수 조치'가 동시에 수행된 기묘한 아이러니 역시 동일한 맥락에 놓여 있었다.[22]

경제적 통상의 문은 열어두되 문화적 '방일(防日)'의 벽은 한층 두텁게 쌓아야 한다는 의견이 관철되는 동안, 이에 발맞추어 성행하기 시작한 것이 민족의 주체성 정립을 겨냥한 특정 글쓰기(écriture)의 유행이었다. 김성환의 선행 연구를 통해 "저널리즘적 역사 글쓰기"로 명명된 이 텍스트들은 해방 이후 20여 년 동안 이상하리만큼 언급되지 않았던 식민지의 경험을 역사의 아카이브에서 대거 끌어내 소재로 취했다. 대표적으로 유주현의 역사소설 『조선총독부』[23](1964~1967)와 같은 텍스트에서는 "도덕적 우위를 바탕으로 일본을 극복할 수 있다"라는, 극일(克日)의 가능성에 대한 광범위한 대중적 욕망과 희원(希願)이 전형적으로 드러난다. 예측 가능한 사태이지만 총독부의 악랄한 지배에 맞서 성숙한 민족의 도덕적 역량을 보여주기 위해 기획된 이런 글쓰기에서 주인공들은 으레 영웅적으로 재현되기 마련이다. 그러나 문제는 인물들의 영웅성 그 자체에 있는 것이 아니라 이른바 '실록대하소설'이나 '역사'를 표제어로 넣은 이들 글쓰기가 정작 식민지 시기 역사를 일종의 무대장치로 손쉽게 후경화했다는 것, 인물들의 영웅적 면모를 부각시키기 위해 선과 악의 윤리적 차

---

21 이홍우, 「한국 속의 일본: 언어」, ≪세대≫, 10월호(1965).

22 권보드래·천정환, 「중립의 꿈, 1945~1968: 최인훈 소설의 정치적 상상력과 '제3의 길' 모색」, 513쪽.

23 유주현의 소설 『조선총독부』는 1964년 9월부터 1967년 6월까지 2년 9개월 동안 인기리에 잡지 ≪신동아≫에 연재되었다.

원으로 식민성의 문제를 축소·단순화시켰다는 데 있었다.[24] 역설적인 결과이지만 민족 주체 형성을 타깃으로 한 이런 식의 글쓰기는 우리 안에 내재한 식민성에 관해 모처럼 발견된 문제의식 — '이미 너무 많이 들어와 있는 일본' — 을 정면으로 돌파하는 형태가 되기는 어려웠다. 오히려 개인의 윤리와 의지라는 관념적 차원에서 식민성의 문제를 손쉽게 '해소'하는 방식이었다. 또는 민족 주체의 확립이라는 새로운 논제로 금세 이동함으로써 제기된 식민성의 문제 자체를 서둘러 봉인하고 망각하는 방식에 좀 더 가까웠다.

2) 『회색의 의자』가 던지는 질문: 우리는 지금도 식민지인인 것은 아닌가?

동시대 공론장의 이러한 분위기를 고려하면 적어도 식민성이라는 문제와 관련해 최인훈의 『회색의 의자』(1964)가 상당히 이채로운 텍스트였다는 사실은 분명해 보인다. W시(원산을 가리킴_인용자)로 지칭되는 월남민 출신에, 고학으로 대학을 다니는 독고준을 주인공으로 내세운 이 텍스트는 크게 식민성과 분단이라는 두 축을 중심으로 서사가 진행된다.[25] 식민성과 관련해 이 텍스트를 바라보면, 연재 당시 본격 등장한 '재식민화'에 대한 두려움이라는 당대 공론장의 목소리를 디테일하게 반영하고 있지는 않다. 그렇다고 식민지 기억을 서둘러 봉인하고 문화적인 측면에서 민족 주체를 확립해야 할 때라고 주장하는 쪽 역시 아니었다. 배경을 1958년으로 설정한 만큼 이 텍스트가 한일회담

---

24 김성환, 「일본이라는 타자와 1960년대 한국의 주체성: 한일회담에 관한 논의를 중심으로」 참조. 이 글에서 소개된 대표적인 저널리즘적 역사 글쓰기로는 유주현의 『조선총독부』 외에도 박숙정의 『만세혼』, 이용상의 『분노의 계절』, 박두석의 『포로 없는 전쟁』 등이 있다.
25 최인훈의 텍스트에서 한반도 분단 문제가 '신식민'이라는 카테고리로 재설정될 수 있다는 점을 고려하면, 『회색의 의자』를 관통하는 키워드는 크게 식민성이라는 더 상위의 논제로 수렴된다고 할 수 있다.

과 관련된 민심의 풍향을 시시각각 고스란히 반영하려는 종류의 기획은 아니었다고 보아야 한다. 사실 이 텍스트의 의도는 훨씬 더 야심적이었다. 한국 사회의 현재를 규정짓는 가장 결정적인 심급으로 식민성을 초점화해 전면적으로 노출하는 가운데, '우리는 지금도 **여전히 식민지인인 것은 아닌가**'라는 급진적인 회의로까지 자신의 질문을 밀고 나간 경우이기 때문이다. 재식민화를 두려워하는 수준이 아니라 오히려 내면적으로는 식민지가 아닌 적이 없었다는 발본적인 문제 제기였던 만큼, 『회색의 의자』에서 식민성은 단순히 과거 일본의 통치에 국한된 문제만을 가리키는 것은 아니었다. 물론 "오늘의 불행을 만들어준 나쁜 이웃(일본_인용자)에 대해서 이렇게 어물어물 감정 처리를 못한 채 흘려버리는 것"이 "기막힌 일"이라는 인식이 기본적으로 등장하는 것은 사실이다. 그러나 이 텍스트에서 한국의 식민 경험이란 일제 통치에 관한 구체적 사건의 재현이나 회고의 형태를 통해서가 아니라 서구 근대와 더불어 시작된 식민성 일반에서 그 본질을 찾아내야 하는, 좀 더 거시적이고 구조적인 차원의 문제로 설정되어 있다. 따라서 이러한 관점에서 식민성이란 근본적으로 "백인들의 노예로 세계사에 끌려나온" 피식민자로서의 동양이라는 위치에서부터 사유될 수밖에 없다.

1) **한국의 문학에는 신화(神話)가 없어**. 한국의 정치처럼 말이야. '비너스'란 낱말에서 서양 시인과 서양 독자가 주고 받는 풍부한 내포와 외연이 우리에게는 존재치 않는단 말이거든.

2) 저들은(서양_인용자) 낡은 신화를 부수고 새 신화를 세우기 위해 시를 쓰지만, 우리에게는 부술 신화가 없고, **서양의 그것은 서양 시인들이 부술 것이며 동양의 그것은 이미 폐허가 돼버렸으니 부수려야 부술 수 없어.**

3) 에어플레인을 날틀이라고 말해본대서 무에 달라지겠는가 말이야. **비행기를**

우리 것으로 만드는 것은 우리 손이 비행기를 만들고 우리들의 몸이 비행기의 떨림에 더 많이 친근해지는 때에만 가능해. 문제는 말의 영역이 아니라 역사의 공간에 있지.

    4) **신화의 부재란, 사실은 역사의 부재**였던 거야(강조_인용자).

선행 연구에서 지적된 바와 같이 식민성에 관한 주인공 독고준의 접근 방식은 "한국 사회 내부의 구체적이고 절박한 사안에서 시작해 더 큰 범주로 확장시키는 방법이 아니라, 반대로 가장 바깥에 있는 큰 범주로부터 출발"하는 형태이다. 이러한 방식은 "구체적 현안의 개별성을 간과한다는 점에서 단점으로 지적되지만, 문제에 대한 가장 본질적인 접근이 될 수 있다는 점에서 장점"이기도 하다.[26] 실제로 『회색의 의자』의 첫머리에서부터 독고준의 원고라는 소설적 장치를 통해 제기되는 화두는 **타국의 식민지가 된다는 것이 근대 역사에서 무엇을 의미하는가**라는 질문이다. 독고준의 사고에 따르면 식민지가 된다는 것은 그 민족이 (서구식) 근대 민주주의에 도달할 수 있는 기회를 결정적으로 박탈당하는 일이다. 일견 동떨어진 것처럼 보이는 식민지 문제와 민주주의를 동일한 지평에서 바라보는 이러한 답변이 가능한 것은 식민지야말로 서구 근대의 저 우수한 '발명품'인 민주주의를 가능하게 만든 경제적·정치적·문화적 동력이라는 역사 인식에서 비롯된다.[27] 적어도 독고준이 이해하는 한, 근대 식민지는 식민 모국의 식량 창고이자 값싼 노동력의 조달처이면서 국내의 계급갈등과 사회문제들을 봉합하게 만드는 정치적 탈출구로서의 역할을

---

26   서은주는 『총독의 소리』를 위시해 1960년대 후반에 이르러 신식민주의 문제에 집중한 텍스트들을 두고 이와 같이 언급한 바 있는데, 이 평가는 사실 『회색의 의자』에도 적용 가능해 보인다. 서은주, 「최인훈 소설 연구: 인식 태도와 서술 방식의 상관성을 중심으로」(연세대학교 국어국문학과 박사학위 논문, 2000), 112쪽.

27   나카노 도시오·권혁태, 「식민지와 전쟁민주주의」, ≪황해문화≫, 통권 92호(2016.9).

충실히 수행해왔다. 또한 식민지는 식민 모국에 문화적 우월성과 확신을 부여하는, 특유의 정체성 정치의 마르지 않는 공급원이기도 했다. 요컨대 독고준의 사유에서 근대 민주주의란 서구 열강이 식민지를 확보함으로써만 실현 가능했던 어느 특정한 역사 시대의 꿈이다. 대외적으로는 침략적인 제국주의를, 대내적으로는 민주주의를 구별해서 적용하는 일종의 '투 트랙' 정책이 가능했던 "저 자유자재한, 행복한 시대"의 역사적 산물로 보는 것이다. 물론 시간적 배경이 4·19 이전으로 설정된 『회색의 의자』에서 주인공을 비롯한 또래 젊은이들을 사로잡은 텍스트 표층의 질문은 분명 **"우리에겐 왜 혁명이 불가능한가"**이다. 그러나 이 질문에 대한 답은 실상 과거 식민지 경험이나 우리 안에 내재되어 지워지지 않는 식민성의 흔적과 직결되어 있다. 독고준에게 이 질문은 과연 **"식민지 없는 민주주의는 가능한가"**, 더 정확하게는 **"식민지였던 우리에게 민주주의란 가능한가"**라는 비관적인 어조를 띤 물음과 사실상 동일한 것이 된다.

근대 식민지와 식민 모국 사이에 벌어진 착취 및 종속 관계라는 관점에 국한해서 본다면 독고준 식 식민지 해석의 계보는 레닌의 『제국주의론』(1917)이나 더 멀게는 존 홉슨(John Hobson)의 고전적인 『제국주의론』(1902)까지 거슬러 올라갈 수 있는 성질의 것이다. 가깝게는 제2차 세계대전 이후 재등장한 서구의 신식민주의나 신제국주의를 비판하는 1960년대 '제3세계'의 목소리들 또한 여기에 해당된다. 널리 알려진 대로 아르헨티나의 라울 프레비시(Raúl Prebisch)와 같은 제3세계 출신 경제학자들이 전후에 가졌던 기본 아이디어는 "어떻게 절대적으로 빈곤한 제3세계가 전 국민의 발전을 위한 경제계획을 수립할 것인가"였다. 일단 그들은 "식민 지배가 미친 영향에서부터 시작"했는데, 식민 통치를 통해 형성된 불균형하고 의존적인 구식민지의 산업구조를 재편하는 것을 '제3세계'의 거시적이면서도 당면한 정책 현안으로 설

정했다.[28]

한국의 공론장에서도 식민지 경험에 관한 '제3세계'적 해석의 목소리는 공명을 얻었는데, 일제 통치하 경제정책의 모순을 비판하는 일련의 지적 기획들이 여기에 속한다. 가령 안병직은 한일협정이 조인되던 해에 「일본 통치의 경제적 유산(遺産)에 관한 연구」(1965)[29]를 발표했는데, 잠정적인 그의 결론은 식민 통치의 유산이 명백한 부(否)의 유산이라는 것이었다. 이후 입장을 선회한 것으로도 유명하지만, 그럼에도 실증주의 경제학자로서 초기 안병직의 관심은 식민지의 여러 유형 중에서도 조선의 경우와 같이 봉건사회적 토대 위에 건설된, 이른바 '식민지적 자본주의'의 특징을 밝히는 것이었다. 연구 결과에 따르면 식민 통치를 통해 유입된 자본이라고 해서 "봉건사회를 분해시킨다"는 자본 특유의 "적극적 활동"을 전혀 수행하지 않은 것은 아니었다. 그러나 식민지 자본주의의 핵심적인 특징은 외부 식민자들의 통치적 편의 및 식민지의 내부 토착 지배 계층과의 원만한 정치적 타협을 위해 오히려 자본이 "봉건적 제 잔재를 강력히 보존"시키는 "소극적 활동" 쪽으로 나아갔고, 그 결과 식민지 자본주의는 "기형적 자본주의"의 형태로 변전하게 된다는 데 있었다. 이러한 견해에서 보자면 식민지란 기본적으로 근대(성)의 왜곡과 변형이 필연적으로 발생하는 타락의 매트릭스(matrix)였다.

확실히 이러한 방식의 식민지 이해는 이미 1950년대 후반부터 미국을 통해 들어오기 시작한 근대화론과 선명한 대척점에 서 있는 것이었다. 기본적으로 '따라잡기(catch-up)'의 서사인 근대화론은 정치적 저발전국인 제3세계가 서구 산업 사회의 근대 경험을 매뉴얼로 삼아 그대로 따른다면, 정치, 경제, 사

28 　비자이 프라샤드, 『갈색의 세계사: 새로 쓴 제3세계 인민의 역사』, 박소현 옮김(뿌리와이파리, 2015), 98~103쪽.

29 　안병직, 「일본 통치의 경제적 유산(遺産)에 관한 연구」, ≪경제논집≫(1965.12).

회 전반에서 서구와 같이 발전된 사회를 이룩할 수 있다는 기본 논리 위에 서 있다. 그러나 '제3세계' 측의 정당한 논박대로 근대화론의 가장 큰 문제는 국가가 저발전의 주된 책임을 "이른바 전통 사회라는 문화" 부문으로 돌리는 반면, 장구했던 "식민주의의 역사는 지워버리는 것"을 기본 전제로 삼는다는 데 있다.[30] 이러한 근대화론의 시각에서 보자면 근대식 행정 기술과 자본을 토대로 운용된 서구식 식민 통치는 저발전 사회의 '근대화'를 앞당기며 오히려 공헌하기까지 했다는, '식민지 근대화론'의 논리로 별다른 마찰 없이 자연스럽게 이어진다. 식민지 시기와 그 경험에 대한 이처럼 서로 다른 해석이 경합을 벌이며 등장하고 있었지만, 한국의 현실 정치 수준만을 놓고 보자면 일찌감치 승기를 잡은 것은 물론 근대화론 쪽이었다. 1950년대 말 미국 행정부에 "식민지 경험이 후진국들로 하여금 발전할 수 있는 사회 간접 자본을 형성하도록 하는 긍정적인 역할을 했다고 보는 견해"를 가진 인사들이 대거 등장하면서, 미국 측 조정하에 한국의 배상 청구권을 포기하는 쪽으로 한일협정의 큰 방향이 세워졌던 것은 이 때문이다.[31]

다시 『회색의 의자』의 독고준에게로 돌아가보자. 그는 미국 잡지 ≪애틀랜틱≫의 아프리카 특집호를 읽고 있다. 아프리카 작가가 쓴 단편을 처음 읽으면서 그는 놀라운 점을 발견한다. 바로 사자와 코끼리, 탐험가와 초원 등 서구인들이 유포한 전형적인 이미지의 아프리카가 아니라 "서구의 문명과 침공을 받고 괴로워하면서 자기 조종을 하고 있는" 살아 있는 아프리카 사회의 모습이 묘사되어 있었기 때문이다. "낡은 것과 새로운 것, 애착과 결의, 해체되어 가는 가족제도와 도시인의 고독, 전통 종교와 기독교 사이에서 빙황하는 사람

---

30 비자이 프라샤드, 『갈색의 세계사: 새로 쓴 제3세계 인민의 역사』, 102쪽.
31 박태균, 「한일협정 반대운동 시기 미국의 적극적인 개입 정책」, 『한일회담과 국제사회』 (선인, 2010).

들의 사회"[32]인 아프리카는 한국의 독고준에게도 전혀 낯선 세계가 아니다. 오히려 "아프리카인이라는 것과 한국인이라는 데는 무슨 차이가 나지 않는다"는 것, 독고준 자신도 그들과 "다를 것 없는 원주민", 즉 "엘로 니그로"라는 사실을 자각하는 순간 아프리카는 그와 같은 시대의 공기를 숨 쉬며 살아가는 생생한 "동시대성"으로 재발견된다. 또한 "엘로 니그로"라는 독고준의 깨달음은 아프리카든 한국이든 비서구 세계에 부과된 서구 '따라잡기'라는 게임 구조의 정당성과 효율성에 대한 회의로까지 이어진다.

> 우리도 빨리 서양 사람이 되는 게 구원이다? 그리고 우리는 서양 사람도 될 수 없다. **우리가 서양이 됐을 때는 서양은 다른 것이 돼 있으리라.** 또 그 꼴이다. **그런 속임수에 자꾸 따라갈 게 아니라 주저앉자.** 나만이라도, 그리고 전혀 다른 해결을 생각해보자. 한없이 계속될 이 아킬레스와 거북이의 경주를 단번에 역전시킬 궁리를 하자. 그러니까 거북이는 기를 쓰고 따라갈 것이 아니라 먼저 주저앉아라(강조_인용자).[33]

서구 따라잡기 경쟁이라는 애초의 설계부터가 잘못되었다는 것을 파악한 자의 몫은 독고준이 이야기한 대로 이 경쟁에 참여하는 행위 자체를 거부하는 일, 즉 "주저앉는" 일이다. 실제로 텍스트 안에서 독고준은 스스로를 드라큘라(vampire)에 비유하는데, 이때 그가 재해석한 드라큘라는 인간의 피를 빠는 흡혈귀가 아니라 "상식의 감옥에서 빠져나온" 혁명가 또는 서구 "기독교 신에게 자리를 뺏긴 토착 신(神)"의 메타포로까지 격상된다.

그렇다면 『회색의 의자』는 제목 그대로 서구 따라잡기가 아닌 전혀 다른

---

32   최인훈, 『회색인: 최인훈 전집 2』(문학과지성사, 2008), 283쪽.
33   같은 책, 289쪽.

해결을 위해 일단 "주저앉음"의 가치를 설파하고 있는 텍스트인가. 주인공 독고준의 확신은 비교적 분명해 보이지만, 텍스트 내에서 적지 않은 비중으로 제시된 다른 인물들 - 김학이나 황 선생 등 - 의 사유가 독고준의 목소리를 한편으로 상대화하는 기능을 수행하고 있다는 점 또한 환기해볼 필요가 있다. 실제로 주저앉는다는 행위는 독고준 자신에게도 때때로 난감한 딜레마를 야기한다. 특히 한국의 암담한 정치 현실을 타개하기 위해 혁명이 필요하다는 인물 "김학"의 실천 의지 앞에서 독고준의 논리가 "비겁한 도피" 그 이상이 될 수 있다는 것을 입증하기란 실상 쉽지 않은 일이다. 게다가 인식론의 측면에서 보자면 내재한 식민성을 발본적으로 반성하는 독고준의 사유는 종종 절망적 아이러니를 수반하며 냉소적인 자조, 그리고 자학의 뉘앙스와 쉽게 오버랩된다. "흉하게 뒤채고 버르적대지 말고" 가능한 한 빨리 망하는 것만이 "우리 세대 최고의 미덕"이라는 독고준의 냉소는 어설픈 희망을 허용하지 않는다는 점에서 분명 철저하고 일관되어 보인다. 그러나 스스로를 '엽전'이라 칭하는 데서 알 수 있듯이, 아이러니 가득한 그의 자학은 일본 식민자의 시선에서 조선인의 자질과 품성을 비하하는 경멸적인 용어로 오랫동안 사용되어온 '엽전', 식민성을 깊숙이 내면화한 항간의 저 흔한 '엽전 의식'과 때론 명확히 식별되기 어렵다.

(1) 우리, 우리는 대체 뭔가. 풀만 먹고 가는 똥을 누면서 살다가, 영악스러운 이웃 아이들에게 지지리 못난 천대를 받으며 살다가 남의 덕분에 자유를 선사받은 다음에는 방향치(方向痴)기 되어 갈팡질팡의 요일(曜日)과 요일. 눈귀에 보고 듣는 것은 하나에서 열까지 서양 사람들이 만들어 쓰고 보급시킨 심벌심벌 …… 몸가짐을 바로잡으려야 잡는 재주가 없다.

(2) 속으로는 번연히 괘가 그른 줄 알면서 얼렁뚱땅 거짓말이나 해가면서 처자

식 고생이나 시키지 않게 처신하는 유식한 분들이 정치를 하고 사업을 하고 신문을 내고 교육을 하는 판에, 백년하청이지 어느 날에 물이 맑아질까. 그러니까 **혁명이라? 싫다. 누가 이 따위 엽전들을 위해 혁명을 해줄까 보냐**(강조_인용자).

확실히 『회색의 의자』는 오랜 식민의 역사에 주박(呪縛)된 채 만들어진 한국인들의 일그러진 자화상을 직시하는 데 성공하지만, 동시에 그로 인한 구제할 길 없는 열패감, 특히 서구에 대한 패배감이 주인공 독고준의 사유를 통해 매우 강박적으로 도드라지는 텍스트이기도 하다. 서양이 만약 시시포스(Sisyphos)라면 우리는 시시포스가 절대 아니니 착각하지 말라는 것, 우리는 "그나마 바위에 손대는 것도 허용되지 않고, 시시포스의 엉덩이를 밀고 있을 뿐"인 "시시포스의 엉덩이 밀기꾼쯤"이라는 자기규정은 독고준의 사유를 관통하는 일관된 기조이다.

그러나 흥미롭게도 『회색의 의자』의 속편 격으로 발표된 『서유기』(1966)를 비롯, 연작 소설 『총독의 소리』(1967~1976), 중편 「주석의 소리」(1969) 등 이후 최인훈의 텍스트에서는 어떤 뚜렷한 변화가 감지되고 있어 주목할 만하다. 물론 근대의 입안자로서의 서구와 그 세계에 수동적으로 끌려나온 피식민자 동양이라는 기본 구도에 대한 인식은 이후에도 여전하다. 그러나 『회색의 의자』 이후 텍스트에서 식민지인 특유의 패배감은 확실히 완화된 반면, 서구의 식민주의에 대한 비판은 훨씬 더 날카롭게 벼려진다. 미리 말하자면 이 차이는 서구의 신식민주의와 여기에 맞서는 제3세계 내셔널리즘의 지평이 이후 최인훈의 텍스트에 좀 더 깊숙이 개입하면서 비롯된 현상으로 보인다. 무엇보다 이 과정에서 일본, 그중에서도 특히 과거 제국 일본이 서구 제국주의를 공격하는 서사의 전략적 거점으로 활용되고 있다는 점에 주목해야 한다. 앞 절과 같이 최인훈 텍스트의 변화가 가지는 일련의 의미는 6·3 국면을 통과

한 1960년대 중·후반, 특히 신식민주의와 관련된 당대 공론장의 전반적인 추이 속에서 함께 논의되어야 할 것이다.

3. '신식민주의'란 무엇인가: 제국 일본을 통해 바라본 서양

1) 신식민주의 비판의 스펙트럼

1964년 6·3 반대 시위의 열기나 저항의 규모가 4·19에 비해 결코 뒤지지 않을 정도였음에도 불구하고, 왜 6·3은 4·19와 달리 대규모 혁명으로 점화되지 않았을까. 현실적으로 여러 가지 이유가 있었지만 근본적으로 이 질문에 답하려면 한일협정의 배후인 미국의 힘을 언급하지 않을 수 없다. 실제로 한일회담이 아니라 '한미일 회담'이란 말이 항간에 공공연하게 나돌 정도로 "일본이나 한국은 미국이 시키기 때문에 한일회담을 다급하게 서두르고 있다"[34]라는 인식이 당시 대중 사이에서도 이미 널리 공유된 상황이었다. 그러나 반대운동 진영에서 동아시아 내 미국이 주도하는 반공 블록의 존재 자체를 거부하는 정치적 비전을 상상할 수 없었던 만큼, 거국적인 저항에도 불구하고 한일협정 비준을 끝내 막지 못한 운동의 실패는 차라리 예정된 사태였던 것으로 보인다.[35]

---

34 김경래, 「한·미·일 회담이란 말의 근거」, ≪세대≫(1964.5). 이 글에서는 미국이 1960년 일본과 안보조약을 체결하면서 미일 관계에 결정적인 변화가 생겼다는 점과 이 조약이 상호방위조약이라기보다는 미국이 일본을 극동 기지의 거점으로 승인하는 일종의 동맹조약이었다는 점을 강조한다. 이에 따라 미국이 동아시아에서 자신의 정치적·군사적 역할을 일본에 양도하려는 커다란 기획의 일부로 한일협정을 이해하려는 해석이 힘을 얻게 된다.
35 한일협정 반대운동의 실패 사유에 관해서는 김려실, 「≪사상계≫ 지식인의 한일협정 인

1960년대 중반 한국의 신식민주의 비판은 바로 이러한 동시대적 맥락 속에서 이루어졌다. 한일협정을 강행하는 박정희 정권에 대한 격렬한 반정부·반독재운동은 될 수 있어도, 그 실질적 기획자인 미국에 대한 비판으로까지는 나아갈 수 없었던 상황에서 신식민주의 비판이 조준 가능했던 과녁의 범위는 과연 어느 정도였을까. 이 문제를 온전히 밝히기 위해서는 일단 식민주의를 자신의 하위 카테고리로 포함하면서도, 더욱 포괄적인 상위개념인 제국주의에 대한 당대 논의의 흐름을 먼저 살펴보는 것이 효과적이라고 판단된다. 앞 절에서도 언급했지만 홉슨이나 레닌이 제기한 고전적 제국주의 비판의 ABC는 바로 식민지와 식민 모국 사이의 경제적 착취를 집중 조명한 데에서 시작된다. 흥미로운 것은 고전적 제국주의 비판에 맞서는 또 다른 형태의 제국주의 비판, 즉 영미권 학자들에 의한 일종의 '수정주의적 제국주의 연구'의 흐름이 1960년대 한국의 공론장에 소개되기 시작했다는 점이다.[36]

실제로 이 흐름의 계보에서 가장 앞자리에 놓이는 인물 중 하나로 경제학자 조지프 슘페터(Joseph Schumpeter)가 자주 언급되었다. 알려진 대로 조지프 슘페터는 레닌의 『제국주의론』이 나온 지 2년 뒤인 1919년에 전면적으로 레닌의 핵심 주장을 비판한 바 있다. '폭력적인 제국주의'와 '평화로운 자본주의'는 하등의 관련이 없으며, 제국주의는 자본주의보다 시기적으로 훨씬 앞선 역사 현상이었다는 슘페터의 주장[37]은 발표 당시 관련 학계 내부에서도 제국주의론에 관한 주류 학설로는 받아들여지지 않았던 것이 사실이다. 그러나 슘페터는 레닌 이론의 영향력을 상대화하려는 후대 영미권 학자들이 서구 제

식과 반대운동의 논리」참조.

[36] 물론 1950년대 중반에도 소련의 이른바 적색 제국주의에 대한 논의가 전혀 없었던 것은 아니다.

[37] 조지프 슘페터, 『제국주의의 사회학』, 서정훈 옮김(울산대학교 출판부, 2011).

국주의와 식민지 착취와의 관련성을 최대한 축소하고자 할 때[38] 가장 빈번하게 호출하는 인물 중 하나였다. 슘페터는 제국주의를 경제적 요인보다는 열강들 사이의 정치적·군사적 대립이나 백인의 문명화 사명(The White man's Burden) 같은 문화적·종교적 요인을 동력으로 하는 일종의 사회학적 현상으로 새롭게 바라보았다. 말하자면 이러한 슘페터의 발상은 고전적 제국주의론에 대한 이론적 대항마였던 셈이다.

슘페터를 필두로 하는 서구의 수정주의적 제국주의 연구가 광범위하게 대두된 현실적인 배경에는 엇나간 레닌의 예측도 한몫했다. 알려진 대로 제국주의로 구축된 서구 열강이 무너질 때 그 모체인 자본주의도 함께 붕괴할 것이라는 레닌의 예언은 제2차 세계대전 이후 여전히 번성하고 있는 서구 자본주의 세계의 현실과는 부합되지 않았으며, 오히려 제국주의론을 재평가해야 한다는 목소리에 힘을 실어주는 계기로 작용했다. 더욱이 이 새로운 동향의 제국주의 연구는 식민지를 물리적으로 소유했던 과거 서구 제국주의에 대한 비판보다는 전후 소련의 세계정책을 겨냥하는 쪽으로 진행되었다. 물론 이른바 동구권 위성국가들과 소련이 맺고 있었던 현실적인 관계를 고려한다면, 제2차 세계대전 종전 이후 등장한 새로운 제국주의로서의 소련을 비판하는 지적 동향 역시 예측 불가능한 상황은 아니었다. 그럼에도 '이데올로기로서의 제국주의'라는 새로운 타입의 제국주의 비판이 냉전 이데올로기에 깊숙이 침윤되었다는 점은 분명해 보인다.

기억해야 할 것은 영미권의 수정주의적 제국주의 연구가 1960년대 중반 한국 사회에 크게 두 가지 흐름의 반향을 만들어냈다는 점이다. 첫째, 제국주의 연구나 신식민주의 비판의 초점을 전후 소련이나 중국 등 공산권으로 설정하

---

[38] 이보형, 「제국주의 연구의 새로운 동향」, ≪서양사론≫, 6권(1965.3).

는 일련의 제도화된 담론들이 그것이다. 이 흐름은 미국발 냉전 시기 지역연구(Area Study)와 결합하며 1960년대의 공식적인 공산권 연구로 나아갔다. 둘째, 이 경우는 전자와는 그 톤을 상당히 달리했는데 서구인들의 시선이 아닌 "과거 제국주의 국가의 제물이 된 민족이나 국가의 입장에서" "서구 제국주의에 대한 연구가 마땅히 있어야 할 것"이라는 입장이었다. 또한 그 연장선상에서 신식민주의를 비판하는 가장 유력한 에이전트로서 민족주의 또는 제3세계 내셔널리즘 등도 빈번하게 거론되었다. 당시 "유럽 민족주의가 그 발전 과정에서 식민주의 또는 팽창주의의 성향을 나타"냈던 반면, 신생국가 민족주의의 경우 "외세 배격"이나 "외국 지배로부터의 해방을 의미하는 개념"으로 정의되는 것이 일반적이었다. 따라서 민족주의와 신식민주의가 갈등 관계일 수밖에 없다는 점은 제3세계 내셔널리즘의 지지 여부를 떠나 신식민주의와 관련된 논자들 사이에 기본적으로 공유된 일종의 공리(axiom)였다. 이와 같은 관점에서 보자면 1960년대 중반의 6·3 국면은 확실히 제3세계적 시야에서 전후 신식민주의의 작동 방식을 근본적으로 성찰할 수 있는 거대한 이론적 학습과 실천의 장일 수 있었다.

그러나 이론적 당위와 현실적 실천 사이의 간극은 쉽게 메워지지 않았던 것으로 보인다. 단어의 정의상 제국주의가 단지 국지적인 식민 통치뿐만이 아니라 반드시 '세계정책(world policy)'을 포함하는 것, 다시 말해 "세계적인 이해관계의 대변, 비공식적으로 뒷받침되는 대경제 권역에 대한 자본주의적 침투 가능성을 포함"하는 것이라면 미국은 영국과 함께 역사상 존재했던 가장 완전한 의미의 제국주의 열강이라고 할 수 있을 터였다. 동시에 미국은 '식민지 없는 제국주의'의 대표적인 사례이기도 했다.[39] 특히 1945년 이후 구축된 냉전 패러

---

39   위르겐 오스터함멜, 『식민주의』, 42~43쪽.

다임 속에서 신생 독립국들의 국가 만들기에 개입한 규모와 정도를 따져보았을 때, 미국은 신식민주의를 논하는 데 있어 빼놓을 수 없는 국가였다. 그럼에도 6·3의 국면에서 신식민주의의 이름으로 미국을 비판하는 목소리는 상당히 제한적이었던 것으로 보인다. 실제로 한국 현대사에서 '신식민주의', '신제국주의'라는 용어가 일간지 지면상에 가장 높은 빈도수로 등장했던 시기는 1965년이었지만,[40] 이 용어들은 미국을 정면으로 겨냥했다기보다는 "일본의 정경분리, 신식민주의 위장이 몸서리쳐진다"라는 식으로 일본의 재식민화를 우려하는 맥락에서 더 자주 사용되었다. 물론 이 시기 대학생들의 시위에서 "매국적 한일협정의 주범은 미국이다",[41] "양키 킵 사일런트(Yankee Keep Silent)"[42] 등의 구호들이 등장하기도 했다. 그러나 학생들의 구호는 현장의 실천이라는 맥락에서 등장한 것이어서 이론적인 천착과는 어느 정도 거리가 있었고, 게다가 이러한 목소리들이 힘을 얻기 위해서는 공적인 시스템을 구비한 매체들을 통한 확산이 전제 조건이기도 했다.

대표적으로 운동의 전위에 섰던 ≪사상계≫의 경우, 신식민주의적 관점과 미국을 직접적으로 연결하는 데는 매우 신중한 쪽이었다. 물론 장준하와 더불어 당시 ≪사상계≫의 상징과도 같았던 함석헌의 경우, "싸우다 보니 앞에 서는 것이 단순한 국내의 독재 세력만이 아닌 것이 알려졌다. 박 정권의 뒤에

---

40 일간지 4종의 데이터를 포괄하고 있는 '네이버 뉴스 라이브러리'의 그래프를 분석해보면, 신식민주의나 신제국주의라는 용어 자체는 한국의 공론장에서 등장하는 절대 빈도수가 그렇게 높지 않은 키워드들이다. 신식민주의의 경우, 1965년에 가장 많이 사용되었고 그 다음이 1989년, 1964년 순으로 나타난다. 신제국주의라는 단어는 1964년에 가장 많이 사용되었으며 1965년과 1984년, 1985년에 같은 빈도수를 보이고 있다. 이 수치가 말해 주듯 신식민주의·신제국주의와 같은 용어들은 6·3 국면과 1980년대 민주화운동 시기에 집중적으로 사용되었다.

41 「반국가적인 구호 작성자, 내란 선동죄 적용」, ≪경향신문≫, 1965년 8월 25일 자.

42 「비준 반대의 분화구, 대학가 파상 데모」, ≪동아일보≫, 1965년 6월 29일 자.

는 일본의 제국주의자들이 서 있고 일본의 뒤에는 또 미국의 딸라의 힘이 강하게 버티고 있다는 것", 그리하여 운동의 적이 "이중, 삼중이며 삼위일체"라는 점을 부각시키려 한 것이 사실이다. 그러나 ≪사상계≫가 한일협정 비준한 달 후인 1965년 9월, 자사의 이름을 내걸고 마련한 미국 관련 특집을 살펴보면, 19세기부터 이미 시작된 미국의 일관된 일본 우선 정책을 강도 높게 비판하고는 있지만 실상은 미국이 동아시아에서 수행해온 자신의 역할을 일본에 넘기지 말아달라는 것이 기본 논조였다. 다시 말해 이미 비준된 협정을 원점으로 다시 되돌려야 한다는, 미국을 향한 절실한 재고 요청에 가까운 것이었다.

그렇다면 ≪사상계≫보다 민족주의적 색채가 한층 더 강했던 ≪청맥≫의 경우는 어떠했을까. 1964년 8월, 6·3 국면의 절정에서 이제 막 창간된 이 신생 잡지가 신식민주의 비판의 맥락에서 제시한 대표적인 키워드는 바로 '매판'이었다. 신식민주의의 실체가 구식민 모국이 신생 독립 국가들에 대한 경제적 지배를 여전히 확대하고 유지하는 것이라면, 외국 자본과 결탁해 자국의 경제 기반을 저해하는 세력이라는 의미의 '매판 자본'에 대한 비판은 신식민주의의 한 축을 분명하게 지목하는 것이었다. 실제로 1965년 10월 ≪청맥≫은 특집 「이것이 매판이다」를 기획해 단순히 매판 자본의 차원을 넘어서 "미국에 대한 사대주의 사상이 철저한" 매판 정치인, "뉴욕이나 파리의 문학에 더욱 접근하는 것만이 가치 있는 모색이라고 생각하는" 매판 문학인, "자기를 망각하고 주체를 상실한" 매판 예술에 이르기까지 이른바 국내 매판 세력의 범위를 대폭 확장했다. 또한 그 논리적 연장선상에서 『청맥』은 미국이라는 "외세"에 대한 일방적 의존도를 약화시키는 것이 현 정세에 좀 더 현실적이라는 판단 아래 민족의 경제적 자립을 위한 토대로서 통일론을 제시하기 시작했다.[43]

최인훈의 『총독의 소리』 연작 및 『서유기』의 텍스트들이 놓인 자리가 바로 여기였다. 즉, 운동으로서의 6·3이 끝내 실패한 자리, 그러나 동시에 신생 잡지 ≪청맥≫ 등이 본격적으로 점화해 제3세계 내셔널리즘의 정치적 비전을 심화하고 증폭시킨 자리였다. 이때 최인훈의 신식민주의 비판은 정론 매체들의 실증적 기사와 엄정한 논설의 양식으로 주장할 수 있는 범위를 자유분방한 형태로 훌쩍 넘어선 것이었다. 물론 그것은 허구(fiction)라는 소설 양식의 특성을 최대한 활용함으로써 가능한 일이기도 했다.

2) 귀축미영(鬼畜米英)과 적마(赤魔) 러시아의 신질서, 그리고 내셔널리즘

충용한 제국 신민 여러분. 제국이 재기하여 반도에 다시 영광을 누릴 그날을 기다리면서 은인자중 맡은 바 고난의 항쟁을 이어가고 있는 모든 제국 군인과 경찰과 밀정과 낭인(狼人) 여러분. …… 반도에 주둔한 병력과 거류민도 폐하의 명에 따라 철수했거니와 무엇보다 다행한 것은 철수하는 내지인에 대하여 반도의 백성이 취한 공손한 송별 태도였습니다. …… 독일군이 불란서에서 패주할 때 그들은 현지 주민으로부터 갖은 잔악한 습격을 받았던 것입니다. 불과 2년간의 점령에 대하여 그러했거늘 40년의 통치에 대하여 웃으며 보내주었다는 사실을 보고 본인은 경악하면서 회심의 미소를 지은 바 있습니다. 희망은 있다고 본인은 생각했습니다. 본인은 뜻을 같이하는 부하들과 민간인 결사대를 거느리고 이 땅에 남기로 한 것입니다.[44]

『총독의 소리』(이 글에서는 편의상 원제를 단행본 취급하기로 한다)는 일본의 패

---

43   6·3 국면에서 ≪사상계≫와 ≪청맥≫이 보였던 민족주의적 동향에 관해서는 장세진, 「시민의 텔로스(telos)와 1960년대 중반 ≪사상계≫의 변전」 참조.

44   최인훈, 「총독의 소리 1」, 『총독의 소리』(문학과지성사, 1994), 68쪽.

전 이후에도 조선 총독이 여전히 한반도에 잔류하고 있다는 설정 아래 쓰인 텍스트이다. "일본이 다시 온다"라는 세간의 두려움을 훨씬 뛰어넘어, 일본은 기실 한반도를 떠난 적이 없으며 이 땅에 남은 총독이 오히려 절치부심 재식민의 기회를 노리고 있다는 이 정치적 상상력("가시난닷 도서 오쇼서")은 당대인들에게 상당히 실감나게 다가왔던 것으로 보인다. 제국 총독을 발화자로 내세우는 이 전략이 1960년대 중반 이후 한반도를 둘러싼 신식민주의적 현실을 비판하는 데 대단히 유용했다는 점은 『총독의 소리』가 네 번의 연작으로 근 10여 년간 이어졌다는 데에서도 입증된다. 일차적으로 이 텍스트가 비판의 타깃으로 삼는 대상은 물론 일본 제국주의인데, 총독의 장광설을 통해 이른바 대동아공영권이나 만세일계(萬世一系) 천황의 신성성과 같은 황국 이데올로기의 모순 및 허위의식이 스스로 폭로되는 강력한 풍자 효과가 발생하기 때문이다.

그러나 제국 총독이 독자들에게 단지 조소와 풍자의 대상으로만 제시되지 않으며 그의 발화가 특정 대목에서 진정성 있는 통찰을 보여준다는 데에 바로 이 텍스트의 전략적 중층성이 있다. 이는 패전국 총독이라는 발화자의 스탠스에서 비롯된다. 예컨대 그가 파악한 1960년대의 세계 질서는 '귀축미영(鬼畜米英)'(귀신같고 짐승 같은 미국과 영국이라는 뜻_인용자)과 '적마(赤魔) 러시아'의 대립으로 요약된다. 냉전이라는 새로운 명분 아래 자유민주주의와 공산주의 진영이 맞서고는 있지만, 과거 제국의 작동 구조를 숙지한 총독의 눈에 포착된 전후 질서란 노골적인 힘의 역학 관계로 움직이는 전전의 패권적 제국주의의 각축 양상을 고스란히 답습하는 상황이다. 아니, 오히려 현재의 제국주의는 나날이 '세련'되어간다. 과거와 같은 고비용의 영토 침략 대신 경제적 지배를 기반으로 정치적 개입까지 가능한 신식민주의적 간접 통치로 끊임없이 자신을 변모시키고 있기 때문이다. 미국과 소련이라는 호칭 대신 '귀축미영'과 '적마 러시아'라는 전전 일본 제국의 관점을 담은 명칭이 그대로 사용된 것도 바로 이러한 이유 때문이다. 일찍이 최인훈 스스로 설명했듯이 『총독의 소리』
연작은 일본 제국주의뿐만 아니라 일본 제국주의의 "그 칼로써 서구 제국주의
도 함께 비판하는" 방식, 즉 '적'의 입을 빌려 '우리'를 깨우치는 "빙적이아(憑敵
利我)"[45]의 형식인 셈이었다.

　『총독의 소리』에서 제시된 서구 제국주의 비판의 핵심은 『회색의 의자』에
서 독고준이 이미 간파한 대로 "식민지를 유혹할 때는 '말'(민주주의를 가리킴_
인용자)을 내세워 코즈모폴리턴이 되고, 기름을 짜낼 때는 '힘'을 내세워 조겼
던" 저 "기만적"인 분리 정책, 다시 말해 본국과 식민지에 전혀 다른 정책을 펼
치는 예의 서구적 이원론이다. 물론 천황제를 신봉한 제국 일본의 경우 민주
주의라는 '말'로 식민지 지식인을 유혹하는 귀축미영식의 분리 정책조차 취하
지 않았지만, 그런 차이에도 불구하고 둘은 모두 강자라는 점에서 여전히 동
질적이다. 특히 총독이 파악한 귀축미영과 일본의 관계는 바로 영웅이 영웅
을 알아보고 "서로가 뱃속을 환히 짚고 있는 공범자" 관계인데, 전범국 일본
대신 한반도를 분할 점령한 데서 단적으로 드러나듯 전후 "그들(귀축미영)은
제국을 달래기 위해 온갖 편의를 봐"주어왔다는 것이다.

　총독의 입을 빌려 표현된 이러한 종류의 언설은 제2차 세계대전 이래 각각
민주주의와 파시즘의 대표 격으로 미국과 일본을 분리해서 파악하고 둘의 차
이를 극대화하는 담론들과는 실상 전혀 다른 전제 위에 서 있었다. 예를 들어
파시즘이라는 키워드로 자국의 전쟁 책임을 통절히 반성했던 마루야마 마사
오(丸山眞男)가 대표하는 전후 일본의 자유주의 담론들은 당시 한국의 공론장
에서도 지식인들 사이에 참조되고 있었음을 확인할 수 있다.[46] 그러나 기본적
으로 이 논의들은 일본의 천황제와 서구식 자유민주주의를 공약 불가능한 것

45　최인훈, 「원시인이 되기 위한 문명한 의식」, 『길에 관한 명상』(청하, 1989), 39쪽.

46　이정식, 「일본인의 대외의식」, 《청맥》(1965. 5).

으로 상정하고, 두 시스템 사이의 '차이'를 두드러지게 강조하는 방식이었다. 마루야마 마사오식 논의는 전쟁 책임, 그중에서도 특히 미국과 벌인 태평양전쟁에 대한 일본 국민의 반성을 이끌어내는 데는 성공적이었다. 하지만 결과적으로 아시아에 대한 식민 통치나 점령에 관해서는 적극적으로 발화하지 않는 불균형한 프레임으로 연결되었다. 의식적이든 무의식적이든 반성적 발화의 청중(audience)이 서구로 상정된 셈이었다. 패전국 지식인과 구식민지 출신 제3세계 지식인이라는 발화 위치의 뚜렷한 차이에서 기인한 결과일 테지만, 최인훈의 경우 '차이'보다는 식민 - 신식민의 연장선상에서 일본과 미국의 근본적인 연계성, 제국으로서의 동질성을 강조하는 '동일화' 전략의 성격이 훨씬 강했다고 보아야 한다.[47]

한편 신식민주의와 관련해 『총독의 소리』 연작은 서구 제국주의뿐만 아니라 소련의 이른바 적색 제국주의에 대해서도 준열한 비판을 가하고 있다는 점을 기억할 필요가 있다. 총독의 눈으로 본 소련은 이론적으로는 국가의 소멸을 이야기하면서도, 현실적으로는 위성국가들의 "분립을 조장하고 기껏 러시아의 지령과 생각을 한자리에서 들려주는 효용만 지닌 기관을 운영"하고 있을 뿐이다. 소련을 위시해 마오쩌둥(毛澤東)의 중국까지 전후 사회주의의 제국주의화 양상에 대한 총독의 비판은 당시 국제 정세로 보아 납득할 수 없는 수준은 아니었지만, 월남민 출신이라는 이력에서 드러나듯 최인훈은 '진영론'의 관점에서 보자면 확실히 반공 쪽으로 기울었던 경우였다.

물론 1960년대 제3세계 내셔널리즘의 조류와 사회주의/공산주의 사이의 관계는 일률적으로 일반화하기 어려웠던 것이 사실이다. 주지하다시피 제3세계 내셔널리즘은 애초 미·소 양측 모두에 거리를 두는 전략을 취해 냉전의 견

---

47 제2차 세계대전 당시의 공식 프레임이었던 민주주의(연합국)와 파시즘(추축국)의 대립은
    전후에도 상당 부분 지속되었던 것이 사실이다.

고한 진영 논리를 어느 정도 내파한 측면이 있었다. 그 결과 미국과 소련 양측이 제3세계 건설에 필요한 경제적 지원을 서로 경쟁적으로 제공하게 만드는데 성공한 바 있다. 상당수의 신생 독립 국가들은 사회주의를 하나의 가능한 선택지로 간주했고, 그 결과 1960년대 한국의 주류 미디어에서 비동맹이나 중립이란 표현은 용공(容共) 또는 친공의 연장선상으로 간주되어 결코 환대받지 못한 단어들이기도 했다. 그러나 아시아, 아프리카의 대부분 지역을 포괄하는 만큼 제3세계 국가들 내부의 이데올로기적 스펙트럼은 좌나 우로 단일하게 환원되지는 않았다. 예컨대 알제리의 경우에서 전형적으로 드러나듯 반(反)식민투쟁의 경력으로 집권한 민족 해방 세력은 구체적인 계급 분석이 없는 상황에서 "상업 및 산업 계급의 압력에 무방비 상태"이기 쉬웠다. 더욱이 식민 모국으로부터의 경제 자립을 위해 진행한 신생국가들의 수입 대체 프로젝트는 역설적이게도 종종 "제3세계 의제에 오랫동안 충성하지 않은 국내 자본가들을 보호"하는 방향으로 진행되곤 했다.[48] 그러므로 제3세계 내셔널리즘 전반과 사회주의의 관계라는 관점에서 보자면, 최인훈의 텍스트들은 계급 해방이나 혁명의 성공이라는 목적을 지향하기보다는 현실 사회주의에 대한 강렬하고도 지속적인 분노가 일관된 흐름을 보이고 있어 부정적인 의미에서의 자유주의라는 레터르(letter)가 따라붙는 근거가 되기도 한다.[49]

이러한 점들을 고려한다면 신식민주의 비판과 관련해 『총독의 소리』 연작

---

48 비자이 프라샤드, 『갈색의 세계사: 새로 쓴 제3세계 인민의 역사』, 183쪽.
49 일찍이 김현은 『회색의 의자』에서 주인공 독고준이 혁명의 대안으로 제시한 '사랑'과 '시간'에 대해 논하면서, 이 특정한 태도가 혁명의 좌절에서 비롯된 역사의 비극적 전망으로부터 현실을 견디는 방식이라고 보았다. 김현, 「헤겔주의자의 고백」, 『사회와 윤리』(문학과지성사, 1991), 345~346쪽 참조. 서은주 역시 동일한 맥락에서 이러한 태도가 결과적으로 최인훈을 "점진주의자, 자유주의자, 반공주의자로 지목하게 되는 근거가 되기도 한다"라고 평가한다. 서은주, 「최인훈 소설 연구: 인식 태도와 서술 방식의 상관성을 중심으로」, 54쪽 참조.

이나『서유기』등 일련의 최인훈 텍스트들에서 포착되는 가장 현저한 변화
지점은 내셔널리즘에 대한 태도(attitude), 즉 내셔널리즘을 발화하는 등장인
물들의 어조(tone)나 그 어조에 실리는 감정적 기류, 에너지의 질감에 관한 대
목이라고 말할 수 있다. 작가 스스로 잘 요약했듯이, 최인훈 작품의 일관된 모
티브는 "개인이 가지고서 출발해야 하는 정체성이랄까, 자기 동일성이라든가
하는 것을 자기 손으로 만들어야겠다는 일종의 문화적인 콤플렉스, 문화사적
인 강박관념"[50]이었다. 실제로『회색의 의자』의 독고준이 바로 그러했듯이 개
인의 자기 동일성이 민족으로 확장되어가는 길목에서 늘 환기되고야 마는 굴
욕적인 피식민의 역사는 서구나 일본 제국주의의 구조를 정확하게 통찰하게
만든 동력이었지만, 한편으로 동시에 깊이를 가늠하기 어려운 냉소와 절망의
근원이기도 했다. 그러나 상황은 이제 서서히 달라진다. **"역사의 주체는 민족입
니다. 역사의 주체가 민족인 것이 옳으냐 그르냐가 아니라 현실적으로 그렇다는 것이
문제의 핵심입니다.** …… 인간은 관념이고 실존이 존재하듯이 **인류는 관념이고
민족이 존재**"라는 총독의 인식은 그가 서구 제국주의나 적색 제국주의를 겨냥
할 때와 같은 반어나 냉소적 풍자의 맥락에 결코 놓여 있지 않다. '민족/민족
성'에 관한 탐구는 또한『서유기』의 주된 테마이기도 한데,『회색의 의자』의
속편 격인 이 텍스트는 독고준이 다시 등장해 '민족/민족성'에 관해 일가견을
가진 여러 (역사 속의) 인물들을 만나는 환상의 여행 형식을 취한 것으로도 유
명하다.

　본인이 온 생애를 바쳐온 연구 대상은 이른바 '민족성'이라는 문제입니다. ……
한국의 민족성 문제는 일본 통치하에서 식민주의자들의 자기합리화와 한국인에

50　최인훈, 「하늘의 뜻과 인간의 뜻」, 『문학과 이데올로기: 최인훈 전집 12』(문학과지성사,
　　　1994), 388쪽.

게 열등의식을 심어주기 위해서 논의되고 조종되었습니다. 그 방법은 간단한 것 이었죠. **한국인의 단점을 외국인의 장점과 비교하고, 제국주의자들이 통치한 결과 를 통치의 유인(誘因)처럼 바꿔치고, 인간에게 보편적인 것을 한국인에게만 특수하 게 있는 것처럼 말하는 세 가지 방법에 의해서였습니다.** ······ 결국 한국인의 민족성 이라는, 이 구름을 잡듯 허망한 이야기가 마치 과학의 법칙이나 되는 것처럼 국내 에 살던 사람들을 괴롭혔습니다. 한두 가지 자랑이 없는 국민도 없으려니와 한두 가지 결점이 없는 국민도 없습니다. ······ **지식의 유통 구조를 누가 조작하느냐에 따라서 그 시대를 살고 있는 사람들의 정신의 모습이 정해집니다**(강조_인용자).[51]

환상의 여로에서 독고준이 만난 인물 '사학자(이면서 죄수인)'의 발언대로 민 족성이 지식의 유통 구조를 장악한 이들에게 규정되어왔다면, 민족성이라는 이름 아래 획정된 지식의 구체적 내용들은 이제 고정불변의 실체를 가진 것이 라기보다는 지식 생산의 기존 조건을 반성하는 과정을 통해 새롭게 정립될 수 있는 어떤 것으로, 그 위상이 전혀 다르게 변화한다. 이와 관련해 1967년 시 점의 조선 총독이 가장 두려워했던 것 중의 하나가 "반도의 국학 붐"이었다는 점은 의미심장하다. 국학이 되살아난다는 것은 "총독부 당국이 힘써 인멸코 자 했던 종족적 기억이 되살아나고 있"음을 뜻하며, "열등의식의 방향으로 유 도했던 국학이 점차 자신을 회복"[52]하는 사태이기 때문이다.

실제로 총독이 우려한 '국학 붐'은 1960년대 후반 한국의 공론장에서 하나 의 뚜렷한 흐름을 형성하는 중이었다. 단적인 예로 1967년 설립된 한국사연 구회는 근대 자본주의가 일본의 식민 통치에 의해서 '이식'된 것이 아니라 자 생적으로 발전할 수 있는 맹아를 조선 후기인 18세기 중엽부터 이미 배태하

---

51   최인훈, 『서유기』(문학과지성사, 2013), 128~130쪽.
52   최인훈, 「총독의 소리 1」, 82쪽.

고 있었다는 '내재적 발전론'의 개념을 학계에 제출했다. 제국의 식민 통치와 그 유산을 어떻게 바라볼 것인가 하는 시선의 경쟁은 이미 존재해왔다. 하지만 이 논쟁적 개념의 제도화된 등장으로 식민의 기억을 둘러싼 경쟁은 향후 더욱 본격화될 예정이었다. 최근 선행 연구들에서 확인되듯이, 1960년대 후반에서 1970년대 전반에 걸쳐 ≪창작과비평≫과 같은 공신력 있는 매체들은 역사학계의 내재적 발전론을 대중적으로 널리 보급하거나 역사학 이외의 다른 학문으로 전파·심화시키는 역할을 적극적으로 수행하기 시작했다.[53] 서구 근대의 자본주의와 정치적 민주주의를 함께 발전시킨 주역인 시민계급의 존재를 한국의 역사 속에서도 대칭적으로 발굴해내려는 이 필사적인 노력은 근대로 가는 길목에서 한국 역사의 심각한 지연과 정체를 야기한 주범으로 지목되어온 조선 후기에 관해 이전과는 전혀 다른 서사를 부여하게 될 터였다. 사실상 타율적 역사의 시발점으로 간주되어왔던 이 시기는 이제 합리적이고 비판적 정신에 근사한 근대 실학이 태동하는 가능성의 시기로 새롭게 반전되기에 이른다. 물론 근대(성)를 이념형으로 설정하는 '근대화론'식 사유 방식의 자명성은 여기서도 흔들림 없이 관철되고 있었다. 하지만 당시 맥락에서 내재적 발전론이 민족성에 관한 모험적이고 대안적인 내러티브였던 것만은 부정할 수 없는 사실이다. 결과적으로 1960년대 중·후반은 개별 지식을 구성하는 전체 사회 맥락에 대한 반성, 다시 말해 지식의 사회학(sociology of knowledge)적 감수성이 의식적으로, 그리고 이례적으로 높아진 상태였다.

다시 최인훈의 텍스트로 돌아가보면, 『서유기』와 같은 작품을 신식민주의 비판이나 제3세계 내셔널리즘을 재평가하는 서사로만 오롯이 요약하기는 물론 어려울 것이다. 『서유기』가 보여주는 환상 여행의 마지막 귀착지가 이북

---

53 김현주, 「『창작과비평』의 근대사 담론: 후발자본주의 사회의 역사적 사회과학」, ≪상허학보≫, 36집(2012.10).

출신인 독고준의 고향 W시, 그것도 그에게 원형적 트라우마로 남은 '자아비판'이 행해진 유년 시절의 소학교 교실이라는 점을 부각시킨다면 이 텍스트는 남북 분단을 배경으로 한 일종의 정신 분석적 귀환의 서사로도 해석될 여지가 있다. 그러나 이 기나긴 여행의 과정에서 독고준이 조우한 많은 역사적 인물, 즉 논개, 이순신, 사학자 - 죄수, 이광수 등이 어떤 식으로든 일본이라는 존재와 깊이 관련되었다는 사실은 이 여정이 단순히 독고준 개인 차원의 트라우마와 대면하는 과정으로 환원되지 않는다는 점을 의미한다.[54] 오히려 『서유기』의 에피소드를 빽빽이 채우고 있는 역사적 인물들과의 만남은 그의 여행이 개인을 넘어 민족 차원의 오랜 트라우마인 일본을 매개로 '민족/민족성'을 새롭게 정의·탐구하려는 의도 아래 기획되었다는 점을 웅변한다. 물론 이때의 민족성 탐구는 관념적이거나 비역사적인 방식이 아니라 철저히 맥락 의존적이고 역사적인 방식이라는 점을 강조할 필요가 있다. 요컨대 식민 통치의 유산과 냉전이라는 1960년대 신식민주의적 현실 속에서 『서유기』의 환상 구성은 비판과 저항의 거점으로서 (제3세계) 내셔널리즘의 가능성을 탐색하기 위해 선택된 서사 전략인 셈이었다.

4. 결론: 제3세계 내셔널리즘의 '수행성'

1968년 5월, ≪창작과비평≫에는 스웨덴 출신의 경제학자이자 사회학자인 군나르 뮈르달(Gunnar Myrdal)의 주요 저작들을 상세하게 소개하는 글이 실렸다.[55] 뮈르달이 자신의 학문 세계 전체를 조감하고 집대성한 저서 『아시아

---

54 구재진, 「최인훈 소설에 나타난 기억하기와 '탈식민성': 서유기를 중심으로」, ≪한국현대문학연구≫, 15집(2004).

의 드라마: 제(諸) 국민의 빈곤에 관한 연구(Asian Drama: An Inquiry into the Poverty of Nations)』(1968)를 출간한 데 발맞춘, 일종의 기획 서평이었던 것으로 보인다. 주지하다시피 뮈르달은 주류 경제학의 균형이론에 이의를 제기하는 불균형이론으로 1950년대 후반부터 주목받기 시작했다. 그의 핵심 주장은 자본과 노동의 이동을 전제로 한 시장 메커니즘은 지역 간의 균형을 가져오기보다는 오히려 불균형을 심화시키면서 지역 간의 격차를 점점 더 벌려 나간다는 것이었다. 뮈르달이 '누적적 순환·인과법칙(the circular and cumulative causation principle)'으로 명명한 이 현상은 빈곤의 확대 재생산 및 남북 간의 경제 격차를 설명하는 유력한 틀로 부상했다. 개발도상국의 후진성에 대한 주원인을 선진국과의 불평등한 관계에서 찾는다는 점에서 뮈르달의 이론은 프레비시와 같은 라틴 아메리카 학자들의 종속이론과도 공명하는 부분이 많았다. 뮈르달 역시 불균등 발전의 추세가 지속되고 있는 현 국제 경제·사회 환경에서 개발도상국들의 민족주의가 필수적이라고 진단하는 논자였다. 특히 그는 고립된 개발 노력만으로는 성공하기 어렵기 때문에 개발도상국끼리의 단결을 필수적으로 강조했으며, 경제적으로는 이 정치적 유대를 기반으로 한 새로운 형태의 국제주의가 필요하다고 주장했다.

이처럼 1960년대 중·후반에는 제3세계 내셔널리즘의 유효성을 뒷받침하는 이론들이 제3세계를 넘어서서 서구 내에도 본격적으로 등장하고 있었지만, 역설적이게도 제3세계와 관련된 현실 국제정치의 시계는 오히려 역행하는 중이었다. 널리 알려진 대로 1955년 인도네시아 반둥에서 열린 아시아·아프리카 회의는 신생 독립국들이 중심이 된 새로운 정치적 미래를 꿈꾸게 했지만, 이 회의에서 제창된 평화와 공존의 원칙은 제도적으로 정착되지 못한 채

---

55   임종철, 「구나르·미르달의 세계」, ≪창작과비평≫, 통권 10호(1968년 여름).

불투명한 교착상태에 빠졌다. 더욱이 '제3세계의 정치적 플랫폼'이 결정적으로 무너진 계기는 반둥의 핵심 두 축이던 중국과 인도의 국경분쟁(1962)이었는데, 비무장과 평화 공존의 대명사였던 인도는 이 군사 분쟁을 거치면서 비동맹 운동의 동력과 명분을 잃었다. 물론 대의를 잃은 것은 중국 역시 마찬가지였다. 서구에 비타협적인 반식민 노선을 견지했던 중국은 1970년대 초반에 이르자 유엔과의 관계 개선을 기대하며 미국과 동맹을 맺었을 뿐 아니라 심지어 자국 내 공산당을 학살하는 독재 정권들과도 교류를 시작했다. 예컨대 중국은 그리스 정부를 지지했고(1972), 공산주의자들을 학살한 수단의 독재자 가파르 니메이리(Gaafar Mohamed el-Nimeiri)와도 교류하는가 하면(1971), 심지어 좌파의 반란군 진압을 요청하는 스리랑카 정부에 긴급 지원군을 파견하는 등 제3세계의 펄럭이는 깃발이었던 '반둥 정신'은 거의 파탄에 이르렀다고 해도 과언이 아닌 상황이었다.[56]

최인훈의 『태풍』(1973)은 바로 이러한 시점에서 연재되었다. 굳이 장르를 따지자면 대체 역사소설 정도에 해당되는 이 텍스트는 끝내 꽃피우지 못한 제3세게 연대의 상징이었던 반둥회의가 개최된 나라 인도네시아를 역력히 상기시키는 가상의 아이세노딘을 배경으로 삼는다(아이세노딘은 인도네시아(Indonesia)를 거꾸로 읽은 것이다. 『태풍』이 제기하는 질문은 '뼛속 깊이 식민주의자였던 한 인간이 어떻게 내셔널리스트로 거듭날 수 있는가'로 요약되는데, 텍스트는 이 기적 같은 변신을 가능하게 하는 것이 바로 제3세계 국가들 간의 연대라고 분명하게 답한다. 즉, 나파유(일본(Japan)을 거꾸로 읽은 것이대)인보다 더 나파유인다웠던 주인공 '오토메네크'가 식민주의 이데올로기의 견고한 껍질을 뚫고 나올 수 있었던 것은 제국의 나파유인으로서가 아니라 자신과 가장 흡사하게 닮

---

56 비자이 프라샤드, 『갈색의 세계사: 새로 쓴 제3세계 인민의 역사』, 245~246쪽.

은 이웃, 자신과 마찬가지로 나파유의 식민 통치를 받고 있는 아이세노딘인에게 비로소 스스로의 정체성을 투사할 수 있게 되면서부터이다. 다시 말해 주인공 오토메나크는 아이세노딘이라는 제3세계적 매개가 없었다면 피식민자로서의 자신의 위치를 뒤늦게라도 정확하게 발견할 수 없었을 것이다.

따라서 『태풍』의 이 인상적인 가상 세계는 이미 좌절된 정치적 연대에 대한 안타까운 애도 또는 조사(弔詞)로 충분히 읽힐 여지가 있다.[57] 그러나 국제 정치 수준에서 제3세계 내셔널리즘의 유효성이 점점 파국을 향해 치달았던 것과는 별도로, 이 글 전체를 통해 살펴보았듯이 적어도 한국 사회의 경우 식민주의를 극복하려는 장기적 운동 또는 문화·정치적 프로젝트로서의 제3세계적 시선과 전망은 오히려 6·3 국면을 통과해 1960년대 중·후반을 지나면서 좀 더 본격적으로 수용되고 확실하게 뿌리를 내렸다는 사실을 한 번 더 강조하고 싶다. 실제로 1955년 제1차 반둥회의에 대한 한국 사회의 반응은 예외적인 몇몇 경우를 제외하고는 철저한 외면과 신경질적인 두려움으로 요약된다. 그에 비해 비록 직전에 개최 자체가 취소되기는 했지만 1965년의 제2차 반둥회의의 경우, 주류 언론으로부터 제1차 회의 때보다 훨씬 많은 관심을 받았을 뿐만 아니라 정부를 위시해 회의 참가를 긍정적으로 생각하는 일반 국민 여론의 비율도 10년 전에 비해 훨씬 더 높아졌다.[58] 물론 이와 같은 상황의 변화에는 제3세계라는 용어가 개발도상국의 의미와 거의 유사하게 쓰이면서 정치적 운동으로서의 색채가 상당히 희석된 측면도 큰 몫을 한 것이 사실이다. 그러나 그에 못지않게 일본과의 수교를 계기로 식민/재식민/신식민의 담론이 당시 공론장에 편재해 있었다는 것, 그 결과 운동으로서의 제3세계가 제기하는

---

[57]   권보드래·천정환, 「중립의 꿈, 1945~1968: 최인훈 소설의 정치적 상상력과 '제3의 길' 모색」.
[58]   장세진, 「안티테제로서의 반둥정신(Bandung Spirit)과 한국의 아시아 상상 1955~1965」, ≪사이≫, 15권(2013).

이슈들에 대해 예전보다 훨씬 더 첨예하게 반응할 준비가 되어 있었다는 사실[59] 또한 함께 기억해두기로 하자.

끝으로 최인훈의 텍스트로 다시 한 번 되돌아가면 제3세계적 전망과 비전은 연작의 마지막 편인 「총독의 소리 4」(1976)에서 정점에 이른다. 7·4 남북공동성명(1972)을 배경으로 쓰인 이 텍스트는 미·소 냉전의 완화 국면인 데탕트에서 우리가 얻을 수 있는 "최대의 효과"가 바로 남북한이 평화통일의 원칙에 마침내 합의하게 된 사실임을 힘주어 강조한다. 나아가 남북 정권의 정치적·전략적 노림수에도 불구하고, 이 성명이 "반도인들의 자주적 건국을 위한 초석을 놓"을 것이라는 긍정적인 미래 전망까지도 제시한다. 물론 이 비전이 제국 총독의 시점과 목소리를 통해서였다는 점은 연작의 마지막 편에서도 여전하다. 총독으로서 "7·4 성명의 이념이 현실화되는 것을 막기 위해서" 남북한이 전쟁 위험을 감소시키는 식의 체제 합리성을 증대시키지 않도록 교묘히 유도하고, 역으로 남과 북이 "혁명적 정통성, 민족적 정통성" 따위의 실재하지도 않는 허상에 계속 매달리게 하는 일 역시 중요하다고 그는 강변한다.

그러나 총독의 목소리를 빌린, 전략적인 풍자가 더 이상 풍자가 아닌 남북한 모두의 부정할 수 없는 현실 그 자체로 고스란히 변화했기 때문일까. 최인훈은 「총독의 소리 4」를 끝으로 대담한 형식적·내용적 실험의 연속이었던 소설의 영역을 떠나 한국의 전통적 설화 세계를 소재로 한 희곡 창작에 몰두하게 된다.[60] 그러나 그가 소설의 세계를 떠난 이후에도, 한국의 1970년대는 적어도 시민 사회 영역에서 제3세계적 비전과 정치적 상상력이 일정한 연속성

---

59 물론 한일협정 반대의 과정에서 베트남 파병에 대한 공론장의 반대가 생각보다 높지 않았던 점에 대해서는 별도의 분석과 평가가 필요할 것으로 보인다.

60 물론 최인훈의 희곡을 동시대적 현실과의 단절이라기보다 탈식민적 관점에서 민족적 전통을 재구성하려는 시도라는 관점에서 살펴보는 연구들도 나오고 있다. 조보라미, 「한국적인 것의 심성을 찾아서: 최인훈 문학의 도정」, ≪한국현대문학연구≫, 30집(2010.4).

을 가지고 점점 더 확장되어갔던 시기였다고 기억될 것이다. 예컨대 도시 빈민과 노동계급에 대한 1970년대 문학의 새로운 관심과 천착은 독재 정권이나 자산계급과 결부되어 경화되기 쉬운 내셔널리즘을 안으로부터 내파하는 자기 쇄신의 계기였다는 점을 여실히 입증한다. 1960년대적 작가로서의 최인훈은 바로 그 자리에서 멈춰 섰지만, 잇단 후속의 흐름 속에서 그의 텍스트들은 신식민주의 비판에 입각한 발본적 저항의 계기들을 끊임없이 공급한 유효한 문학적·문화적 자원으로 여전히 남아 있었다.

03

냉전기 일본 진보파 지식인의 한반도 인식[*]
≪세계≫의 북조선 귀국사업·한일회담 보도를 중심으로

임성모

1. 머리말

이 글의 과제는 냉전기 일본 지식인의 한반도 인식을 고찰하는 것이다. 그러나 대상 시기와 주체가 너무 방대한 만큼 분석과 서술에 일정한 제한이 불가피하다. 여기서는 분석 시기를 냉전기 전체가 아니라 일본에서 냉전 체제가 구조적으로 정착되는 1950~1960년대로, 분석 대상을 일본 지식인 일반이 아니라 '진보파' 지식인으로 제한하고자 한다.

이러한 제한이 단순히 분석의 편의를 위한 것만은 아니다. 우선 1950년대 중반이라는 시기는 전후 일본이 아시아와 전향적 관계를 구축할 가능성이 최종적으로 봉쇄되고 동아시아 냉전의 '외부'에서 냉전 체제를 강화하는 방향으

---

[*] 이 글은 ≪동북아역사논총≫ 33호(2011년 9월)에 발표되었던 원고를 일부 수정한 것이다.

로 나아갔던 결정적인 분기점이었다. 패권적 보수 정당인 자유민주당(이하 자민당)의 탄생으로 상징되는 이른바 '55년 체제'는 그러한 사태의 표상과도 같았다. 본문에서 서술하듯이 이 시기는 전후 탈식민화의 과제가 일본 사회에서 망각되고 은폐되는 '원형'에 해당하며, 그 후의 역사 전개는 최근까지도 그 '변주'에 불과하다. 또한 이 시기 일본의 진보파는 이러한 가능성을 가장 의식적으로 추구한 지식인 집단이었던 만큼, 이들이 가진 아시아·한반도 인식의 문제점과 한계는 곧 일본 지식인과 일본 사회 전체의 맹점을 드러낸다고 해도 과언이 아니다.

이 글에서는 이 시기 일본 진보파 지식인의 아시아·한반도 인식을 고찰하기 위해 시사 잡지에 나타난 역사 인식의 면면을 검토하는 방법을 택했다. 시사 잡지는 당대의 이슈와 의제가 사회적 공론장에서 어떻게 논의되는지, 또 집단 지성의 자기 인식과 타자 인식이 어떤 양상을 보이는지를 직접 파악할 수 있게 해주는 매체이기 때문이다. 최근에 일본의 대표적인 대중잡지 ≪킹(キング)≫을 소재로 다이쇼(大正)와 쇼와(昭和) 시기의 '공공성'을 조명한 연구가 나온 바 있다. 이 연구는 시사 잡지라는 미디어 권력의 형성과 전개 과정이 사회적 공공성의 변화와 어떻게 맞물려 있었는가 하는 문제의식에 입각해 있다.[1] 시사 잡지의 정보 집적 능력과 정보 전달의 기동성을 감안할 때, 이러한 접근 방식은 중요하다고 여겨진다. 그러나 시사 잡지는 동시에 지식인 집단 또는 집단 지성의 자기/타자 인식을 읽어내는 데에도 유용한 기제가 될 수 있다. 이 글에서는 시사 잡지의 두 번째 특성에 주목하고자 한다.

냉전기 일본 지식인의 한반도 인식을 고찰할 때 분석 대상으로 삼을 수 있는 시사 잡지는 무척 많다. 보수적인 색채가 강한 ≪문예춘추(文藝春秋)≫나

---

1   佐藤卓己, 『キングの時代』(東京: 岩波書店, 2002).

≪중앙공론(中央公論)≫부터 진보적인 성향의 ≪세계(世界)≫에 이르기까지 다양한 잡지들이 발간되고 있었기 때문이다. 이 연구에서는 이들 가운데 월간 ≪세계≫를 논의하는 데 초점을 맞출 텐데, 그 이유는 크게 세 가지이다. 첫째, ≪세계≫는 패전 직후 1946년 1월에 창간되어 사회적 영향력이 컸던 잡지로, 일본 사회의 대외 인식을 읽어내는 데 일정한 대표성을 갖추고 있기 때문이다. 둘째, 이 잡지는 '진보파' 지식인 집단으로 평가되는 이른바 '이와나미 (岩波) 그룹'의 한반도 인식을 반영한다는 점에서 당파성을 갖고 있기도 하다. 셋째, 이 잡지는 지금까지도 간행되고 있어서 사건 당시의 반응은 물론 그 후의 반응까지 동시에 살펴볼 수 있다는 점에서 뛰어난 성찰성을 갖추고 있다.

이 글에서는 ≪세계≫의 이러한 대표성, 당파성, 성찰성에 주목하면서 여기서 다룬 수많은 냉전기 논의들 가운데 특히 '북조선 귀국사업'(이하 귀국사업)과 한일회담 관련 보도에 초점을 맞추어 한반도 인식의 특징을 살펴보고자 한다. 이들 사안은 냉전의 최고조기인 1950~1960년대에 일본 진보파 지식인이 남북한에 대해 가졌던 인식을 동시에 고찰할 수 있는 이슈이기 때문이다. 더 나아가 최근 일본인 납치 문제와 중첩되면서 귀국사업 논의가 재연되고 있다는 점에서 한반도 인식의 현재성을 고찰하는 데에도 유용한 이슈라 판단되기 때문이다.

윤건차도 지적했듯이 한반도 문제에 대한 ≪세계≫의 발언은 한일회담 이후인 1970년대부터 본격화되고 있다.[2] 이 글에서는 그 역사적 '전사'이자 한반도 인식의 '원형'을 고찰하는 셈인데, 이 시기 ≪세계≫의 논조에 대해서는 한상일과 오다카 도모코(尾高朋子)·다카사키 소지(高崎宗司)의 선행 연구가 있다. 한상일은 1946년부터 1989년까지 ≪세계≫의 한반도 관련 기사를 모두

---

2   윤건차, 『교착된 사상의 현대사: 1945년 이후의 한국·일본·재일조선인』, 김응교 외 옮김 (창비, 2009), 295~298쪽.

분석해 시기별·주제별로 특징을 짚어냈다. 『지식인의 오만과 편견』(2008)이라는 책의 제목에서 바로 드러나듯이 한상일은 진보적 지식인의 비이성적이고 편향된 인식이 한일관계에 악영향을 끼쳤다고 비판한다. 또한 김일성 회견기와 '한국으로부터의 통신'에서 나타난 편향성에 서술의 초점을 맞추면서, 이 글에서 대상으로 삼은 시기에 관해서는 '어두운 한국'의 이미지를 창출해 '반한·친북'의 지향성을 강화하고 있다고 강조한다.[3] 한편 오다카 도모코·다카사키 소지는 '귀국사업' 연구의 일환으로 ≪세계≫의 논조를 ≪중앙공론≫과 비교하면서 분석했다. 재일조선인과 한반도 문제를 역사적 책임의 문제로 주체적으로 파악한 점, 일본 정부의 재일조선인 추방 의도를 비판한 점을 높이 평가하면서도 북한 사회에 대한 기대의 과잉을 문제점으로 지적하고 있다.[4] 두 연구는 입장의 차이에도 불구하고 이 시기 일본 진보파 지식인이 지닌 인식의 양면성을 잘 드러내고 있다. 하지만 전자는 1970년대 이후의 논조에 관심을 집중하고 있으며, 후자는 '귀국사업' 연구의 일환으로서 제한된 서술을 하고 있기 때문에 이 시기 일본의 아시아·한반도 인식이 지닌 특징을 총체적으로 파악하기 힘들다. 무엇보다 이는 1950년대 일본에서 냉전 체제가 정착되는 가운데 형성된 아시아 인식을 배경으로 한다는 것과, 또 그 일환으로서 한반도 인식이 형성·전개되었다는 사실을 경시한다는 문제를 안고 있다.

이하 본문에서는 일본에서 1950년대 중반까지 냉전 체제가 정착되는 과정을 개관하는 가운데, 아시아를 '시장·안보'로서 수단화하는 경과에 주목한다. 그러면서 진보와 보수를 막론하고 일본 지식인 사회가 갖게 된 아시아 인식의 문제점을 고찰할 것이다. 그리고 이 바탕 위에서 '귀국사업'과 한일회담 관련

---

3   한상일, 『지식인의 오만과 편견: ≪세카이≫와 한반도』(기파랑, 2008).

4   尾高朋子·高崎宗司, 「歸國運動に關する『世界』と『中央公論』の論調」, 高崎宗司·朴正鎭 編, 『歸國運動とは何だったのか: 封印された日朝關係史』(東京: 平凡社, 2005).

보도에 초점을 맞추어 1950년대 후반부터 1960년대 전반기에 나타난 한반도 인식의 구체상을 조명하기로 한다.

2. 냉전의 정착과 '시장·안보로서의 아시아'

시사 월간지 ≪세계≫는 일본이 패전한 직후인 1946년 1월부터 간행되어 지금까지 이어지고 있는 일본의 대표적인 종합잡지이다. 미 점령군의 지배라는 사상 초유의 사태에 직면한 일본 사회가 전후의 불안과 혼란에 빠져 있던 상황에서 '문화국가' 건설을 제창하며 창간한 잡지였다. 발행처 이와나미서점(岩波書店)의 창업자 겸 잡지 발행인 이와나미 시게오(岩波茂雄)는 일본의 패전이 '도의와 문화'의 노예화에 기인한 것이라고 역설했다. 그는 군벌과 관료의 횡포와 독선에 휘둘린 전시체제의 암흑기를 종식하고 신시대를 열기 위해서는 지식인이 사회적 책임을 성찰하고 본래의 역할을 다해야 한다고 주장했다.[5]

이러한 발행인의 입장은 창간사에서 좀 더 자세히 부연되었다. 전후 문부성 장관을 지내기도 한 법학자 다나카 고타로(田中耕太郎)는 일본의 문화를 두고 '지난 10년간' '일부' 군인, 정치가의 무지와 단견으로 시국이 '일탈'했는데 그 핵심은 도의와 문화에 봉사해야 할 정치가 오히려 도의와 문화를 노예화한 데 있다고 말했다.[6] 여기서 '일부', '일탈', '지난 10년간'이라는 표현에 주목할 필요가 있다. 이는 일본의 군국주의를 1930년대 이후 소수에 의해 빚어진 예

5　安倍能成, 『岩波茂雄傳』(東京: 岩波書店, 1957), p.277. 전기의 필자인 아베 요시시게(安倍能成)는 경성제대 총장이었고 패전 후에는 초대 문부성 장관을 지낸 인물이다. 이와나미 시게오와 아베 요시시게가 패전 직후에 만든 동심회(同心會)라는 단체가 ≪세계≫ 창간에 주도적 역할을 했다.

6　田中耕太郎, 「發刊の辭」, ≪世界≫, 1월호(1946), p.1.

외적 사태로 인식하고 있음을 드러내기 때문이다.

이와나미 시게오도 "메이지유신(明治維新)의 진보적 개혁은 도중에 '5개조' 어서문(御誓文)의 정신을 잃어버렸다. 나는 메이지유신의 진정성을 추구해 어서문 정신에 충실한 것이 신일본 건설의 근본원리라고 생각한다"[7]라고 말한 바 있다. 일본 근대화 과정의 문제점을 근본적으로 성찰하기보다는 '쇼와의 일탈'을 '메이지로의 회귀'를 통해 만회할 수 있다는 입장이었던 것이다. 이는 전후 아시아의 이웃 나라들과 달리 공화주의 혁명의 계기를 배제한 채, 기존의 천황제적 지배 체제가 변형된 '상징 천황제'를 정당화하는 입장이기도 했다. 이른바 '올드 리버럴리스트'라 불리기도 했던 ≪세계≫ 창간 집단은 기본적으로 전후에도 천황제라는 일본 '국체(國體)'에 대한 신념을 바꾸지 않았던 셈이다.[8]

여기서 보수와 진보를 막론하고 일본 지식인 집단이 공통적으로 유지했던 내셔널리즘 지향성을 찾아낼 수가 있다. 그리고 동아시아 냉전 체제는 이러한 지향성이 일본 사회에서 제국의 기억을 소거하고 식민지 지배의 기억을 은폐함으로써 식민주의를 지속시키는 결과로 나아가는 데 결정적인 역할을 했다.[9] 일본 제국주의가 붕괴된 이후에도 국공 내전과 한국전쟁이라는 열전의 형태로 냉전을 맞이해야 했던 중국·한반도·베트남과는 달리, 일본은 샌프란시스코강화조약의 체결에 의해 점령 상태에 종지부를 찍으면서 제국의 기억을 지우고 '고도경제성장'이라는 이름하에 '평화 속의 국민국가화'에 매진할

---

7   安倍能成, 『岩波茂雄傳』, p.277.

8   강상중은 '올드 리버럴리스트'의 대표적 인물인 도쿄대학 총장 난바라 시게루(南原繁)의 전후 천황제 인식을 '국제 내셔널리즘'의 맥락에서 자리매김한 바 있다. 강상중, 『내셔널리즘』, 임성모 옮김(이산, 2004), 139~146쪽 참조. 난바라 시게루 역시 ≪세계≫의 주요 논객 중 하나였다.

9   岩崎稔 外, 『繼續する植民地主義』(東京: 靑弓社, 2005).

수 있었다. 바로 그 과정에서 일본의 아시아 인식에 큰 맹점이 깃들게 되었던 것이다.

1955년의 보수 합동에 따른 자민당의 탄생은 전후 일본 사회의 구식민지, 아시아 인식의 이러한 문제점을 결정적으로 고착화시킨 분기점이었다. 후술 하듯이 기시 노부스케(岸信介)로 상징되는 구지배층의 복귀에 의해 일본 사회 의 정치·사회적 보수화가 본격화되었기 때문이다. 이러한 흐름을 지식인의 (역사)인식 차원에서 엿볼 수 있게 해주는 사건이 바로 '쇼와사(昭和史) 논쟁'이 었다.

1955년에 초판, 1959년에 개정판이 간행된 일본 현대사 개설서 『쇼와사』 의 역사 서술을 둘러싸고 벌어졌던 '쇼와사 논쟁'은 당시 일본 지성계의 보수· 혁신 대립을 상징적으로 보여준 전후 최초의 역사 인식 논쟁이었다.[10] 마르크 스주의 역사학자들이 집필한 『쇼와사』는 "일본 국민은 왜 전쟁에 휘말려 들 어가게 되었는가, 왜 국민의 힘으로 이를 저지할 수 없었는가?" 하는 문제를 제기했는데[11] 발간과 함께 폭넓은 독자층의 환영을 받으며 베스트셀러가 되 었다. 그러나 곧 전시하에서 전향한 경험이 있는 문학 평론가들을 필두로 한 비판에 직면했다. 비판자들이 지적한 문제는 이 책의 역사 서술이 지배 - 피지 배의 양극단에 존재하는 지배계급(권력)과 피지배계급(국민)의 대항 축을 경제 관계와 직결시켜 파악하고, 마치 역사가 정치·경제 '구조'에 의해서만 움직이 는 듯 묘사했기 때문에 '인간' 부재의 기계적이고 공식적인 서술에 그치고 말 았다는 것이었다.[12]

---

10 논쟁의 주요 문건은 다음을 참조. 大門正克 編, 『昭和史論爭を問う』(東京: 日本經濟評論 社, 2006).

11 遠山茂樹·今井淸一·藤原彰, 『昭和史』(東京: 岩波書店, 1955) 서문 참조.

12 비판은 전향 비평가 가메이 가쓰이치로(龜井勝一郎)에 의해 시작되었다. 龜井勝一郎, 「現 代歷史家への疑問」, ≪文藝春秋≫(1956.3); 龜井勝一郎, 『現代史の課題』(東京: 中央公

『쇼와사』의 저자들이 '지배계급'의 전쟁 책임을 부각시키는 데에만 치중한 결과, 피지배 민중의 복합적인 이미지를 충분히 그려내지 못한 것은 부정할 수 없는 사실이었다. "왜 국민의 힘으로 전쟁을 저지하지 못했는가?"라는 질문에 대답하기 위해서는, '동요하고 침묵하는 국민'이 결국 전시체제에 단순히 '동원'되는 것이 아니라 '동의'하는 상황이 어떻게 만들어지게 되었는지가 서술되었어야 했다. '지배계급'을 '국민'에서 배제시키는 기묘한 논법으로는 '동의'의 자기 책임을 묻는 것 자체가 불가능해지기 때문에, '국민'을 책임의 주체가 아니라 도리어 '지배층'의 책임을 추궁하는 주체로 만들 뿐이다. 이 대목이 중요한 것은 국민에 대한 '공감 능력'을 강조하면서 일본 국민의 '피해 의식'을 명시적으로 드러냈던 비판자들과 마찬가지로, 이른바 진보적 역사학자들 또한 '가해자'로서의 일본 국민이라는 측면, 바꿔 말해서 민중의 전쟁 책임이라는 문제를 비껴감으로써 '국민 = 일본인 = 피해자'라는 도식적 이미지를 암묵적으로 동일하게 재생산하고 있다는 것이다.[13]

『쇼와사』의 집필자들로 대변되는 일본의 '전후 역사학'은 종래의 파시즘 지배 체제를 비판하며 마르크스주의에 입각한 '세계사의 발전 법칙'이라는 규명을 내세워 전후 일본의 민주화를 지적으로 뒷받침하려 했다. 그러나 이 '전후 역사학'은 '쇼와사'라는 '제국'의 역사를 '국민국가'의 역사로 축소시켜 일국사적 틀 속에서의 지배 - 피지배 관계로만 서술함으로써 '아시아의 시선'을 배제하고 말았다. 보수와 진보를 막론하고 당시의 일본 역사학계는 '국민 = 일본인'의 역사만을 시야에 넣고 있었던 셈이다. 그 결과 식민지 지배에 의해 창

論社, 1957) 참조.

13 酒井直樹, 「日本史と國民的責任」, 歷史と方法編集委員會 編, 『帝國と國民國家』(東京: 靑木書店, 2000). 역사 서술 및 교육과 관련된 쇼와사 논쟁의 함의에 대해서는 다음을 참조. 임성모, 「전후 일본의 역사인식과 역사교육: 쇼와사 논쟁과 교과서 검정을 중심으로」, 《한국민족운동사연구》, 66집(2011).

출된 안팎의 '비(非)국민'적 존재들을 은폐함으로써 일본 국민의 인식 속에서 '제국'의 역사를 망각하게 만드는 악영향을 초래했다. 요컨대 '쇼와사 논쟁'에서 논쟁의 양측 모두는 '국제 관계 속의 쇼와사', 그리고 '아시아의 시선'을 결정적으로 놓치고 말았다.

'쇼와사 논쟁'의 경과를 통해서 알 수 있는 것은, 일본 지식인 사회가 전반적인 보수화 추세에 적극적으로 대응하지 못했다는 점이다. 샌프란시스코강화조약 이후 점령에서 벗어나 국제사회로 '복귀'한 일본은 기시 노부스케 정권의 등장으로 상징되는 국가주의적 사회로의 재편 속에서 미국이 주도하는 동아시아 냉전에 편승해가고 있었다. 한편 1955년의 반둥회의가 상징하듯 동남아시아에서 유럽 제국주의가 결정적으로 퇴장하고 아시아·아프리카가 상대적으로 약진하는 추세 속에서 '제3세계' '비동맹 운동'의 열기도 고조되고 있었다. 결과적으로 일본은 미일동맹의 강화라는 전자의 길을 선택했지만, 1950년대 후반은 아직도 선택지의 유동성이 남아 있던 시기였다. 그러나 대다수 일본 지식인들은 '국민'이라는 일국사적 틀에 안주해 아시아와의 관계 설정에 무관심하거나 미온적이었고, 이는 주체적 전쟁 책임론의 결여로 귀결되어 아시아와의 관계 회복을 다시금 지연시키는 악순환을 낳았다. '성찰로서의 아시아'는 뒤편으로 물러나고 '시장·안보로서의 아시아'가 전면화되었다.

이 시기 '안보로서의 아시아' 인식을 체제화한 것은 만주국 관료 출신의 보수 강경론자 기시 노부스케가 이끈 자민당 정권이었다. 기시 노부스케는 1955년 보수 합동을 성사시켜 자민당을 창립하고 1957년부터 1960년까지 1, 2차 정권을 조직하며 보수 세력을 결집했다. 그는 대미 의존, 경무장, 경제 중시로 요약되는 이른바 '요시다 노선' 대신에 '대미 자립'과 '군비 확충'을 표방하는 '대국주의' 노선을 지향한 것으로 잘 알려져 있다. 물론 대국주의를 지향했다고 해서 '대동아공영권론'의 반복이라고만 볼 수는 없다. 먼저 전 시기와는 달리 '친미·반공'에 입각한 자유 민주 진영의 일원으로서만 일본의 대국화가 가능했으며 그 '세력권'도 기존의 동북아 중심에서 동남아 중심으로 이행했기 때문이다.[14]

미·소 냉전 체제의 등장, 그리고 자유 민주 진영 내에서 미국의 압도적 위상이라는 새로운 조건 아래 전후 일본의 대국화를 추진하려면 우선 미국과의 동맹 관계를 유지하면서 소련과 대치하는 미국의 힘을 빌려 아시아에서 자기 세력권을 구축해야 했다. 그리고 이때의 세력권은 동북아를 중심으로 동남아까지 포괄하려 했던 대동아공영권과는 달리 그 중심이 동남아로 옮아갔다. 북한과 중국이 사회주의화된 상황에서 예전의 식민지·점령지였던 동북아에서 세력권을 부활시킬 수는 없었던 것이다.

기시 노부스케 정권의 대국주의 노선은 군사적 측면에서 두드러지게 나타났다. 오늘날까지 이어지고 있는 '국방의 기본 방침'의 제정과 이른바 '1차방' 추진에 의한 군비 확충이 전형적 사례였다. 기시 노부스케 정권이 전 정권에게서 인계받은 국방회의는 '제1차 방위력 정비 3개년 계획'(약칭 1차방)을 결정해 군비 확충을 본궤도에 올렸다. '국방의 기본 방침'이 제정되면서 미국과의 안보 체제를 기조로 하리라는 점도 명시되었다.[15]

한편 기시 노부스케 정권은 대외적으로 개발주의에 입각한 경제외교를 추진했다. '시장으로서의 아시아'를 지향한 이 경제외교의 주요 무대는 바로 동남아시아였다. 기시 노부스케는 취임 직후 '동남아 개발 기금'이라는 구상을 제시했다. 일본의 이니셔티브 아래 미국을 중심으로 한 선진국이 갹출해 기금을 조성하고 동남아 제국을 개발하자는 것이었다. 반공과 개발의 기치를

---

14 渡邊治, 「戰後保守政治の中の安倍政權: 「軍事大國」派の系譜」, ≪現代思想≫, 35-1号 (2007), pp.118~119.

15 中村隆英·宮崎正康 編, 『岸信介政權と高度成長』(東京: 東洋経済新報社, 2003), p.53.

내걸고 아시아에 접근함으로써 동남아 제국의 경계심을 완화시키는 한편, 동남아 시장 진출에 미국을 끌어들임으로써 일본의 자본 부족을 해소하려 했던 것이다. 미국의 냉담한 반응과 동남아 제국의 경계심 때문에 기시 노부스케의 개발 기금 구상은 수포로 돌아갔지만, 이때의 동남아 경제외교는 기시 노부스케 이후의 동아시아 외교를 규정하는 기본 틀로서 정착되기에 이른다.[16]

기시 노부스케는 1957년 5월 인도, 파키스탄, 스리랑카, 태국, 대만을 순방했다. 아시아 순방은 기시 노부스케가 그 해 6월 워싱턴에서 미일공동성명을 발표해 안보 개정을 기정사실화하기 직전에 이루어졌다. 미국에 대한 대등화 정책의 일환으로서, 종래 미군 주둔 협정과 마찬가지였던 일방적인 안보 조약을 쌍무적인 상호방위조약으로 '개정'하는 데 정치생명을 걸고 있던 기시 노부스케는 미국과의 교섭에 앞서서 아시아에서의 일본의 중요성을 미국에 과시하려 했다.[17]

기시 노부스케는 자신의 개발주의에 입각한 동남아 외교 전략을 이렇게 표명했다. "동남아시아는 현재 미·소 양 진영의 힘의 공백 지대가 되어 있다. 일본이 자유주의 진영의 일원으로서 의무를 다하기 위해, 국제 외교 무대에서 활약하기 위해, 또 부흥한 일본 경제의 시장 확보를 위해 동남아시아는 일본에게 매우 중요하다. 일본의 공업력과 기술로 동남아시아 신흥국의 경제 기반 확립을 원조하는 동시에 일본의 시장을 확대하고, 그럼으로써 정치적으로도 밀접하게 결합하는 방향이 향후 일본 외교의 진로이다."[18] 즉, '반둥회의'로

---

16 예컨대 1960년대 중반에 아시아극동경제위원회(ECAFE)의 주도로 창립된 아시아개발은행(ADB)은 미국의 지원하에 일본 중심의 동아시아 경제 질서를 형성했다. 박태균, 「1960년대 일본 중심의 동아시아 질서 형성과정: ECAFE와 아시아개발은행을 중심으로」, 백영서 외, 『동아시아의 지역질서: 제국을 넘어 공동체로』(창비, 2005) 참조.

17 岸信介, 『岸信介回顧錄』(東京: 広済堂出版, 1983), p.312.

18 吉本重義, 『岸信介傳』(東京: 東洋書館, 1957), p.292.

상징되듯 동남아에서 유럽 제국주의의 영향력이 최종적으로 후퇴하고 있던 상황('힘의 공백 지대')에서 지역의 새로운 강자로 등장한 미국의 지원 아래 동남아 시장으로의 경제적 진출을 모색하자는 것이 기시 노부스케의 동남아 외교 구상이었다.[19]

기시 노부스케 정권은 이와 같은 안보·정치·외교적 측면에서의 대국주의화 정책을 뒷받침할 수 있는 물적 토대를 구축하기 위해서 강력한 국가 주도적 경제성장 정책과 복지국가적 국민 통합 정책을 추진했다. 먼저 경제성장 정책은 하토야마 유키오(鳩山由紀夫) 정권 시기에 책정된 '경제 자립 5개년 계획'을 이어받은 신(新)장기 경제계획의 수립과 계통적인 국가 개입에 의해서 진행되었다. 이 국가 주도 경제의 주체는 통상산업성(통산성)과 경제기획청이었다. 고도경제성장을 상징하는 이케다 하야토(池田勇人)의 '소득 배중 계획'은 이미 기시 노부스케 정권 시기에 마련되어 있었던 것이다.[20]

한편 기시 노부스케 정권은 국민 통합을 강화하기 위해 소득재분배에 의한 복지국가형 통합도 추진했다. 제2차 정권 시기에 집중된 복지국가 정책은 각종 보험, 연금 입법에 의해 구체화되었다. 우선 '신국민보험법'이 제정되어 의료보험이 전국적으로 제도화되었으며, 5인 미만 사업장의 노동자에게까지 실업보험이 확대되었다. 1959년에는 '최저임금법'과 '국민연금법'이 제정되어 공무원과 대기업 노동자뿐만 아니라 농민, 자영업자, 영세기업 노동자까지 국민연금에 가입할 수 있게 되었다.[21]

그런데 이 글의 논지와 관련해 결코 간과할 수 없는 부분은 바로 성장과 복

19   宮城大藏, 『バンドン會議と日本のアジア復歸 - バンドン会議と日本のアジア復歸』(東京: 草思社, 2001).
20   中村隆英·宮崎正康 編, 『岸信介政權と高度成長』, pp.2~3.
21   같은 책, p.129.

지의 수혜자인 '국민'의 범주에서 재일조선인 등 구식민지 출신자 집단이 철저히 배제되었다는 점이다. 재일조선인을 상대로는 다음 절에서 고찰하듯이, '귀국사업'에 따른 실질적인 축출 정책까지도 본격화하고 있었다. 기시 노부스케 총리가 1957년 9월에 남한 정부의 반대를 무마하고 '귀국사업'을 조속히 처리하기 위해 국제적십자사와 좀 더 적극적인 교섭을 벌일 것을 일본 적십자사 측에 요청한 것은 이를 상징적으로 드러내고 있다.[22]

이처럼 1950년대 후반기의 일본은 아시아와의 관계를 목적이 아닌 수단으로 활용하는 가운데 식민지 지배와 전쟁 피해에 대한 책임 문제를 망각하는 방향으로 고착되어갔다. 식민 지배와 침략 전쟁이라는 '제국'의 기억을 은폐함으로써 '인권·성찰로서의 아시아'는 사라지고 미일안보체제 아래 일본의 번영과 안정만을 추구하는 '시장·안보로서의 아시아'가 독주하는 사상적 경향이 강화되었다. ≪세계≫의 보도에 나타난 한반도에 대한 인식은 기시 노부스케 정권 - 안보투쟁 - 고도경제성장으로 이어진 시기에 일본 사회가 드러낸 전후 아시아 인식의 한 단면이었던 것이다.

3. 북조선 귀국사업 관련 보도의 남북한 이원론

≪세계≫의 한반도 관련 보도는 한국전쟁에 관한 보도가 일단락된 1955년부터 1957년까지 없었다가 1958년부터 다시 시작되었다. 그 계기는 이승만라인에 의해 일본인 어부가 억류되고, 밀항자 등이 오무라(大村) 수용소에 억류되는 문제를 해결하기 위해 한일 양 정부가 1957년 말 억류자 석방에 합의한

---

22 당시 기시 노부스케는 임시로 외무성 장관을 겸임하고 있었다. 기시 노부스케의 발언은 일본 적십자사 회장의 서신을 통해 파악된다. 테사 모리스 스즈키, 『북한행 엑서더스』, 한철호 옮김(책과함께, 2008), 223쪽.

데서 비롯되었다. 1953년에 '구보타(久保田) 망언'으로 중단되었던 한일회담도 이를 계기로 재개되었다. 이듬해 1월부터 석방된 억류자 가운데 일부가 북한행을 요구하고 이것이 정치 문제로 비화되는 가운데 ≪세계≫에 관련 보도가 게재되기 시작했다.

잘 알려진 바와 같이 '귀국사업'이란 1959년부터 1984년까지 일본 정부가 인도주의라는 미명 아래 추진했던 재일조선인 추방 프로젝트를 가리킨다.[23] 이 '사업'에 의해 일본인 배우자를 포함한 9만 3000여 명의 재일조선인이 북한으로 '귀국'했는데, 그 직접적인 배경이 된 것이 바로 석방된 수용소 억류자 일부의 북한행 요구였다. ≪세계≫가 이 문제에 대해 취한 입장은 이른바 '인도주의'적 대응이었다. ≪세계≫는 북한행 요구자들을 희망대로 북한에 보내는 것이 '적십자정신'에 부합하며 그것이 인도주의 원칙에도 부합한다는 것을 강조함으로써 귀국사업을 지지했다.[24]

이런 가운데 일본 정부는 귀국사업 대상을 전면적으로 확대해 재일조선인 중 희망자를 모두 북한으로 '송출'한다는 정책을 발표했다. 그러는 한편 이 문제를 1958년 9월의 한일회담 본회의에 의제로 상정하기로 결정했다.[25] 남한 정부의 강력한 반대에도 불구하고 일본 내각회의는 1959년 2월 귀국사업 문제를 '기본적 인권'과 '거주지 선택의 자유'라는 국제 통념에 의거해 처리한다는 외무성 방침을 '초당파적'인 정부 정책으로 채택했다. 6월에는 일본과 북한

---

23 한국에서는 일반적으로 '북송'이라는 표현이 정착되었으나, 당시 한국 매체에서는 '송북'이라는 용어도 자주 등장했으며 일본과 북한에서는 '귀환', '귀국사업', '귀국운동'이라는 표현이 사용되었다. 이들 표현에는 각 주체들의 상이한 인식이 내포되어 있지만, 이를 편의상 '귀국사업'으로 표현하기로 한다.

24 筆者未詳, 「日韓抑留者の相互釋放: 日本の潮」, ≪世界≫(1958.3), pp.128~133; 「朝鮮人歸國問題と人道主義: 日本の潮」, ≪世界≫(1959.5), pp.47~52.

25 일본 정부의 귀국사업 정책과 한일회담의 관계에 대해서는 이현진, 「한일회담 외교문서를 통해서 본 재일한국인의 북한 송환」, ≪일본공간≫, 통권 4호(2008.11) 참조.

적십자사의 제네바 합의에 따라 귀국사업 실현 교섭이 결정되었고, 이에 따라 1959년 12월 14일 니가타(新潟) 항에서 975명이 북한으로 송출되었다.

≪세계≫는 귀국사업에 대해 '민족의 대이동', '인류 역사상 유례가 없는 평화운동', '자유권에서 공산권으로의 집단 대이동',[26] '일본과 북한의 우호의 가교'라면서 전폭적인 지지를 보냈다. 또한 재일조선인에게 '제2의 8·15의 감동'이며 '조국 건설과 통일 투쟁'에 참가하려는 '숭고한 정신의 구체적 실천'이라고 주장하기도 했다. 그렇기 때문에 일본 정부는 귀국사업을 계속 실시해야 마땅하다는 점을 거듭 강조했다. 또한 남한 정부의 귀국사업 반대운동에 대해서 국내의 정치 위기를 피하기 위해 반일 감정을 부추기는 전술이라고 비난하는 한편, 민단을 중심으로 전개된 일본 내의 귀국사업 저지운동도 별 호응이 없는 것으로 평가절하했다.[27]

≪세계≫는 귀국사업 시행에 대한 일본 정부의 대응이 좀 더 적극적이어야 한다고 주장하기도 했다. 즉, 일본 정부가 초기와는 달리 남한과의 관계, 미국과의 관계를 고려하면서 귀국사업 문제를 소극적으로 처리하려 한다면 잘못된 대응이라고 비판했던 것이다. 아울러 재일조선인 귀국사업을 계기로 북한과의 무역 관계를 적극적으로 구축할 것을 제안하면서, 반일적인 한국보다 우호적인 북한과의 무역 관계 수립이 일본에 더 유익하리라는 점을 강조하기도

---

26 냉전기에 자본주의 국가에서 사회주의 국가로 이주한 경험이 재일조선인 귀국사업뿐만은 아니었다. 아시아와 유럽 모두 유사한 사례가 있었다. 아시아의 경우는 중화인민공화국 수립 이후 동남아시아 화교의 귀국 붐이 일었다. 인도네시아에서 9만 4000명의 화교가 귀국하는 등 1960년대 초까지 동남아시아 각지에서 중화인민공화국으로 귀환한 화교의 수는 약 50만 명에 달한다. Michael R. Godley, "The Sojourners: Returned Overseas Chinese in the People's Republic of China," *Pacific Affairs*, Vol.62, No.3(1989). 유럽의 경우, 독일에 베를린 장벽이 세워진 1961년까지 약 50만 명의 서독 지역 독일인이 동독 지역으로 이주한 바 있다. 베른트 슈퇴버, 「피난처 동독?: 왜 50만 서독인은 분단 시기에 동독으로 갔을까?」, 최승완 옮김, ≪역사비평≫, 통권 91호(2010년 여름).

27 筆者未詳, 「在日朝鮮人歸國問題: 日本の潮」, ≪世界≫(1959.8), pp.139~143.

했다.[28]

이처럼 ≪세계≫는 귀국사업 문제를 '인도주의' 견지에서 적극 찬성하면서 '평화운동'과 '일조(日朝) 우호'의 입장에서 지지하는 보도로 일관했다. 어떤 의미에서 ≪세계≫의 논조는 당시 일본 내의 진보적 지식인 그룹이 보이던 한반도 인식을 그대로 반영했다고 말할 수 있다. 다시 말해서 남북한의 두 정권에 대한 비대칭적 인식, 즉 남한 비판과 북한 지지의 태도가 반영되어 있었다. 이를 좀 더 구체적으로 드러내는 것이 ≪세계≫에 두 차례에 걸쳐 게재된 북한 방문기였다. 직접 북한을 목격하고 온 이들의 방문기는 그 어떤 간접 정보들보다도 '실체적'인 북한 정보를 제공하는 것으로 받아들여졌을 것이기 때문이다.

≪세계≫는 한국전쟁이 휴전 상태가 된 이후인 1954년 12월호에 처음으로 북한 방문기를 게재했다.[29] 노동농민당 주석 구로다 히사오(黑田壽男)가 국회의원 등 7명을 대동하고 8월 14일부터 참석했던 광복 9주년 기념식 참가기를 남긴 것이다. 전전부터 농민운동에 참여했던 구로다 히사오는 패전 후 일본 농민조합 창립을 주도하고 1948년에 노동농민당을 결성한 농민운동 출신의 정치가였다.[30]

구로다 히사오의 방문 목적은 크게 두 가지였는데, 그것은 북한 사회의 실상과 (북한이 주장하는) '사회주의적 평화통일' 방식에 대한 시찰이었다. 그는 한국전쟁 직후의 북한이야말로 "오늘날 세계의 전쟁과 평화의 갈림길에서 초점에 놓인 국가"이기 때문에, 사회 실상에 대한 정확한 파악이 평화운동의 초

---

28 藤島宇內, 「朝鮮人歸國と日本人の盲點」, ≪世界≫(1959.10), pp.190~195; 筆者未詳, 「できるか日朝のかけ橋: 世界の潮」, ≪世界≫(1960.2), pp.105~109.

29 黑田壽男, 「朝鮮平和の旅」, ≪世界≫(1954.12), pp.198~205.

30 노동농민당은 1957년에 사회당에 합류했으며 구로다 히사오는 사회당 좌파 운동가로 활동했다.

석이 된다고 보았다. 또한 소련과 중국 등 당시의 사회주의 국가들이 지향하는 평화 정책에 관심을 갖고 "대중과 지도자의 생각을 직접 접하고 국가의 시설과 실태를 봄"으로써 '사회주의 평화 정책의 실체'를 파악하려 했다.

구로다 히사오의 방문기에서 두드러지는 점은 전쟁 직후임에도 불구하고 북한 사회가 보여주는 역동적인 발전상이었다. 그는 잘 정돈된 포장도로와 녹지대, 그리고 막 건설되었거나 건설 중이던 학교, 극장, 호텔과 정부 청사 및 노동자 아파트 등에 감탄사를 연발한다. 아울러 평양 주변의 방직공장 등이 활발하게 가동되는 모습에 대해서도 깊은 인상을 받았다. 그는 각 산업 부문에서 초과 달성한 수치들도 자세히 열거했다. 예컨대 중공업 171%, 전력업 227%, 제지업 285% 등 계획을 초과한 생산 수치를 강조했다. 산업 이외에 전쟁으로 유실된 수송 부문에서 철도 및 자동차 화물 수송량이 증가한 데에도 주목했다. 자신의 관심 분야이기도 한 농촌 경제 측면에서는 농업협동조합의 활동에 주목해 '선구적인 농민의 광범위한 자발적 운동'이 성공적인 농업 집단화를 낳았다고 평가했다. 전체적으로 그는 북한이 전후의 급속한 경제 부흥에 성공적으로 매진하고 있음을 강조했다.

중요한 것은 구로다 히사오가 북한 사회의 이러한 발전상을 민중 생활의 측면에서 강조했다는 점이다. 예컨대 노동자 아파트 시찰 부분에서는 '위생적인 수세식 변소'가 설치된 것, 난방설비로 스팀이 완비된 것 등을 특필했다. 또 아파트 내에 모든 '가재도구가 완비'되어 '트렁크 하나만 갖고 입주'할 수 있으며, 노동자들에게 이러한 최신식 아파트가 '거의 무료'로 공급된다고 강조했다. 이러한 강조점들은 이후 귀국사업과 관련해서 재일조선인 사회에 북한에 대한 유토피아적 공감을 이끌어내는 데 암묵적으로 작용했을 것이다.

한편 구로다 히사오의 방문 목적이었던 평화운동과 평화 정책의 실태 파악과 관련해서 주목할 점은, 북한과 남한에 대한 이분법적 시선의 문제이다. 그는 이승만의 '북진(무력) 통일'론과 김일성의 '평화통일'론을 대비시키면서 체제 경쟁의 이념적 측면에서 북한의 우위를 강조했다. 구로다 히사오는 북한 주민들이 "평화에 의해 모두 하나같이 이익을 향유하고 전쟁에 의해 모두 피해를 입는 관계"라고 보았다. 그러한 현실적 이해관계가 북한의 '평화주의'에 확실한 '물질적 기초'로 작용하고 있으며, "정치가들이 이승만처럼 '무력' 남침 정책을 주장하지 않고 평화통일을 제창하는" 것도 이에 기반을 두고 있다고 파악했다.

요컨대 구로다 히사오는 북한의 '평화 경제'가 가속적으로 발전하고 남한 자본주의가 침체·파탄의 국면을 맞아 남북 격차가 발생하는 가운데 한반도에 북한 주도의 평화통일이 가능하리라는 전망을 내비치고 있다. 따라서 일본의 한반도 정책도 평화 지향적이고 우호적인 북한과의 관계 강화를 반평화적이고 반일적인 남한과의 관계 개선보다 더 중시해야 한다는 것이 그의 결론이었다.

이상에서 살펴본 구로다 히사오의 북한 방문기에는 몇 가지 문제점이 존재한다. 첫째, 그의 방문 시기는 한국전쟁이 휴전한 후 불과 1년 정도 경과한 때로 여전히 북한 경제는 인적·물적으로 어려웠던 시점이었다.[31] 따라서 전후 복구 사업이 활발히 진행되고 있던 외형과 '목표 초과 달성' 등의 구호는 경제 실태와는 큰 격차가 있었다. 둘째, 이와 관련해서 그가 자기주장의 근거로서 제시하고 있는 자료들, 특히 계획 대비 실제 생산량 통계들이 대부분 북한 당국에서 발표한 자료를 그대로 인용한 것이라서 신빙성의 문제가 따르지 않을 수 없다는 점이다. 셋째, 체제 경쟁을 이분법적으로(자본주의 = 침략, 사회주의 = 평화) 보는 도식에 입각해 다분히 이념적인 평가를 내리고 있다는 점이다. 단기간의 공식 방문이었다는 점도 감안해야 하겠지만, 기본적으로 선입견에 근

---

31   서동만, 『북조선 사회주의 체제 성립사, 1945~1961』(선인, 2005).

거한 선별적 북한 인상기였음을 부정할 수 없다.

그럼에도 불구하고 구로다 히사오의 방문 시기부터 본격화한 북한의 경제 복구는 눈에 띄는 성과를 낳고 있었다. 북한은 1953년 8월 조선로동당 중앙위원회 6차 전원회의에서 중공업 우선, 경공업과 농업의 동시 발전, 농촌의 사회주의적 개조를 위한 정지 작업으로서 농업협동조합 시행 등의 기본 방침을 결정하고 적극적인 전후 복구에 주력하기 시작했다. 이른바 '전후 복구 3개년 계획'(1954~1956)이 구체화되었던 것이다.[32]

우선 수도 평양을 중심으로 한 도시 재건 사업을 필두로 사회주의 경제의 토대 건설이 급격히 진행되었다. 전쟁 중인 1951년에 도시계획안이 마련된 평양의 경우, 모스크바 건축 아카데미 출신 건축가의 주도하에 대동강을 중심축으로 하는 현대적 경관을 갖춰나가게 되었다. 김일성광장과 승리거리 등이 이때 새로 정비된 대표적 도시 공간이었다. 청진, 함흥, 원산, 남포, 개성 등도 점차 복구되면서 북한의 경관은 전쟁의 폐허에서 벗어나기 시작했다. 조립식 건축 방법에 따라 유럽식 아파트가 속속 들어서기 시작했다. 그러나 농촌에는 1960년대가 되어서야 '문화주택'이 들어섰다. 이처럼 전후 경제 복구 사업은 도시 지역에서 출발해 농촌 지역으로 확산되어갔다.[33]

특히 괄목할 만한 변화는 학교 교육에 대한 투자였다. 학교와 학생 수가 전쟁 전 수준으로 회복된 것이 1955년이었는데, 그 이듬해부터 초등학교 의무교육제가 시행되었다. 이어서 1958년에는 중등학교 의무교육제가 실시되었으며, 1959년부터는 대학을 포함한 교육기관 전체에 수업료 부담이 사라졌다. 김일성종합대학, 김책공업대학 등 15개의 주요 대학이 복구되고 평양건설대학 등이 신설되고 대규모 공업지역에 공장대학들이 세워지기도 했다.[34]

32 이종석, 『새로 쓴 현대 북한의 이해』(역사비평사, 2000).

33 김성보 외, 『사진과 그림으로 보는 북한 현대사』(웅진닷컴, 2004), 148~150쪽.

이처럼 다양한 분야에서 진행된 북한의 전후 복구 3개년 계획은 목표 이상의 성과를 거두기는 했다. 하지만 앞서 지적한 바와 같이 기간산업의 일부는 여전히 전쟁 전의 수준을 회복하지 못했고, 특히 소비 물자 생산에서 낙후된 상황을 극복하지 못했다. 소련의 원조도 줄어들기 시작하던 상황이었다. 이에 북한 정권은 제1차 경제 건설 5개년 계획(1957~1961)을 입안하는 한편 그 현실화 방안으로 '천리마운동'을 전개하기 시작했다. 1959년부터 '천리마 작업반 운동'이라는 이름으로 본격화된 천리마운동은 소련의 스타하노프운동(1935)과 중국의 대약진운동(1958)처럼 사회주의적 경쟁 원리와 대규모 대중 동원에 의해 진행되었다. 그 결과 노동자 주택의 신속한 조립에서 나온 이른바 '평양속도'라는 '속도전'의 구호와 집단화를 추동하는 '하나는 전체를 위해, 전체는 하나를 위해'라는 구호 아래 5개년 계획의 목표를 초과 달성하는 성과를 이끌어냈다. 이를 통해 사회주의 경제의 기초가 건설되면서 북한 경제는 전후 복구에 일정 부분 성공하기에 이르렀다. 귀국사업이 개시된 1959년은 이렇게 북한이 천리마운동을 통해 급격한 경제성장에 나서고 있던 시기였다.

≪세계≫는 귀국사업이 개시된 직후의 북한 방문기를 1960년 6월호에 게재했다.[35] 필자는 자민당 소속 의원이자 재일조선인 귀국협력회 대표이기도 했던 이와모토 노부유키(岩本信行)였다. 그는 조선 적십자위원회와 북한 귀국 영접위원회의 초청을 받아 1960년 3월 북한을 방문했는데 이 글은 당시의 기록이다.

이와모토 노부유키의 방문 목적은 재일조선인, 특히 일본인 처의 귀국 후 생활상을 시찰하기 위한 것이었다. 그는 3월 13일 도착해 4월 4일 떠날 때까지 평양, 함흥, 청진 등지를 방문하면서 김일, 남일 등 북한 정권의 고위 인사

---

34 같은 책, 151쪽.

35 岩本信行, 「北朝鮮の印象: 歸國者達をたずねて」, ≪世界≫(1960.6), pp.127~134.

들과 면담을 갖는 한편 도시의 학교, 병원, 탁아소 등과 농촌을 직접 시찰했다. 특히 도시와 농촌에서 귀국자들의 주택을 꼼꼼히 시찰해 북송자들의 생활상에 큰 관심을 보였다.

이와모토 노부유키에 따르면 귀국자에 대한 북한 당국의 환영은 진정한 민족애와 동포애로 넘쳐흘렀다. 도착 직후 귀국자는 2주 정도의 휴식을 취한 뒤에 모두 자기가 희망하는 직종에 취업했고, 학생은 희망하는 학교에 취학하도록 준비되어 있었다. 직장에 취업한 귀국자들은 모두 직장 근처에 새로 지은 주택을 제공받았으며, 2주 정도의 생활에 필요한 식료품과 가재도구 등의 생필품, 의복, 구두까지 제공받았다. 귀국자들은 취업이 결정되는 날, 정규 월급 외에 한 달 치 월급에 해당하는 특별수당까지 지급받는 특전을 누릴 수 있었다. 일본에서 습득한 기술에 대해서는 평가 절차를 거쳐 추가 보상을 받았기 때문에 불만의 소지가 없었다. 이와모토 노부유키가 관심을 집중한 약 430명의 일본인 처들은 말이 통하지 않아 불편한 점을 제외하고는 직장과 집 근처 북한인들의 도움을 받아 만족스러운 가정생활을 누리고 있어 일본에서 제기되는 부적응의 우려는 없다고 평가되었다.

이와모토 노부유키는 특히 북한 체제의 급격한 근대화에 주목했다. 그는 북한에서 그 어떤 나라에서도 볼 수도, 생각할 수도 없는 변혁이 시도되고 있다고 경탄했다. 체제 변혁의 결과, 북한 사회의 건설은 예상보다 백 배나 빠르게 진전되고 있다는 것이 그의 판단이었다. 이와모토 노부유키는 토지를 모두 국유화해 토지의 구획정리에 아무 장애가 없는 북한 당국이 근대식 건축물을 건설하고 있는 활기찬 모습을 묘사했다. 특히 '노동자 제일주의'에 따라 유럽식 노동자 주택이 도시 중심부에 속속 들어서는 모습에 주목했다. 그는 또한 대규모 방직공장, 비료 공장, 제철 공장, 기계공장 등이 근대적 설비로 자동화되고 있다고 지적했다. 그는 이들 공장이 할당된 생산 계획량을 완수하기 위해 매진하는 모습에 강한 인상을 받았다. 농수산업에서도 공동경작, 수확과 분배에 따른 자급자족 단계에 접어들었다고 보았다.

이와모토 노부유키는 북한의 사회보장과 교육제도를 높이 평가했는데, 이는 이른바 '귀국자'의 실생활과 직결되는 부분이라서 주목되었다. 그에 따르면 북한의 사회보장은 의료, 개호, 탁아 등 전 분야에 걸쳐 선진국 수준이었다. 주민 모두가 차별 없이 입원, 치료, 왕진 등의 혜택을 누릴 수 있으며 약품도 무료로 제공되었다. 허약한 노인들을 위한 양로원과 주부의 일손을 돕는 탁아소의 운영이 국가에 의해 무료로 시행되고 있음을 강조했다. 또한 교육부분에서 초등·중등교육의 전액 국비 부담, 고등교육 수업료 무료 등을 특필하는 한편, 대학 장학금 지급을 위한 교육기금의 조성, 공장노동자를 위한 통신교육 제도의 시행 등에 주목했다.

그는 북한이 아직 전쟁 피해를 완전히 복구하지는 못했고 중화학공업 중심의 산업구조 때문에 소비 물자가 부족하며 통제·배급 경제의 전면화로 서비스가 결핍되었다는 점을 지적하기는 했다. 그러나 전체적으로 볼 때 그의 방문기는 북한의 사회보장과 교육제도에서 나타나는 평등성을 강조하면서 '귀국자'들이 받는 대우를 긍정적으로 그려냈다. 즉, "결론적으로 말해 귀국자들은 물심양면으로 완벽한 대우를 받고 있다. 귀국자들은 모두 희망에 따라 취직하고 주택을 공급받고 어린이 교육은 전액 국가가 부담하고 사회보장은 철저히 실시되어 생활에 대한 불안은 전혀 없다. 일본에서 실업 상태에 있던 귀국자들은 정말로 극락정토에 안착했다고 볼 수 있다"라고 평가했다.

결론적으로 이와모토 노부유키는 북한 정권이 일본과의 관계 개선에 우호적이며 정경분리 원칙에 따라 북일 무역에 적극적이라는 점에서 남한 정권과 달리 합리적이기 때문에, 그 바탕 위에서 북한이 한반도의 평화적 통일을 이룩할 수 있을 것으로 전망했다. 그러므로 귀국협력운동은 인도주의적 견지에서도, 식민지 지배의 과거를 반성하고 책임을 지는 견지에서도 당연한 일이라고 주장했다. 더욱이 귀국자를 받아들이는 북한 체제의 실상이 '상상했던 것보다 훨씬 완벽'하다는 점에서, 일본에서 '차별 대우와 실업 상태'에 처해 있던 조선인들의 귀국 선택은 '현명한 판단'이었음을 거듭 강조했다.

일본 정부는 대량 귀국사업을 현실화하는 과정에서 미국과 물밑 교섭을 벌였는데, 주일 미국 대사관이 미국 국무부로 보낸 전보를 보면, 일본 당국의 책임자는 "귀국사업에 대한 국내 여론이 (좌우를 막론하고) 매우 좋다"라는 점을 거듭 강조했다.[36] ≪세계≫의 귀국사업 관련 보도, 특히 두 차례의 북한 방문기가 '진보파' 지식인들의 북한 인식에 적지 않은 영향을 끼쳤으리라는 것을 감안할 때, 일본의 국내 여론에 미친 ≪세계≫의 영향력은 무시할 수 없을 것이다.

4. 한일회담 관련 보도와 식민주의의 지속

남한과 북한에 대한 일본의 비대칭적 인식은 귀국사업에 대한 적극적이고 긍정적인 보도와 맞물려 한일회담에 대한 비판적인 보도 태도로 이어졌다. 한일회담에 관한 보도는 1970년대 이전까지 실시된 ≪세계≫의 한반도 관련 보도 가운데 가장 큰 비중을 차지했다.[37] 그것은 베트남전쟁에 개입한 미국의 영향 아래 동아시아 냉전이 고조되고 있던 국제 관계를 배경으로 해서 한일회담이 중요한 이슈일 수밖에 없었기 때문이다.

1951년 연합군 총사령부의 중재로 시작된 한일회담은 1965년까지 모두 7

---

36 테사 모리스 스즈키, 『북한행 엑서더스』, 430쪽.
37 한상일, 『지식인의 오만과 편견』, 27쪽.

차례에 걸쳐 우여곡절을 거치면서 전개되었다. 5·16 쿠데타로 인해 일시적으로 중단되었으나 한일회담은 1961년 제6차 회담의 재개로 본격화되었다. 당시 박정희 정권과 이케다 정권 모두 '정치생명을 건' 적극적인 자세로 회담에 임했다. 물론 거기에는 미국의 입김이 정치적 배경으로 작용하고 있었다.

잘 알려진 바와 같이 한일 양 정권이 적극적으로 추진한 1961년 이후의 회담에 대해서는 한일 양국에서 격심한 반대운동이 진행되었다. 한국의 반대운동은 일본의 식민지 지배 역사와 연결시켜 한일회담이 전전 일본 침략의 부활, 즉 일본 제국주의의 부활이라고 보는 관점에 입각해 있었다.[38] 반면에 일본의 진보적 지식인들은 미국의 냉전정책 및 일본 자본의 신식민주의적 진출과 남북 분단 고착화를 비판하고 동아시아 평화에 대해 위협이 될 것이라고 경고하는 맥락에서 반대운동을 전개했다.

≪세계≫ 역시 같은 입장에서 한일회담을 보도했다. 한일회담 반대의 가장 중요한 논거는 일본 외교의 주체성 문제였다. 일본의 안보와 직결되는 아시아 외교에서 미국의 냉전정책에 쉽게 편승하는 잘못을 범해서는 안 된다는 것이었다. ≪세계≫는 미국이 배후에서 한일회담을 조종하고 있는데, 그 이유는 베트남 등지의 민족해방운동에 맞설 반공 군사동맹을 수립하고 대한(對韓) 경제원조의 삭감분을 일본에 전가하기 위해서라고 진단했다. 즉, 미국은 남한, 대만, 필리핀, 태국, 말레이시아를 잇는 안보 벨트를 형성해 미국 주도의 동아시아 반공 체제를 강화하는 한편, 이에 필요한 경제적 부담을 줄이기 위해 일본의 방위비 분담을 유도할 목적으로 남한과 일본의 국교정상화를 서두르고 있다고 판단했던 것이다. 중요한 것은 이러한 배경을 감안할 때 남한과의 국교정상화가 북한과의 대결 구도로 귀결되고 이는 곧 중국과의 적대 관계

---

[38]　이재오, 『한일관계사의 인식 1: 한일회담과 그 반대운동』(학민사, 1984) 참조.

형성을 의미하기 때문에 일본의 평화에 불리한 국제 관계가 조성될 우려가 있다는 인식이었다.[39]

그 연장선상에서 기시 노부스케 등 자민당의 회담 추진파가 남한의 '반공 방파제'화와 자본 진출의 실익을 내세우는 데 대해서도 비판이 가해졌다. 먼저 남한의 공산주의화가 일본의 공산주의화로 이어진다는 냉전적 도미노이론을 비판하면서, 일본 국민의 안전과 이익을 위해 외국의 공산주의화까지 방어하는 위험을 무릅써서는 안 된다는 점을 강조했다.[40] 또한 보수 정권과 재계가 남한 시장의 확보, 저렴한 노동력의 확보, 남한 경제의 자립 원조 등을 명분으로 내세워 경제적 국익과 기여를 강조하고 있으나, 일본 자본의 남한 진출은 기본적으로 신식민주의적 자본 진출이기 때문에 오히려 반일 민족주의를 고조시켜 바람직한 한일관계의 형성을 저해할 것이며, 남한과의 경제적 밀착은 북한과의 단절을 낳아 한반도의 긴장을 조성함으로써 일본의 안보 환경에도 위협이 될 뿐이라고 주장했다.[41]

≪세계≫가 한일회담에 반대한 또 한 가지 중요한 이유는 남북 분단의 고착화에 대한 우려였다. 즉, 남한과의 단독 국교정상화는 남한을 한반도의 '유일한 합법 정부'로 인정하게 되어 '두 개의 조선'을 고정시키고 남북 분단을 영구화함으로써 한반도 통일에 결정적인 장애가 되며 이는 동아시아 평화와 크게 어긋난다는 것이었다. 당시 일본의 진보적 지식인들은 한반도의 중립화에 의한 냉전 체제 탈피를 구상하고 있었던 것 같다. 이들은 한반도 분단의 원인을 동서 냉전에서 찾고, 그 냉전 구도에 편승하지만 않는다면 한반도의 통일

---

39 坂本義和, 「日本外交への提言: 中國·朝鮮·ヴェトナム問題をめぐって」, ≪世界≫(1965.4), pp.58~66.

40 加藤周一, 「過則勿憚改: 日韓會談とヴェトナム戰爭」, ≪世界≫(1965.4), pp.45~51.

41 野口雄一郎, 「對韓進出を競う日本資本: 第三次訪韓經濟視察團をめぐって」, ≪世界≫(1965.6), pp.187~193; 野口雄一郎, 「日韓經濟協力の虛構」, ≪世界≫(1965.9), pp.51~61.

은 독일이나 베트남보다 가능성이 더 높다는 진단까지 내렸다. 이를 위해 남북한의 상호 불가침 협정, 경제·문화 교류, 그리고 '고려 연방'의 구체화를 위한 관계국들의 국제적 네트워크 수립 등을 제안했다.[42]

≪세계≫의 이러한 입장은 5·16 쿠데타 이후 집권한 박정희 정권, 제3공화국에 대한 평가와 당연히 맞물릴 수밖에 없는데, 주목할 것은 제3공화국을 '식민지형 파시즘'이라고 규정한 대목이다. 즉, 제3공화국은 "외부의 압력과 피식민지 시대의 경험을 국내 지배의 방법으로 전용"하고 있으며 "베트남전쟁에서 나타난 잔학 행위나 군대의 대학 난입이야말로 식민지형 파시즘의 체질적 표현"이라는 평가를 내렸다.[43] 필자인 도쿄대학교 교수 사이토 다카시(齋藤孝)가 스페인 내전사 연구의 전문가라는 점은 의미심장하다. 사이토 다카시는 박정희 정권을 프랑코 정권과 비교해 평가하고 있었던 것이다.

이상과 같은 ≪세계≫의 입장은 재일본조선인총연합회(이하 총련)의 주장과도 거의 유사했다. 1965년 총련 중앙상임위원회가 간행한 팸플릿을 보면, 한일회담은 '미국 극동 침략 정책'의 산물이자 '일본 독점자본의 재침략'의 길을 열기 위한 것이므로 조국의 통일과 민족의 자립을 위해 애국 세력이 단결해 '반미구국투쟁'에 나서야 한다고 주장하고 있다.[44] 그런 점에서 한일회담에 대한 ≪세계≫의 주장들은 '친북 반한'의 구도를 강화하는 문맥에서 읽힐 개연성이 다분하다.[45]

가장 큰 문제는 ≪세계≫에서 한일회담을 비판한 대부분의 논설들이 식민

42 小幡操, 「日韓會談と朝鮮統一問題」, ≪世界≫(1964.2), pp.57~58.

43 齋藤孝, 「分割國家韓國と朴政權の體質」, ≪世界≫(1965.10), pp.45~52.

44 在日朝鮮人總連合會中央常任委員會, 『韓日会談を論ず』(在日朝鮮人總連合會, 1965).

45 한상일은 ≪세계≫의 한일회담 반대투쟁이 "반미 분위기를 조성했고 북한의 통일 논리를 대변해주었으며 한국에 대한 어두운 이미지를 심어주는 데 중대한 역할을 했다"라고 평가한다. 한상일, 『지식인의 오만과 편견』, 83쪽 참조.

지 지배 문제에 대한 일본의 책임을 포함한 역사 인식 문제에 관해서는 침묵했다는 점이다. 앞서 살펴본 사이토 다카시의 '식민지형 파시즘론'은 '피식민지 시대의 경험'을 논하고 있음에도 불구하고 한일회담의 쟁점에 포함된 식민지 청산의 역사적 중요성에 대한 논의로 이어지지 못했다. 그런 점에서 볼 때 일본의 조선사 연구자 하타다 다카시(旗田巍)의 주장은 식민주의 비판의 맥락에서 각별히 주목할 필요가 있다.[46]

마산에서 출생한 '식민지 2세'인 하타다 다카시는 한일회담의 정치·경제·사회적인 현실 의제들과 함께 '일본의 조선 통치 선후안'에 대한 관심을 촉구했다. 즉, 재산 청구권, 문화재 반환, 재일조선인의 법적 지위, 독도 귀속 문제 등 식민지 지배의 반성과 직결되는 사안들에 대한 일본 지식인들의 경시에 경종을 울린 것이다. 그는 "이들 의제가 일본인 사이에서 비교적 간단히 소개되어 그다지 중요시되지 않는 데에 한일회담에 대한 일본인의 생각이 드러나고 있다"라고 말했다. 요컨대 이러한 주장은 남한에서의 반대운동에 대한 일본 지식인의 응답으로서 중시되어야 할 점들에 대해 각성을 촉구한 것으로 볼 수 있다. 바로 이 때문에 그의 글은 ≪동아일보≫에 번역되어 실리기도 했다.[47]

하타다 다카시는 한일회담 전에 일본 언론의 핫이슈가 되기도 했던 이른바 '이진우 사건[고마쓰가와(小松川) 사건]'[48] 구명운동의 과정에서 식민 지배에 대한 일본 사회의 근본적인 반성의 필요성을 절감했다. 소년 이진우를 형장의 이슬로 사라지게 한 일본 사회의 뿌리 깊은 조선인 차별 의식에 대한 참회의

---

46 旗田巍,「日韓會談の再認識: 日本人の朝鮮觀」, ≪世界≫(1963.12), pp.49~56.

47 하타다 다카시, "韓日會談の再認識", ≪동아일보≫, 1964년 4월 1일 자.

48 1958년 도쿄의 고마쓰가와 도립고등학교 야간반 여학생의 유괴 살인 사건이다. 살해자로 지목된 소년 이진우(체포 당시 18세)는 증거가 불충분한 상황임에도 사형을 선고받았으며, 각계각층의 구명운동에도 불구하고 1962년 센다이 형무소에서 사형당했다. 野崎六助,『李珍宇ノオト: 死刑にされた在日朝鮮人』(東京: 三一書房, 1981) 참조.

심경이 그러한 입장으로 나타났던 것이다. 그는 이진우 구명운동 과정에서 변호사에게 보낸 편지 가운데 일본인의 책임에 대해 명시한 바 있었다. 즉, "조선인으로서 자각과 자신감을 가질 수 없는" 일본 사회의 차별적 분위기를 지적하면서 "이런 잘못된 환경에 눈을 감을 수는 없다. 같은 사회에 사는 인간으로서, 과거에 동포라고 불렸던 한 사람으로서도, 이런 상태가 존재하는 것을 반성하지 않을 수 없다"라고 언명했던 것이다.[49]

하타다 다카시가 보기에는 한일회담에 대한 찬반양론을 논하기 전에 먼저 식민지 지배에 대한 일본 사회의 통절한 반성과 그에 입각한 사죄 및 배상이 필요했다. 그럴 때 비로소 일본은 아시아와 진정으로 만날 수 있기 때문이다. 그러나 하타다 다카시와 같은 인식은 ≪세계≫로 대변되던 진보적 지식인 집단 내에서도 소수파 의견에 머물렀다. 앞서 '쇼와사 논쟁'에서 나타났던 무의식적 식민주의의 지속이 이념 논쟁의 저변에 여전히 흐르고 있었던 것이다. 그것이야말로 이 시기 일본 지식인들이 가졌던 아시아 인식의 최대 맹점이었다고 하겠다.

5. 맺음말

이상으로 냉전기 일본 지식인들의 한반도 인식을 고찰하기 위해 '진보적' 시사 월간지 ≪세계≫에 나타난 한반도 인식의 특징을 분석했다. 동아시아 냉전이 본격적으로 전개되는 가운데 제3세계론이 대두하기 시작한 1950년대 후반부터 1960년대 전반까지를 대상으로 아시아 인식의 일환으로서 한반도 인식을 검토했다. 특히 재일조선인 '귀국사업'과 한일회담 관련 보도에 초점

---

49   朴壽南 編, 『李珍宇全書簡集』(東京: 新人物往來社, 1979), p.105.

을 맞추어 한반도 인식을 살펴보았다.

당시 일본 지식인들은 남북한 이원론에 입각해 귀국사업을 지지하고 한일 회담에 반대했다. ≪세계≫는 북한 방문기 등을 통해 긍정적 이미지를 만드는 데 중요한 역할을 했으나, 귀국사업이 재일조선인 추방 사업이라는 인식은 결여되어 있었다. 한편 한일회담에 대해서도 대미 자립 외교, 신식민주의적 자본 진출 비판, 분단 고착화 저지, 동아시아 평화 유지 등을 내걸고 반대의 논진을 폈지만, 남한의 반대 이유였던 식민지 지배의 책임 문제에 대한 인식은 극소수의 예외를 제외하고는 현저하게 결여되어 있었다.

2002년 9월 고이즈미 준이치로(小泉純一郎) 총리의 평양 정상회담을 계기로 일본인 납치 문제가 표면화된 이래 일본 사회를 강타한 '북한 때리기'의 일환으로서 ≪세계≫에 대한 비판이 일었다. ≪세계≫의 인권 문제 비판에서 남북한에 대한 비대칭적 입장, 다시 말해서 '친북·반한적 편향'이 곧 '북한 지원'이 된다는 일본 우파의 공격에서 비롯된 이 비판에 대해 ≪세계≫ 편집부가 공식적으로 대응하면서 논쟁이 진행되었다.[50] 반박 논지의 골자는 "기사의 시대적 배경을 무시"한 "곡해를 바탕으로 가해지는 지극히 의도적인 캠페인"이라는 것이었고, 비난의 대상인 '친북·반한적 편향'은 일본 사회의 '북한에 대한 무지와 편견'을 극복하고 이를 북일국교정상화로 잇기 위한 노력임이 강조되었다.

주목할 점은 이러한 ≪세계≫ 비판이 납치 문제 이후 귀국사업 연구를 둘러싼 최근의 담론 투쟁과 연동되어 나타난다는 것이다. 거칠게 압축하자면 최근 우파 지식인들은 귀국사업의 일차적인 책임 주체가 북한이냐 일본이냐 하는 이분법적 구도로 몰면서, '아사히(朝日) 그룹'과 테사 모리스 스즈키

---

50 編集部, 「朝鮮問題に關する本誌の報道について」, ≪世界≫(2003.2), pp.260~266.

(Tessa Morris-Suzuki)의 주장을 '일본 책임론'이라고 공격하고 있다.[51] 그러나 테사의 논지는 '적십자 인도주의'의 실체를 규명하고 귀국사업에 대한 다국적 책임의 한 주체로서 일본을 거론한다는 점에서 이러한 이분법적 도식과는 거리가 있다고 판단된다.[52] 그런 의미에서 ≪세계≫ 편집부에서 지적한 "기사의 시대적 배경"으로 거슬러 올라가 1950~1960년대 일본의 한반도 인식을 조명하고, 이를 2000년대의 한반도 인식과 중첩시켜 파악하는 접근 방식이 필요하겠지만, 이는 향후의 연구 과제로 삼고자 한다.

---

51 菊池嘉晃, 「北朝鮮歸國事業の瓜痕」, ≪中央公論≫(2006.11~12); 菊池嘉晃, 「北朝鮮歸國事業は日本の'策略'だったのか」, ≪中央公論≫(2007.12); 坂中英德外, 『北朝鮮歸國者問題の歷史と課題』(東京: 新幹社, 2009) 등 참조.

52 테사 모리스 스즈키, 『봉인된 디아스포라: 재일조선인의 '북한행 엑서더스'를 다시 생각한다』, 박정진 옮김(제이앤씨, 2011) 참조.

2부

교착하는 시선

04

두 개의 '전후', 두 가지 '애도'

'전후' 한국과 일본, 가난한 아이들의 일기를 둘러싼 해석들

차승기

1. 아동·비참·일기

전쟁, 재난 등이 초래하는 이른바 '비상사태'는 일상의 질서를 무너뜨리고 삶의 비참을 경험하게 한다. 파괴된 도로, 끊어진 다리, 잿더미가 된 건물들, 굽이치는 흙물에 휩쓸려가는 나무, 가축, 지붕들, 그리고 이곳저곳에서 발견되는 시체들. 골목, 시장, 학교, 병원, 공장, 교회, 경찰서 등이 파괴되고 각각의 공간을 구획하고 있던 담장과 벽이 허물어지면서, 그 장소와 경계가 공동으로 구성하는 일상의 삶도 무너진다. 이와 함께 도처에서 발견되는 시체들은 운 좋게 죽음을 모면한 이들이 머지않아 닥칠 파괴의 순간에 맞이할 미래를 끔찍한 형상으로 미리 보여준다. 멈춘 채 부패해가는 이 존재가 조금 전까지만 해도 살아 움직이며 말하는 자였으리라는 상상은 불현듯 삶의 비참을 더욱 절감하게 한다.

당연한 사실이지만 놓치지 말아야 할 것은 비참을 경험하는 것은 언제나 살아남은 자들의 몫이라는 점이다. 비참이란 파괴와 죽음 한가운데에 자리 잡고 있는 것이 아니라, 파괴와 죽음의 난입에도 불구하고 그 이후를 살아가 야만 하는 자들이 감수하는 정념이다. 그렇다고 할 때 일상의 파괴와 삶의 비 참은 정치적·문화적 의미에서 '인간'을 포장하던 형식적 외피들이 사라지거나 심각하게 손상되어 '생존' 또는 '연명'으로서의 삶이 절대적인 과제가 되는 사 태의 출현과 관련되어 있다. 삶 바로 옆에 죽음이 만연하기 때문에만 비참한 것이 아니라, 삶 자체가 죽음을 회피하기 위한 필사의 노력으로 가득 찬 것처 럼 나타나기에 비참하다. 역설적이게도 삶의 비참은 삶이 오직 삶 자체에만 몰두할 때 나타난다. 물론 그것을 비참으로 느끼고 경험하는 것은 그렇게 삶 에만 몰두하는 삶을 순간적으로 관조하는 의식이 떠오를 때의 일이지만 말이 다. 이러한 '의식'은 종종 사회적 감정 - 행위의 형태를 취하면서 살아남은 자 들이 비참을 '받아들이는' 특정한 경향성을 드러내기도 한다.

고통, 슬픔, 비참 등은 같은 처지에 있는 자들과 체험의 강도를 둘러싼 경쟁 을 유빌힐 수 있다는 점에서 부정적 정념이기도 하지만, 동정과 연민의 연대 를 창시할 수 있다는 점에서 공동체적인 관계를 형성하는 감정적 접착제 효과 를 발휘하기도 한다. 특히 무시할 수 없을 정도로 심각한 비참을 겪고 있는 자 가 그 상황을 초래한 책임으로부터 멀면 멀수록, 즉 "그런 일을 당해서는 안 된다는 판단"[1]이 즉각적으로 내려지면 내려질수록 그를 둘러싼 동정과 연민 의 유대는 더 견고해진다. 그렇다고 할 때 가장 쉽게 떠올릴 수 있는 것은 비 참한 상황에 던져진 아동이다. 아동은 물리적인 의미에서 약자일 뿐만 아니 라 가장 늦게 사회에 참여했기 때문에 이 사회가 빚은 죄로부터 가장 멀고, 따

---

1   마사 누스바움, 『감정의 격동 2: 연민』, 조형준 옮김(새물결, 2015), 587쪽.

라서 가장 무고한 희생자의 이미지에 적합하다. 전쟁과 재난의 현장에서 아동의 죽음 또는 생존은, 언제나 세계 종말의 예감 또는 폐허 속의 희망이라는 정치 - 의미론적 맥락 속에서 포착된다.

특히 정치적인 갈등에서 비롯됐거나 갈등을 격화시킬 가능성이 있는 비참일수록 무고한 희생자로서의 아동의 표상은 (어떤 방향으로든) 대중적인 힘의 실현으로 이어지는 강력한 사회적 감정 - 행위들을 촉발한다. 반대로 비참한 현실의 역사적·사회적 구체성을 휘발시킨 채 추상적인 휴머니즘으로 유도하는 특정한 정치 - 의미론적 실천과 연결되기도 한다. 따라서 이런 전형적인 표상은 사회적인 '위기' 국면에 빈번하게 만들어져 정치적인 효과를 발생시키곤 했다. 그런데 저 무고한 희생자의 이미지에 부합되는 아동이 스스로를 제시하는 방식으로 나타난다면 어떠할 것인가. '죄 없이' 비참한 상황에 놓인 아동이 고난의 하루하루를 스스로 드러내 보인다면 어떠할 것인가. 그 행위는 마치 죽어가는 자가 살아남은 자에게 자신의 존재를 알리듯이 존재 자체만으로도 해당 사회에 강력한 윤리적 질문을 던진다. 따라서 비참한 아동의 '자기 제시'는 윤리적 질문에 답하거나 답하지 않으면서 비참한 아동을 전유하려는 다양한 정치 - 의미론적 실천을 촉발한다. 비참한 아동들의 자기 제시를 당대 문화가 어떻게 전유하고 있는가 하는 것이 어쩌면 해당 사회가 '어떻게 살아남으려 하는가'를 징후적으로 보여줄지도 모른다.

이러한 맥락에서 이 글은 1960년대 중반, 한국에서 거의 전 국민의 동정을 얻어 베스트셀러가 됐던 이윤복의 일기 『저 하늘에도 슬픔이』(1964)가 문화적으로 어떻게 전유되었는지 그 양상을 고찰하고자 한다. 흥미롭게도 『저 하늘에도 슬픔이』는 단행본으로 발간된 이듬해 일본에서 『윤복이의 일기(ユンボギの日記)』(1965)로 번역되었고, 한국에서는 김수용 감독에 의해 〈저 하늘에도 슬픔이〉(1965)로, 일본에서는 오시마 나기사(大島渚) 감독에 의해 〈윤복이의 일기(ユンボギの日記)〉(1965)로 영화화되었다. 한국과 일본에서 거의 동시적으로 발생한 이러한 문화적 전유는, 이윤복이라는 가난하고 불행한 아이의 일기가 던진 물음에 어떤 형태로든 응답하거나 전유하고자 한 정치 - 의미론적 실천계(實踐系)가 한국과 일본의 국경을 넘어 형성되어 있었음을 말해준다.

그런데 더욱 흥미로운 것은 비참한 상황에 처한 아동의 글쓰기에 대해 유사한 형태로 국경을 넘은 응답 또는 전유가 『저 하늘에도 슬픔이』에 앞서 한 번 더 있었다는 점이다. 1950년대 말 일본에서 광범한 대중적 동정을 불러일으켰던 재일조선인 소녀 야스모토 스에코(安本末子, 한국명 안말자)의 일기 『니안짱(にあんちゃん)』(1958) 역시 일본에서 출간된 이듬해 한국에서 『구름은 흘러도』(1959)라는 제목으로 번역되었고,[2] 일본에서는 이마무라 쇼헤이(今村昌平) 감독에 의해 〈니안짱(にあんちゃん)〉(1959)으로, 한국에서는 유현목 감독에 의해 〈구름은 흘러도〉(1959)로 영화화되었다.

의미심장하게도 『니안짱』과 『저 하늘에도 슬픔이』는 각각 일본과 한국의 서로 다른 '전후'에서 10여 년이 지난 시점에 출현해 폭발적이라 할 만큼 대중적인 반향을 촉발했으며,[3] 동시에 언어 번역과 매체 번역이 재빠르게 이루어진 텍스트이다. 심지어 일본에서는 이 두 일기가 라디오 드라마로 제작되기도 했다. 문자 매체, 청각 매체, 시각 매체 등으로 번역·확산되어간 양상은 그 현상이 말해주는 대중적 반향의 크기와 더불어, 그 자체로 미디어 연구의 대상이

---

2   『구름은 흘러도』는 유주현의 번역으로 신태양사에서 출간되었는데, 비슷한 시기에 『재일한국소녀의 수기』라는 제목으로 내동문화사에서 중복 번역본을 출간해 일본 측 출판사(광문사)로부터 항의를 받는 등 저작권 문제로 논란이 빚어지기도 했다. 물론 당시 한국은 국제저작권협회에 가입하지 않은 상태였다. "무단 출판 안 될 말", 《경향신문》, 1959년 1월 26일 자 참조.

3   『니안짱』은 1959년 일본에서 베스트셀러 1위를 기록한 바 있고, 『저 하늘에도 슬픔이』 역시 출간과 함께 베스트셀러가 되었다. 양평, 『베스트셀러 이야기』(우석, 1985) 참조.

될 만하다. 10살 남짓인 아동들의 비참한 삶을 기록한 일기가 공간(公刊)되어 대중적 독서물로서 베스트셀러가 되고, 나아가 그것이 각각 한국과 일본에서 발 빠르게 언어적·매체적으로 번역되는 일은 매우 드문 현상이었다. 이는 이런 아동들의 삶과 글쓰기가 한국과 일본의 국경을 가로질러 유사한 감정 - 행위를 발생시키는 어떤 공통의 역사적 해석 체제 아래 놓여 있었음을 알려준다.

물론 이 공통의 해석 체제가 한국과 일본에 고유한 것이었다고 할 수 없고, 또 한국과 일본에서 동일한 방식으로 작용했다고 할 수도 없다. 전쟁 - 폐허 - 복구로 이어지는 과정은 유사하지만, 식민지/제국 체제를 대극적 위치에서 경험했다는 역사적 차이, 그리고 국민 - 국가를 형성하는 과정의 상이성이 중층적으로 작용하면서 이질적인 조건을 형성했기 때문이다. 하지만 이윤복이 '한국판『니·앙짱』'[4]으로 불리곤 했던 것처럼, 『니안짱』이 일본과 한국에서 '일본판『안네의 일기』'로 소개되곤 했다는 사실[5]은 아동 - 비참 - 일기가 발견되고 의미화되는 특정한 해석 체제를 상정할 수 있게 해준다. 특히 『저 하늘에도 슬픔이』를 출간하는 데 결정적으로 기여한 김동식 선생이 윤복의 일기를 읽고 『구름은 흘러도』(교포 안말자가 쓴 일기)가 머리에 떠올라[6] 출판을 결심하게 된 것처럼, 이 가난한 아이들의 일기가 대중적 독서물로 출판될 만한 가치가 있다고 판단하는 데 선행 텍스트의 존재 -『니안짱』의 경우『안네의 일기』,『저 하늘에도 슬픔이』의 경우『니안짱』 - 가 중요한 기준이 되었다는 사실을 볼 때 더욱 그러하다.[7]

---

4 "동심으로 외친 험악한 사회상, 피눈물이 어린 11세의 일기장, 저 하늘에도 슬픔이 출판되다", ≪동아일보≫, 1964년 12월 5일 자; "韓国の『にあんちゃん』: イ·ユンボギ著『ユンボギの日記』", ≪朝日新聞≫, 1965年 8月 10日 참조.

5 杉浦明平, 「戦後ベストセラー物語: 安本末子『にあんちゃん』どん底のなかの明るさ」, ≪朝日ジャーナル≫, Vol.8, No.41(1966), p.39 참조.

6 김동식, 「머리말」, 이윤복, 『저 하늘에도 슬픔이』(신태양사, 1965).

그러나 더 중요한 것은 이 공통의 해석 체제 아래에서 어떤 상이한 정치 - 의미론적 실천이 이루어졌는가 하는 것이다. 한국과 일본의 가난하고 불행한 아이들은 자신의 존재를 알림으로써 기존 세계에 윤리적인 질문을 던졌다. 국경을 가로질러 이 질문이 들리게 만들고 또 유사한 형식으로 응답하게 만든 것이 공통의 역사적 해석 체제의 작용이었다면, 특정한 응답을 통해 그 질문을 전유하는 방식이야말로 상이한 정치 - 의미론적 실천계의 작용을 드러나게 한다. 『니안짱』과 『저 하늘에도 슬픔이』, 그리고 이 텍스트들의 언어적·매체적 번역에는 일본의 패전으로 인한 식민지/제국 체제의 붕괴, 냉전 국민 - 국가 체제 형성에서부터 한국전쟁을 거쳐 '한일협정'에 이르기까지, 한국 - 일본 관계의 변화 및 각국 내부의 체제 변형에 중대한 변수로 작용한 사건들이 놓여 있기 때문이다.

이 글은 주로 『저 하늘에도 슬픔이』와 그것의 언어적·매체적 번역 현상을 검토하며 1960년대 중반 한국과 일본에서의 문화적 전유에 작용하는 정치 - 의미론적 실천계의 성격을 고찰하고자 한다. 『니안짱』과 그것의 언어적·매체적 번역 현상은 『저 하늘에도 슬픔이』를 둘러싼 문화적 전유를 다루기 위한 예비적 고찰 또는 비교의 근거로 다룰 것이다.

2. 어긋나는 애도의 체제

『니안짱』은 1943년생인 재일조선인 소녀 야스모토 스에코가 부친의 사망

---

7 참고로 1947년 네덜란드어로 처음 출간된 『안네의 일기(Het Achterhuis)』는 일본에서는 『빛 아련히: 안네 프랑크의 일기(光ほのかに: アンネ·フランクの日記)』(東京: 文藝春秋社, 1952)로, 한국에서는 『별은 창 너머: 안네의 일기』(일조각, 1952)로 번역되었다.

후 49일째 되는 1953년 1월 22일부터 1954년 9월 3일까지 쓴 일기를 저본으로 하고 있다. 고향이 전남 보성인 스에코의 부모는 1927년 일본으로 건너가, 규슈 사가 현의 이리노무라에 있는 오즈루광업소(大鶴鉱業所)를 중심으로 형성된 탄광촌에서 생활했다. 일찍이 어머니를 여의고 아버지마저 사망해 고아가 된 사 남매는 당장의 생존을 위협받게 된다. 채탄장에서 석탄 먼지가 덜 날리도록 물을 뿌려주는 일을 임시로 맡고 있던 큰오빠는 '조선인'이라는 이유로 정직원이 되지 못한다. 결국 생계를 유지하기 위해 큰오빠와 언니는 나이 어린 '니안짱'의 둘째 오빠와 스에코를 이웃에게 부탁하고 일자리를 찾아 타지로 떠나면서 남매는 뿔뿔이 흩어지기에 이른다. 끼니를 해결하지 못하는 궁핍과 부모 없는 고아로서의 설움을 감내하는 나날을 기록하고 있지만, 『니안짱』에는 삶의 무게를 일찍 알아버린 어린아이의 성숙함뿐만 아니라 그럼에도 소거되지 않는 천진함이 형제애, 우정, 사려 깊은 마음 등과 어우러져 빼어난 문체로 표현되어 있다. 고아가 된 탄광촌 아이들의 비참한 삶과 그 삶에서 솟아 나오는 아름다운 언어 사이의 간극, 그 간극이 역설하는 기존 세계에 대한 이의 제기가 아마도 독자들의 마음을 크게 움직였으리라 짐작된다.

『저 하늘에도 슬픔이』는 1951년생인 대구 명덕국민학교 4학년 소년 이윤복이 1963년 6월 2일부터 1964년 1월 19일까지 쓴 일기를 담고 있다. 어머니는 아버지와의 불화로 집을 나갔고 알코올중독 증세가 있는 아버지는 병으로 일을 할 수 없는 상태에서 사 남매의 장남 윤복은 껌팔이, 염소 돌보기, 구두닦이 등을 전전하고, 심지어는 밥을 구걸하기까지 하면서 하루하루의 끼니를 마련해간다. 껌을 팔아 번 돈으로는 기껏해야 약간의 국수를 살 수 있었기에 소년은 언제나 끼니를 걱정하며 하루를 시작해야 했다. 결국 여동생 순나는 돈을 벌겠다고 가출을 하기에 이르고, 어린아이의 능력으로 감당하기 어려운 가장 역할은 일기 전체에 어두운 그림자를 드리운다. 그럼에도 윤복은 이 무거운 책임으로부터 도망치지 않고 어떻게든 가족과 함께 살아남기 위해 전심 전력으로 노력한다. 『니안짱』과 유사하게 극도의 비참한 생활 속에서도 견지 되는 성실한 태도, 가족에 대한 책임감과 강한 생존 의지가 인상적으로 나타 나며 궁핍과 비참 속에서도 사라지지 않는, 아니 오히려 그러한 상황에서야말 로 두드러지는 인간애는 동시대 독자들에게 강한 정서적 파장을 전달한다.

그런데 『저 하늘에도 슬픔이』는 김동식 선생이라는 '보호자'가 등장한다는 점에서 『니안짱』과 구별된다. 김동식 선생은 담임교사는 아니었지만, 적극적 으로 윤복을 도우며 그의 삶에 깊이 개입한다. 윤복의 일기가 『저 하늘에도 슬 픔이』로 출간된 것도 김동식 선생이 없었다면 불가능했을 것이다. 자신의 박 봉을 털어 가난한 학생들을 돕고 학비를 지원해주는 활동으로 이미 신문에까 지 소개된 바 있는[8] 김동식 선생과 윤복의 만남은 − 뒤에서 살펴보겠지만 −『저 하늘에도 슬픔이』가 촉발한 사회적 감정 - 행위와 그 문화적 전유·재생산 과 정에 중요한 변수로 작용한다.

두 텍스트 모두에서는 가정으로부터도 사회적 안전장치로부터도 보호받지 못하는 아동의 궁핍하고 비참한 삶이 바로 그 당사자인 아동 자신의 진술을 통해 제시되고 있으며, 또한 빈곤·질병(재해)·가족 해체·이산(離散) 등의 고통 을 겪으면서도 상실되지 않은 성실·우애·정직 등의 '고귀한' 가치들이 빛을 발하고 있다. 그러나 주의할 것은 이들 일기가 아동 작문 교육과 글쓰기를 통 한 주체 형성의 맥락에서 '의무적으로' 쓰인 것이며, 또한 출간되는 과정에서

---

8 "미스터 미담: 자취하는 총각 교사 대구 명덕고 김동식 씨", 《동아일보》, 1963년 7월 18일 자. 이 기사는 김동식 선생이 자신의 생활비까지 아껴가며 불우한 학생들의 병원비, 학용품비, 식비 등을 지원해준 미담을 전하고 있다. 기사에 따르면 유도 3단인 김동식 선 생은 '미스터 경북'에 1등으로 당선되기도 했는데, 그때의 상금 1만원으로 학용품을 구입 해 7000여 명의 전교생에게 나눠주었고, 섣달그믐과 정월 대보름에 '복조리' 장사를 해서 번 돈으로는 가난한 졸업생들의 중·고등학교 입학금을 대주었다.

성인[『니안짱』의 경우엔 큰오빠, 『저 하늘에도 슬픔이』의 경우엔 김동식, 박용웅 등]이 개입했다는 사실(문장 지도·윤문·첨삭 등)을 배제할 수 없다는 점에서, 이들 텍스트가 '아동의 언어'로 구성되었다고 단언할 수 없다는 사실이다. 특히 『저 하늘에도 슬픔이』에는 김동식 선생 등의 적극적인 관여가 두드러진다.[9] 하지만 이 일기 텍스트를 통해 야스모토 스에코와 이윤복이 경험과 글쓰기의 주체로 구성되는 차원에 주목하기보다 이 텍스트의 (언어적·매체적) 번역과 문화적 전유의 정치 - 의미론적 맥락에 관심을 두고 있는 이 글에서는 오히려 '아동의 수기'로 이해되고 받아들여졌다는 당시의 문화 상황이 더 중요하다. 사실 아동 - 비참 - 일기가 생산·유통·확산되는 문화적 과정의 정치 - 의미론적 맥락을 고려할 때, 해당 일기 텍스트에서 '순수한 저자성'을 판별해내는 작업은 큰 의미가 없다.

어쨌든 이 아동들의 일기에서 공통적으로 엿볼 수 있는 어두운 세계와 천진한 의식의 간극만으로도 독자들의 강한 동정과 연민을 불러일으키기에 충분했으리라 짐작할 수 있다. 하지만 국경을 넘는 광범한 공감의 근거에는 단순히 '빈곤'과 '동심'으로 일반화할 수 없는 역사적 맥락이 놓여 있다. 여기서 한국과 일본의 국경을 가로지르는 공통의 역사적 해석 체제의 존재를 발견할 수 있는데, 이 공통성은 단순히 시간적 동시성에서 드러나는 것은 아니다. 즉, 『니안짱』/『구름은 흘러도』와 『저 하늘에도 슬픔이』/『윤복이의 일기』는 각각 한국과 일본을 가로질러 거의 동시에 언어적·매체적 번역이 이루어졌지만, 그 동시성이 각 텍스트에 대한 한국과 일본에서의 사회적 감정 - 행위의 유사성을 보장하는 것은 아니다. 오히려 공통의 해석 체제는 『니안짱』이 출현한 1950년대 말의 일본과 『저 하늘에도 슬픔이』가 등장한 1960년대 중반

9 　『저 하늘에도 슬픔이』가 내포한 지도 및 윤문에 대한 균형 있는 분석과 판단에 대해서는 다음을 참조. 이오덕, 「동심의 승리」, ≪창작과비평≫, 통권 38호(1975년 겨울).

의 한국의 시간 - 공간적 간극을 가로질러 작동하는 것으로 보인다.

『니안짱』과『저 하늘에도 슬픔이』의 세계, 즉 '죄 없는' 아이들을 불행하게 만들기도 하고 그 때문에 순수한 마음을 더욱 빛나게 만들기도 하는 '빈곤' 상태는 일본과 한국에서 무엇보다 '전후의 경험'을 환기시키는 모티프였던 것으로 보인다. 더 정확하게 표현하자면『니안짱』에는 1945년 패전 이후의 일본 사회가,『저 하늘에도 슬픔이』에는 1953년 휴전 상태에 들어간 한국전쟁 이후의 한국 사회가 가족의 이산과 해체, 극도의 궁핍, 사회적 안전망의 부재 등으로 고통받는 아이들의 시선 아래 드러난다. 일본의 '전후'로부터 13년 후에『니안짱』이, 한국의 '전후'로부터 11년 후에『저 하늘에도 슬픔이』가 각각의 문화적 장에 떠올라 사회적 관심을 끈 것은 일본과 한국에서 '탈(脫)전후' 체제 형성의 움직임이 등장한 것과 관련된 것으로 보인다. 앞서 언급한 것처럼 삶의 비참을 비참으로 느끼고 경험하는 일은 살아남은 자들의 의식, 즉 생존 자체에 몰두하는 삶의 감각은 남아 있으나 그 삶을 관조할 수 있는 거리가 형성될 때 나타날 수 있다. 그렇다면 일본과 한국에서『니안짱』과『저 하늘에도 슬픔이』의 출현은 삶의 비참을 말할 수 있는 새로운 체제가 등장했음을 암시하는 것이 아닐까.

일본의 경우 '전후' 10년 남짓 지난 시점에 이미 전쟁의 기억을 삭제하고자 하는 움직임이 나타난 바 있다. 1956년 일본 경제기획청이 발행한 ≪경제백서≫에 표현된 "이제는 '전후'가 아니다"라는 선언이 그러한 움직임을 상징적으로 보여준다. 이 단절 선언은 1인당 국민총생산(GNP)이 전전의 수준을 넘어섰다는 경제지표상 '발전'의 증거에 기초한 것이다.[10] 바로 이 무렵부터 약 20년간 일본은 이른바 '고도성장기'라는 비약적인 발전의 시간을 거치는데

---

10   권혁태,『일본의 불안을 읽는다』(교양인, 2010), 18~19쪽 참조.

저 단절 선언이 상징하듯이 이 비약적인 발전의 시기는 동시에 '전후 경험'을 망각해가는 시기이기도 했다. 『니안짱』은 다름 아닌 이 전환의 시점에 출현했다.

그런가 하면 한국의 경우 해방, 분단, 전쟁, 이산의 혼란을 겪고 4·19와 5·16의 격변을 거치면서 '빈곤 탈출'이 국가적 캠페인과 기획으로 도모되던 시점에 『저 하늘에도 슬픔이』가 등장했다. 쿠데타로 권력을 장악한 세력은 정권의 정당성과 헤게모니를 획득하기 위해 '빈곤' 문제를 사회적 쟁점으로 만들었고, 그것을 대중의 레토릭(rhetoric)으로 전유하면서 '빈곤 탈출'의 서사를 구성해갔다.[11] 이 정권이 국가 주도의 이른바 '제1차 경제개발 5개년 계획'을 실시한 것이 1962년이었다. 물론 국가 주도의 '빈곤 탈출' 기획이란, 단순히 사실에 기초해 추진된 것이라기보다는 미국의 냉전 세계화 전략의 일환으로 형성·확산된 후진국 '근대화' 프레임과 군사정권의 헤게모니 전략이 결합되면서 발견된 문제였다.[12] '빈곤 탈출'의 기획이란 단적으로 '한국(인)의 빈곤'이 아니라 '빈곤의 한국(인)'이라는 프레임 아래 설정된 것이다. 이렇게 '빈곤 탈출'을 국가적 과업으로 설정하고 경제 발전의 목표를 향해 강력한 정책적 실천이 행해지던 시기에 이윤복의 일기가 사회적으로 주목되었던 것이다.

일본과 한국이 각각 '탈전후' 체제로 전환되던 시기에 아동 - 비참 - 일기가 대중적 관심 속에 떠올랐다는 데서 시간 - 공간을 가로지르는 공통의 해석 체제를

---

11 황병주, 「박정희 체제의 지배담론」(한양대학교 박사학위 논문, 2008). 권보드래·천정환, 『1960년을 묻다』, 48쪽 재인용.

12 공임순, 「4·19와 5·16, 빈곤의 정치학과 리더십의 재의미화」, ≪서강인문논총≫, 38집 (2013.12), 164~165쪽 참조. 1960년을 전후한 시기 미국에서 형성·확산시킨 '발전' 경제학과 '근대화' 프레임은, 제2차 세계대전 종전 후 소련과의 체제 경쟁 속에서 세계 곳곳의 탈식민 지역을 자신의 국제질서 속으로 편입해 통치하고자 한 미국이 '빈곤'을 새로운 방식으로 문제화하면서 개발한 것이다. 백승욱·이지원, 「1960년대 발전 담론과 사회개발 정책의 형성」, ≪사회와 역사≫, 통권 107호(2015년 가을), 353~354쪽.

발견할 수 있다면, 그리고 그 해석 체제의 존재가 특정한 사회적 감정 - 행위로 표현되었다면, 그 공통성을 규정하는 근본 요소는 무엇일까. 특히 표면적으로 나타나는 감정 - 행위는 약한 자의 불행에 대한 동정, '죄 없는' 아이들이 겪어야 했던 고통에 대한 사회적 죄책감 등을 내포하고 있을 것이다. 그러나 '탈전후' 체제로의 전환이라는 역사적 문맥을 고려한다면, 이 사회적 감정 - 행위의 밑바닥에서는 애도 작업(Trauerarbeit)이 진행되고 있었던 것이 아닐까.

주지하다시피 프로이트적인 의미에서 애도란 애착하던 대상의 상실을 슬퍼하는 감정인 동시에 그 대상이 부재하는 현실을 받아들이는 작업이다.[13] 애도는 '자기' 세계의 불가결한 구성 요소였던 애착 대상이 상실될 때, 그 세계에 발생한 공허를 슬퍼하는 감정인 동시에 그 구멍 뚫린 세계를 견딜 수 있는 것으로 받아들이게 하는 통과의례이기도 하다. 『니안짱』과 『저 하늘에도 슬픔이』는 일본과 한국이 각각 '탈전후' 체제로 전환되는 과정에서 각각의 '전후 경험'을 분리된 시선으로 바라보게 하는 해석 체제가 등장함으로써, 그리고 그 분리가 수반하는 복잡한 상실감을 처리하기 위한 애도 작업이 진행됨으로써 특정한 사회적 감정 - 행위와 함께 떠오른 텍스트라고 할 수 있다. 가난하고 비참한 과거와의 분리가 '상실감'을 수반하는 이유는 그 과거가 '빈곤 탈출' 또는 '근대화'의 프레임에 의해 단순히 부정될 수만은 없는 삶의 중요한 일부분과 구별할 수 없을 만큼 통합되어 있기 때문이다. 이는 저 아이들의 '순수하고 천진한 영혼'이 상기시키는 것으로 가난하고 고통스러운 가운데 간직되어 있던 소중한 기억, 어쩌면 가난과 비참 한가운데였기 때문에 행복했다고 기억히는 어떤 과거와 관련되어 있다. 따라서 이 애도 작업은 자기 연민의 계기를 함축하고 있기도 하지만, 그렇다고 해서 단순한 노스탤지어와 동일시될 수는

13   지그문트 프로이트, 「슬픔과 우울증」, 『무의식에 관하여』, 윤희기 옮김(열린책들, 1997) 참조.

없다. 시간적 의미에서의 노스탤지어가 과거를 이상화하면서 역설적으로 '분리된 현재'의 우월성을 긍정하려는 지향성인 데 반해, 애도는 상실이라는 사건을 견디는 작업이기 때문이다. 『니안짱』과 『저 하늘에도 슬픔이』는 아직 과거를 이상화할 만큼의 물질적·정서적 분리가 발생하지 않은 독서 공동체 안에서 읽혔고, 그런 의미에서 동정의 감정 - 행위와 연결될 수 있었다.

그러나 『니안짱』과 『저 하늘에도 슬픔이』를 둘러싸고 일어난 일본과 한국에서의 사회적 감정 - 행위를 애도의 맥락에서 이해한다 하더라도, 그 각각이 서로 다른 '전후'와 이어져 있어서 애도 역시 서로 동일한 본질을 가질 수는 없다. 『니안짱』의 경우, 물론 '죄 없는 자'의 불행에 대한 연민의 감정과 '전후 경험'에 대한 애도 작업이 함께 작동하고 있었던 것으로 보인다. 하지만 '재일조선인 소녀'의 이야기라는 사실이 이 애도 작업에 다른 성격을 부여한다. 어떤 면에서는 재일조선인 소녀의 비참하지만 아름다운 이야기가 베스트셀러가 되었다는 사실이야말로 '전후 경험'과의 관계를 잘 드러내준다. 일본의 '전후'란 식민지/제국 체제가 붕괴된 이후에 다름 아니며, 따라서 '전후 경험'이란 원폭과 공습으로 인한 폐허 경험 못지않게 타이완, 조선, 만주, 사할린, 동남아시아 일대까지 진출했던 일본인들의 '인양(引揚げ)' 경험, 그리고 일본 '내지'에 거주하고 있던 조선인, 타이완인 등을 '외국인'으로 재배치한 작업과 직결되어 있다. 요컨대 다민족 제국의 붕괴와 함께 '다민족'을 삭제하고 국민 - 국가를 재구성하는 과정의 다양한 폭력적 경험과 분리될 수 없는 것이 일본의 '전후 경험'이다.[14]

『니안짱』에 대한 일본 사회의 눈물 어린 공감은 재일조선인 소녀의 비참하면서도 아름다운 이야기에 눈물을 흘리면서 식민지를 가졌던 과거, 그 '영광'

---

14   오구마 에이지, 『일본 단일민족 신화의 기원』, 조현설 옮김(소명출판, 2003).

과 '회한'과 '죄의식'이 뒤얽힌 과거를 떠나보내는 일종의 의식이라고 봐도 과장이 아닐 것이다. 이 애도 작업은 '조선인이 일본에 살고 있다'는 사실을 부정할 수 없는 '전후' 감각과 국민 - 국가의 '풍요로운 미래'에 대한 기대 사이의 이율배반을 해결하기 위해 어느 한쪽을 선택할 때 발생한 사회적 감정 - 행위라고 할 수 있다.[15] 식민지/제국의 과거가 붙잡고 있는 '회한'으로부터 도덕적으로 자유로워지기 위해 애도작업은 일본인 소년보다 조선인 소녀를 경유해 수행되어야 했던 것은 아닐까. 그리고 어쩌면 이 무렵부터 일본 사회에서 재일조선인은 "보이지 않는 존재"[16]가 되어갔던 것이 아닐까.[17]

이와 관련해 이마무라 쇼헤이 감독의 영화 〈니안짱〉은 재일조선인의 존재를 전후 일본의 빈곤한 하층민들의 삶 속으로 용해시키는 효과를 파생시키는 것으로 보인다. 특히 영화에는 원작에 존재하지 않는 여성 지역 복지사가 등

---

15 전후 일본의 영상 매체에 나타난 '재일조선인' 표상을 연구한 양인실은 일본의 '패전'부터 1965년 '한일조약' 시기까지를 "'공생(共生)' 신화시대"로 구별한다. 梁仁實, 「戰後日本の映像メディアにおける「在日」表象」(立命館大学大学院 博士論文, 2003), pp. 26~61 참조. 이를테면 '조선인이 일본에 살고 있다'는 사실이 불러일으키는 역사적·사회적 책임의 문제를 직시하게 하기보다는 1950년대 날 이른바 '귀국사업'에 대한 일본 사회의 대중적 언설과 표상에서도 단적으로 나타나듯 "'언젠가는 돌아가야 할 사람들'로서 '공생'"(p.61)한다는 방식으로 '분리를 전제한 포용'이 이루어지고 있었다고 할 수 있다.

16 도노무라 마사루, 『재일조선인 사회의 역사학적 연구』, 김인덕·신유원 옮김(논형, 2010).

17 특히 『니안짱』의 개작 과정에서 '재일조선인'의 "어긋남"이 드러나지 않게 된 과정에 대해서는 林相珉, 「商品化される貧困: 『にあんちゃん』と『キュポラのある街』を中心に」, ≪立命館言語文化研究≫, 21卷1号(2009), p.136 참조. 임상민에 따르면 『니안짱』의 초판본에 실려 있던 야스모토 스에코의 둘째 오빠 야스모토 다카이치의 일기 중 조선인을 비난하는 부분이 1975년 개정판 이후에는 삭제된다. 스에코와 다카이치가 산속에서 움막생활을 하고 있던 재일조선인 민 씨 일가에 맡겨졌을 때, 한심힐 정도로 엉망진창인 그들의 생활에 놀라고 불안해하면서 다카이치는 조선인을 비난하는 내용의 일기를 남긴 바 있다. 여기서 "'내가 나인 것'과 '내가 조선인인 것'의 어긋남"(같은 글, p.136)을 감지하는 방식으로 자기부정을 내포할 수밖에 없는 '재일'조선인의 모순된 위치가 드러나는데, '재일'조선인의 실재를 지시하는 이 '어두운' 부분은 개정판에서 삭제되고, 『니안짱』은 그만큼 더 희망적으로 빈곤을 견디는 이야기가 된다.

장해 야스모토 일가의 생계 해결뿐만 아니라 가난하고 무지한 탄광촌 노동자 가족들의 위생과 생활개선을 위해 헌신적으로 활동하는데, 그녀의 위치는 〈니안짱〉의 관객이 취할 것으로 기대되는 시선의 위치이기도 하다. 원작에 부재했던 만큼 영화 속 현실을 바꾸는 데는 크게 기여하지 못하지만 ─ 한편으로 계몽가의 역할을 수행하면서도 ─ 야스모토 남매와 탄광촌 노동자들을 대하는 그녀의 진심은 그녀의 말과 행동에 묻어나는 활달한 성격과 함께 남매의 비참한 삶에 온기를 더해준다. 그러나 그녀의 시선을 통해 〈니안짱〉의 세계는 거칠고 난폭하지만 자기 삶에 솔직하고 충실하게 임하는 하층민들의 세계로 표상되며, 야스모토 남매의 '재일조선인'으로서의 이질성은 거의 드러나지 않는다. 이런 점에서 〈니안짱〉이 "석탄 불황이나 이세 만(伊勢湾) 태풍으로 니안짱 일가 같은 불행에 휘말린 가정이 늘어가고 있는"[18] 당시 일본의 비참한 모든 이들에게 사회적인 관심을 호소하는 계기로 받아들여진 것도 이상하지 않다.[19]

---

18 "見るものに力強く訴える『にあんちゃん』(日活作品)", ≪朝日新聞≫, 1959年 10月 30日.

19 한편 『니안짱』의 한국어 번역판 『구름은 흘러도』를 간행한 신태양사는 이 책을 "한국의 딸 말자"의 눈물겨운 수기로 소개하면서, 야스모토 남매의 고난을 이역 땅에서 한국인이기 때문에 겪어야 하는 수난으로 의미화한다. 이는 한편으로는 일제의 식민지 지배의 역사를 환기시키며 독자들의 민족주의적 감정에 호소하려는 전략이기도 하고, 다른 한편으로는 그동안 재일조선인의 처우에 무관심했던 이승만 정부가 1950년대 말 북한에서 적극적으로 추진한 재일조선인 '귀국사업'으로 인해 외교적·정치적으로 압박을 받자 갑작스레 재일조선인에게 관심을 보이게 된 맥락과도 연동하는 것으로 보인다. 신태양사의 광고는 ≪경향신문≫, 1959년 1월 12일 자; ≪동아일보≫, 1959년 1월 25일 자 참조. 물론 독자들의 독서 방향이나 그로부터 촉발된 감정-행위가 반드시 민족주의 이데올로기에 포획되었다고 볼 수는 없다. 예컨대 유현목 감독의 영화 〈구름은 흘러도〉는 『니안짱』의 배경과 인물을 한국 탄광촌의 고아 남매들로 옮김으로써 일기의 저자인 야스모토 스에코와 남매들이 재일조선인으로서 부딪치는 문제를 완전히 삭제하고 있기도 하기 때문이다. 사실 영화 〈구름은 흘러도〉는 『니안짱』이 놓인 역사적·사회적 구체성을 탈색시킨 채, 가난한 고아 말숙의 일기를 읽고 감명받은 탄광회사 사장이 출판을 도와줌으로써 말숙의 가족이 다시 결합할 수 있게 된다는 이야기로 전환시켜, 『니안짱』을 계급 화해의 이데올로기로 번안해서 전유하고 있다.

이에 비해 한국에서 『저 하늘에도 슬픔이』는 사회적으로 해결되어야 할 현재적 문제로서 '빈곤'을 대상화하고, 그것이 초래하는 불행과 고통으로부터의 탈피를 공동체의 시급한 과제로 받아들이게 하는 지향성 속에서 형성된 사회적 감정 - 행위와 함께 떠오른 것으로 보인다. 국가가 주도하는 '근대화' 프로젝트의 비전 아래 빈곤이 불행의 근원으로 드러남으로써, 동시대에 만연해 있는 비참한 삶의 존재가 문화적 장에 전경화되는 동시에 그 삶들을 '구제되어야 하는' 대상으로 만드는 시선이 분리되어 나온다. 이 분리는 아직 완전히 이루어지지 않았기 때문에, 동정과 자기 연민과 애도가 뒤섞인 모호한 지대가 형성되었다. 바로 이곳에서 아동 - 비참 - 일기의 문화적 전유가 이루어지는데, 이는 특히 정치 - 의미론적 실천계의 작동과 관련되어 있으므로 절을 바꿔 다룰 필요가 있다.

3. 결여된 가족과 대체 아버지

『저 하늘에도 슬픔이』에서는 해방 - 분단 - 전쟁 후 계속된 정치적 혼란 속에 방치되어온 삶들이 가시화된다. 사실 이윤복이 살던 대구도 그랬지만, 한국전쟁 후 남한의 도시와 그 변두리에서는 이윤복과 같은 빈곤에 처한 삶이 만연해 있었다.[20] 특히 분단과 전쟁으로 인해 가족의 이산, 해체, 상실의 경험은 거의 일반적이었지만, 사회적 유대가 빈약한 처지에 있던 이들을 포용하는

---

[20] 이동진, 「1960년대 초반 대구의 '영세민': '산체스네 아이들'과의 비교」, 영남대 인문과학 연구소, ≪인문연구≫, 72호(2014) 참조. 이 연구는 1950년대 후반 미국 사회학의 실증적·경험적 조사연구기법의 영향하에 본격적인 사회조사가 진행된 이후의 영세민 실태조사를 소개하고 있다.

자율적 장치들은 미비했으며, 국가는 획일적이고 폭력적인 방식으로 이들을 관리하곤 했다. 『저 하늘에도 슬픔이』에도 몇 차례 등장하는 '아동 보호소'는 이윤복처럼 껌을 팔거나 구걸하는 아이들을 강제적으로 사회에서 차단해 단속하는 수용소 같은 곳이었다. 이러한 현실에서 이윤복의 일기는 궁핍 속에 방치된, 그것도 '죄 없는' 아동이 불행과 고통 속에서 보내는 외침처럼 받아들여지곤 했다. 따라서 '고도성장기'에 진입한 일본에서 『니안짱』이 읽히던 맥락과 비교해 윤복의 일기는 그 자체로 당대 사회에 더 강하게 윤리적 물음을 던지고 있었다. 그런 점에서 『저 하늘에도 슬픔이』를 둘러싼 사회적 감정 - 행위에는 비참한 처지에 놓인 아동에 대한 사회적 죄책감과 함께 궁핍과 불행이 재생산되는 현실 속에 함께 속해 있다는 동정과 공감이 스며들어 있다. 이 상황에서 "'빈자들의 눈물과 빈자들에 대한 눈물'의 집합적 심성이 작동"[21] 했다고 말해도 좋을 것이다.

하지만 문제로서의 '빈곤'이 인식되기 위해 '근대화'와 '발전' 프레임이 선행되었던 것처럼, 이윤복의 일기에 응답하는 방식으로 이루어진 문화적 전유는 저 불행한 삶에 '빈곤 탈출'이라는 출구와 함께 그 삶과 단절하는 방향을 제시했다. 다시 말해 이윤복이 문화적 장에서 비참과 고통의 현실을 드러내자마자 현실의 모순보다는 '빈곤 구제'의 탈출구로 눈을 향하게 함으로써 '비참'을 과거로 돌리는 방식의 전유가 행해지곤 했던 것이다. 즉, 궁핍의 내부에서 문제를 찾기보다는 궁핍을 부정되고 배제되어야 할 것으로 분리함으로써 문제를 해결하는, 따라서 비참한 현실이 적나라하게 드러나는 바로 그곳에서 비참한 현실을 외면하게 하는 방식의 문화적 전유가 수행되었다고 할 수 있다.

---

21 천정환, 「서발턴은 쓸 수 있는가: 1970~80년대 민중의 자기재현과 '민중문학'의 재평가를 위한 일고」, ≪민족문학사연구≫, 47집(2011), 234쪽. 천정환은 이 양가적 눈물이 1960~1970년대식 개발독재와 민중주의가 공유하는 윤리적 기반이었다고 규정한다.

이를테면 『저 하늘에도 슬픔이』에 「추천의 말」을 쓴 유진오의 진술처럼, 당시의 한국 사회가 "이러한 참혹한 처지에 빠져 있는 가족들이 여기저기에 수없이 있기 때문에 …… 불행을 불행으로 느끼지 않고 당연한 것으로 받아들이는 불행의 극한 상태"에 처해 있었다고 한다면,[22] 윤복의 참혹과 불행을 '참혹과 불행'으로 느끼는 순간 도처에 만연한 빈곤은 더 이상 당연한 일로 치부해서는 안 되는 것이 된다. 그러나 윤복에게서 촉발된 물음은 '어째서 이 땅에는 이토록 참혹과 불행이 넘쳐나는가'라는 질문으로 이어지기보다는 극도의 궁핍에서 살아남기 위해 노력하는 윤복의 의지에서 '빈곤 탈출'의 주관적 동력을 찾는 방향으로 나아갔다. 벗어나기 위한 의지에 주목하는 순간 이미 저 빈곤한 삶의 전체성과 단절하려는 작업은 진행된다. 이러한 작업은 이윤복과 그의 일기가 언론에 소개되기 시작하던 단계에서 이미 진행되고 있었다.

> 그러나 오늘 너에 대한 기사를 읽고 나는 너무도 부끄러웠다. 내가 가난을 탓하게 되어 죽고 싶다고 생각했을 때는 그래도 너보다 나이가 사, 오 년이나 앞선 열다섯 열여섯 살 때였다. 그때의 나보다도 어린 네가 몇 배의 고통을 겪으면서도 이 세상을 꿋꿋이 살아나가는데 나는 그까짓 고생을 못 이겨 세상을 비관했느냐고 지난날의 내 자신에게 물어보았지. 부끄러움이 활칵 밀어닥치는구나. [23]

≪동아일보≫에 소개된 윤복의 이야기를 읽고 비슷한 어린 시절을 겪었던 이가 이윤복에게 보내온 동정의 편지이다. 이 편지의 서술자는 윤복의 비참한 현재에 비추어 자신의 과거를 반성하는 방식으로 과거의 자신과 단절하고

---

22 유진오, 「추천의 말」, 이윤복, 『저 하늘에도 슬픔이』(신태양사, 1965). 당시 고려대 총장이었던 유진오는 '대한교육연합회장'으로서 이 책을 추천하고 있다.

23 같은 책, 214쪽. 이윤복은 직접 받은 이 편지 내용을 자신의 일기에 옮겨 적고 있다.

있다. 단적인 예이지만, 윤복이 증거하는 불행한 삶은 단순한 동정이나 연민의 촉발에 그치지 않고, 독자들이 저마다 자신의 불행했던 과거를 떠올리고 유사한 고통에 눈물 흘리면서 동시에 그 과거와 단절하는 방향으로 이끌어간다.[24] 물론 이러한 효과는 『저 하늘에도 슬픔이』 자체가 만들어낸 것이라기보다는, 『저 하늘에도 슬픔이』를 둘러싸고 이루어진 문화적 전유가 사회적 감정 - 행위에 특정한 방향성을 부여하면서 생성된 것이라고 해야 할 것이다.

특히 이러한 방향의 문화적 전유가 지배적으로 작동하게 만든 요소는 바로 김동식 선생이라는 존재이다. 김동식 선생은 단순한 '시혜자'도 아니고 '조력자'도 아니다. 이윤복의 일기를 통해서도 알 수 있듯이, 그는 윤복을 단순히 동정하고 가엾게 여기는 데 그치지 않고 그의 삶에 깊이 개입하는 존재로 등장한다. 윤복의 담임교사를 통해 일기를 읽은 김동식 선생이 윤복을 처음 만나자마자 그의 머리를 깎아준 에피소드는 상징적이다. 그는 가난하고 불행한 소년의 삶에 눈물 흘리고 점심 도시락을 양보하는 등 여러 가지로 배려하고 베푸는 데 그치지 않고, 윤복의 삶에 깊이 발을 들여놓는다. 언제나 작업복 차림에 누더기 같은 운동화를 신고 다니면서도 때로는 윤복의 집에 쌀을 가지고 가서 직접 밥을 지어주기도 하고, 윤복이 스스로 살림살이를 꾸려나가도록 꾸짖기도 한다. 결정적으로 그는 친구인 박용웅을 통해 윤복의 일기를 출판함으로써 우리가 아는 『저 하늘에도 슬픔이』의 이윤복을 만든 존재이다. 그런 의미에서 김동식 선생은 윤복의 무능력한 아버지를 대신하는 '대체 아버지'이자 삶을 조절·관리하는 '통치자'이다.

---

24 하지만 이 시기에는 아직 '풍요의 미래'를 향한 기대 지평이 당연한 전제로 되어 있지 않다. 이는 『니안짱』이 등장했던 일본 사회의 경우와 다른 지점인데, 이 인용문의 편지를 보낸 이는 "네가 차차 자라서 좀 더 배우고 좀 더 알게 되면 알면 알수록 고통은 점점 더 심해져간다"라며(같은 책, 214쪽), 단순한 희망의 메시지이기를 거부하기도 한다.

그림 4-1　김동식 선생에게 돈을 받자마자 도박판으로 간 아버지. 영화 〈저 하늘에도 슬픔이〉

　윤복의 삶에 개입해 그를 '빈곤 탈출'의 길로 인도하는 '대체 아버지 = 통치자'로서의 김동식 선생의 위상은 영화 〈저 하늘에도 슬픔이〉에서 더욱 강화되며 아동 - 비참 - 일기에 대한 문화적 전유의 패턴을 전형적으로 보여준다. 우선 영화는 이윤복의 1인칭 서술이었던 『저 하늘에도 슬픔이』를 카메라의 시선 아래 전시되는 인물과 말, 그리고 행위로 전환시킨다. 일기가 간행된 이듬해 대구 로케이션 촬영으로 리얼리티 효과를 제고한 〈저 하늘에도 슬픔이〉는 움막 같은 집, 누더기 옷, 민둥산과 흙먼지, 그리고 윤복의 그 많은 눈물과 함께 가난하고 힘겨운 삶을 구체적인 이미지로 제시한다.

　특히 병들고 무능한 아버지(장민호 분)와 '대체 아버지 = 통치자'인 김동식 선생(신영균 분)의 대조는 더욱 극대화된다. 영화에서의 아버지는 병들고 무능할 뿐만 아니라 약간의 돈이라도 생기면 곧바로 도박판으로 달려가는 불성실하고 무책임한 존재로 그려진다. 일기에는 없는 내용이지만 영화에 삽입된 가장 노골적인 장면은 김동식 선생이 윤복의 아버지를 술집에서 만나 아버지로서의 책임을 일깨우는 부분이다. 윤복의 아버지는 자포자기한 태도로 그저 눈앞의 술 한 잔이라도 더 얻어먹으려는 인물로 그려지며, 김동식 선생이 쌀

그림 4-2 술집에서 촌지를 주고받는 학부모와 교사. 영화 〈저 하늘에도 슬픔이〉

이라도 사라고 돈을 건네주자 곧바로 도박판으로 향한다.

또한 영화는 김동식 선생과 다른 교사들 사이의 '도덕적' 차이를 더욱 극화하기도 한다. 『저 하늘에도 슬픔이』에서 윤복은 반장의 어머니가 담임교사에게 '촌지'를 준다고 하는 아이들의 소문에 선생님이 미워 보이기도 했고,[25] 껌을 팔러 시내를 다니다가 자신이 다니는 학교의 한 선생이 학부형과 술집에서 술을 마시는 모습을 목격하고 모종의 의혹을 품기도 한다.[26] 그런데 영화 〈저 하늘에도 슬픔이〉에서 이 에피소드는 한 교사가 술집에서 부적절한 접대와 촌지를 받는 명백한 부정행위로 묘사된다.[27] 이렇게 영화에서 김동식 선생은 무기력하고 무책임한 이윤복의 아버지 및 부패한 교사와의 극명한 대조를 통해 도덕성과 실천성을 겸비한 '대체 아버지 = 통치자'로서 좀 더 뚜렷하게 각인된다.

---

25 같은 책, 134~135쪽.

26 같은 책, 184쪽.

27 이로 인해 영화가 개봉된 후 경북교육위원회는 교사의 품위를 훼손하는 허구적 장면이 삽입된 데 대해 삭제를 요구하며 항의하기도 했다. "〈저 하늘에도 슬픔이〉―허구성 삽입으로 교사의 명예 훼손", ≪경향신문≫, 1965년 5월 5일 자.

나아가 영화는 일기에는 있을 수 없는, 가출한 어머니의 복귀를 암시하는 장면을 통해 '빈곤 탈출'과 '가족 통합'이 하나의 고리로 연결되어 있다는 독해의 방향을 제시해준다.[28] 사실 『저 하늘에도 슬픔이』의 윤복도 어머니의 부재를 불행의 원인으로 생각하고 있었다.

어머니만 계시면 우리 식구는 지금 이 고생은 하지 않을 것이라 생각됩니다.[29]

어머니 우리는 왜 서로 떨어져 소식도 모르고 살아야 합니까? 어머니 잘살고 못살고가 문제 아닙니다. 어머니는 우리가 불쌍하지도 않으십니까? 어머니 어디에 계시는지는 모르지만 어서 빨리 우리를 찾아주세요.[30]

나는 누워서 가만히 생각해봅니다. 우리가 이렇게 고생을 하는 것은 어머니가 집을 나가버렸기 때문입니다.[31]

가출한 어머니에 대한 원망의 마음이 섞여 있는 이 인용문에서 모든 고통의 원인을 어머니의 부재로 돌림으로써 현재의 불행을 설명 가능한 것으로 만들고자 하는 의식의 활동을 읽을 수도 있다. 하지만 영화는 윤복의 꿈 또는 환

---

28 영화에서는 이윤복의 꿈이나 환상을 통해 '이상적인 어머니'의 형상이 몇 차례 제시된다. 특히 일기가 출간되어 언론의 주목을 받으며 유명해진 이윤복이 학생들의 환호 속에 학교로 돌아오는 마지막 장면에는 어머니가 윤복을 찾아오는 듯한 모호한 장면이 삽입되었다. 그러나 실제로 이윤복의 어머니는 가출한 후 경북 예천의 시골에서 농부와 재가(再嫁)해 살고 있었음이 밝혀진 바 있다. 그들 사이에 아들까지 있어 이미 이윤복의 아버지와 재결합할 수는 없었다. "잃었던 어머니와 누이동생 5년 만에 찾아", ≪동아일보≫, 1965년 1월 4일 자. 아울러 영화에서는 어머니에게 편지를 쓰는 듯한 일기의 대목이 윤복의 내레이션으로 전달되곤 하는데, 이 내레이션은 관객을 청자(聽者)의 자리에 위치시킴으로써 저 호소에 응답해야 한다는 더 강한 동정의 감정-행위를 요청하는 것으로 보인다.

29 이윤복, 『저 하늘에도 슬픔이』, 16쪽.

30 같은 책, 17쪽.

31 같은 책, 19쪽.

상이라는 장치를 통해 자애로운 어머니의 형상을 직접 제시함으로써 가족의 '결여'를 더욱 두드러지게 하는 방식으로 '빈곤 탈출'과 '가족 통합'을 연결하며 '정상성'의 규범을 재확인한다. 그리고 이 '정상성'의 회복을 위해 노력하는 '대체 아버지 = 통치자'는 윤복의 일기를 출판하고 미디어를 통해 윤복과 그의 가족의 사정을 알림으로써 해체된 가족이 재통합할 수 있는 계기를 만들어낸다. 영화의 마지막 장면은 원경(遠景)으로 포착된 언덕 위 지평선을 어머니, 아버지와 이윤복의 사 남매가 행복한 나들이라도 가는 듯한 이미지로 이루어져 있다.

영화 〈저 하늘에도 슬픔이〉는 책 『저 하늘에도 슬픔이』 못지않게 대중적인 열광 속에 퍼져갔다. 윤복의 이야기를 영화의 이미지가 덮어버렸다고 할 만큼 대중의 기억 속에는 영화 〈저 하늘에도 슬픔이〉가 강한 인상을 남겼다. 영화는 "지나치게 미담 형식으로 꾸미고 나간" 탓에 "사회의 비정한 현실을 예리하게 비판하는 작가적 안목이 약하여 보고 난 뒤 관객은 중요한 무엇을 끝내 놓친 것 같은 기분"[32]이라는 평가를 받기도 했으나, 대중적인 성공과 더불어 제3회 청룡상 최우수작품상을 수상하는 등 1965년을 대표하는 영화 중 하나가 되었다. 영화는 윤복의 일기에 대한 문화적 전유의 지배적인 방식을 보여주며 저 아동 - 비참 - 일기를 둘러싸고 형성되었던 사회적 감정 - 행위에 어떤 방향성을 부여하는 듯하다. 즉, 영화 〈저 하늘에도 슬픔이〉는 '전후'의 폐허 및 이산의 슬픔을 떠올리는 이미지들과 윤복이 처한 비참한 현실, 그리고 그 현실과 고투하는 윤복의 행동을 제시함으로써 관객의 자기반성적 투사와 빈곤한 현실에 대한 정서적 단절이 뒤섞인 반응을 유도한다. 또한 이를 통해 관객이 '빈곤 탈출'과 '가족 재통합'의 서사를 따라가며 '전후'의 불행을 낳

---

32 A, "영화단평: 남루 속에 빛나는 선의 『저 하늘에도 슬픔이』", ≪동아일보≫, 1965년 5월 11일 자.

은 역사적·사회적 문제들이 경제적으로 해소되고 '정상성'을 회복하기를 기대하는 방향으로 움직이게 만든다. 이 '미래지향적' 초점이 맞춰지는 곳에 '대체 아버지 = 통치자'가 서 있다.

4. 돌을 던지는 이윤복들

『저 하늘에도 슬픔이』는 한국에서 출판된 직후 당시 오사카외국어대학 조선어학과 강사였던 쓰카모토 이사오(塚本勳)가 일본어로 번역해 재일조선인인 최용덕 사장이 운영하던 타이헤이(太平)출판사에서 『윤복이의 일기(ユンボギの日記)』라는 제목으로 출간되었다.[33] 일본에서도 『윤복이의 일기』는 대중적으로 큰 반향을 일으켰는데,[34] 무엇보다 한국전쟁과 4·19 직후의 남한 사회에 대한 정보나 관심이 많지 않았던 일본 사회가 한국에 대해 강한 '인상'을 갖는 계기가 되었다. 대중적 반향을 불러일으킨 계기 중 하나는 '한일협정'이었다. 식민지/제국 체제 붕괴 후 1950년대부터 냉전하에 국민 - 국가 간 '관계 정상화'를 위한 움직임이 한일 정부 사이에 있었지만, 공식적인 국교 관계는 1965년 6월 '한일조약'을 체결함으로써 개시되었다. 과거 식민지/식민 모국 관계가 낳은 복잡한 역사적 문제들을 해결하기보다는 일본 경제의 아시아 진출에의 요구와 한국 정부의 경제협력 요구가 만나 이루어진 조약이었던 만큼 — 특히 한국에서 — 대규모의 대중적인 반발이 있었지만, 양국 정부는 조약 체

---

33 李潤福, 『ユンボギの日記: あの空にも悲しみが』, 塚本勳 譯(東京: 太平出版社, 1965).

34 『윤복이의 일기』는 1992년에 100판을 인쇄했을 정도로 엄청나게 팔려나갔다. 그러나 저작권 협의 없이 인쇄·배포가 이루어졌으며, 윤복 측이 밀린 인세 200만 엔을 받게 된 것도 1980년대 중반이었다.

결을 강행했다. 이 같은 상황에서 일본 대중사회가 새삼 한국에 대해 관심을 갖게 되었을 때, 『윤복이의 일기』는 동시대 한국의 현실과 삶을 들여다보는 자료로서 읽히기도 했다. 아울러 1960년을 전후해 일어났던 안보투쟁 및 학생운동의 여파로 반공 냉전 체제의 폭력적 구조를 비판하는 맥락에서 한국의 존재를 재인식하는 경향도 나타났다.

저널리스트였던 무노 다케지(武野武治)는 극도의 빈곤한 삶 속에서도 '악'에의 유혹을 단호히 거부하고 배우려는 의지를 견지하면서 광복절에는 '유관순 누나'를 기억하는 "윤복 군 같은 소년은 이곳 일본에는 **치명적으로** 적을" 것(강조는 원문)이라며, "교육마마, 육아파파가 유행인 국가"에서 이런 "맑은 '정의감'"은 길러지기 어렵다고 당대 일본 사회를 비판한다.[35] 그러면서 36년간의 식민지 지배로 한국에 상처를 입힌 일본이 "지금 조선 인민에 대해, 아시아 인민에 대해 무엇을 하고 있는가, 무엇을 하지 않고 있는가"[36]라고 묻는다. 동시에 『윤복이의 일기』를 박정희 정권하의 "남조선의 생활 백서"[37]로 읽는 무노 다케지는 『니안짱』에서 『윤복이의 일기』로 이어지는, 사회적 불행과 싸우는 소년·소녀의 고유명사가 "아시아의 땅과 바다를 넘어 공통의 대명사가 될 수 있다"라고 믿으며 '베트남의 윤복이'에 대한 상상으로 나아간다.

이런 식의 독해는 이른바 '대동아전쟁' 시기, 중국과 동남아시아 등지에서 ≪아사히신문≫의 종군기자로 활동했다가 패전 직후에는 전쟁에 협력한 자신의 활동에 책임을 지고 퇴사해, 반전(反戰) 언론 활동을 계속해온 그의 경력과 무관하지 않을 것이다. 무노 다케지는 『윤복이의 일기』를 통해 일본 사회를 비판하고 아시아에 대한 일본의 역사적 책임을 상기시키면서, 미군 개입

---

35   むの たけじ, 「『ユンボギの日記』を読んで」, ≪歴史評論≫, 182号(1965), p.49.

36   같은 글.

37   같은 글, p.50.

그림 4-3 영화 〈윤복이의
일기〉의 오프닝 장면.

후 확대된 전쟁으로 고통받고 있는 베트남에 연대의 입장을 표하고 있다. 요
컨대 그는 『윤복이의 일기』에서 '아시아의 민중'을 발견하고 있다.

그가 발견한 '아시아의 민중'은 단순히 빈곤한 존재, 따라서 사회가 보호하
고 관리해야 하는 대상이 전혀 아니다. 오히려 사회의 어둠을 고발하고 스스
로 운명을 개척해나가는 적극적인 존재이다. 그가 볼 때 '고도성장기'의 일본
은 문화적·제도적인 매개가 고도화되어 스스로 삶의 조건과 격투할 기회를
잃어버린 존재들이 생산되는 곳, 따라서 역사적·사회적 조건을 바꾸기 위해
싸우는 주체적 역량을 찾기 어려운 곳이다. 『윤복이의 일기』는 이런 곳에 충
격을 주는 텍스트였고, 무노 다케지는 이 아동 - 비참 - 일기를 투쟁의 기록으
로서 읽기를 권고하고 있다.

오시마 나기사의 영화 〈윤복이의 일기〉는 이러한 독법의 연장선상에서 이
루어진 문화적 전유 중 하나였다. 그는 이른바 '이승만라인'이라고 불리던 한
국과 일본 간 영해의 경계를 한국 쪽에서 찍기 위해 1964년 8월 21일부터 10
월 중반까지 한국을 방문했다. 그러나 오시마 나기사는 당국의 허가를 받지
못해 영해를 찍지는 못하고, 나중에 〈청춘의 비(靑春の碑)〉[38][1964년 11월 15일

니혼테레비(日本テレビ)에서 방영의 기초가 될 영상 작업을 하며 한국 이곳저곳에서 껌팔이, 신문팔이, 구두닦이를 비롯한 가난하고 헐벗은 아이들과 궁핍한 삶의 모습을 사진으로 찍었다. 〈윤복이의 일기〉는 이 사진을 필름으로 다시 찍어 몽타주로 구성한 24분짜리 짧은 다큐멘터리 영화이다.[39]

교토가 고향인 오시마 나기사 감독은 유년 시절 살던 동네 옆에 조선인 부락이 있었고, 자신의 증조부가 메이지 시대 정한론의 선구자라고 칭해지는 인물이기도 했던 관계로 "한국에 대한 원죄 의식 같은 것"[40]이 있었다고 진술한 바도 있다. 하지만 처음 방문한 한국에서 그가 본 것은 '빈곤'이었고 '전후' 일본과의 유사성이었다.

> 64년의 한국은 가난하다는 것이 제일 큰일이었습니다. 모든 표현의 원점은 가난함에 있다고 생각합니다. 일본이 가난함을 탈각하고 있었던 데 비해, 한국에는 가난함이 그대로 남아 있었습니다. 거기에는 일본의 종전 직후와 같은 가난함이 있었는데, 가난함 속에서는 인간의 감정이 드러나는 방식이 좀 더 순수하고, 스트레이트합니다. 저 같은 사람의 원점은 전쟁에 져서 먹을 것도 없던 시대에 있었기 때문에, 제게는 일본의 잃어버린 원점 같은 것이 한국에 있었습니다. 가장 상징적인 것이 아이들이어서, 그것을 저는 〈윤복이의 일기〉에서 그렸습니다만, 전쟁 직후의 우리의 일을 사노 미쓰오가 「부랑아의 영광(浮浪兒の榮光)」(1961)에서 썼던 세계가 아직 한국에는 그대로 있었습니다.[41]

---

38 이 다큐멘터리 영화는 4·19 때 데모에 참가했다가 오른팔을 잃은 여학생이 매춘으로 생계를 유지하고 있다는 신문기사를 보고 한 사회운동가가 그녀를 구원하려 노력했으나 결국 실패하는 이야기를 다루고 있다.

39 〈윤복이의 일기〉의 제작과 관련된 내용은 大島渚, 『大島渚 1968』(東京: 靑土社, 2004), p.48 참조.

40 같은 책, p.44.

그림 4-4　껌을 파는 소년. 영화
〈윤복이의 일기〉

　　오시마 나기사는 '고도성장기'의 일본이 망각해가고 있는 '전후 경험'을 한국에서 발견한다. 『윤복이의 일기』가 번역 출간되었을 때 일본 ≪아사히신문≫ 서평에도 "종전 시의 일본인의 생활을 떠올리게 한다"[42]라는 언급이 있었던 것을 볼 때, 이 같은 인식은 상당히 일반적이었던 듯하다. 이러한 인식은 '전후 경험'을 도덕적으로 특권화하면서 '유복한' 일본 젊은이들의 '나태함'을 비판하는 기성 사회의 도덕적 훈계로 쉽사리 전환될 수 있었다. 오시마 나기사도 한국을 "일본의 잃어버린 원점"으로 대상화하면서 한편으로는 동시대의 한국을 일본의 '전후' 시점으로 과거화하고, 다른 한편으로는 현재의 일본 사회를 비판하기 위한 근거 지점으로 외부화하는 것처럼 보인다.

　　하지만 무노 다케지에게 베트남전쟁에 대한 의식이 있었듯이, 오시마 나기사에게는 '한일협정'에 대한 의식이 있었다. 자신의 조카도 '한일조약' 반대 데모에 참가했다고 말하면서, 오시마 나기사는 당시 반대 데모의 의미를 이렇게 회고한다.

41　　같은 책, p.51.

42　　"韓国の『にあんちゃん』: イ·ユンボギ著『ユンボギの日記』", ≪朝日新聞≫, 1965年 8月 10日.

일본은 잘사는 나라로서 일한조약을 체결하는 것이니까 일본의 주장을 관철시켰다고 생각합니다. 한국은 상당히 참으면서 일한조약을 체결했죠. 그때의 문제가 지금까지 전부 남아 있습니다. 왜 이런 조건에서 한국은 전부 받아들였는가. 〈잊혀진 황군〉의 문제도 지워버린 채. 일한조약이 이런 식으로 체결되는 것에는 반대한다는 마음으로 호주머니 속의 작은 돌을 던지기 시작했던 거죠.[43]

'전중·전후 경험'을 자신의 원점으로 가지고 있던 오시마 나기사는 36년 이상 한반도에서 행해졌던 식민주의적 착취는 차치하더라도 징병 및 징용 피해, 일본군 위안부 피해, 문화재 약탈 등과 관련된 과거사 문제를 북한을 배제한 채 한반도의 반쪽과 정치적으로 서둘러 종결짓고자 한다면서 '한일조약'을 비판했다. 그는 '한일협정'을 둘러싸고 논의가 격렬해지던 1965년 초가을 무렵부터 영화편집 작업에 들어가 12월 '한일조약' 체결에 맞춰 영화를 공개할 만큼, '한일협정' 과정에 대한 문제의식을 가지고 〈윤복이의 일기〉를 만들었다.

사실 오시마 나기사의 〈윤복이의 일기〉는 원텍스트를 재현하는 것과는 거의 무관한 영화라고 해도 좋다. 영화는 가난한 한국의 거리와 가난한 아이들의 사진을 몽타주처럼 제시하며, 『윤복이의 일기』에서 인용한 문장을 읽는 어린아이 목소리의 내레이션과 『윤복이의 일기』와 직접적인 관련 없이 감독의 주제 의식이 반영된 짧은 문장을 발화하는 성인 목소리의 내레이션이 상호 교차하는 방식의 실험적인 구성을 취하고 있다. 성인 목소리의 내레이터는 당대 한국 사회의 모순을 낳은 제국주의 지배, 분단, 전쟁, 쿠데타 등의 유산에 대응하는 젊은이들의 자각이나 저항의 움직임을 시적인 단문으로 제시한다. 그 사이사이에 어린아이 목소리의 내레이터가 『윤복이의 일기』 속 문장

---

43   大島渚, 『大島渚 1968』, p.82.

그림 4-5 4·19 당시 소년들의
데모대. 영화 〈윤복이의 일기〉

을 끼워 넣으면서, 빈곤에 내몰리고 방치된 이윤복의 삶이 점차 저항적인 힘
으로 전환될 것이라는 기대를 투사한다. 요컨대 영화 〈윤복이의 일기〉는 이
윤복이라는 고유명이 한국의 모든 가난한 소년과 젊은이의 이름이 되기를 기
대하며, 또한 껌을 팔고, 염소를 돌보고, 구두를 닦고, 신문을 파는 무수한 이
윤복들이 신문을 읽게 되고 돌을 던지게 되는 미래를 꿈꾸고 있다. 이 기대와
꿈은 물론 한국을 향한 것이라기보다는 일본의 젊은이를 향한 것이었고, 또한
일본의 젊은이를 향한 것이라기보다는 모든 하층민과 새로운 세대들을 향한
것이었으리라.

일본에서 『윤복이의 일기』는 '죄 없는' 아이들의 불행에 대한 동정과 함께
당대 한국 현실의 밑바닥을 들여다보고자 하는 시선에 의해 대상화되기도 했
다. 하지만 무노 다케지나 오시마 나기사와 같이 '아시아의 민중'의 존재 및
그들의 저항을 일본의 사회변혁과 함께 사고하거나, 또는 그들의 존재와 저항
으로부터 '고도성장기' 일본에 충격을 주려는 방식으로 전유되기도 했다.[44] 과

---

[44] 이런 맥락에서 당시 한국 언론은 오시마 나기사의 〈윤복이의 일기〉가 일본에서 조총련
의 남한 악선전의 도구로 쓰이고 있다고 비판하기도 했다. 김승구, 「오시마 나기사 영화

연 윤복의 일기는 '고도성장기'의 일본 사회에 식민지/제국 체제의 역사, '전후의 경험' 또는 '폐허의 기억'을 다시 소환하는 아시아로부터의 충격이 될 수 있었을까.

5. 희생과 회구 사이: 맺음말을 대신하여

1960년대 중반에 나타난 이윤복의 아동 - 비참 - 일기는 한국과 일본을 가로지르는 공통의 해석 체제 안에서 의미를 부여받으면서도 상이한 정치 - 의미론적 실천에 의해 전유되어왔다. 광범한 사회적 감정 - 행위를 수반하며 주목받았던 이 아동 - 비참 - 일기는 『니안짱』과 함께 한국과 일본 사이에 시간 - 공간을 가로지르는 공통의 해석 체제가 존재했음을 보여주었다. 일본에서는 『니안짱』이, 한국에서는 『저 하늘에도 슬픔이』가 각각 다른 방식으로 '전후 경험'을 애도하고 있음은 이미 살펴보았다. 특히 『저 하늘에도 슬픔이』를 둘러싼 한국과 일본에서의 문화적 전유 방식은 이 텍스트와 콘텍스트가 특정한 정치 - 의미론적 실천계의 작용 아래 있었음을 알려준다.

한국에서 『저 하늘에도 슬픔이』는 같은 궁핍 속에 있다는 감각에서 비롯되는 동정과 궁핍한 과거에 대한 애도가 모호하게 뒤섞인 사회적 감정 - 행위 속에서 주목되었는데, 영화화되면서 소년 윤복은 좀 더 확실하게 빈곤으로부터 구제되어야 할 대상으로 배치된다. 더욱이 아동이기 때문에 '죄 없는' 희생자의 이미지가 강화된 윤복은 김동식 선생이라는 '대체 아버지 = 통치자'에 의해 다스려지고 구제된다. 이에 반해 오시마 나기사의 영화에서 소년은 아동이기

와 한국의 관련 양상」, 영남대 인문과학연구소, ≪인문연구≫, 69호(2013), 562쪽 참조.

때문에 '아직 아닌(noch nicht)' 자이다. 따라서 장차 이 세계와 싸우면서 미래의 세계를 만들어나갈 주체로 배치된다. 이렇게 〈저 하늘에도 슬픔이〉에서 윤복은 구제되어야 할 수많은 윤복들[45]로 대상화되는 데 반해, 〈윤복이의 일기〉에서 윤복은 신문을 읽고 돌을 던질 수많은 윤복들로 주체화된다. 물론 후자의 주체화되는 윤복들 역시 외부로부터의 유토피아적 시선 아래 종속되어 있을 뿐이라고 말할 수도 있다. 그러나 적어도 이 유토피아적 시선은 저 '빈곤'이 어떤 역사와 연결되어 있는가에 대한 성찰을 배제하지 않는다.

'근대화'와 '발전' 프레임에 의한 국가적인 '빈곤 탈출'의 과제가 점차 현실적인 제도 속에 추진되고 '잘산다'는 것이 경제적 풍요와 동일시되면서, 윤복의 일기가 불러일으켰던 사회적 감정 - 행위는 애도의 방향으로 강하게 기울어진 듯 보인다. 즉, 윤복이 상기시키는 가난해서 불행하고 서러운 삶에 공감하기보다는 불행한 삶을 눈물로 애도하고, 그 삶이 부정된 세계를 받아들이는 방향으로 더 뚜렷하게 기울어진 것 같다. 앞서 언급한 바와 같이 이런 방식의 '빈곤 탈출'은 오히려 빈곤의 문제로부터 눈을 돌리게 만든다. 그래서 당대의 베스트셀러로서 언어적·매체적 번역을 통헤 확산되어간 일기를 썼고, 그래시 지대한 사회적 관심 속에 전국 곳곳에서 응원과 성금을 받기도 했던 이윤복이 성인이 된 1980년대에도 여전히 가난하게 생활하고 있었다는 사실[46]은 제법 상징적이다.

방학을 맞은 11살의 윤복이 그나마 수입이 낫다는 구두닦이를 하기 위해 아버지가 만들어준 구두통을 들고 대구 시내에 나오는데, 첫날 그에게 처음으

---

45 영화 〈저 하늘에도 슬픔이〉의 마지막 부분에서 김동식 선생은 윤복과 태순을 안은 채 기자들을 앞에 두고 이렇게 말한다. "우리는 잘살아야 합니다. 잘살기 위해서는 그 누구도 윤복이의 설움을 되씹을 수는 없는 겁니다. 윤복이는 이긴 겁니다. 싸워서 이긴 겁니다. 여러분, 우리는 눈앞에 있는 제2, 제3의 윤복이를 행동으로 도와야 하는 겁니다."

46 "'근황『저 하늘에도 슬픔이』의 이윤복 씨", ≪경향신문≫, 1982년 10월 25일 자.

로 구두를 맡긴 사람은 한 양복점 주인이었다.

　"전에는 무얼 했는데?"

　"학교 다니면서 '검' 장사 했어예."

　"니 그럼 우리 집에서 양복 기술 배워 볼래?"

　하시기에 나는 귀가 번쩍 띄어 얼른 대답했습니다.

　"예 있게 해주시소."

　"니 며칠 있다가 우리 집에 한번 와 바라."

　"예" 하고 나는 그 아저씨 얼굴을 자세히 쳐다보았습니다.[47]

　이날 다른 구두닦이가 텃세를 부리며 윤복의 구두통을 부숴버렸기 때문에 더 이상 구두닦이를 할 수 없었는데도, 어째서 윤복이 이 양복점에 다시 가지 않았는지는 일기에 기록되어 있지 않다. 하지만 그가 양복 기술을 배우려고 마음먹었다면, 그는 어쩌면 전태일이 될 수도 있지 않았을까. 이윤복보다 세 살 많은 1948년생 대구 청년 전태일 역시 극심한 궁핍과 가족의 이산을 겪으며 구두닦이, 신문팔이 등을 전전하다가 서울 청계천 평화시장의 피복 노동자가 되었기 때문이다.

　국가적인 '빈곤 탈출'을 위해 추진되었던 경제개발계획과 국가가 주도한 각종 경제성장전략은 제2, 제3의 이윤복이 더는 생기지 않을 미래를 약속하는 듯했다. 그러나 가난을 둘러싸고 있는 복잡한 상황을 국가 경제의 성장으로 해결할 수 있기라도 한 것처럼 '탈출'하려 했을 때, 그것은 정작 '빈곤'이 아닌 이윤복으로부터의 탈출은 아니었을까. 그래서 국가 경제의 성장은 수많은 이

47　이윤복, 『저 하늘에도 슬픔이』, 100쪽.

윤복들을 전태일들로 만들면서 진행되었던 것은 아닐까. 주지하다시피 1970 년 22살의 청년 전태일은 근로기준법 준수를 요구하며 분신했고, 부인과 두 자녀와 함께 월세방에서 살던 직장인 이윤복은 1990년 38세의 나이에 간경화 로 사망했다.[48]

48　"『저 하늘에도 슬픔이』 주인공 이윤복 씨 「슬픔」 못 풀고 숨져", ≪동아일보≫, 1990년 1월 26일 자.

오키나와인과 재일조선인, 상호 응시의 '전후'사*

1950~1960년대 조국지향운동을 중심으로

임경화

1. 다시 경계에 세워지다

오키나와인과 조선인은 류큐 처분(1879)과 그로부터 약 30년 후의 한일병합조약(1910)에 의해 일본 제국에 강제로 편입된 후 '일본인'으로 분류되어 동화정책의 대상이 되었다. 이 지배 정책을 학문적으로 정당화하는 일선동조론이나 일류동조론이 일부 지식인들에 의해 안출되기도 했다. 식민지민이나 소수민족의 문화적 전통을 압살해 지배 민족에 동화시키려는 정책은 '이민족'에 대한 제도적 차별을 전제하고 있는 만큼, 차별에서 벗어나려는 조선인과 오키나와인에게서 아래로부터의 자발적인 동화 지향을 이끌어내기도 했다.[1] 거기

---

* 이 글은 「오키나와와 재일조선인, 상호 응시의 '전후'사: 1950~60년대 오키나와 재일조선인의 조국지향운동을 중심으로」라는 제목으로 ≪비교한국학≫ 24권 3호(국제비교한국학회, 2016)에 게재된 논문을 수정·보완한 것이다.

에는 스스로의 동화를 증명하기 위해 차별 의식을 내면화해 자신들보다 더욱 더 주변화되고 타자화된 상대를 멸시하고 배제하는, 이른바 억압 이양의 구조가 작동하고 있었다.[2] 일류동조론을 체계화한 이하 후유(伊波普猷)는 한일병합조약 전후에 "류큐는 장남, 타이완은 둘째 아들, 조선은 셋째 아들"이라는 유명한 말을 남겼다.[3] 이는 근대 일본에 의해 차례로 병합된 지역들이 일본에 대한 대응 속에서 마치 형제와도 같은 친연성을 가지고 있을 뿐만 아니라, 그 사이에 구조적인 서열 관계가 존재한다는 것을 단적으로 드러낸 표현이었다. 내지인으로 간주되었던 오키나와인과 식민지민으로서의 조선인은 이러한 중층적인 차별 구조 속에 놓여 있었다. 이러한 차별 구조의 가장 비극적인 발현은 1923년 관동대지진 당시 무차별적인 조선인 학살이 자행되었을 때 조선인으로 의심받는 것을 두려워한 오키나와인들이 일본인으로 더욱 강하게 동화되어갔던 사태에서 드러났다.[4] 또는 제2차 세계대전 말기 오키나와 전투에서 오키나와 여성들이 무사했던 것은 조선인 '위안부'가 존재한 덕분이었다는 증언 등에서도 억압 이양의 구조가 전쟁 말기에 이르기까지 뿌리 깊게 자리 잡고 있었음을 알 수 있다.[5]

---

1 新川明, 『反国家の兇区』(現代評論社, 1971); 이승렬, 「일제하 조선인 자본가의 '근대성'」, 역사문제연구소 엮음, 『한국의 '근대'와 '근대성' 비판』(역사비평사, 1997).

2 屋嘉比收, 「近代沖縄におけるマイノリティ: 認識の変遷」, ≪別冊 環≫, 6(東京: 藤原書店, 2003).

3 比嘉春潮, 『沖縄の歳月』(東京: 中央公論社, 1969), p.37.

4 전전에 오키나와의 소학교 교사들이 학생들에게 "대지진 당시 표준어를 할 줄 모른 탓에 많은 조선인이 살해당했다. 너희들도 잘못해서 살해당하지 않도록" 하라고 했다는 유명한 일화가 말해주듯, 대지진 당시 조선인에게 가해진 폭력에 대한 공포는 오키나와인의 동화를 촉진하는 동기가 되었다. 沖縄県労働組合協議会, 『日本軍を告発する』(那覇: 沖縄県労働組合協議会, 1972), p.69.

5 第二次大戦時沖縄朝鮮人強制連行虐殺真相調査団, 『第二次大戦時沖縄朝鮮人強制連行虐殺真相調査団報告書』(東京: 第二次大戦時沖縄朝鮮人強制連行虐殺真相調査団, 1972), p.13.

그런데 제2차 세계대전이 연합국의 승리로 끝나고 대일본제국이 패망하면서 조선인과 오키나와인은 이번에는 '비일본인'으로 분류되었다. 그들을 분류하는 주체가 대일본제국에서 연합국으로 바뀌게 된 것이다. 따라서 그들은 '일본인 되기'라는 동화정책에서는 해방되었지만, 스스로의 운명을 자주적으로 선택할 자유는 극히 제한되어 있었다. 더욱이 해방 후에도 일본에 잔류했던 재일조선인과 오키나와인들이 미국의 대일본 점령 정책에서 '비일본인'으로 분류된 것은, 점령기의 혼란을 거쳐 전전의 조선 식민지 지배의 역사를 소거하고 오키나와를 미군 지배하에 둔 채로 출범한 일본의 전후 체제 형성과 불가분의 관계에 있었다.

이 글에서는 패전 후 일본 국민에서 배제되었던 재일조선인과 오키나와인이 미국과 일본에 의해 재편된 지배 질서 속에서 '또 하나의 전후'를 살아온 역사에 주목한다. 물론 일본의 역사학에서도 중심의 시선, 즉 중앙적 사고에서는 보이지 않았던 오키나와인이나 재일조선인, 여성 또는 미나마타병 환자 같은 주연(周延)의 역사를 봄으로써 일본의 전후사를 더욱 복잡하고 다양하게 이해하려는 시도가 이루어지고 있다.[6] 그런데 도베 히데아키(戸邊秀明)가 언급했듯이, 이는 '일본 - 오키나와'나 '일본인 - 재일조선인' 등 중심과 주변의 이항 대립적 구도 속에서 분석되어 있다. 하지만 일본 사회에서 마이너리티로서 살아가지 않으면 안 되는 사람들에게 "다른 마이너리티와 어떠한 관계를 맺을지는 일본 사회, 즉 메이저리티에 둘러싸인 장에서 자신의 위치를 찾을 때, 끊임없이 요구되는 과제였음에도 불구하고" 마이너리티와의 관계를 통해 일본 사회를 바라보려는 시도는 의외로 적다. 도베 히데아키는 재일조선인과 오키나와 출신자 사이의 "극심한 '불화'를 내포하면서도 특정 상황에서 서로

---

6   成田龍一, 『戦後史入門』(東京: 河出書房新社, 2015).

공명하는 관계를 포착"하고자, 오키나와인이 자신과 같은 처지로서의 동질성을 발견하고 재일조선인 단체에 접근해갔던 미군 점령기의 일본에 주목했다.[7] 이 글은 이러한 문제의식을 계승해 대상 범위를 일본 전후사로 확대해 재일조선인과 오키나와인이 "극심한 '불화'를 내포하면서도 특정 상황에서" 서로 응시했던 순간들을 포착하고자 한다.

하지만 양자를 마이너리티라는 용어로 같이 부르더라도, 재일조선인과 오키나와인은 마이너리티로서의 성격이 서로 다르다. 전후 재일조선인이 1세대를 중심으로 한 조국지향과 정주화(定住化)의 진전을 통한 재일지향 사이에서 정체성의 동요를 겪었다면, 오키나와인은 일본인과 '오키나와인'이라는 정체성 사이에서 갈등했다. '오키나와인'이라는 호칭은 일본인과 구별되거나 일본인이라는 자각이 없는 오키나와 출신자를 가리키며 19세기 말부터 사용되어 온 말로, 차별적인 의미를 띠는 동시에 그 사회문화적 특수성을 강조하는 기능도 담당했다.[8] 재일조선인들은 조국지향과 재일지향, 오키나와 주민들은 '일본인'과 '오키나와인'이라는 각각의 정체성을 정치적 상황에 따라 주체적으로 선택해가며 식민지주의나 차별에 맞서 자유와 권리를 쟁취하고자 했다. 그 과정에서 오키나와 사람들은 1950~1960년대에 조국복귀운동을 전개하며 제3세계 인민으로서의 '일본인'이 되고자 했다. 그리고 양자가 지닌 마이너리

---

7 戸邊秀明,「『在日沖縄人』、その名乗りが照らし出すもの」, 同時代史学会 編,『占領とデモクラシ: の同時代史』(東京: 日本経済評論社, 2004), p.218. 이 논문은 최원식 외,『제국의 교차로에서 탈제국을 꿈꾸다』(창비, 2008), 1부 5장에 번역 게재되어 있다.

8 청일전쟁 이후 오키나와 주민들의 야마토화를 위해 ≪류큐 교육(琉球教育)≫이라는 교육 잡지가 만들어졌다. 이 잡지에서 한 교원은 오키나와 현의 아동에 대해 "오키나와를 하나의 큰 세계로 보고 내지를 외국시하는 경향이 있으며" 아동뿐 아니라 학부형도 "내지 각 현에서 온 사람을 보고 일본인이라 하고 스스로를 오키나와인으로 여기며, 상류의 사족들은 특히 스스로를 류큐인으로 칭한다"라고 하면서 그들이 일본인이라는 자각이 없음을 우려하는 글을 썼다. 川上豊蔵,「本県児童ニ日本国民タルノ精神ヲ発揮セシムベシ」, 沖縄県私立教育会, ≪琉球教育≫, 8(1896).

티로서의 불균질성에도 불구하고, 같은 시기에 제3세계로서의 통일 조국의 인민이 되고자 귀국운동이나 통일운동 등을 전개하던 재일조선인들과 교류했다. 물론 역사적으로 보면, 이 운동은 외국군 철수나 사회 개혁을 통한 인민 해방의 꿈을 이루지 못한 채 양자 모두 국민의 틀 안으로 편재되어갔다는 점에서 좌절로 끝났다고 할 수 있다. 하지만 각각의 마이너리티가 중심을 지향했던 조국지향운동 속에서, 그것이 연대를 향한 시선이든 부정적인 참조 틀로서의 관심이든, 서로를 응시했던 순간은 주목할 필요가 있다. 이는 마이너리티와 조국/거주국이라는 이원적인 구조를 상대화하고 억압과 차별을 직시하고 극복해나갈 가능성을 여는 계기가 될 것이다. 그뿐만 아니라 '또 하나의 전후'를 강요당했던 주체가 앞만 보던 시선을 옆으로 돌려 다른 마이너리티를 응시하는 순간을 포착하는 것은 일본 전후 체제의 실체에 다가가는 작업에도 일조할 것이다.

단, 본론에 들어가기 전에 1945년 패전부터 1972년 오키나와가 미군정에서 벗어나 일본으로 반환될 때까지 재일조선인과 오키나와 주민들의 접근이나 교류는 대개 일본 본토에서의 활동에 한정되어 있어서, 이 글의 분석 대상도 본토에 한정되어 있음을 미리 밝혀둔다. 1945년 6월에 미군이 오키나와에서 점령 통치를 개시하고 포고 제2호 '전시형법'을 시행하면서 류큐 열도의 출입역(出入域) 사용은 전면적으로 금지되었다. 이후 1949년 7월에 출입역을 관리하는 행정이 개시되면서 극히 한정적인 도항이 허가되기 시작했고, 재일오키나와인들의 도항이 허가된 것도 1952년 샌프란시스코강화조약이 발효된 이후였다. 그런데 미군정 시기 오키나와에 도항하기 위해서는 일본 국민조차 해외 출국과 다름없는 도항 수속을 거쳐야 했다. 즉, 일본국 총리대신이 발행하는 오키나와 도항 전용 신분증명서(여권)와 류큐 열도의 미국 민정부가 발행하는 입역허가증(비자) 없이는 오키나와 도항이 불가능했다. 더욱이 한국

국적을 취득하지 않아 여권(에 상당하는 증명서)을 발급받지 못한 상태에서 사실상 일본에 갇혀 있던 다수의 재일조선인들에게는 1972년에 오키나와가 일본으로 반환될 때까지 오키나와 도항은 불가능한 일이었다.

2. '비일본인'으로 분류되다

미군 점령기 오키나와인의 재일조선인 인식을 거의 최초로 상세히 검토한 이는 도베 히데아키이다. 그는 오키나와인이 조선인에게서 자신과 비슷한 처지로서의 동질성을 발견하고 재일조선인 단체에 접근해갔던 미군 점령기의 일본에 주목했다.[9] 그 시기는 일본 본토에 거주하는 오키나와 출신자들이 '재일오키나와인'이라고 불리거나 자칭했던 시기와 정확히 겹치기도 한다. 그리고 그 계기로 도베 히데아키는 국내적인 상황과 국제적인 배경 두 가지를 들고 있다. 궁핍한 오키나와 주민들을 구제하고 일본과 오키나와의 분리를 계기로 일본 본토에서 분출한 오키나와 차별에 대해 저항할 필요성, 그리고 당시 오키나와와 조선인의 국제적 위치의 유사성이 그것이다.

당시 양자의 국제적인 위치를 살펴보기 위해 GHQ가 이들을 어떻게 규정했는지 확인해보자. 알려진 바와 같이 미국 정부는 1945년 11월 1일에 맥아더에게 보낸 「초기 기본 지령」(JCS1380/15)에서 타이완인과 조선인을 "일본인에 포함되지 않는" '해방인민(liberated people)'으로 취급하지만, 필요에 한해 '적국민(enemy nationals)'으로 다룬다는 이중 규정을 적용했다. 이 시점까지 오키나와인을 어떻게 분류할지는 아직 정해지지 않았던 것으로 보인다. 그러

---

9   戸邊秀明, 「『在日沖縄人』、その名乗りが照らし出すもの」, p.218.

다가 조선인과 오키나와인이 함께 분류되기 시작한 것은 귀환과 관련된 문서에서였다. 1946년 1월 15일에 발표된 「일본으로부터 비일본인(non-Japanese)의 송환」에 관한 각서(SCAPIN 600)에는 '비일본인'의 범주에 중국인, 타이완인, 조선인과 함께 류큐인을 넣고 있었다. 그들은 송환되어야 할 본국(native land, homeland)이 일본이 아닌 사람들로 여겨졌다(SCAPIN 746, 927). 이로써 연합군의 직접 군정이 실시되고 있던 한반도와 오키나와는, 일본에 거주하던 '조선인'과 '류큐인'의 본국이 되었다. 나아가 1월 29일에는 「약간의 외곽 지역을 정치·행정상 일본에서 분리하는 것에 관한 각서」(SCAPIN 677)를 발표해, 일본과 오키나와를 분리하는 방침을 더욱 명확히 했다. 이에 따라 '재일오키나와인'들의 상호부조적 원호 단체인 오키나와인연맹이 결성되었다. 이 연맹은 1945년 10월 15일에 먼저 결성되었던 재일조선인 조직인 재일본조선인연맹(이하 조련)에 힌트를 얻어 단체명을 정하고 새로운 시대적 분위기를 반영하고자 한 것으로 보인다.[10] 이는 연맹의 규약에서도 확인할 수 있다. 연맹은 "오키나와 출신자 상호 간의 연락 및 구원을 도모하는 한편 민주주의에 의한 오키나와 재건설에 공헌할 것을 목적으로 한다"는 규약을 정했다. 특히 규약 제4조는 연맹의 참가자에 "군국주의자, 기성 정치가, 극단적인 국가주의자를 배제한다"고 되어 있어, 전전의 군국주의 친일 세력과는 거리를 두고 민주주의라는 새 시대의 정신을 오키나와 재건의 실천 원리로 삼으려는 각오가 드러나 있다. 이와 같은 연맹의 설립 과정은 단순히 조선인 귀환 사업에 종사하는 단체에 머물지 않고 '조국의 반역자, 전쟁범죄자'를 기관에서 축출하고 민주주의 아래 단결하는 민족운동 단체로 비상해 "외국인인 조선인의 공적 기관으로 자기규정"하고자 했던 조련 초기의 움직임[11]과 공명하는 것이었다. 일본

---

10   新崎盛暉, 「沖縄人連盟」, 沖縄タイムス社, ≪新沖縄文学≫, 53(1982).

11   鄭栄桓, 『朝鮮独立の隘路: 在日朝鮮人の解放五年史』(東京: 法政大学出版局, 2013), p. 18~21.

공산당이 2월 24일에 오키나와인연맹 결성 대회에 보낸 「오키나와 민족의 독립을 축하하는 메시지」에도 이러한 공명 관계에 대한 일본공산당의 이해가 잘 드러나 있다.

수세기에 걸쳐 일본의 봉건적 지배하에 예속되었고, 메이지(明治) 이후에는 일본의 천황제 제국주의의 착취와 압박에 고통받은 오키나와인 제군이 이번 민주주의혁명의 세계적 발전 속에 마침내 다년간 희망한 독립과 자유를 획득하는 길에 오른 것은 제군에게는 커다란 기쁨이 되고 있겠지요. 지금까지 일본의 천황주의자는 국내에서는 천황과 국민이 가족적으로 혈연관계를 가지며, **국외에서는 조선인이 일본과 동일한 계통이며** 아시아 민족이 일본 민족과 동일한 아시아인이라고 주장해 일본의 천황이 아시아의 지도자임을 참칭해왔습니다. **오키나와인 제군에 대해서도 그들은 동일 민족이라는 것을 제군에게 강요했습니다.**

설령 고대에 오키나와인이 일본인과 동일한 조상에서 나뉘었다고 해도, 근세 이후의 역사에서 일본은 명백히 오키나와를 지배해왔던 것입니다. 즉, 오키나와인은 소수민족으로서 억압받아온 민족입니다(강조_인용자).[12]

당시 일본공산당은 일제가 조선 식민지 지배를 역사적으로 정당화하는 논리였던 일선동조론과 일류동조론을 동일선상에서 보며, 오키나와도 조선처럼 피억압 상태에 놓여 강제로 동화정책이 추진되었던 식민지로 파악했다. 따라서 일제의 패망은 제국주의 지배의 멍에로부터의 해방과 자립의 길을 열었으며, 그 경계선에 조선인과 오키나와인이 나란히 '해방인민'으로 서 있다고 인식했음을 알 수 있다.

아마도 미군 점령기 일본에서 재일조선인과 오키나와인 사이에 형성되었

---

12   中野好夫 編, 『沖繩: 戰後資料』(東京: 日本評論社, 1969), p.6.

던 "특정 상황하에 서로 공명하는 관계"의 극적인 시작(및 결말)을 상징하는 것은, 패전 직후인 1945년 10월 10일에 도쿄 예방구금소(府中刑務所)에서 비전향 정치범으로 복역 중이던 오키나와 출신 도쿠다 규이치(德田球一)와 조선 출신 김천해가 나란히 석방되는 장면일 것이다. 전전의 공산주의운동 과정에서 일본 제국주의라는 동일한 적을 향해 목숨을 건 저항을 반복하다가 오랜 기간 혹독한 탄압을 받은 역사적 경험을 공유했던 이들은, 석방 후 합법 정당으로 재건된 일본공산당에서 각각 서기장과 중앙위원이라는 당의 중핵을 맡게 된다. 그리고 당시만 해도 이들과 같은 양심수를 석방시켰던 미군은 피억압 민족을 해방시키고 자유와 민주주의를 전파하는 '해방군'으로 간주되었다. 이들은 전후에 비일본인으로 분류되어 불확실한 미래를 안은 채 혼란 상태에 처한 '본국'의 현실을 한편에 두고, 미군에 대한 신뢰를 바탕으로 자주적인 선택의 폭을 넓혀가고자 했다. 도쿠다 규이치도 "정치·경제 면에서 완전히 식민지로 착취당했던 오키나와는 민족의 자주권을 존중한 민족적인 자치공화국이 되지 않으면 안 된다"라고 주장했다.[13] 오키나와인연맹은 GHQ에게 적극적으로 '오키나와인'이라는 독자적인 입장을 주장하며 구제 활동을 유리하게 진행해 갔다. 다른 한편으로 그들보다 앞서 신탁통치안에 찬성하고 "신탁통치 → 자치 → 독립으로의 길을 나아가"고자 했던 북한과 이를 지지한 조련의 자세를 참조해, 미국의 신탁통치하에서 고도의 자치를 이룩한 후에 오키나와인의 자유의사에 따라 독립한다는 전망을 그리고 있었다.[14] 조련 대표도 오키나와청년동맹이 주최한 좌담회에서 "오키나와인은 오키나와에서 자유로운 나라를 만드는 것이 오키나와 인민의 행복"이라고 발언했다.[15]

---

13 小熊英二, 『〈日本人〉の境界: 沖縄・アイヌ・台湾・朝鮮 植民地支配から復帰運動まで』(東京: 新曜社, 1998), p.488 재인용.

14 戸邊秀明, 「『在日沖縄人』、その名乗りが照らし出すもの」, pp.224~225.

그러나 양자의 접근은 오키나와인연맹이 전국적으로 조직화되어 활동을 개시한 초기였던 1947년 전반을 끝으로 표면에서 사라지고 만다. 이미 이 무렵에 미국은 유엔의 감시, 특히 안전보장이사회를 통해 소련의 견제를 받아야 하는 신탁통치안을 보류하고 일본과 담합해 일본의 잠재주권을 인정하면서 반영구적 군사기지화를 추진하는 오키나와 통치안을 구체화해가고 있었다. 미일 담합의 핵심에는 1947년 9월에 천황이 미 국무성에 보낸 메시지가 있었다. 천황의 메시지는 "미국이 오키나와를 비롯해서 류큐의 다른 섬들을 계속 군사점령하기를 바란다. 그 점령은 미국의 이익이 되는 동시에 일본을 지키는 일이기도 하다. 미국의 오키나와와(요청 시 다른 섬들까지) 군사점령은 일본에 주권을 잔존시키는 형태로 장기간(25년에서 50년 또는 그 이상) 대여한다는 가정하에 이루어져야 한다"라는 것이었다.[16] 이를 통해 미군은 자율적이고 항구적인 오키나와의 군사기지화를 보장받고, 일본은 천황제 수호와 일본 본토 방위를 확보하려는 이해관계가 공유되었다. 하지만 이는 1951년 9월 샌프란시스코강화조약이 체결된 후에야 현실화되었다. 따라서 오키나와 주민들의 법적 지위 등의 문제도 강화조약이 체결되기 전까지 유보되었다. 재일조선인의 법적 지위에 관해서도 마찬가지였다. 1948년 한신(阪神)교육투쟁 등 민족 교육이 탄압받은 데서 알 수 있듯이 재일조선인은 해방 민족으로서 '비일본인'의 권리도 보장받지 못하고, 참정권 등을 포함한 '일본인'으로서의 권리도 박탈당한 채 강화조약이 체결될 때까지 일본 국적자로 남아 있었다.

그사이 일본 사회는 GHQ의 규정에 따라 스스로를 해방 인민으로 여겼던 조선인과 타이완인을 일본 사회의 안녕을 위협하는 공포의 존재로 치부해 치안 유지를 위한 관리 대상으로 재규정하려는 움직임을 드러냈다. 이미 1946

---

15   中野好夫 編, 『沖縄: 戦後資料』, pp.7~8.

16   進藤栄一, 「分割された領土: 沖縄、千島、そして安保」, ≪世界≫, 401(1979).

년 중반 무렵부터 일본의 관료나 언론은 GHQ 문서에 보이는 '비일본인' 등을 불법행위의 규제와 관련해 '제삼국인'이라는 말로 치환해 공식 용어처럼 사용하고 있었기 때문에, 중국인 측에서 해명을 요구하기도 했다.[17] 오키나와인도 재일조선인이나 타이완인에 섞여 '제삼국인'으로 불릴 위험성을 피하고자 했다. 예를 들면 일본 정부와 밀착해 도쿄에서 전후 오키나와 관련 행정을 담당했던 오키나와 출신의 관료 요시다 시엔(吉田嗣延)은 연맹 결성을 단호히 반대하며 "제삼국인적 특권을 교묘히 이용해 생활적으로 혜택받는 입장에 있던 조선인연맹"을 모방해 "일본인임을 스스로 포기하는" 것이라고 강하게 비판했다.[18] 그런데 일본인들의 차별에 대해 오키나와인과 조선인의 저항의 연대를 뒷받침하는 근거가 되었던 양자의 국제적 위치의 유사성이 시간이 지날수록 일본인들이 양자를 차별하는 근거가 되자 요시다 시엔과 같은 주장은 더욱 강해졌다. 냉전 대립이 격화일로를 걷고 역코스(전전으로 회귀하는 반동적 경향)가 진전되면서 중국 혁명이 성공할 무렵인 1949년 9월에는 결국 '단체 등 규정령(団体等規正令)'이 발포되었다. 이에 따라 조련과 그 청년 조직인 재일본조선민주청년동맹은 첫 타깃으로 지목되어 해산당했다. 조련이 운영했던 조선학교도 폐쇄되었다. 김천해 등은 GHQ에 항의하며 조련의 해산과 공직 추방 철회를 호소했지만 받아들여지지 않았고, 결국 그 자신도 한국전쟁이 발발하기 직전인 1950년 6월에 월북했다. 그리고 재일조선인운동이 이렇게 좌절해 가는 과정을 가장 가까이에서 지켜본 것이 오키나와인연맹이었다. 오키나와인연맹에서는 공산당원들이 배제되었고, 단체의 주도권은 패전 이전부터 영향력을 행사했던 실력자들에게 돌아갔으며, 일본으로의 복귀 주장이 강화되

---

17 水野直樹, 「『第三国人』の起源と流布についての考察」, 在日朝鮮人運動史研究会, 《在日朝鮮人史研究》, 30(2000), p.20.

18 吉田嗣延, 『小さな闘いの日々』(東京: 文教商事, 1976), p.24.

어 복귀파 일색으로 변해갔다. 조련이 해산된 후에는 명칭에서도 조련과 혼동될 위험을 피하기 위해 '인'을 삭제해 오키나와연맹으로 바꾸었다(1949년 10월 5일). 애초에 GHQ에 의해 조선인과 함께 '비일본인'으로 분류되었던 류큐인이 '제삼국인'의 범주에 들지 않았던 데에는 이와 같은 오키나와인들의 빠른 노선 전환도 영향을 미쳤을 것이다.

하지만 이후에도 일본 사회에서 오키나와인과 조선인을 동일시하는 경향은 멈추지 않았고, 조선인과의 친연성을 더욱더 소거할 필요가 있었던 오키나와인들은 오키나와연맹을 해산하고 오키나와협회를 재발족하기에 이르렀다(1951년 6월). 그 과정에서 패전 이후 한때 사용되었던 '재일오키나와인'이라는 명칭도 사라졌다.[19]

이렇게 보면 오키나와가 벌인 조국지향운동의 적어도 초기 단계에서는 조선인과의 친연성을 소거하고 일본에 동화해가려는 일본 제국 시대 이래의 '억압 이양의 지배 구조'가 작동한 측면이 있음을 부정할 수 없다. 물론 거기에는 패전 후에도 뿌리 깊이 만연한 일본 사회의 식민지주의가 영향을 미치고 있었음은 두말할 필요도 없다.

한편 1949년 10월의 중화인민공화국 수립과 1950년의 한국전쟁을 거치며 일본을 극동의 '반공 요새'로 삼으려는 미국의 냉전정책이 본격화되어 오키나와에 대규모 군사기지를 건설하려는 계획이 추진되었다. 여기에 참여한 일본 기업들은 막대한 달러를 벌어들였는데, 일본의 전후 부흥에 기폭제 역할을 했던 한국전쟁이 초래한 이른바 '조선 특수'의 상당 부분은 오키나와 미군의 수요에서 비롯되었다. 그렇지만 오키나와 사람들에게 한국전쟁은 처참했던 오키나와 전투의 악몽을 되살리는 체험이었다. 전쟁 기간 동안 섬 전체에는 임

---

19   戸邊秀明, 「『在日沖縄人』、その名乗りが照らし出すもの」, pp. 232~233.

전 태세가 취해져 등화관제 등이 실시되었고 밥 짓는 연기까지도 통제되었다. 그로 인해 전쟁의 공포는 증폭되었고, 소련군이 상륙할지도 모른다는 소문이 퍼지면서 혼란과 불안은 극에 달했다. 오키나와인들에게 한국전쟁은 기지의 섬에 사는 한 전쟁 체험의 기억으로부터 자유로워질 수 없다는 것을 통감하게 하는 사태였다.[20] 본토의 복귀운동에 비해 조금 늦었지만 1951년에 오키나와에서 급격히 복귀운동이 일어났던 것은, 한국전쟁의 공포로 인해 고조된 위기의식이 1951년 9월에 체결된 샌프란시스코강화조약을 앞두고 일본 복귀로의 열망을 가속화시켰기 때문으로 보인다.

하지만 강화조약은 미군기지로서의 오키나와의 지위를 확정하는 내용을 담고 있었다. 이로 인해 패전국 일본은 연합국의 점령 상태에서 벗어나 주권을 회복한 반면, 오키나와는 일본에서 분리되어 미군의 배타적 지배하에 놓이게 되었다. 오키나와의 지위를 규정한 제3조는 "유엔은 오키나와나 오가사와라에 대해 미국을 유일한 시정권자로 하는 신탁통치제도 아래에 둘 것을 결정했으며, 일본국은 유엔의 결정에 대한 미국의 어떠한 제안에도 동의한다. 이와 같은 제안이 이루어지고 가능해질 때까지, 미국은 영해를 포함한 이 섬들의 영역 및 주민에 대한 행정, 입법 및 사법상의 권력 전부를 행사할 권리를 가진다"는 내용이었다. 이로 인해 신탁통치제도가 시행될 때까지 오키나와는 미국의 시정권 아래에 놓이게 되었다. 또한 당시 일본 총리의 성명을 통해 일본의 잠재주권이 선언되어 오키나와 주민들의 법적 지위는 미국의 국민도 일본의 국민도 아닌 상태로 남게 되었다. 미국은 오키나와와 일본 사이의 균열을 오키나와의 점령 통치에 이용하려고 '류큐'를 공식 명칭으로 사용하기도 했지만, 오키나와 주민들을 미국 국민화하려고 하지는 않았다. 오키나와 주

---

20 笹本征男, 「朝鮮戦争と沖縄: 『沖縄タイムス』を読んで」, 人民の力編集委員会, ≪人民の力≫, 840~846(2006·2007).

민들이 미국인으로서 인권 보호를 받는 것이 통치에 바람직하지 않다는 이유에서였다. 또한 오키나와 주민들은 일본인으로 간주되기는 했지만, 그 권리는 일본 본토로 한정되어 오키나와 주민들에게는 적용되지 않았다. 더욱이 국외로 나가면 오키나와 주민들은 미국과 일본 어디로부터도 외교적 보호를 받지 못하는 존재로 남겨졌다.

한편 재일조선인도 강화조약을 통해 법적 지위가 확정되었는데, 1952년에 조약이 발효되면서 일본 국적을 무조건적으로 박탈당해 '외국인' 취급을 받게 되었다. 분류 주체들이 일방적으로 결정한 정책에 의해 국민국가의 경계로 내몰렸던 이들이 이윽고 국민에서 배제되었던 것이다. 이후 재일조선인과 오키나와인은 각각의 '조국'에 대한 지향을 강화하며 '비국민'으로서 받는 차별에서 벗어나 '국민'으로 '해방'되는 길을 열어가고자 했다. 재일조선인은 통일 조국의 국민으로, 오키나와 주민들은 '일본인'으로 각각 다른 조국을 바라보면서 말이다.

1935년 김사량과 같은 해에 도쿄제국대학 문학부에 입학해 같은 하숙집에 묵으며 동지애를 쌓았던 오키나와 출신의 소설가 시모타 세이지(霜多正次)는, 전후에 전장에서 본토로 복귀한 재일오키나와인이었다. 그는 1948년에 공산당원이 되어 신일본문학회 사무국에 근무하게 되었다. 하지만 그는 혁신 세력들이 오키나와의 독립을 지지하는 일본공산당의 메시지를 환영하며 오키나와인연맹으로 결집하고 보수 세력들이 일본으로의 복귀를 주장하며 일본복귀기성회를 만드는 구도 속에서, 그 어느 쪽에도 끼지 못해 중간에서 갈팡질팡했던 당시의 경험을 자신의 평론집에서 고백했다. 그에게 오키나와의 독립은 류큐 처분 이후에도 지속되었던 뿌리 깊은 오키나와 차별로부터 심리적인 해방감을 안겨주는 측면이 컸다. 하지만 한편으로는 철저한 동화주의 교육을 받고 황국신민으로서의 자각이 강했던 시모타 세이지에게 복잡한 감정을 품게 만들었다.[21] 그는 오히려 패전 후 미군정하에서 '오키나와 현인'이 아니게 되었을 때, 대신 사용되기 시작한 '오키나와인'이라는 말을 두고 "역시 차별감이 따른다. 뭔가 일본인이 아닌, 오키나와인이라는 특수한 인종이 있는 것 같은 불안정감이 따른다고 우리들은 느꼈다"라고 증언했다. 즉, 비일본인으로 분류되는 것에서 오히려 차별감을 느꼈던 것이다. 그는 강화조약의 발효와 함께 오키나와 출신자들의 오키나와 도항이 허가되자 곧바로 오키나와로 건너가 미군 점령하에 놓인 오키나와의 실상을 확인하고 그 실상을 『오키나와 섬(沖繩島)』 등의 소설로 그려내 무관심한 일본 국민에게 알리면서 조국복귀운동에 뛰어들었다.

하지만 조국복귀운동이 고양될수록 일본 정부와 국민은 패전 후에 "조선이나 만주나 타이완, 남양위임통치령 등을" "까맣게 잊었던(지금도 잊고 있는) 것과" 마찬가지로 "오키나와를 오래도록 잊고 있었다"는 것을 깨달았다.[22] 즉, 전후 일본은 일본 제국이 침략을 통해 획득한 영토에 대한 기억과 책임을 패전과 함께 묻어버린 것과 동일한 방식으로 오키나와를 망각했다는 것이다. 그런데 이와 비슷한 시기에 시모타 세이지와 유사한 발언을 하는 이들이 있었다. 바로 재일조선인들이었다. 오키나와의 조국복귀운동과 재일조선인들의 조국귀국운동이 정점에 달했던 1959년에 일본공산당원으로서 두 운동 모두에 관여했던 시인이자 평론가인 후지시마 우다이(藤島宇内)는 귀국운동을 추진하던 한 재일조선인의 다음 발언을 인용했다. "우리 조국 사람들이 우리에게 쏟는 관심은 굉장합니다. 그런데 일본 사람들이 오키나와 동포에 대해 무관심한 것은 어이가 없습니다. 이것은 같은 문제라서 우리들은 오키나와 사

---

21 霜多正次, 『ちゅらかさ』(東京: こうち書房, 1993). 『霜多正次全集(5)』(東京: 霜多正次全集刊行委員会, 2000), p.582 재인용.

22 霜多正次, 「沖繩と差別の問題」, 부락문제연구소, ≪部落≫, 114(1959), p.8.

람들의 기분을 잘 아는데, 일본 사람들은 모르는 것 같습니다." 이 재일조선인이 "오키나와 사람들의 기분을 잘 안다"고 밝힌 이유는, 오키나와인과 재일조선인이 전후 국제 정세의 변화 속에서 폭력적으로 단절된 조국으로 향하는 열망뿐만 아니라, 이러한 조국지향에 무관심한 일본 사회에 대한 원망이나 절망도 공유한다고 보았기 때문이다. 후지시마 우다이는 일본의 사회운동 세력조차도 재일조선인 귀국 문제와 오키나와 문제에 무관심한 것을 질타하기 위해 이 글을 썼다.[23] 시모타 세이지나 재일조선인의 이런 발언은 오키나와인과 재일조선인이 조국지향운동을 하면서도 조국에서 눈을 돌려 양자를 상호 응시하는 순간들이 존재했음을 상기시킨다.

3. 제3세계 '인민' 되기

1970년 전후까지는 오키나와인과 재일조선인 모두 '조국지향'이 강했다. '조국지향'의 사회운동이 분출해 명확한 형태를 띠게 된 것도 모두 1955년 전후이다. 오키나와의 경우, 한국전쟁을 통해 군사기지로서 오키나와가 중요하다는 것을 강하게 인식한 미군이 강제적으로 토지를 접수했는데, 이것이 1950년대 중반에 이르러 절정에 달했기 때문에 그에 맞서는 오키나와 주민들의 저항운동이 '섬 전체 투쟁'으로 발전해갔다. 주민들은 기지의 섬에서 벗어나지 않는 한 전쟁 위기를 피할 수 없다는 것을 통감하고, 이윽고 평화헌법이 미치는 조국 일본으로 복귀하지 않으면 안 된다는 조국복귀운동의 커다란 흐름을 만들어갔다. 이 흐름에 초기부터 반응한 일본공산당은 1955년 분열된 당을

23　藤島宇内, 「在日朝鮮人帰国と革新勢力」, 学習の友社, ≪学習の友≫, 70(1959).

수습하고 무장투쟁 노선을 비판한 제6회 전국협의회 이후로 오키나와 문제를 민족 독립론에서 민족 통일의 과제로 전환해 반환운동을 전개해갔다.[24]

한편 재일조선인 1세가 주도했던 당시의 재일조선인 사회에서는 기본적으로 조국지향이 강했다. 하지만 한국전쟁 종료 후 북일 간 국교정상화를 향한 북한 측의 첫 제안과 재일조선인운동에 대한 조선로동당의 지도체계 확립에 관한 메시지 등이 담긴 '남일 성명'(1955)이 발표된 후에는, 그때까지 일본공산당의 지도를 받으면서 일본 혁명의 일익을 담당했던 재일조선인은 조국 통일과 사회주의 건설에 참가하는 '해외 공민'으로 규정되었다. 이에 따라 재일조선인은 일본공산당의 당적을 이탈했고, 조선로동당의 직접 지도를 받는 총련이 결성된 후에는 공민화운동과 귀국운동, 통일운동 등을 전개했다.

물론 오늘날 역사적으로 평가하면 재일조선인과 오키나와인의 절실했던 조국지향은 "결과적으로 일본 사회가 제국주의의 책임과 기억을 억압하고 '단일민족'으로 자족하기 위한 적절한 구실이 되고 말았다"[25]고 하지 않을 수 없다. 하지만 운동의 과정에서 이루어진 기획이나 실천은 근대 국민국가의 '국민' 되기와는 명백히 다른 상상을 내포하고 있었다. 이 운동을 뒷받침한 사상적 기반이 제3세계 민족해방운동의 상상이었기 때문이다. 이 운동은 제국주의로부터 해방을 열망하는 저항과 기존의 사회질서를 변혁하려는 혁명의 역

---

24 일본공산당의 오키나와 대책 책임자였던 다카야스 시게마사(高安重正)는 1956년 2월에 당의 기관지인 ≪전위(前衛)≫에 오키나와의 소수민족론을 비판하는 글 「오키나와 오가사와라 반환 국민운동에 대해(沖縄·小笠原返還の国民運動について)」를 발표했다. 高安重正, 「沖縄·小笠原返還の国民運動について」, ≪前衛≫, 113号(1956), p.14~27. 같은 해 6월에 열린 제7회 일본공산당 중앙위원회 총회(6전협)에서는 「오키나와 문제에 대한 성명」을 발표해, 정부가 "즉각 대일강화조약 제3조의 파기, 오키나와, 오가사와라의 반환에 대해 미국과 정식 외교 교섭을 시작"할 것을 요구했다. 日本共産党中央委員会, 『日本共産党の七十年(上)』(東京: 新日本出版社, 1994), p.246.

25 戸邊秀明, 「『在日沖縄人』, その名乗りが照らし出すもの」, p.235.

동성을 지니고 탈식민적·전복적 가능성을 내포한 '인민'을 내세웠다. 특히 이 운동은 미일안보체제를 기축으로 하는 일본의 '전후 체제'에 대한 심각한 문제 제기임과 동시에, 억압과 편견 속에서 음지에 가려져 있던 주체들이 민족 간 연대를 통해 제3세계를 형성해 국제 무대라는 양지로 나오려는 국제주의적 내셔널리즘의 정치 기획이기도 했다.[26]

혁신운동에 참가한 재일조선인과 오키나와인들은 한반도와 오키나와 문제가 똑같이 외국군의 간섭에 의한 분단 때문인 것으로 파악하고, 그 해결을 위한 지상 목표를 미군 철수와 민족 통일로 설정해 조국귀국운동(과 통일운동)과 조국복귀운동으로 연대했다.[27] 이를 통해 한반도와 일본은 미국의 군사 지배로부터 해방되어, 미군의 오키나와 통치를 적극적으로 지지했던 한국과 일본 사회의 변혁을 통해 한국과 일본의 대미 종속과 일본 사회의 식민지주의를 극복해 아시아의 일원이 되고자 했다.

양자의 연대 양상을 확인할 수 있는 대표적인 혁신운동은 일본교직원조합 (이하 일교조)을 중심으로 한 '국민교육운동'에서 찾을 수 있다. 1947년에 결성된 일교조는 한국전쟁이 한창이던 1951년에 샌프란시스코강화조약 체결을 앞두고 단독강화 반대운동이 전개되는 시점에, "제자를 두 번 다시 전쟁터에 보내지 말라"는 유명한 결의를 채택해 전면강화, 재무장 반대, 민족 독립 등을 주장했다. 그러한 결의를 교육운동에 반영하기 위해 1951년부터 매년 전국 규모로 교육연구전국집회(이하 전국교연)를 개최했는데, 여기에 재일조선인과 오키나와 대표들도 참가해 교류할 수 있었다. 이 집회에서는 교과와 관련된 분과회 외에 테마별로 분과회가 열렸는데, 오키나와가 반환되는 1970년대 전

---

26 비자이 프라샤드, 『갈색의 세계사: 새로 쓴 제3세계 인민의 역사』, 33쪽.

27 임경화, 「분단과 '분단'을 잇다: 미군정기 오키나와의 국제연대운동과 한반도」, ≪상허학보≫, 44집(2015).

반까지의 재일조선인 교육 문제와 오키나와로 대표되는 미군 기지의 교육, 피차별부락의 동화(同和)교육 문제 등이 함께 논의되는 경우가 많았다. 제8차(1959) 전국교연부터는 '인권과 민족 교육'이라는 분과회 아래 이 문제들이 함께 편성되었다.[28]

그런데 선행 연구에서도 지적된 바와 같이, 당시 일교조를 중심으로 한 진보계의 교육운동은 전후 일본을 미제국주의에 의한 식민지로 보고 일본 민족을 조선 민족과 동일한 피압박민족으로 간주했다. 따라서 미제국주의에 저항해 독립을 쟁취하고 사회를 변혁시키는 주체로서 일본 민족의 재편을 지향했다. 이때 재일조선인의 존재는 종종 일본 민족주의를 고양시키는 촉매제로 여겨졌다.[29] 이는 1953년 제2차 전국교연 당시 조선인 교육을 일본이 책임질 의무가 있는가를 둘러싼 토론에서 다음과 같은 결론을 내린 것에서도 알 수 있다.

요컨대 재일조선인 문제를 단순한 외국인 교육 문제 같은 서먹서먹한 시선으로 볼 수 없다. 우리들의 책임과 반성을 더해, 오늘날 우리가 미제국주의의 식민지 지배 아래 놓여 우리가 사랑하는 아동 학생들이 팡팡 문화에 둘러싸여 있다는 절실한 문제에 생각이 미친다면 재일조선인 교육 문제는 결코 조선 민족만의 문제가 아니다. **이는 피압박민족의 해방, 식민지화에 저항하는 문제로서 우리들이 지향하는 평화와 독립의 문제와 관련해 깊은 공감 속에 다루어지지 않으면 안 될 터이다**(강조_인용자).[30]

28 比嘉康則·榎井緑·山本晃輔, 「日教組教研全国集会において在日コリアン教育はどのように論じられてきたか: 1950·60年代における『民族』言説に注目して」, 大阪大学大学院人間科学研究科教育学系, ≪大阪大学教育学年報≫, 18(2013).

29 小熊英二, 『〈民主〉と〈愛国〉: 戦後日本のナショナリズムと公共性』(東京: 新曜社, 2002), p.368.

여기서 일본 민족은 재일조선인에 대한 책임과 반성을 촉구받는 가해자에서 한발 더 나아가, 재일조선인과 마찬가지로 미제국주의의 식민 지배하에 놓인 피해자이다. 하지만 중심은 어디까지나 후자에 놓여 있었으며, 일본의 독립과 평화공존을 향한 피해자들의 연대 속에서 서로의 민족 교육을 원조하고 자극하며 각각의 차별 구조를 해소하고자 했다.

그런데 1952년에 샌프란시스코강화조약이 발효되어 미군 점령이 종료된 후에도 일본 민족을 식민지 피압박민족으로 간주한 것은, 당시 본토에도 미군 기지가 많았기 때문이기도 했지만, 오키나와가 미군정하에 놓여 있다는 사실이 결정적이었다. 제2차 전국교연에는 오키나와교직원회 대표도 참가해 오키나와의 비참한 상황과 조국 복귀를 호소했다. 이에 대해 본토의 참가자들은 민족 교육을 재건해 압제에 고통받는 동포에 대한 공감을 불러일으키고 민족 위기의 중대함을 깨닫게 해서 국민운동으로 고양시켜야 한다고 언급했다.[31] 그리고 1960년의 안보투쟁을 거쳐 베트남 반전운동과 함께 오키나와의 조국 복귀운동이 국민운동의 초점이 되었던 1966년 제15차 전국교연에서는 "오키나와의 교사는 전후 20년인 지금도 여전히 미군 점령하에 섬 전체가 미군 기지화한 오키나와의 실태를 상세히 보고하고 조국으로의 즉시 복귀를 열심히 호소함으로써, 깊은 감동을 주었을 뿐만 아니라 피가 통하는 동포로서의 연대감을 환기시켰다"[32]고 언급했다. 이러한 시도가 결실을 맺어 1968년 제17차 전국교연에서는 다음과 같은 보고가 제출되었다.

이번 연구집회의 가장 현저한 경향은 오키나와 문제에 대한 관심의 고양이었

---

30   日本教職員組合, 『日本の教育(2)』(東京: 岩波書店, 1953), pp.469~470.

31   같은 책, p.459.

32   日本教職員組合 編, 『日本の教育(15)』(東京: 日本教職員組合, 1966), p.462.

다. 이 문제가 비단 오키나와라는 지역만의 과제가 아니라 일본 본토 자체의 오키나와화라는 위기감이 절실한 것이다. 미제국주의에 종속당해 오키나와의 즉시 무조건 전면 복귀가 실현되지 않는 한, 일본의 민족적 독립은 완전히 실현되지 않는다. **오키나와 문제야말로 민족적 과제를 실현하기 위한 기본적인 조건이다**(강조_인용자).[33]

이 연구집회 이후, 오키나와 문제는 일본 민족의 중심 과제로서 더욱 관심의 초점이 되어갔다.

이렇게 당시의 교육운동 속에서 재일조선인과 오키나와인은 각각 미제국주의의 압제에 고통받는 피압박민족인 조선 민족과 일본 민족을 상징하는 존재인 동시에 양자 모두 일본 민족주의를 자극하고 고양시키는 존재로 규정되었다. 하지만 여기에서는 주로 아시아에 대한 미군의 군사 지배가 문제시되었고, 메이지 이후 일본 민족주의가 오키나와와 조선의 지배를 뒷받침했다는 의식은 희박했다.

그런데 이 두 문제를 명확히 일본의 문제로 파악한 사람들도 있는데, 후지시마 우다이가 대표적이다. 후지시마는 당시 오키나와 문제와 한반도 문제에 적극적으로 개입하며 논진을 펼쳤고, 1961년에 데라오 고로(寺尾五郎)와 함께 일본조선연구소를 설립하기도 했다. 이후 일본조선연구소가 오키나와 문제에 관심을 갖거나, 오키나와 반환 직후인 1972년에 재일조선인들과 공동으로 오키나와 전투에 강제 동원된 조선인 군부나 '위안부'의 진상 조사에 바로 착수할 수 있었던 것도 그의 존재를 빼고는 논할 수 없다. 후지시마는 오키나와인과 재일조선인을 잇는 핵심적인 인물이었다.

---

[33]   日本教職員組合 編, 『日本の教育(17)』(東京: 日本教職員組合, 1968).

그는 1958년에 「일본의 세 가지 원죄: 오키나와, 부락, 재일조선인」이라는 글을 발표했는데, 이 글이 1960년에 간행된 자신의 단행본 『일본의 민족운동』에 실리면서 반향을 불러일으켰다. 이 글에서 후지시마는 메이지유신 이후 일본이 자본주의국가로 성립해가면서 필연적으로 범한 범죄들이 많지만 그중에서도 "국민의 확실한 역사적 체험이나 자각 없이 저질러진 커다란 죄악이 존재"했는데, 그 전형을 오키나와, 부락, 재일조선인 문제에서 찾을 수 있다고 했다.[34] 후지시마는 이 세 가지 문제는 특히 역사적 자각을 가지고 포착하지 않으면 안 되는데도 일본 본토에 사는 일본인들은 그 자각이 결핍되어 있어 사건을 사건으로 포착하지도, 그에 대해 반성하려고 하지도 않는다고 강하게 비판했다. 그러면서 당시에 일어났던 다음과 같은 사건에 대해 언급했다.

1958년 9월에 일본 정부가 '오키나와에 대한 재정원조 사전조사' 계획을 미국에 대한 내정간섭에 해당한다는 이유로 취소하는 사건이 발생했지만 본토에는 거의 알려지지 않았다. 이는 근대 이후 산업, 문화 전반에 걸쳐 지속되고 있는 오키나와 차별의 일환이었다. 이러한 본토와 오키나와 간의 역사적인 균열을 충분히 이용한 것이 바로 오기나와를 미군 점령하에 둔 채로 일본이 주권을 회복한 샌프란시스코강화조약이었다고 후지시마는 말한다.

한편 같은 해 8월에는 재일조선인 2세 이진우가 여고생을 살해한 고마쓰가와 사건이 발생했다. 당시 많은 재일조선인 교육자들은 소년이 민족 교육을 받았다면 그러한 사건을 저지르지 않았을 것이라고 진단했다. 이에 대해 후지시마도 차별이 온존한 상태에서 일본 학교를 다니는 것은 식민지 시대의 '내선일체' 교육과 다르지 않다고 보았다. 그런데도 일본 정부는 조선민주주의인민공화국에서 조선학교에 보내는 교육 지원금에 대해 '공산권에서 대일

---

34 藤島宇内, 『日本の民族運動』(東京: 弘文堂, 1960), p.28.

공작 자금'을 보내고 있다는 폭언을 일삼는다며 비판했다.

후지시마는 이 사건들을 예시하면서 "같은 일본 민족인 오키나와 현민이나 미해방부락에 차별 정책을 취하는 정부이니만큼 타 국민인 재일조선인에게 차별 정책을 취하는 것도 당연하다. 이것은 전전의 식민지주의에 뿌리를 내리고 있는 것"이라고 말하며, 다음과 같이 지적했다.

> 우리 일본인들은 이 원죄들에 대한 판단력을 자신 안에서 자각함으로써 일본 전체를 보기 위한 하나의 중요한 시야를 획득해 변혁을 위한 에너지를 사회 각층에서부터 촉발할 수 있지 않을까. 그것은 우리의 생활 의식과 결부된 곤란하지만 의미 있는 방법론이다. 미국이 이용하려는 부분인 일본의 사회구조와 지배층이 전전과 큰 차이가 없는 이상, 앞으로 거기에서 나올 다양한 정책도 전전과 큰 차이가 없을 것이라고 충분히 예상된다. 그 경우 나는 판단의 하나의 거울 또는 기준으로 이 세 가지 문제에 대한 역사적인 자각을 가져야 할 필요성을 통감하게 되었다.[35]

후지시마는 오키나와, 미해방부락, 재일조선인에 대한 식민지주의라는 원죄를 자각하는 것이야말로 전후에도 지속된 전전의 체질을 극복하고 일본 사회를 변혁시키는 에너지로 이어질 것으로 보았다. 바로 이 시기에 앞에서 언급한 시모타 세이지는 일본 정부와 국민들의 오키나와에 대한 무관심과 차별을 고발하며 식민지 시기의 김사량에 대한 에피소드를 떠올렸던 것이다. 시모타 세이지는 "김 군과 조선인 문제, 오키나와 문제, 부락 문제 등에 대해 항상 늦게까지 이야기를 나누는데, 그 문제들이 결국 형태는 달라도 **본질은 똑같**

---

35   같은 책, p.34.

은 것이라는 사실을 우리는 납득했었다"라고 언급했다(강조_인용자).[36]

일본 내 타자들에 대한 원죄/가해자성을 각성시키는 후지시마 우다이의 주장은 전전부터 이어지는 배타적 민족주의뿐만 아니라 전후 좌파의 저항 민족주의 운동의 한계를 지적한 것이다. 전후의 좌파 민족주의는 일본을 미제국주의의 종속국으로, 일본 민족을 피압박민족으로 간주해 일본 제국주의의 가해성에 대해 자각하지 못하거나 미온적이었고, 따라서 그 잔재의 청산에 대해서도 적극적인 관심을 보이지 않았다. 예를 들어 일교조가 1957년에 설립한 국민교육연구소의 소장이었던 모리타 도시오(森田俊男)는 다음과 같이 말했다.

본토가 차별자이고 오키나와가 피차별자라는 주장이 선의에서 나왔더라도 그러한 원죄와 속죄로는 근로인민, 피억압, 피차별 대중의 단결이 이루어지지 않는다고 생각합니다. 오키나와의 노동자, 지식인이 얼마나 메이지 이후의 천황제 정부와 싸우고 미일의 지배와 싸우면서 민족을 민주주의적인 인민의 통일로 만들어 내려고 했는가, 민족의 통일을 쟁취해가는 노력을 해왔는가라는 역사가 전혀 고려되어 있지 않습니다. 그렇게 되면 앞으로 일어날 복잡한 사태를 옳게 파악하고 인민의 통일과 민족 간의 연대 행동을 추진할 수 없습니다.[37]

여기에서 "앞으로 일어날 복잡한 사태"란 "일본이 미국에 의존하면서 아시아에 제국주의적인 '진출'을 하는 것"을 말한다. 또한 그는 재일조선인을 국제적 연대의 대상으로 보고 "재일조선인 문제를 부락해방운동이나 오키나와 반환투쟁 속에서, 재일조선인과의 연대를 전체적으로 미일 지배계급에 대한 일

---

36 霜多正次, 霜多正次, 「沖縄と差別の問題」, ≪部落≫, 114(1959).

37 森田俊男, 「部落・沖縄・在日朝鮮人をめぐる思想状況」, 部落問題研究所, ≪部落問題研究≫, 26(1970), p.152.

본 인민의 독립과 민주의 투쟁 속에서" 발전시켜가야 한다고 했다.[38]

즉, 전후 혁신 세력들은 오키나와를 일본에 대한 미제국주의의 억압의 상징으로서 회복해야 할 일본의 영토로 간주하고 있었다. 또한 재일조선인을 아시아, 아프리카 국가들과 마찬가지로 함께 미제국주의에 저항하는 조선 민족의 일부로서 언젠가 통일 조국으로 돌아갈 사람들로 간주하고 있었다. 그리고 이들에 대한 차별은 미국과 일본의 지배계급이 배타적 민족주의를 강조하면서 차별을 온존시켜 분리 통치함으로써 자본의 이익을 극대화하고 제국주의적 욕망을 추구한 것에서 기인한다고 보았다. 전후 일본의 좌파 민족주의는 전전부터 지속되어온 오키나와, 재일조선인에 대한 차별을 돌아보지 못하는 억압성을 내포하고 있었던 것이다.

이에 대해 후지시마는 일본 민족을 식민지 지배 및 전쟁 책임의 주체로 보고 그 역사적 실천을 촉구했다. 혁신 세력은 이러한 분리 정책에 맞서 과거에 대한 책임 의식을 행동으로 옮겨 연대운동을 전개해야 한다는 것이 그의 논리였다. 하지만 민주주의적 사회변혁을 통해 민족 내부의 차별을 극복하고 제국주의에 맞서 타 민족과 연대하는, 이른바 '좋은/열린 민족주의'에 대한 환상은 모리타 도시오는 물론 후지시마 우다이도 공유하고 있었고, 당시 혁신운동 속에서 일반적인 경향이었다.

후지시마 우다이는 1959년에 있었던 재일조선인들의 사회주의 조국으로의 대이동을 접하고 오키나와 현에 거주하는 모리타 사다오(森田定雄)라는 19세의 청년이 쓴 「재일조선인 여러분들께」라는 송별의 시를 소개한다.

　　재일조선인 여러분

38　같은 글, pp. 149~153.

이제 당신들의 노력이 열매를 맺어

일하는 자의 나라 조국 조선으로

돌아갈 수 있는 날도 얼마 남지 않았군요.

축하합니다, 축하합니다.

나는 이제 겨우 알았어요.

당신들에 관한 것을.

조센진-조세나라 불리며 조롱당하고

참을 수 없는 모욕, 차별, 잔혹함을 견디며

살아낸

재일조선인 분들의 역사의 일부를.

조국과 부모 형제와 떼어져

머나먼 이국 일본 땅에서 노예노동을 강요당한 데다

칙어라는 것을 못 읽는다고

그저 단지 그 이유만으로

무참히 살해당한 사람들이 있었다는 것을.

참고 참고 또 참아온 재일조선인 여러분

이제야말로

활기에 찬 어조로

부모한테서 물려받은 유창한 조선어로

부모 형제, 당신들이 맛본

수많은 차별, 모욕, 잔혹함들을

인간이 인간을 차별하고 모욕하고 지배하는 잔혹한 행위가

얼마나 비열한 것인지를

평화와 자유와 평등을 사랑하는 전 세계 사람들에게

고통을 견뎌온 당신들의 체험과 올바른 사상에 근거해서 알려주세요.

세계 평화를 쌓기 위해서도

이민족에 예속되어 그 지배하에 신음하는

우리 오키나와 현민을 위해서도(강조_인용자).[39]

이 청년은 재일조선인들의 조국 귀환을 차별과 착취의 굴레에서 벗어나 사회주의 조국으로 돌아가는 인간 해방으로 보았다는 점, 반식민·민족해방투쟁이라는 제3세계 국제주의운동을 염두에 두었다는 점에서 당시 진보운동의 공기를 오키나와 땅에서도 마시고 있었음을 알 수 있다. 후지시마 우다이는 이 시를 인용할 뿐이지만, 재일조선인들을 착취하고 차별하는 주체가 오키나와가 귀속되어야 할 조국인 일본이라는 사실에 대해 이 청년은 어떻게 느꼈을까. 더욱이 그는 오키나와 주민들이 조선인에게 경멸의 의미를 담아 부르던 호칭인 '조세나'라는 말도 쓰고 있듯이, 조선인에 대한 오키나와의 가해성도 인식하고 있다. 이렇듯 재일조선인에 대한 응시는 오키나와 사람들의 조국에 대한 환상을 깨는 데도 박차를 가하지 않았을까.

4. '반일본인'의 현실을 마주하다

오키나와의 고등학교 교사 기마 스스무(儀間進)는 재일조선인들과의 교류를 통해 그 혼란을 예리하게 포착했다. 오키나와교직원회는 1953년 제2차 전국교연부터 특별 참가 자격으로 매년 대표를 파견했는데, 1967년 제16차부터

---

39   藤島宇内, 『日本の民族運動』, pp.299~300.

는 정회원으로 참가했다. 특히 일본 독립을 지향하는 분위기에서 오키나와, 재일조선인, 피차별부락의 교육 문제가 함께 논의되었던 '인권과 민족 교육' 분과회에는 1966년 제15차 집회부터 참가했다. 오키나와 시의 주부(中部)공업고등학교 국어 교사였던 기마 스스무는 1970년 기후(岐阜) 현에서 개최된 제19차 전국교연에 참가했다. 이 집회는 1969년 11월에 사토 - 닉슨 미일공동성명의 발표로 1972년 오키나와 반환이 결정된 직후에 개최되었기 때문에, 그때까지 오키나와에 대한 관심이 절정에 달했던 당시 분위기를 반영한 것이었다.[40] 그런데 기마는 이러한 분위기와 거리를 두듯, 이 집회에서 만난 조선대학교(도쿄 소재) 참가자들과 교류했다. 그리고 거기에서 느꼈던 소회를 「내 안의 일본과의 대결」이라는 제목으로 일교조와 오키나와교직원회가 공동으로 편찬한 『오키나와의 선생님들: 본토와의 진정한 연대를 찾아서』라는 단행본에 발표했다. 여기에서 기마 스스무는 재일조선인과의 세 차례의 교류 경험을 언급하면서 오키나와의 정체성에 관해 기술해간다.

첫 번째는 이 집회에서 만난 조선대학교 참가자들이다. 그는 조선대학교의 '김'이라는 사람한테서 자유롭게 본토에 올 수 있어서 다행이라는 환영의 인사를 듣고 오히려 도항 과정에서 같은 일본인임에도 수하물 검사 등을 받은 굴욕감을 떠올리며, 김 씨 같은 재일조선인과 자신 같은 오키나와 주민 사이의 차이에 생각이 미친다. 그리하여 오키나와든 재일조선인이든 조국으로부터 단절된 '정상적이지 않은 상황'에 놓여 조국을 의식하고 갈구함에도 불구하고 둘 사이에 뚜렷이 존재하는 차이를 명확히 해간다.

김 씨나 두세 명의 조선 분들의 이야기를 듣고 있으면, 똑같이 '조국'이라는 말

---

40 高橋順子,「「復帰」前後における「沖縄問題」言説の変容過程: 教育研究全国集会の事例から」, 関東社会学会, ≪年報社会学論集≫, 16(2003).

을 하는데도 오키나와의 우리와 재일조선인은 확실히 다르다. 그들이 조선민주주의인민공화국에 대해 언급할 때 얼마나 긍지와 자신에 차 있는가. 그에 비해 나의 경우는 어떠한가. 일본에 대해 나는 자랑스럽게 말할 수 없다. 항상 가슴속에는 고뇌가 서려 있다. 그런 말을 하면 혼날지도 모르지만, 조선 사람들이 부러운 생각이 든다. 일본은 나에게 추구하는 동시에 거절해야 하는 나라이다. 다소 논의가 비약되지만, 나는 이른바 일본인이 되고 싶지는 않다고 생각한다. 그런 생각을 하게 된 지 이미 8년이 된다. 이런 말을 하면 무슨 잠꼬대를 해대냐고 비난받을지도 모른다. 혹은 조국 복귀에 찬물을 끼얹지 말라고 야단을 맞을 것 같은 느낌도 든다. 하지만 이러한 생각도 일본이 27도선에서 절단되어 오키나와가 미국 군사 체제의 지배하에 놓인 탓에 일본을 밖에서도 안에서도 이중의 눈으로 바라볼 수 있게 되었기 때문이다.[41]

기마는 오키나와의 조국복귀운동이 초창기부터 오로지 심정적으로 조국을 갈구해왔음을 회고한다. 이는 미군이 금지했던 일장기게양운동을 전개하거나, 오키나와에서 1958년에 공포된 교육기본법의 전문에 "일본 국민으로서"라는 문구를 삽입하기 위해 수년에 걸쳐 끈질긴 노력을 기울인 일 등에서 나타난다. 일장기의 경우 본토에서는 전전으로의 회귀라는 반동의 상징이었던데 반해 오키나와에서는 복귀운동과 반미운동의 상징이 되었고, 교육기본법의 경우 당시 오키나와뿐만 아니라 본토에서도 오키나와 주민들이 '일본인'이라는 것을 명문으로 언급한 유일한 법령으로서 중요한 의미를 띠고 있었다.[42]

41 儀間進, 「内なる日本との対決」, 日本教職員組合・沖縄教職員会 共編, 『沖縄の先生たち: 本土との真の連帯をもとめて』(東京: 合同出版, 1970), p.240.

42 小熊英二, 『〈日本人〉の境界: 沖縄・アイヌ・台湾・朝鮮 植民地支配から復帰運動まで』, pp.561~562.

이윽고 1960년대 이후 복귀운동의 이론이 추구되고 인권수호투쟁이 전개되면서 '일장기 아래로의 복귀'에서 '평화헌법 아래로의 복귀'가 강조되었으나, 조국을 미화하고 이상화한 것에는 변함이 없다고 기마는 주장했다.

하지만 그것은 오키나와가 일본 근대사 속에서 오키나와 전투를 통해 본토 방위를 위한 총알받이 섬으로서 주민 전체가 비참한 체험을 한 데 그치지 않고, 전후에도 미국과 일본의 공모에 의해 일방적으로 영토가 분할되어 미국의 군사 식민지로 남게 되었다는 사실을 제대로 돌아보지 않고 불문에 부치는 차별의 역사를 짊어져왔기 때문이라고 비판한다. 그래서 조국에 대한 오키나와의 감정은, 동일하게 조국으로부터 단절된 비정상적인 상황에 놓여 있다 하더라도 극심한 체제 대립으로 준전시 상태를 지속하는 조국으로 향하는 재일조선인들의 마음과는 다르며, 오히려 "조선 사람들이 부러운 생각"이 들 정도라고 한 것이다.

그런데도 "역사상 항상 이민족처럼 취급당해온 오키나와"는 유형무형의 차별에서 탈출하기 위해 필사적으로 일본인임을 증명하려고 했고, 그러한 적극적인 동화에의 의지가 복귀운동 속에도 끊어지지 않고 남아 있다고 기마는 의심한다. 이러한 그의 심정을 격렬하게 뒤흔든 것이 바로 박수남이 쓴 「재일조선인의 마음」이라는 글이었다. 기마 스스무가 언급한 두 번째 재일조선인이다.

박수남은 일본에서 태어난 재일조선인 2세이다. 「재일조선인의 마음」에 따르면 어린 시절 일본인으로부터 차별받으며 조선인의 피를 증오했던 그녀는 1949년 조선중학교에 입학해 민족 교육을 받게 되면서 '제2의 탄생'을 맞는다. "여기에서 나는 자신을 경멸하는 것에서 해방되었다. 나는 우리들의 세계에서 처음으로 자신이 잃었던 것, 빼앗겼던 것을 알았다. 자신의 영혼의 존엄성, 말, 역사, 자신을 사랑하는 것, 타인을 사랑하는 것 등 하나하나가 새로운 탄생의 나날이었다"라고 회고한다.[43] 그는 조선고등학교를 졸업한 후 일본

소학교의 민족 학급 교사를 거쳐 재일조선인 소년 소녀를 대상으로 하는 총련계 잡지 ≪새 세대(新しい世代)≫[44]의 편집에 종사하게 되었는데, 1958년에 발생한 고마쓰가와 사건에서 여고생을 살해한 범인 이진우와 교류해 구명 활동을 전개하면서 세상에 알려졌다. 1962년에 이진우가 교수형에 처해진 후 그때까지 주고받은 편지를 편집한 서간집을 간행하기도 했는데,[45] 이것은 일본 출판계에서 본격적으로 문필 활동을 시작한 최초의 재일조선인 여성의 탄생을 알리는 것이기도 했다.[46] 박수남은 타인을 죽임으로써 스스로를 파괴하는 재일조선인 2세 이진우의 광기에서 그 옛날 해군비행 예과연습생(이하 예과련)을 동경하며 '떳떳한 일본인'이 되고 싶어 했던 친오빠의 광기와 자살을 겹쳐 본다. 또한 전후에도 계속된 재일조선인에 대한 동화정책 속에서 조선인도 아니고 일본인으로도 받아들여지지 못한 채 자아를 분열당한 '반쪽발이 = 반일본인'으로서의 재일조선인 2세들의 비명을 듣는다. "반일본인 누구나 자기 안에 이진우를 가지고 있다"라고 그녀는 말한다. 이진우에게 조선인으로서의 자각을 가지고 스스로 존엄성을 회복할 것을 호소했던 박수남은, 스스로의 경험에 비추어 재일조선인 2세들의 민족 교육을 통한 자기 회복의 소중함을 절실히 자각한다. 그리고 1964년부터 '내 안으로의 여행'이라는 자신의 정체성을 찾는 취재 여행을 통해 재일조선인들의 역사와 현실을 기록하는 활동을 개시하는데, 「재일조선인의 마음」은 이 취재 기록의 일부에 해당한다.

당시 그녀는 히로시마의 조선인 피폭자들이나 규슈 탄광에 끌려가 비참한

43　朴壽南, 「在日朝鮮人のこころ: 半日本人の現実から」, ≪展望≫, 103(1967), p.146.

44　조선청년사에서 1960년 2월에 창간한 월간지. 1996년부터 ≪월간 새 세대≫로 개칭되어 지금까지 간행되고 있다.

45　朴壽南 編, 『罪と死と愛と: 獄窓に真実の瞳をみつめて』(東京: 三一書房, 1963).

46　宋惠媛, 『「在日朝鮮人文学史」のために: 声なき声のポリフォニ』(東京: 岩波書店, 2014), pp.112~116.

생활을 이어가고 있는 재일조선인 1세의 고뇌와 그 자녀들인 '반쪽발이'로서의 재일조선인 2세의 문제와 맞닥뜨린다. 그리고 그 여로 위에서 미해방부락의 소년들과 오키나와의 소년들을 만난다. 「재일조선인의 마음」은 그들에 대해 다음과 같이 언급하며 끝난다.

> 올 겨울 나는 고베의 미해방부락에서 머물렀다. 교실이나 직장에서 추방당한 부락의 '깡패'는 자신을 '지하의 인간'이라 불렀다. 나면서부터 비인간의 자식으로 지하의 나락에 떨어져 있는 소년들의 자학에서 나는 반쪽발이의 편린을 뚜렷이 보았다. '지하'의 소년들은 이진우에게서 자신을 비춰보고 있었다. 우리들은 처음 본 순간 서로의 안에서 자신을 발견하고 놀라움에 소리를 질렀다. 하지만 내가 '지하'의 깡패에게서 발견한 것은 타인 속에서 나를 보는 친근함만은 아니었다. 그들과 반쪽발이 소년은 서로를 '더럽다, 야만적이다, 무섭다'라고 증오했다.
> 나는 일본의 모순을 정면에서 반영한 존재로서 **오키나와의 소년들이나 '지하'의 소년들에게서 감출 수 없는 일본인의 현실을 본다. 그 의미에서 그들은 가장 일본인다운 일본인들이었다**(강조_인용자).[47]

박수남은 그들에게서 '반쪽발이의 편린'을 발견한다. 그것은 서로에 대한 연민과 증오가 뒤섞인 복잡한 감정이었다. 그리고 그 긴박함 속에서 '지하'의 '나라'으로 '추방'되어 '자학'하는 '비인간'의 자식들한테서 일본의 모순을 끌어안은 '가장 일본인다운 일본인'의 모습을 본다. 이렇게 일본인에서 배제되고 주변화된 존재를, 역으로 '가장 일본인다운 일본인'으로 규정한 것은 '전후 일본'이 구축해온 '일본인상', 그중에서도 이 글이 발표되기 1년 전인 1966년에

문부대신이 교육목표로 삼을 만한 '일본인상'으로 발표한 「기대되는 인간상」에 대한 도전이라고 할 수 있다. 「기대되는 인간상」에는 뛰어난 국민성을 지닌 일본인으로서 국가를 사랑하고 천황 = 일본국에 대해 경애하는 마음을 가질 것이 강조되었다.[48] 이와 같은 '일본인상'은 고도성장 정책을 통해 안보투쟁을 정점으로 하는 대중의 정치적 고양을 경제적 활기로 전환시킨 지배 권력이 위로부터의 사회 통합 프로그램으로 구축한 것이다. 이를 주변의 시점에서 탈구(脫日)하는 박수남의 주장은 기마에게 전폭적인 공감 속에서 수용된다.

그녀가 말하는 조선인은 너무나 슬플 정도로 오키나와 사람들과 닮았다. "예과련을 동경해서 특공대에 지원해 자신의 생명과 맞바꾸어 그(일본인의_인용자) 권위를 가지려고 한" 재일조선인 속에서 전쟁 중의 오키나와 현인의 모습을 보았다. 전쟁에 적극적으로 협력함으로써 순수한 일본인임을 증명하려고 한 오키나와. 박수남 씨가 미해방부락의 소년들에게서 '반쪽발이(반일본인)'의 편린을 뚜렷이 본 것처럼, 나도 조선 속에서 오키나와의 반신을 보았다. 놀라움으로 가득 찬 기묘한 친근감이었다. 그녀의 말에 따르면, '반일본인'이란 일본 이름을 쓰고 일본어를 잘 구사해서 조선인이라는 사실로부터 달아나 일본인처럼 되려고 했던 조선인을 가리키는 말이다. 하지만 설령 생명과 맞바꾸어도 완벽하게 일본인이 될 수는 없었다. 그렇게 자기 자신을 상처 입히고 스스로를 모멸하며 자포자기할 때 증오를 담아 내뱉어지는 말이 '반쪽발이'였다. 강한 자기부정도, 따라서 깊은 자학도 재일조선인에 비하면 희박하지만, 순전한 야마토 말의 계보인데도 자신의 말을 업신여기고 출신을 부끄러워하며, 탈출 시도는 흔히 성을 바꾸고 호적을 변경하는 식으로 해서 오키나와의 흔적을 소멸시키려고 했다.[49]

---

[48] 文部省, 『期待される人間像: 中央教育審議会答申』, 広報資料 33(東京: 文部省, 1966).
[49] 儀間進, 「内なる日本との対決」, p.245.

오키나와 사람들은 차별에 저항해 연대로 맞서기보다는 동화를 통한 개인적인 탈출을 도모했다. 하지만 결국 그것은 도피에 불과해 영원히 '반일본인'으로 살아야 하는 것이었을 뿐만 아니라, 일본인이 아니면 차별받아도 된다는 일본의 퇴행적인 차별의 논리를 뒷받침하는 것이었음을 기마는 깨달았다. 이 깨달음은 그로 하여금 전쟁 통에 경험했던 조선인 아이들과의 만남을 상기시켰다. 이는 그가 언급한 세 번째 재일조선인이다.

기마는 오키나와 전투 당시 학동 소개로 정착한 규슈의 어느 산간 마을에서 처음으로 조선인을 만난다. 그런데 조선 아이들과 오키나와 아이들은 똑같이 일본인에게 멸시당하는 입장에 있으면서도 매일같이 서로를 괴롭히며 싸운다. 그때 한 조선인 아줌마가 조선과 오키나와는 모두 똑같은 일본이고 우리는 모두 일본인이니 사이좋게 지내라며 꾸중했는데, 이를 듣고 기마는 같이 멸시당하는 조선인에 대해 이란성쌍생아 같은 동질감을 느끼는 한편으로 일본에 대한 거리를 자각했던 기억을 떠올린다. 그때 "오키나와 위에 조선을 겹쳐서 바라본 일본은" 기마 스스무에게 완전히 다른 모습으로 다가왔다. 이후 일본 북부의 원주민인 아이누에 대해 알게 되면서부터 일본은 가운데만 빨갛고 주위가 하얀 일장기처럼 위세를 부리는 나라, 또는 아이누, 조선, 오키나와, 타이완 등이 둘러싸고 있는 나라로 보이기 시작했다고 고백한다. 이 기억이 복귀의 상징이었던 일장기에 대해 중심과 주변이 전복된 완전히 새로운 해석을 이끌어냈다.

이렇게 기마는 환상으로서의 조국에 대한 본질에 다가간다. 실체로서의 조국은, 오키나와에 대해 무지하고 무관심한 본토 사람들, 의도적으로 차별을 조장하는 지배 권력, 그리고 즉시 무조건 전면 반환이라는 오키나와의 요구를 무시한 채 이루어진 미군과 자위대의 공동관리, 미일에 의한 오키나와 공동지배를 목표로 한 이른바 제3의 류큐 처분을 획책하고 있는 곳이었다. 그럼에도 오키나와가 '조국 복귀'를 요구하는 한, 이러한 조국의 체제에 의존하며 기울어갈 수밖에 없었다.

하지만 이러한 실체로서의 조국과는 다른 조국을 상상하고 창조/탈구축할 수 있다면 어떨까? 반복귀론이 아닌 조국탈구축론이라고 할 만한 시도가 바로 '내 안의 일본과의 대결'이었다. '기침도 야마토풍'으로 하라는 근대 이래 오키나와의 동화운동으로는 영원히 반쪽발이로 살 수밖에 없고, 재일조선인이나 아이누, 피차별부락에 대한 차별을 온존시킬 수밖에 없었다. 따라서 동화하려는 내 안의 일본을 끊어냄으로써 일본인이 되는 길을 찾아야 한다는 것이 기마 스스무가 획득한 사상이었다. 그의 글은 그가 생각하는 바람직한 조국의 모습을 제시하며 끝난다.

> 앞으로의 일본 사회는 오키나와가 오키나와로서 한껏 개성을 발휘할 수 있는 나라였으면 좋겠다. 문화적으로는 도쿄 중심의 단일 순혈주의여서는 안 된다. 일본 문화의 한 분야로서 이질성을 가진 오키나와 문화가 있어야만 일본 문화도 폭이 넓어지고 풍요로워진다. 오키나와뿐만 아니라 도호쿠는 도호쿠의, 시코쿠는 시코쿠의 각각의 지방성과 이질성을 크게 포함해가는 나라가 아니면 안 된다고 생각한다. 그때 비로소 재일조선인의 민족 교육도 전 국민적 이해를 얻을 수 있지 않을까.
>
> **앞으로의 일본을 움직이고 변혁해가는 하나의 사상이 일본의 음지인 오키나와, 미해방부락, 재일조선인 사이에서 태어날 것이라고 믿고 있다. 약자의 입장을 깊이 인식하고 파헤침으로써 역으로 약함을 무기로 반전시킬 때, 거기에서 '약자의 사상'이 태어난다**(강조_인용자).[50]

---

50 같은 책, p.269.

조국 복귀를 앞두고 심각한 정체성의 혼란을 겪고 있던 오키나와 땅에서 기마는, 일본 안의 또 다른 '약자'인 재일조선인들을 응시하면서 그들과의 연대 속에서 스스로의 고립성을 뛰어넘어 주체의 영역을 확장시키고, 새로운 복합 주체를 건설해 양지로 나와 일본을 변혁시키고, 차별을 극복하는 미래지향적인 사상을 생각해냈다. 이렇게 '일본의 음지'에 가려져 있던 약자들과의 연대 속에서 복합 주체를 건설해 일본을 변혁하고자 한 기마 스스무의 사상은 실패한 제3세계 '인민 되기' 기획의 일본내화라고도 할 수 있다.

5. 맺음말

대일본제국에 병합된 후 '일본인'으로 분류되어 동화정책의 대상이 되면서도 제도적 차별에 노출되었던 오키나와인과 재일조선인은, 제국의 위계질서 속에 그 주변도를 달리하며 서열화되어 있었다. 이것은 피억압자들 사이에 차별과 억압을 이양하는 연쇄 구조를 낳았다. 패전으로 대일본제국이 해체된 후에는 오키나와인과 재일조선인이 '비일본인'으로 분류되어 '일본인 되기'의 억압에서는 해방되었다. 하지만 국민국가의 경계로 내몰렸고 이윽고 국민에서 배제되었다. 이후 재일조선인과 오키나와인은 각각 통일 조선과 일본을 '조국'으로 바라보며 '비국민'으로서의 차별에서 벗어나 '국민'으로 '해방'되는 길을 열어가고자 했다. 하지만 이 전략은 전후에도 계속되는 조선과 오키나와에 대한 식민지주의나 그로 인한 억압 이양의 구조를 근본적으로 허무는 것은 아니었다. 그 한계를 넘어서기 위해 혁신운동 진영에서 추진한 것이 제3세계로서의 아시아 '인민 되기'였다.

이 글에서는 1950~1960년대의 '국민교육운동'과 그 주변에서 이루어진 재일조선인, 오키나와인, 피차별부락민 등의 차별 문제에 대한 관심에 주목했다. 특히 재일조선인과 오키나와 사람들이 미일의 식민지주의에 맞서 자유와 해방을 쟁취하려는 과정에서 서로를 응시하는 순간을 포착했다. 하지만 당시 혁신운동은 제국 일본에 가해 책임을 묻기보다는 피억압 민족들의 연대 속에서 서로의 차별 구조를 해소하고 가해자 일본 제국(주의)을 해체하는 방식에 초점을 맞추고 있었다. 재일조선인과 오키나와인은 억압받는 조선인과 일본인의 상징이 되어 국제적인 민족 연대 속에서 일본 사회를 변혁하고자 했다. 하지만 제국 일본의 가해 책임에 대한 일본 사회의 무관심은 미군의 시정권이 반환되고 오키나와의 '조국 복귀'가 목전에 다가올수록 오키나와인들에게 심각한 혼란을 야기했다. 결국 오키나와인들의 제3세계 인민 되기는, 오키나와 반환을 통해 미일의 아시아 전략을 더욱더 공고히 하고, 아시아를 지원하고 지도하는 위치에 서고자 하는 일본의 국민으로 편입되면서 실패로 끝이 났다. 재일조선인들도 한반도의 분단이 고착화되는 사이에 조국 지향보다는 일본 사회의 일원으로 정주화하는 재일 지향이 우세해져 일본 내 마이너리티의 연대를 통한 차별 철폐의 중요성을 인식하게 되었다. 재일조선인들이 조국이나 거주국 일본으로 향하던 시선을 잠시 옆으로 돌려 오키나와에 공감하는 순간이 재일조선인 2세로서 정체성 문제를 고민했던 박수남 등에게서 포착된 것은 이러한 변화와 관련되어 있다. 이러한 변화와 조국 일본으로 향하던 시선을 성찰적으로 돌아보려는 오키나와인들의 시선이 만났을 때 양자 간의 상호 응시가 이루어진 것이다.

재일조선인과 오키나와인들은 각자의 정체성을 정치적 상황에 따라 주체적으로 선택해 각각 (통일)조선과 일본에 속함으로써, 외국군을 철수시켜 민족 해방을 이루고 사회변혁에 참가하는 아시아 인민이 되고자 했다. 하지만 외국군 철수에도 실패하고 사회변혁도 이루지 못한 채 국민국가의 국민으로 편재되어간 것은 분명 운동이 실패했음을 보여주는 것이다. 그럼에도 그 운동 속에서 주변인들이 조국을 매개로 횡적으로 연대하며 일본이라는 국민국가를 상대화하고자 한 시도는 주목할 만하다.

06
주변을 포섭하는 국가의 논리*
시마오 도시오의 '야포네시아론'

권혁태

1. 들어가는 말

지리부도로 일본열도를 보면 많은 섬들이 줄지어 이어져 있다. 그 모양이 활기가 있어 인상적이다. 가운데가…… 묵직해 이를 지탱하는 양단의 끈이 한층 더 가늘게 보이는 것이 크리스마스트리의 장식용 끈을 연상시킨다. 그래서 가운데 무게를 못 이겨 툭 하고 끊어질 것 같기도 하다. 광막(廣漠)한 태평양 바다 바닥으로 열도가 가라앉지나 않을까? 그래서 나는 훨씬 눈을 가까이 대고 남서제도(南西諸島)의 줄지어 서 있는 섬들을 봐야 한다.[1]

---

*   이 글은 ≪한국학연구≫ 44호(2017)에 수록된 논문을 수정한 것이다.

1   島尾敏雄, 「南西の列島の事など」(1956), 『島尾敏雄全集(16)』(東京: 晶文社, 1982), p.45. 이하『島尾敏雄全集』은 『全集』으로 표기.

이 인용문은 작가 시마오 도시오(島尾敏雄)가 가고시마 남쪽에 자리한 낙도(離島) 아마미오시마에 거주한 지 약 1년이 지난 시점인 1956년에 일본열도 전체를 조망하면서 쓴 에세이의 한 구절이다. 여기서 말하는 "가운데"는 규슈에서 관동 지방을 포괄하는 본토를, "이를 지탱하는 양단의 끈"은 남쪽으로는 규슈 남단에서 오키나와까지를 잇는 남서 제도, 북쪽으로는 동북 지방과 홋카이도[지시마(千島)를 포함]를 포괄하는 일본열도의 북단을 각각 의미한다. 시마오 도시오는 남북의 양쪽 끝에서 "견인"하지 않으면 일본열도는 "오그라들어" "불구자"가 되어버리거나, 또는 "피가 흘러들지 않아 빈혈을 일으킬 것"이라고까지 말한다.[2] 시마오 도시오는 변방을 경시하고 오직 본토만을 중시하는 '전후' 일본의 '중앙' 중심주의의 폐단을 일본열도 전체를 조망하는 공간적 시야에 서서 비판적으로 은유하고 남서 제도 쪽으로 무게중심을 옮겨야 한다고 말하고 있는 것이다. 변두리(양단)를 중앙으로 포섭하는 것이 아니라, 역으로 변두리를 지향함으로써 그 변두리를 통해 가운데를 포착하는 것이다. 다시 말하면 주변에 집착함으로써 중앙을 해체하고 그 해체 위에 일본열도를 하나의 단일 공동체가 아닌 다양한 공동체의 '연합'으로 재구축하려 했다.

시마오 도시오는 이 같은 문제의식에 기반을 두고 1960년대 초반부터 일본열도 전체를 변방의 시점에서 새롭게 조망하는 공간적 개념으로 '야포네시아(ヤポネシア, Japonesia)'라는 개념을 제창했다. 야포네시아는 일본을 지칭하는 라틴어 '야포니아(Japonia)'에 제도(諸島) 또는 군도(群島)를 뜻하는 '네시아(nesia)'를 합성해 시마오 도시오가 처음 만든 용어이다. 야포네시아는 시기별로 다소의 변화를 보이기는 하지만, 일반적으로는 홋카이도 및 지시마 열도를 포함한 동북 지방의 아이누 문화, 본토의 야마토 문화, 그리고 가고시마 현의

---

2   같은 글.

아마미오시마와 오키나와 군도를 포함한 류큐 문화를 모두 포섭해 일본을 문화적·역사적으로 재구성하려는 시도라고 볼 수 있다. 전후 일본에서 이 같은 공간 인식이 어떻게 생겨난 것일까?

장 자크 루소(Jean-Jacques Rousseau)는 그의 대표적인 저작 『에밀(Emile)』(1762)에서 "우리는 다른 사물이 있다는 것을 오직 운동을 통해서만 배울 수 있다. 공간 개념을 얻는 것도 우리 자신의 운동을 통해서이다"[3]라고 말한다. 인간의 공간 인식이 '운동'과 밀접하게 관련되어 있다는 뜻이다. 즉, 물리적으로 떨어져 있는 사물을 자신의 인지 범위의 안/밖으로 구별해 인식하는 것은 손을 뻗거나 몸을 움직이는 것과 같은 '운동'과 그 '운동'을 통해 획득한 정보를 뇌에 축적하는 과정을 통해서이다. 이를 국가의 영역에 빗대어 말한다면, 한 나라(지역)의 구성원이 특정 공간을 자신의 인지 범위의 안/밖으로 구별해 인식하는 것은 자신이 속해 있는 국가의 물리적 활동(운동)과 그 활동과 관련해 획득된 정보와도 밀접히 관련되어 있다고 볼 수 있다.

이렇게 보면 일본이 메이지유신 이후 홋카이도, 류큐, 대만, 조선, 중국, 동남아시아 등으로 자국의 '영토' 범위를 물리적으로 확장해가는 과정에는, 동시에 일본이라는 나라에 속해 있는 구성원들이 이들 공간을 자신들의 인지 범위 내부로 들여오는 과정이 동반되었다고도 볼 수 있다. 홋카이도의 '창설', 류큐의 '처분', 대만 및 조선 '병합' 등으로 이어지는 대외 팽창의 역사는 군사적·정치적 행위이면서, 동시에 일본 구성원들에게 해외 팽창이라는 '운동'과 그 운동을 통해 획득되는 지(知)를 통해 이들 공간이 왜 일본에 귀속될 수밖에 없는지를 확인시키는 과정이기도 했다. 이 과정에서 때로는 '문명과 야만'이라는 구도가 동원되었고, 때로는 시간을 고대로까지 소급 확장한 '일류동조

---

3   장 자크 루소, 『에밀』, 박호성 옮김(책세상, 2003), 87쪽.

론'(류큐)이나 '일선동조론'(조선) 같은 지의 논리가 개발되기도 했다. 야마무로 신이치(山室信一)의 말을 빌리면, 대외 팽창과 공간 인식은 그 공간을 "정치적 그리고 지적으로 지배하는 행위"[4]였다. 따라서 1945년 일본의 패전으로 오키나와와 조선이 각각 일본의 '시정권'에서 벗어나는 사태는 이 시공(時空)을 지배했던 지의 논리가 사실상 파탄했음을 국내외에 폭로하는 대사건이었다. 즉, 공간이 축소되면서 이 공간을 이론적으로 설명해왔던 대일본제국의 지의 논리가 일단은 설 자리를 잃어버린 셈이다.

그러나 잘 알려져 있는 바와 같이, 아마미오시마(1953), 오가사와라(1968), 그리고 오키나와(1972) 등의 반환·복귀, 그리고 쿠릴(지시마)열도 네 개의 섬(이른바 '북방 영토')의 '주권 회복론'이 부상하는 1960년대부터 일본의 공간 범위와 그 공간을 지배하던 지의 논리가 다시 문제로 등장한다. 즉, 오키나와 등이 일본의 '영역'으로 '되돌아오는' 새로운 사태, 이른바 일종의 '제국의 부활'이라고 할 수 있는 '전후'의 신질서에 대해, '일류동조론' 같은 옛 제국의 논리와는 다른 차원에서 등장한 이채로운 공간 개념이 바로 시마오 도시오의 야포네시아론이었다.

물론 오키나와의 작가 오카모토 게이토쿠(岡本恵徳)는 "지극히 비정치적이고 비상황적 사상"이었던 야포네시아론이 "정치적·상황적 의미"를 떠안게 된 것은 "오키나와의 복귀"와 "지방의 복권"이라는 두 가지 "시대사조(思潮)" 때문이라고 말하고 있다. 시마오 도시오 자신이 반드시 1960년대의 정치적 상황을 고려해 야포네시아론을 주창했다고 볼 수는 없다.[5] 실제로 그의 야포네시아론, 오키나와론, 남도론 등에서 정치적 상황과의 적극적인 연결 고리는 찾

---

4   야마무로 신이치, 「공간 아시아를 둘러싼 인식의 확장과 변용」, 강상중 외 엮음, 『공간: 아시아를 묻는다』(한울, 2007), 21쪽.

5   岡本恵徳, 『「ヤポネシア論」の輪郭: 島尾敏雄のまなざし』(東京: 沖縄タイムス社, 1990), p.7.

아보기 어렵다. 하지만 시마오 도시오의 야포네시아론은 본인의 의도와는 관계없이, 일본의 주권 범위가 청일전쟁 이전(시모노세키조약)으로 되돌아가는 1960년대의 정세 변화 속에서 실천적 의미와 가능성을 지닌 새로운 사상적 시도로 받아들여졌다. 다나카 야스히로(田仲康博)의 말처럼 시마오 도시오의 의도와 관계없이 "야포네시아라는 달콤한 울림을 지닌 문학적 용어가 '장소'를 나타내는 지리적 개념이 아니라 '지의 지평'을 나타내는 사상의 한 장소, 때로는 정치적 개념"[6]이 될 수밖에 없었던 것은 당시 오키나와의 '복귀'를 둘러싸고 지의 문제가 강하게 결부되어 있었기 때문이다. 즉, 1960, 1970년대라는 시대적 조건을 빼놓고서는 야포네시아론의 등장과 유행을 설명할 수 없다.

이 글에서는 패전과 전후의 복구 과정에서 나타난 영토 범위의 변화(축소와 재확대)가 공간 인식에 어떤 영향을 미쳤고, 그 공간 인식의 변화가 이른바 '사상 = 지(知)'에 어떤 변화를 가져다주었는지를 야포네시아라는 공간 개념을 둘러싼 논의를 통해 살펴보고자 한다. 시마오 도시오의 야포네시아론과 그 사회적 파장에 대해서는 다양한 연구들이 축적되어 있지만, 여기에서는 최근에 발표된 조정민의 선행 연구만을 소개한다. 조정민은 2014년에 발표한 두 개의 글을 통해 야포네시아에 대한 매우 정밀하고도 체계적인 분석을 시도했다.[7] 조정민은 "타자를 사유하는 하나의 방법론"[8]으로서 야포네시아론을 자리매김하고 "중심/주변이 가진 지리적 차별 논리를 뒤집는 새로운 프레임"[9]인

---

6   田仲康博, 『風景の裂け目: 沖縄、占領の今』(東京: せりか書房, 2010), p.98.

7   조정민, 「시마오 도시오(島尾敏雄)와 남도(南道): 타자 서사와 야포네시아적 상상력」,
     ≪日語日文學≫, 63집(2014.8); 「사상으로서의 야포네시아」, ≪오늘의 문예비평≫,
     통권 91호(2013년 겨울).

8   조정민, 「시마오 도시오(島尾敏雄)와 남도(南道): 타자 서사와 야포네시아적 상상력」,
     244쪽.

9   같은 글, 228쪽.

이런 시도가 "아마미, 오키나와와 같이 중심에서 벗어난 끄트머리, 말단, 잉여의 부분을 어떻게 서사하고 그 의미를 어떻게 공유할 수 있을 것인가"[10]라는 문제의식에 서 있다면서, 다음과 같이 평하고 있다.

다시 말하면 균질·통일된 일본 표상을 위해 침묵을 강요당하고 은폐되어왔던 남도(南道)를 다시 읽고 어떠한 시선과 발화를 경유한 뒤에, 어떠한 일본을 구상할 수 있을 것인가라고 하는 탐문 과정이 곧 야포네시아였다고 할 수 있다. 중요한 것은 야포네시아가 지금도 여전히 '탐문 과정' 중이라는 사실이다.[11]

조정민 연구의 특징은 시마오 도시오의 야포네시아론을 '타자를 사유하는 방법'으로 파악한 데 있다. 이 방법은 이른바 전후 일본의 공간 인식을 분석하는 데 매우 중요한 논점을 제공한다. 왜냐하면 오키나와의 복귀를 앞둔 1960년대 본토 측에는 이 같은 새로운 '국가상'의 가능성을 열어둔 시점이 거의 없었기 때문이다. 그런데 다른 한편에서 보면 시마오 도시오의 시점이 야포네시아의 대상이 되는 쪽, 즉 오키나와, 아마미, 아이누 등은 아니었다. 즉, 시마오 도시오는 '본토인'으로서 주체이고 타자는 "침묵을 강요당하고 은폐되어왔던 남도(南道)", 즉 오키나와, 아마미, 또는 지시마라는 객체였다. 주체와 객체 사이에는 권력적·역사적 위계 관계가 구조적으로 존재한다. 따라서 '타자를 사유하는 방법'이 유효하기 위해서는 타자로 호명된 쪽을 주체로 받아들이고 양자 사이에 어떤 어긋남이 있었는지를 그 내적모순과 함께 살펴볼 필요가 있다. 다시 말해 모놀로그가 아니라 다이얼로그 방식이어야 한다. 타자를 사유하는 방법이 모놀로그 방식에 머물러 있는 한, 다니가와 겐이치(谷川健一)의

---

10   같은 글, 243쪽.
11   같은 글, 243쪽.

말처럼 오키나와라는 타자는 오직 본토(인)라는 주체를 세우거나 일본이라는 국가를 상대화하기 위한, 즉 본토를 비추는 '거울'로서만 존재 의의가 인정될 뿐이다.[12] 따라서 이 글에서는 조정민이 말한 타자를 사유하는 방법으로서의 야포네시아론에 동의하면서도, 동시에 타자를 사유하는 방법으로서의 야포네시아론이 가지는 '일방성'에 주목한다. 야포네시아론이 1960년대라는 상황에서 전후 일본 국가의 재구성이라는 논리로 어떻게 귀결될 수밖에 없었는지를 야포네시아론의 전개 방식과 그 내적모순에 주목해 분석하고자 한다.

2. 오키나와 복귀와 본토의 논리

야포네시아론이 1960년대 오키나와의 일본 '복귀'를 둘러싼 정치적 상황과 강하게 긴박되어 있다면, 오키나와의 일본 복귀가 본토 측에서 어떤 논리 구조하에 추동되었는지를 살펴볼 필요가 있다. 먼저 패전 직전의 상황을 살펴보자. 1945년 7월에 스탈린과의 항복 교섭을 앞두고 일본 국왕 히로히토(裕仁)의 명령을 받아 고노에 후미마로(近衛文麿)가 작성한 '화평 교섭의 요강'(1945.7.12)에는 "국토에 대해서는", "고유 본토에 만족"해야 한다는 문장이 등장한다. 여기서 "고유 본토"는 "오키나와, 오가사와라, 가라후토를 버리고, 지시마 또한 남반부를 보유하는 정도"[13]를 말한다. 즉, 일본의 직접 식민지였던 조선, 대만뿐만 아니라, 오키나와, 오가사와라, 가라후토(사할린), 지시마 북부를 "버림"으로써 규슈에서 홋카이도만 포함한 영역으로 주권 범위를 축소해야 한다고 말하고 있는 것이다. 물론 고노에 후미마로의 영토 축소안은

---

12   谷川健一, 『沖繩』(東京: 講談社, 1996) 참조.
13   矢部貞治, 『近衛文麿』(東京: 読売新聞社, 1976), pp.719~721.

천황제 유지를 위한 군사적·정치적 필요에 의해 제기된 것이지만, 이는 동시에 이들 지역을 '병합＝식민화'하고 지배하는 과정에서 자기 정당화의 논거로 '계발·작동'했던 "같은 민족이기 때문에 같은 나라로 합쳤다"라는 '일류동조론'이나 '일선동조론'이 사실상 파탄했음을 의미한다. 그리고 이 같은 영토 축소안은 그 후 무조건항복, 도쿄재판, 그리고 샌프란시스코강화조약에 의해 제도적으로 추인되는 과정을 거쳤고, 전후 일본은 이들 지역을 "버림"으로써 형식논리상으로는 '단일의 역사성과 문화체'로 '무장'한 국가로 재탄생한다. 이전후의 탄생 과정에서 오키나와는 1972년 일본의 주권 범위로 '반환'될 때까지 이른바 '아메리카유(아메리카 세상)'를 경험하게 된다. 오키나와의 시인 야마노구치 바쿠(山之口貘)는 「정월과 섬(正月と島)」(1958)이라는 시에서 다음과 같이 말한다. "쓰는 말 그건 일본어. 쓰는 돈 그건 달러. 일본 같기도 아닌 것 같기도. 미국 같기도 아닌 것 같기도. 정체를 알 수 없는 섬."[14] 오구마 에이지(小熊英二)의 말을 빌리자면 "'일본'이면서 '일본'이 아닌 곳"[15]이 바로 이 시기의 오키나와였다.

이 "일본이면서 일본이 아닌" 상황에 대한 설명 논리로 등장한 것이 바로 '잠재주권(residual sovereignty)'이다. 1951년에 체결되어 1952년에 발효된 샌프란시스코강화조약 3조에는 "북위 39도 이남의 남서 제도[류큐제도 및 다이토제도를 포함]"에 대해서는 "미합중국을 유일한 시정권자로 하는 신탁통치를 펼친다"라는 조항이 있을 뿐, 오키나와에 대한 일본의 권리에 대해서는 그 어떤 설명도 없다. 하지만 당시 미국의 존 덜레스(John Dulles) 전권대사와 요시다 시게루(吉田茂) 일본 총리는 1951년 9월, 오키나와 및 오가사와라는 샌프란시스코강화조약에 근거해 미국이 통치권을 가지고 있으나 일본은 또한 '잠재주

---

14 小熊英二, 『日本人の境界』(東京: 新曜社, 1998), pp.481~482.

15 같은 책, p.477.

권'을 가지고 있다고 말했다. 이 같은 '잠재주권'에 대해 당시 외무성 조약과장이었던 니시무라 구마오(西村熊男)는 국회에서 중국 조차지(租借地)에 살았던 중국인들도 일본 국적 취득자가 아니었다는 이유를 들어, "오키나와 시정권자는 미국이지만 오키나와 사람들은 일본인이고 오키나와는 일본"이라는 주장을 펼친다.[16] 이렇게 오키나와 = 일본, 오키나와인 = 일본인이라는 주장은 그 후 기시 노부스케 등에 의해 계승되어 오키나와에 대한 일본 정부의 공식입장으로 자리를 잡는다. 한마디로 말하자면 일본 정부는 여전히 '일류동조론'에 입각해 있었던 셈이다. 그렇다면 이른바 '저항'하는 측, 즉 좌파의 논리는 어떠했는지 살펴보자.

> 굳어진 땅을 깨고 민족의 분노에 불타오르는 섬 오키나와여
>
> 우리들과 우리들의 선조가 피와 땀으로 지키고 가꾸어온 오키나와여
>
> 우리들은 부르짖는다. 오키나와여 우리들의 것이다. 오키나와는
>
> 오키나와를 돌려다오 오키나와를 돌려다오.

이 노래는 일본 전국의 재판소 노동조합인 '전(全) 사법(司法) 후쿠오카 지부'가 작사하고 아라키 사카에(荒木栄)[17]가 작곡한 「오키나와를 돌려다오(沖縄を返せ)」(1956)라는 노래이다. 1950년대부터 1970년대까지 이른바 오키나와 복귀운동에서 불린 이 노래 가사에 등장한 것은 "오키나와를 돌려다오", 즉 영토 회복·주권 회복의 입장이었다. 오구마 에이지가 '혁신 내셔널리즘'이라고 부른 이 같은 관점에서는 오키나와와 오키나와 사람을 잃어버린 영토와 민족

---

16 같은 책, pp.477~478.

17 神谷国善, 『労働者作曲家 荒木栄の歌と生涯』(東京: 新日本出版社, 1985), p.245. 小熊英二, 『日本人の境界』, p.542 재인용.

으로 간주한다. 따라서 이를 원상태로 돌려놔야 한다는 단일의 민족관·영토관·국가관이 강하게 담겨 있다. 1960년대 본토의 오키나와 반환운동은 이런 민족관·영토관·국가관의 틀에서 거의 벗어나지 않았다. 하지만 패전 직후부터 일본의 좌파가 이런 관점을 지녔던 것은 아니다. 일본공산당 위원장이었던 오키나와 출신 도쿠다 규이치는 1946년 2월 오키나와연맹에 보내는 '오키나와 민족 독립을 축하하는 메시지'에서 "지금까지 일본의 천황주의자는……오키나와 인민에 대해서도 동일 민족이라는 것을 여러분에게 강요해왔"으나, "고대에 오키나와인이 일본인과 같은 조상에서 분기되었다고 해도 근세 이후의 역사에서 일본은 명백히 오키나와를 지배해왔"으며, 따라서 "오키나와인은 소수민족으로서 억압받아온 민족"[18]이라고 말하고 있다. 도쿠다 규이치는 '일류동조론'에 입각한 오키나와 합병과 그 후의 천황주의적 일본을 부정하면서 오키나와 '독립'을 지지하고 있다. 즉, 오키나와 = 비일본, 오키나와인 = 비일본인 = 소수민족이라는 표현에서 알 수 있듯이, 오키나와는 독립하거나 일본 영토 안에 소수민족인 주권자로서 존재해야 한다고 주장한다. 어느 쪽이든 '일류동조론'의 전면 부정인 셈이다. 하지만 일본공산당은 1956년 기관지 ≪전위(前衛)≫를 통해 오키나와에 대한 "소수민족적 관점이 오키나와·오가사와라 반환을 위한 투쟁에 커다란 걸림돌이 되고 있"으니, "이 관점은 철저하게 극복되어야 하며 투쟁의 발전은 이를 완전히 분쇄할 것"이라며 방침을 전환했다.[19]

이렇게 보면 일본 정부 측의 '잠재주권론'이나 일본공산당의 '소수민족 부정론'은 양자 모두 오키나와 = 일본, 오키나와인 = 일본인이라는 이른바 '일류동조론'의 계승과 그 재해석에 입각해 있었다고 볼 수 있다. 바로 이 과정에서

---

18   中野好夫編, 『戰後資料 沖繩』(東京: 日本評論社, 1969), p.16. 같은 책, p.487 재인용.
19   같은 책, p.522.

야포네시아론이 등장한다.

3. 야포네시아론과 그 수용

시마오 도시오가 야포네시아라는 용어를 처음 사용해 일본열도에 새로운 공간 개념을 제시한 것은, 그가 아마미오시마로 거처를 옮긴 지 6년이 지난 1961년의 일이다. 그는 이때부터 1970년대 초반까지 정력적으로 야포네시아에 관한 글을 발표했다. 그런데 오카모토 게이토쿠가 지적한 바와 같이 시마오 도시오의 야포네시아론은 "하나의 일관된 체계를 지닌 사상"이나 "완결된 형태"로서 논리적으로 제기된 것이 아니어서 시기에 따라 내용이 변하거나 모순되는 부분이 적지 않았다.[20] 따라서 이를 하나의 "완결된 논리 체계"로 정리·분석하는 것은 쉬운 일이 아니다. 그렇다면 시마오 도시오가 야포네시아론의 골격을 거의 완성한 시점인 1969년에 발표한 글을 통해 이 개념의 개략을 살펴보자.

나는 요즘 우리 일본이라는 나라가 세 개의 부분으로 성립되었다는 생각을 떨칠 수 없다. 북쪽에서 보면 동북과 중앙 일본과 류큐코(琉球弧)의 세 개 부분. (그런데_인용자) 간단하게 말하자면 일본의 역사 전개와 이를 포착하는 방법은 대체로 중앙 일본만을 시야에 두고 아무런 의심도 없이 이를 기반으로 삼아온 것이 아닐까?[21]

---

20 岡本恵徳, 『「ヤポネシア論」の輪郭: 島尾敏雄のまなざし』, p.169.
21 島尾敏雄, 「私にとって沖縄とは何か」(1969), 『全集(17)』, p.167.

여기서 '중앙 일본'은 지리적으로는 규슈에서 관동 지역까지 포함하는 본토를, 그리고 '동북'은 관동 이북에서 홋카이도를 거쳐 지시마까지를 포함하는 지리 개념이다. 또 '류큐코'는 가고시마 남쪽 해상의 아마미부터 오키나와 섬을 거쳐 미야코(宮古)·야에야마(八重山)까지, 즉 대만 이북까지를 포괄하는 개념이다. 그는 "변두리에로의 지향, 편향"을 가지고 "변두리에서 가운데를 보면서 그런 발상(야포네시아)이 나오게 된 것"[22]이라고 말했다. 여기서 일본열도의 남북 양 끝, 즉 '변두리'에 주목함으로써 '가운데'인 중앙 일본 중심의 일본을 상대화하려는 야포네시아의 시좌를 읽어낼 수 있다. 물론 여기서 말하는 변두리가 중앙으로부터 거리상으로 떨어져 있다는 단순한 지리적 개념은 아니다. 변두리는 중앙에 의한 억압으로 "갇히고" "버림받은 세계"이다.[23] 따라서 야포네시아는 조정민의 말처럼, "중앙 권력에 의해 소외되거나 삭제되었던 '말단'과 '여분'"에 시좌를 둠으로써 "중심/주변이 가지는 지리적 차별 논리를 뒤집는 프레임"이라고 볼 수 있다.[24] 야포네시아론은 이른바 중앙 헤게모니의 단일한 문화·역사 공동체로서의 일본을 해체한다. 그러고 나서 억압받고 소외받은 변두리의 문화와 역사를 정당하게 자리매김함으로써 다양한 역사·문화 연합체로서 "같은 국가 안에서 다채롭게 서로 다른 요소가 혼교하고 마찰하는"[25] 공동체로서의 일본을 재구성하려 했다고 볼 수 있다.

시마오 도시오의 이런 독특한 문제의식은 그의 개인적 성장 과정과 밀접히 관련되어 있다. 그는 1917년에 요코하마에서 태어나 관동대지진 후에는 고베

---

22 島尾敏雄, 「深層日本〈ヤポネシア〉へ」, 島尾敏雄 編, 『ヤポネシア序説』(東京: 創樹社, 1977). 岡本啓徳, 『「ヤポネシア論」の輪郭: 島尾敏雄のまなざし』, p.9 재인용.

23 島尾敏雄, 「南の島での考え」(1959), 『全集(16)』, p.127.

24 조정민, 「시마오 도시오(島尾敏雄)와 남도(南道): 타자 서사와 야포네시아적 상상력」, pp.228~229.

25 島尾敏雄, 「南西の列島の事など」(1956), 『全集(16)』, pp.43~44.

에서 어린 시절을 보냈고 고베상업학교, 나가사키상업학교 및 규슈제국대학에서 수학했다. 1944년 제1기 어뢰정(魚雷艇) 학생으로 입대해 요코스카에서 임관했고 진양대(震洋隊)라는 특공 부대의 지휘관으로 부임한 아마미 군도의 가케로마 섬에서 패전을 맞이했다. 패전 후에는 오사카, 고베, 가고시마, 도쿄 등을 거쳐 1955년부터 1975년까지 아마미의 섬 나세(名瀬)에 거주했다. 이후 가고시마 등을 거쳐 1986년에 도쿄에서 숨을 거두었다. 부모의 고향이 후쿠시마 현 소마(相馬)였으니,[26] 그는 일본열도 전역을 전전하면서 '노마드'적인 삶을 산 사람이다. 그래서 그는 스스로를 "고향 상실자"[27]라고 칭했다.

오키나와의 일본 '복귀'를 앞두고 있던 1960년대에 오키나와를 포함한 '류큐코'를 일본열도를 구성하는 하나의 독자적인 문화적 구성단위로 사고하는 야포네시아론은 매우 이채로운 이론이었다. 왜냐하면 앞서 말한 바와 같이 일본 정부나 일본공산당 모두 전전 이래 '일류동조론'인 동일민족/동일문화론에 입각해 오키나와를 다시 일본에 복귀시킨다는 입장을 견지하고 있었기 때문이다. 따라서 오키나와를 포함한 남도를 하나의 독립적인 구성단위로 삼아 '본토 = 야마토'와 같이 대등한 지위를 부여하려는 야포네시아론은 동일민족론에 입각한 오키나와 '복귀'론과는 전혀 다른 신선한 사고였다.

시마오 도시오와 유사한 논리 전개를 펼친 요시모토 다카아키(吉本隆明)는 '야마토' 중심을 해체해 일본이라는 국가를 류큐 열도를 포함한 일본열도로 재정립하려는 시마오 도시오의 역사적·문화적 시도를 높이 평가했다.[28] 역사학자 가노 마사나오(鹿野政直)는 시마오 도시오의 문학작품과 남도론을 잇는

---

26 島尾敏雄, 「島尾敏雄年譜」, 『全集(17)』, pp.446~457.

27 島尾敏雄, 「奄美大島」(1959), 『全集(16)』, p.115.

28 吉本隆明, 「島尾敏雄 『琉球弧の視点から』」(1969), 「島尾敏雄: 遠近法」(1973), 『全南島論』, pp.417~423.

고리[環]가 조어자(造語者)의 원죄 의식에 있다고 했는데, 그 원죄 의식은 역사 속에서 "언제나 희생당하는 존재와 그 지역에 사는 사람들에 대한 마음속 깊은 공명음(共鳴音)"이라고 했다. 그는 희생당한 이들에 대한 공명이 없었던 전후 일본 역사학에 자기반성을 촉구하면서, "우리들 역사학에는 과연 '도리시마(鳥島)'가 들어 있는가?"라는 질문을 던진다.[29] 즉, 오키나와를 역사학의 대상에서 제외했던 전후 역사학에 대한 뼈아픈 비판으로 야포네시아론을 받아들였던 것이다.

하지만 무엇보다도 중요한 것은 오키나와 측의 반응이다. 그중에서도 이른바 '반(反)복귀론'을 펼쳤던 아라카와 아키라(新川明)에게 미친 영향은 매우 컸다. 반복귀 사상은 ≪신오키나와 문학(新沖縄文学)≫(1993년 휴간)을 중심으로 아라카와 아키라와 가와미쓰 신이치(川満信一)가 1970년대 초반에 펼쳤던 주장이다. 오키나와 독립론은 일본으로부터 독립된 별도의 국민국가를, 복귀론은 일본 귀속을 통해 일본이라는 국민국가로의 포섭을 시도했다. 방향은 상반되지만 양자 모두 국민국가 모델을 상정한다는 공통점을 가지고 있었다. 이에 대해 반복귀론은 오키나와의 일본 복귀는 국민국가로부터 피해를 입은 오키나와 사람이 "스스로 자발적으로 '국가'에 몸을 들이미는 내발적 사상"이라고 보았다. 이를 거부하는 "반복귀는 곧 반국가이며, 반국가/반국민을 지향"하는 것이고, "비국민으로서 자신을 자리매김하려는 내적인 매니페스트"이기 때문에 반복귀론이야말로 "현재 지구상을 가득 메우고 있는 각각의 국가군이 국가라는 환상 공간 속에서 사수하고 있는 통합의 질서에 대한 끝없는 이의 제기이며, 통합의 질서를 무너뜨리는 사상이며 정신"이라고 말한다.[30]

---

29 鹿野政直, 『「鳥島」は入っているか: 歴史意識の現在と歴史学』(東京: 岩波書店, 1988), pp.10~11.

30 자세한 내용은 다음을 참조. 권혁태, 『일본의 불안을 읽는다』, 4장.

또 아라카와 아키라는 야포네시아론으로부터 받은 사상적 영향에 대해 다음과 같이 말한다.

나의 반복귀의 모체는 시마오 도시오라 단언해도 좋다. …… 실체적 국가로서의 '일본'과 자신의 생존역과의 긴장된 관계성 속에서 절박한 상황에 놓여 위기의식을 쌓고 있었던 사람에게 '야포네시아'론은 새로운 국가론 또는 국가관을 촉발시키는 계기가 되었다. 그로부터 '독립'론을 포함한 다양한 논의를 낳게 되었다.[31]

여기서 아라카와 아키라는 시마오 도시오의 의도와는 관계없이, "양자로 내보냈던 아이가 엄마 품을 그리워하듯" 소박한 민족 감정에 의해 '조국복귀운동'이 진행되고 있던 당시 오키나와[32]가 "실체적 국가로서의 '일본'과의 긴장 관계" 속에서 이른바 '반국가' 사상의 가능성으로 야포네시아론을 받아들였다고 보았다. 이렇듯 아라카와 아키라 등의 오키나와 지식인들은 야포네시아론을 실체로 존재하는 현실 국가, 즉 '일본'이라는 국가를 상대화할 수 있는 가능성을 가진 사상으로 받아들였다. 전공투(全共鬪) 학생들이 요시모토 다카아키의 '이족(異族)'의 논리와 더불어 국가를 상대화하는 시점으로 야포네시아론을 받아들인 것도 이 때문이다.[33] 여기에 아라카와 아키라와 시마오 도시오의 차이가 있다. 조정민의 지적대로 시마오 도시오의 야포네시아론은 오키나와의 문화적 독자성을 인정하고는 있지만 그렇다고 오키나와의 일본 '이탈'을 전제로 한 것은 아니었다. 오히려 후술하는 바와 같이 일본의 오키나와 '포섭'

---

31 新川明,『沖縄·統合と反逆』(東京: 筑摩書房, 2000), pp.99, 117.

32 新崎盛暉, 『未完の沖縄闘争: 沖縄同時代史·別巻 1962~1972』(東京: 凱風社, 2005), p.43.

33 岡本恵徳·高良勉·仲里効·比屋根薫, 「座談会·「ヤポネシア」と沖縄」, ≪新日本文学≫, 71号 (1987), p.21.

을 새롭게 설명하는 논리를 갖추고 있었다. 또 야포네시아론을 사회적으로 확장시키는 데 결정적인 역할을 한 민속학자 다니가와 겐이치는 야포네시아론을 내셔널리즘으로서의 일본을 그 내부에서 파열시키고 일본을 인터내셔널리즘으로서 재구성하는 하나의 시도로 받아들였다.[34]

> 야포네시아는 일본 탈출도 일본 매몰도 거부하는 제3의 길로 등장한다. …… 내셔널한 것 중에 내셔널리즘을 파열시키는 인자를 발견하는 것이다. 이는 어떻게 가능할까? 일본열도 사회에 대한 인식을 동질 균등의 역사 공간인 일본에서 이질 불균등한 역사 공간인 야포네시아로 전환시킴으로써, 즉 '일본'을 야포네시아화함으로써 가능한 것이다.[35]

즉, 다니가와 겐이치가 해석한 야포네시아론은 단일의 문화 공동체인 내셔널한 공간인 일본을 내부에서 해체하고 이를 '이질 불균등', 즉 다양한 역사 공간인 야포네시아로 전환시키는 내발적인 사상의 가능성으로서의 야포네시아였다. 그렇다면 야포네시아론은 무엇을 지향하는 것이었을까? 그 지향점을 중심으로 야포네시아 사고의 내적 구조에 대해 살펴보자.

4. 시공 개념으로서의 야포네시아론

1) 반근대·반문명으로서의 야포네시아

일본의 소성(素性)을 밝히기 위해 일본이 대륙으로부터 어떤 영향을 받았는지

---

34 谷川健一, "〈ヤポネシア〉とは何か", ≪日本読書新聞≫, 1970年 1月 1日.
35 같은 글.

그 상황을 아무리 교묘히 그리고 신중하게 해부해보아도, 결국은 딱지를 뗀 다음에도 무참하게도 불모(不毛)의 부분밖에는 남지 않는다는 느낌이 든다. 물론 뿌리 깊이 박혀 있는 대륙으로부터 받은 자극과 빚[貸輿]을 무시해서는 안 된다. 이를 무시해서는 일본에 대해서 어떤 것도 생각하기 어렵기 때문이다. 이는 명백하다. 하지만 그쪽만 쳐다보고 있으면 늘 꽉 막혀 있는 막다른 실험 장소라는 수동적인 느낌에서 벗어날 수 없다는 생각이 들기 시작했다. …… 지도 위의 일본은 늘 대륙의 끝자락에 있고 일본은 이 끝자락에서만 볼 수 있을 뿐이다. 마치 원래는 대륙에 붙어 있었는데 안타깝게도 사이에 있던 육지가 함몰해 아주 조금 대륙에서 떨어져버렸다고 말하고 싶다는 듯이! …… 하나의 시도를 해볼 수 있다. 지도에 있는 일본의 위치를 이들 섬을 중심으로 조절해보는 것이다. 아마 세 개의 활 모양, 꽃 장식으로 이어진 야포네시아의 모습이 분명하게 드러날 것이다. …… 그리고 일본의, 남태평양의 섬들을 하나의 그룹으로 묶어 그 면(面)을 생각하면, 딱딱하게 뭉쳐 굳어버린 어깨를 틀림없이 풀어줄 것이다.[36]

이 인용문은 시마오 도시오가 1961년에 발표한 「야포네시아의 뿌리」라는 에세이의 한 구절이다. 야포네시아라는 말을 처음 사용한, 겨우 세 쪽에 불과한 이 짧은 에세이에는 앞서 말한 1960년대에 본격적으로 펼쳐지는 야포네시아론의 '뿌리'가 담겨 있다. "딱딱하게 뭉쳐 굳어버린 어깨"라는 표현으로 본토의 문화적 경직성을 적대시하는 그의 태도는 야포네시아론의 기본 전제였다. 그는 다른 글에서도 본토에 대해 "얼어붙은 불모의 영역", "획일적인 불모지대",[37] "단조롭고 지루한 장소",[38] "심하게 말라비틀어진 획일성",[39] "온대 지

---

36   島尾敏雄, 「ヤポネシアの根っこ」(1956), 『全集(16)』, pp.190~191.

37   島尾敏雄, 「奄美大島から」(1955), 『全集(16)』, p.28.

38   島尾敏雄, 「南西の列島の事など」(1956), 『全集(16)』, p.44.

대 일본의 단조로운 빈약함",[40] "딱딱하고 무른 일본",[41] "경화(硬化)"와 "딱딱함",[42] "몰개성적인 획일"[43]과 같이 부정적으로 형용했다. 이에 반해 남도 문화에 대해서는 "외향성의 생활 방식",[44] "풍요로움",[45] "유형화되지 않은 …… 상상 이상의 다양성",[46] "유연함",[47] "개성적",[48] "인간적인 따뜻함",[49] "가난하지만 전인적 생활"[50]과 같이 긍정적인 묘사로 일관했다. 즉, 본토 문화의 "딱딱함"과 남도 문화의 "부드러움"을 긍정/부정의 이항 대립적으로 대치시키고 있다. 이렇게 일본열도라는 동일한 지리 공간에 위치하고 있는 두 지역에 대한 그의 상반된 시선은 무엇을 의미하는 것일까?

물론 시마오 도시오가 본토 문화와 상반되는 독자적인 문화를 가진 남도를 일본이 아닌 외국으로 보고 있는 것은 아니다. 그는 남도를 일본에 존재하는 개성적인 지방으로 본다.[51] "지방의 개성을 개화시키는 것이 야포네시아의 관점"[52]이라는 시마오 도시오의 말처럼, 남도 문화의 "부드러움"이라는 이질성은 동일 공간에 존재하는 문화 다양성의 한 구성요소이다. 하지만 그의 남도

---

39 島尾敏雄,「鹿児島県立図書館奄美分館が設置されて」(1958),『全集(16)』, p.86.

40 島尾敏雄,「われわれのなかの南」(1958),『全集(16)』, p.74.

41 島尾敏雄,「南島について思うこと・南の部分」(1959),『全集(16)』, p.110.

42 島尾敏雄,「私の見た奄美」(1962),『全集(16)』, p.207.

43 島尾敏雄,「奄美・沖縄の個性の発掘」(1970),『全集(17)』, p.175.

44 島尾敏雄,「奄美大島から」(1955),『全集(16)』, p.34.

45 島尾敏雄,「南西の列島の事など」(1956),『全集(16)』, p.44.

46 島尾敏雄,「今年の仕事」(1959),『全集(13)』, p.230.

47 島尾敏雄,「南島について思うこと・南の部分」(1959),『全集(16)』, p.110.

48 島尾敏雄,「私の見た奄美」(1962),『全集(16)』, p.206.

49 같은 글, p.208.

50 같은 글, p.212.

51 같은 글, p.216.

52 島尾敏雄,「奄美・沖縄の個性の発掘」(1970),『全集(17)』, p.178.

에 대한 공감은 남도 문화가 중앙과는 다른 개성을 지니고 있다는 의미에서의 이질성 때문이 아니다. 왜냐하면 그가 말하는 이질성은 시공의 개념이기 때문이다. 그는 남도가 중요한 것은 남도에서 "이질적인 것"을 "발견"할 수 있기 때문이 아니라 그 발견이 "고대(古代)의 피로 거슬러가는 소급(遡及)의 기쁨"[53]을 주기 때문이라고 말한다. 즉, 일본열도라는 공간에 본토와는 다른 이질성이 남도에 개성적으로 존재하기 때문이 아니라, 그 이질성이 '옛날'의 향수를 자극하는, 시간적인 소급을 통해 발견되는 "고대의 피"이기 때문이다.

시마오 도시오는 군 시절(1944)의 아마미 체험을 회고하면서, 남도를 "생명력 넘치는 태고의 기운이 깊게 드리워 온화한 부드러움에 뒤덮인" "도원향"[54] 같은 곳이며, 남도에는 "고속(古俗)의 보고(寶庫)"와 "고태(古態)"[55]가 강하게 남아 "마치 고대의 심오한 고요함에 덮여 있는", "오래된 그리움의 아만유(아마미 세상)"[56]라고 표현하고 있다. 더욱이 남도에는 문명에 "오염되지 않은 에너지"가 있으며,[57] 따라서 "근대"의 "양상이 적고", "옛 시대의 인간의 모습"[58]이 남아 있다고도 말한다. 즉, 그가 남도에 주목한 까닭은 남도에서 반근대·반문명을 찾을 수 있기 때문이다. 그는 문명·진보는 좋고 행복한 것이고 고대는 야만적이고 미개한 것이라는, 멀게는 메이지유신 이후, 가깝게는 1960년대를 지배해왔던 개발주의적 성장 담론을 뒤집었다. 그리고 가난하지만 "전인적" 생활이 가능한, 고대의 흔적이 남아 있는[59] 남도의 역사적 '복권'을 꾀했다.

---

53 島尾敏雄, 「多くの可能性を秘めた島々」(1969), 『全集(17)』, p.169.
54 島尾敏雄, 「南島について思うこと・ニライ・カナイ」(1959), 『全集(16)』, p.114.
55 島尾敏雄, 「名瀬の正月」(1957), 『全集(16)』, p.51.
56 島尾敏雄, 「九年目の島の春」(1964), 『全集(16)』, pp.286, 288.
57 島尾敏雄, 「私の見た奄美」(1962), 『全集(16)』, p.212.
58 島尾敏雄, 「琉球弧から」(1970), 『全集(17)』, p.191.
59 島尾敏雄, 「私の見た奄美」(1962), 『全集(16)』, pp.201~212.

시마오 도시오의 야포네시아론은 일종의 반근대와 반문명을 기반으로 한 사고 체계였다. 따라서 그가 본토에 적대적 혐오감을 가졌던 것은 개발주의로 인해 고대 이래의 흔적이 사라졌기 때문이고, 반대로 남도에 애착을 가졌던 것은 개발주의의 외연에 자리한 남도에 이른바 '고대의 피'가 남아 있다고 보았기 때문이다. 따라서 1960년대 고도성장과 개발주의가 섬으로 밀려들어오는 현실은 그에게 위기로 다가왔다. 그에게 개발은 "섬이 더럽혀지는"[60] 것과 다름 없었고, 이는 "섬의 위기",[61] 즉 야포네시아의 위기였다.

그렇다면 태고의 모습을 간직한 남도는 일본열도에서 어떤 의미를 지닐까? 그가 말하는 남도에서 발견되는 '태고의 모습 = 이질성'은 일본열도 "초발(初發)의 문화 형식"[62]이다. 즉, 남도야말로 "(일본) 열도의 뿌리"[63]인 것이다. 그가 남도에 주목한 것은 남도의 이질성 때문만도 아니고, 또 '고태'이기 때문만도 아니다. "일본이라는 나라와 사람과 문화를 아는 데 불가사의한 뿌리"[64]이기 때문에 이질성과 고태가 의미를 갖는 것이다. 그래서 남도는 "일본보다 더 일본 같은 곳"[65]이다. 그렇다면 왜 일본의 고태가 본토에서 사라졌을까? 시마오 도시오는 다음과 같이 말한다.

이른바 일본열도에서 초발의 문화 형식이 놀랍게도 이들 남쪽 섬에 여전히 남아 있다. 우리들은 메이지 시대에 노도처럼 밀어닥친 백인 문화에 조상들이 지키고 가꾸어온 문화의 마음과 형태를 무너뜨렸다. 우리들은 이른바 떠도는 고향 상

60 　島尾敏雄, 「明日のおびえ」(1968), 『全集(17)』, p.142.
61 　島尾敏雄, 「テレビを考える」(1968), 『全集(17)』, p.140.
62 　島尾敏雄, 「文学果つるところ」(1958), 『全集(16)』, p.72.
63 　島尾敏雄, 「南西の列島の事など」(1956), 『全集(16)』, p.45.
64 　島尾敏雄, 「二つの根っこのあいだで」(1963), 『全集(14)』, p.113.
65 　島尾敏雄, 「日本の周辺としての奄美」(1960), 『全集(16)』, p.142.

실자가 되었다. 자세는 퇴폐했고 단신의 체구에 백인 옷을 둘러 입었다.[66]

따라서 개발의 시초가 되었던 메이지유신 이후의 야마토의 '번영'은 "단신의 체구에 백인 옷을 둘러 입은" '가짜 일본'이었다. '진짜'는 "초발의 문화 형식"을 간직한 남도였다. 더구나 그는 "일본 민족 형성기"에는 류큐를 포함한 일본열도에 "초발의 문화 형식"을 간직한 하나의 민족체가 형성되어 있었다고 보았다.[67] 그리고 앞서 말한 인용문에 등장한 것처럼, "대륙으로부터 받은 자극" 때문에 태고의 모습이 본토에서 사라지게 되었고, "대륙의 빛"에 힘 입어 헤게모니를 장악한 이른바 본토 중심의 "단계열(単系列)의 시간으로 이어지는 역사 공간"의 번영이 남도 문화를 배제·억압하면서 일본열도의 역사와 문화를 독점한 것으로 보았다. 그에게 '대륙(중국, 조선, 인도) = 야마토[본토 또는 왜(倭)] = 문화적 경직성 = 개발 = 근대 = 서양'은 등식으로 이어졌고 '고대 = 남도 = "부드러움" = 반근대'는 야포네시아의 거점이었다. 후자를 전자에 대치시키고 이를 전체 속에서 '복권'시키는 것이 바로 야포네시아론이다. 다니가와 겐이치가 야포네시아를 "다계열(多系列)의 시간을 종합적으로 소유하는 공간 개념"으로 파악한 것은 바로 이 때문이다.[68]

2) 아마미라는 '장소성'

아마미는 시마오 도시오가 장기간 머무른 거주지인 동시에 야포네시아론의 발신지이다. 가고시마 현에서 약 400km 이상 떨어져 있는, 크고 작은 여덟

---

66 島尾敏雄, 「文学果つるところ」(1958), 『全集(16)』, p.72.
67 島尾敏雄, 「私の見た奄美」(1962), 『全集(16)』, p.215.
68 谷川健一, "〈ヤポネシア〉とは何か", ≪日本読書新聞≫, 1970年 1月 1日.

개의 섬으로 이루어진 아마미는 그의 야포네시아론에서 매우 중요한 의미를 지닌다. 시마오 도시오는 1944년 10월 제18 진양 특공대 지휘관으로 아마미의 가케로마 섬에 부임하며 이곳에 첫발을 내디뎠다. 요코하마에서 태어나 규슈에서 학업을 마친 그의 첫 번째 아마미 체험이었다. 패전 후 아마미를 떠났던 그는 1955년에 다시 돌아와 1970년대 중반까지 주로 아마미를 주소지로 하면서 활발한 집필 활동을 펼쳤다. 그에게 아마미는 아내의 고향이기도 했지만, 동시에 특공대 지휘관으로 죽음을 앞두고 있던 군 시절의 정신적 위기와 퇴폐에서 자신을 구해준 "구혼(救魂)의 장소"이기도 했다.[69] 그가 전후의 아마미에 거주한 이유는 아마미 출신 여성과의 결혼이라는 '우연'에 따른 것이었다. 하지만 오카모토 게이토쿠가 시마오 도시오의 야포네시아론의 모티브는 아마미 사람들의 본토에 대한 콤플렉스에 있다고 말한 데서 알 수 있듯이,[70] "아마미는 야포네시아를 해명하기 위한 하나의 중요한 실마리를 가지고 있"[71]는 곳이다.

잘 알려져 있는 것처럼, 아마미는 모리 요시오(森宣雄)의 말을 빌리자면, "일본과 오키나와 사이에 끼어 있는 중간 지대"에 자리해 역사적으로 "양쪽으로부터 변경으로 버려진 곳", 즉 '중간 지대' 또는 '이중의 장소성'을 지닌 곳이다.[72] 시마오 도시오도 아마미를 "본토적인 것"과 "오키나와적인 것"의 "혼교의 상태"[73]라고 말한 데서 아마미가 가진 '이중의 장소성'을 의식하고 있음을 알 수 있다. 하지만 아마미는 "류큐도(琉球度)"가 상대적으로 미약해 그의 남

69   島尾敏雄,「妻への祈り」(1956),『全集(13)』, p.183.

70   岡本恵徳,『「ヤポネシア論」の輪郭: 島尾敏雄のまなざし』참조.

71   島尾敏雄,「ヤポネシアの根っこ」(1956),『全集(16)』, pp.190~191.

72   森宣雄,『地のなかの革命: 沖縄戦後史における存在の解放』(東京: 現代企画室, 2010), pp.74~75.

73   島尾敏雄,「私の中の琉球弧」(1967),『全集(17)』, p.103

도 이해에 "완결할 수 없는 '결여'"를 지닌 곳이기도 했다.[74] 따라서 그에게 아마미는 본토와 오키나와 사이에 있는 "골짜기"였고, 오키나와로 다가가기 위한 "숨겨진 원망(願望)"[75]을 간직한 "남도 탐험의 중요한 근거지"[76]에 불과했다. 즉, 그에게 아마미는 "어떻게 보아도 류큐의 일부분"[77]이었다. 그에게 아마미는 아마미로서가 아니라 류큐 또는 오키나와로 다가가기 위한 거점이었다. 이런 관점은 오키나와 복귀를 목전에 둔 1970년에도 이어진다. 오키나와 복귀가 실현되는 경우에도 아마미는 "지리적·역사적으로 오키나와와 함께 국토의 한 블록인 '류큐코'를 형성해", "류큐코의 일원으로 본토에 매달리지 않고 자유로운 기분으로 발언하며 자립 체제 만들기를 지향하는 것이 필요"[78]하다고 말한 데서 이를 알 수 있다.

시마오 도시오의 남도 또는 오키나와 '콤플렉스'는 아마미 사람들의 인물 묘사에서 반복적으로 등장하는 '큰 눈'에서도 찾아볼 수 있다. 그는 아마미 사람들의 외모적 특징에서 '큰 눈'을 발견하고 이를 오키나와까지 확대함으로써 상대적으로 '작은 눈'을 가진 자신의 '야모토성'을 끊임없이 상대화시키려 했다. 그에게 큰 눈은 남도론의 메타포이고 작은 눈은 야마토나 대륙 문화의 메타포였다.

그는 자신의 처는 아마미에서 살고 있지만, 처의 선조는 오키나와에서 온 귀족 출신이라는 점을 반복해서 말한다. 그는 아직 오키나와에 가본 적도 없었던 1954년에 자신이 오키나와 태생으로 잘못 알려지거나 자신의 성 또는 이름에서 "남도 냄새"가 난다는 소리를 들으면 오히려 이를 자랑스러워했다.

74　島尾敏雄, 「奄美と沖縄と」(1965), 『全集(17)』, p.43.
75　島尾敏雄, 「請島の結婚式」(1961), 『全集(16)』, p.167.
76　島尾敏雄, 「ふるさとを語る」(1962), 『全集(16)』, p.195.
77　島尾敏雄, 「琉球弧から」(1970), 『全集(16)』, p.188.
78　島尾敏男, 「奄美は訴える」(1970), 『全集(16)』, p.142.

이렇게 그는 오키나와에서 태어나지 못한 것을 "후회"하고 있지만, 오키나와에서 이주해온 아마미 출신의 아내와 결혼해 "그나마 아이들에게 오키나와의 혈액을 혼입할 수 있어서", "반쪽이나마 피해자의 지위를 획득했다"라고 말한다.[79] 그의 아마미 '사랑'은 오키나와 '사랑'에 다름 아니며, 이는 오키나와를 일본열도에 끌어들이는 배경으로 작용한다.

또 큰 눈 등과 같은 신체적·혈연적 특징을 통해 아마미를 류큐로 이어가는 그의 오리엔탈리즘은 동북 지방을 아이누로 이어가는 방식에서도 똑같이 드러난다. 그는 자신의 중학교 시절에 "아래턱이나 뺨에 솜털이라고는 생각할 수 없는 볼품없는 거친 털이 나기 시작"해 자신의 조상이 틀림없이 아이누[80]일 것이라 생각했다고 회상한다. 동북 출신(부모의 고향)인 그는 "거친 털"이라는 자신의 신체적 회로를 통해 '동북＝아이누'라는 '억압받는 존재'로서의 인식을 획득했던 것이다.

즉, 야포네시아론에서 아마미는 독자적인 구성단위가 아니라, 류큐 또는 남도를 구성하는 하부 단위였다. 시마오 도시오는 '중간 지대'에 자리한 아마미에 대해 본토와의 관련성을 의식적으로 차단하고 오키나와와의 동질성을 부각시킴으로써 아마미를 류큐코의 일원으로 자리매김했다. 그리고 아마미를 포함한 류큐코를 야포네시아의 한 단위로 포함시켰다.

5. 결론을 대신하여: 일본 '포섭'의 논리로서의 야포네시아

이상 살펴본 바와 같이, 시마오 도시오의 야포네시아론은 다음 두 가지 상

---

79   島尾敏男, 「「沖縄」のいみするもの」(1954), 『全集(14)』, p.12.
80   島尾敏男, 「いやな先生」(1965), 『全集(14)』, p.181.

황에 긴박되어 있다. 하나는 1960년대의 고도성장과 개발주의의 침투이다. 이로 인해 남도에 남아 있던 고대의 흔적은 점차 사라져갔다. 본토에 의해 '오염'되어, 점차 남도에는 대륙 또는 서양에서 유래한 문화적 획일성이 자리를 잡아갔다. 이 위기감이 시마오 도시오가 반문명과 반근대의 문화적 거점으로 남도를 자리매김하게 만드는 배경으로 작용했다고 볼 수 있다. 따라서 야포네시아론이 담고 있는 반문명·반근대는 반서양이면서 동시에 반대륙이기도 하다.

또 하나는 오키나와의 일본 '복귀' 문제이다. 그는 오키나와의 일본 복귀를 원하고 있었다. 다만 복귀는 오키나와가 본토에 "들러붙는" 것이 아니라 "오키나와의 자율적·독립성"을 정립하는 방향으로 진행되어야 한다고 말했다.[81] 또 오키나와 복귀를 둘러싸고 벌어졌던 정치적 "비등(沸騰) 상황"에 대해서는 거리를 두고 싶다고 하면서도 "아주 오래된 예로부터의 과정", 즉 원래 일본의 한 부분이었던 오키나와가 일본에서 분리되어갔던 과정을 봐야 한다고 말했다.[82] 본토에서 벌어졌던 복귀운동을 이끈 것은 이른바 '민족 통일'의 논리였다. 전전 이래의 '일류동조론'에 근거한 복귀운동은 식민주의를 은폐하는 '일류동조론'과 다름없었다. 시마오 도시오는 오키나와에 대한 본토의 가해 책임을 인식하고, 오키나와를 일본열도의 당연한 구성원으로 자리매김하려 했다. 오키나와를 본토 중심의 일본에 일방적으로 흡수하는 방식이 아니라, 오키나와를 포함한 남도를 일본을 구성하는 기본단위로 설정함으로써 남도에 본토와 대등한 지위를 부여한 것이다. 그리고 이를 문화적 공동체인 야포네시아라는 범주로 묶어내려 했다. 나아가서는 1960년대 후반부터 그의 부모 고향인 동북 지방을 아이누와 동일시해 동북에 '피해자'의 지위와 문화 및 역사의

81　島尾敏雄, 「琉球弧から」(1970), 『全集(17)』, pp.189~190.
82　같은 글, p.188.

독자성을 부여함으로써 동북을 야포네시아를 구성하는 단위로 설정했다. 이런 의미에서 야포네시아론은 역사의 '무대 뒤'에 있던 남도와 동북을 전면에 내세움으로써, 역사의 "되치기[다케우치 요시미(竹內好)]", 또는 "중심/주변이 가지는 지리적 차별 논리를 뒤집는 프레임"(조정민)을 확장한 사상적 시도였다고 볼 수 있다.

내셔널리즘 부정과 인터내셔널리즘적인 시점에 대한 갈구가 하나의 관념 체계로 번져가던 1960년대 일본에서 등장한 야포네시아론은 내셔널리즘으로서의 일본을 내부에서 파열시키고 인터내셔널리즘으로서 일본을 재구성하는 하나의 시도로 폭넓게 받아들여졌다. 하지만 시마오 도시오의 야포네시아론은 두 가지 확장성을 가지고 있었다는 점을 봐야 한다. 하나는 야포네시아론이 앞서 말한 바와 같이 대륙과의 관계를 단절하고, "인도네시아나 미크로네시아, 그 너머의 멜라네시아, 폴리네시아 등 태평양 주변의 도서군(島嶼群)으로 뻗어 나갈"[83] 수 있는 '탈(脫)국경'적 확장성을 가지고 있었다는 점이다. 이는 근대 이후 식민주의의 본질을 근본적으로 되묻는 질문이고, 또 탈국가적 또는 아나키즘적 가능성을 여는 사고였다고 볼 수 있다. 앞서 말한 바와 같이 야포네시아론에서 결정적인 영향을 받았다는, '반국가'의 사상으로 이어지는 '반복귀론'은 이 같은 확장성을 대표한다. 최근에 오키나와에서 등장하고 있는 '류큐 독립론'의 한 흐름이 이른바 남태평양과의 접점에서 그 방향을 찾고 있다고 한다면, 류큐 독립론과 야포네시아론과의 사상적 연결 고리도 동시에 생각해볼 수 있다.

하지만 동시에 이와 상반되는 또 하나의 확장성도 무시할 수 없다. 즉, 일본이라는 국가로 회수되는 야포네시아론이다. 시마오 도시오는 남도나 동북

---

[83] 島尾敏雄,「宮本常一著「日本の離島」」(1960),『全集(14)』, p.22.

(아이누 포함)의 문화적 독자성을 인정하면서도 이들 지역이 일본을 '이탈'할 가능성은 인정하려 하지 않았다. 항상 이들 지역은 일본의 "인대(靭帶)"[84]였고, 이들 지역과 일본 사이에는 저류에 "연대의 기반"[85]이 있다고 보았다. 따라서 야포네시아론은 아이누나 오키나와 문제에 대한 식민주의적 관점을 희석시키고, 이들 지역에 대한 일본의 지배를 고대에 이르기까지 확장시켜 정당화하는 논리로 확장될 가능성도 동시에 있었다.

실제로 후자의 논리에 근거해 전자의 확장성과 가능성에 이의를 제기하는 입장도 등장했다. 예를 들면 아마미 출신의 작가 후지이 레이이치(藤井令一)는 야포네시아의 구성단위인 남도의 공간 범위를 미크로네시아 등으로 확장하는 것에 우려를 표하면서, 남도를 문화적·역사적으로 오키나와의 남단 섬까지로 한정해 야포네시아의 구성단위로 삼아야 한다는 뜻을 펼쳤다.[86] 즉, 야포네시아론이 반국가론의 사고로 이해되는 것에 반대하면서 남도를 일본이라는 국가에 회수하려 했던 것이다.

이 같은 두 가지 확장성은 야포네시아론을 오키나와 측이 일본이라는 국가에 포섭되는 것을 거부하는 사상으로, 아마미 측이 일본이라는 국가에 정당하게 포섭되는 사상으로 왜 서로 다르게 받아들였는지를 자문한 마에도시 기요시(前利潔)의 질문과 관련이 있다.[87] 야포네시아론은 말하자면 일본이라는 국가를 상대화시키는 흐름과 일본이라는 국가로 회수하려는 흐름의 헤게모니 쟁탈전이었는데, 그 무대가 되었던 곳이 오키나와 또는 남도였던 것이다. 따라서 "오키나와는 일본의 고속을 비추는 거울이고, 아이누는 고대 이전의 일

---

84 島尾敏雄, 「島の夢と現実」(1962), 『全集(16)』, p.231.

85 島尾敏雄, 「南の島での考え」(1959), 『全集(16)』, p.127.

86 藤井令一, 『ヤポネシアのしっぽ』(東京: 批評社, 1979) 참조.

87 前利潔, 「〈無国籍〉地帯、奄美諸島」, 藤沢健一 編, 『沖縄·問いを立てる6: 反復帰と反国家』 (東京: 社会評論社, 2008), p.55.

본을 비추는 거울"이라는 다니가와 겐이치의 지적[88]처럼 오키나와, 남도, 아이누는 오직 일본이라는 주체를 기동하기 위한 대상물로 소비되었을 뿐이다. 오키나와의 다카라 벤(高良勉)이 야포네시아론은 류큐를 일본 국가권으로 묶으려는 사고라고 하면서 위화감을 느낀다고 한 것도 이 때문이다.[89] 시마오 도시오가 남도를 보는 시선은 야나기타 구니오(柳田国男)와 마찬가지로 오리엔탈리즘이었고, 본토 중심의 '남도 이데올로기'였으며, 또 '식민주의'이기도 했다.[90] 이런 의미에서 중국 및 조선 등의 대륙 문화와의 연결 고리를 시공적으로 차단하고 이를 남쪽으로 확장하는 논리를 통해 일본의 영역 범위를 남쪽으로 확장하는 야포네시아론은 '대동아공영 사상'의 전후적 계승으로 진화할 가능성도 동시에 가지고 있었다. 즉, 주변을 포섭하는 또 하나의 국가 논리로 작동할 가능성을 지녔던 것이다. 그래서 1978년에 "남도 세계를 봐버린 나의 '왜(倭)'에 대한 이화(異和)의 표현"으로 야포네시아를 규정한 자신의 말이 "너무나 '왜'적인 발상이라는 지적"을 받자, 절규했다고 그는 고백했다.[91]

---

88 谷川健一, 『柳田国男の民俗学』(東京: 岩波書店, 2001), p. 235.

89 岡本恵徳・高良勉・仲里効・比屋根薫, 「座談会・「ヤポネシア」と沖縄」, p. 22.

90 村井紀, 『南島イデオロギーの発生: 柳田国男と植民地主義(新版)』(東京: 岩波書店, 2004), pp. 5~11.

91 島尾敏雄, 「南島世界を見た私」(1978), 『全集(15)』, p. 428.

| 3부 |

아시아라는 문제

07

여행하는 자와 세 개의 지도
오다 마코토의 아시아·아프리카, 그리고 한국과 북한

김예림

1. 오다 마코토와 세계, 오다 마코토의 세계

전후 일본에서 제국 - 식민지 경영의 역사가 다양한 방식으로 봉인·변형·왜곡되어왔음은 주지의 사실이다. 그러나 예외적인 시도가 전무한 것은 아니어서 한반도 또는 조선을 일방적으로 망각하거나 회피하지 않고 대면해야 할 상대로 삼았던 일련의 지식인들 역시 존재했다. 이들이 취한 방향, 경로, 방법은 인식·실천 주체의 특이성을 반영하고 있기 때문에 하나의 흐름으로 정리하기가 쉽지 않고 또 그런 작업이 그리 유효하지도 않을 듯하다. 이보다는 제출된 복수의 가능성을 탐지해 그 양태와 의미를 고찰하는 편이 더 필요해 보인다. 일본이 구사해온 자기 구성의 기술을 배경으로 할 때, 한반도 혹은 조선을 향한 시선이 생성되고 작동했던 장소는 그 자체로 주목할 만하다. 물질적인 비유를 하자면 이 장소는 전후 일본의 역학, 즉 자기와 자기 아닌 것이 동시에 한데 공재할 수 없다는 불가입성의 구도가 어떤 식으로든 이완 또는 파열되는 자리였다. 이것은 일본 내셔널리즘이나 제국주의 또는 식민주의에 대한 응시가 시작되는 지점이기도 했고 또 (동)아시아 지평의 모색이 생성되는 지점이기도 했다. 그런 만큼 한국, 북한, 일본, (동)아시아라는 지정학적 단위들의 '사이'와 '연계'를 묻고 전망하는 장에서라면, 비판적 검토를 요하는 중요한 지점이 아닐 수 없다.

일본 지성사에서 '조선'을 계기로 이런 장소들이 어떤 방식과 내용으로 구현되었는지를 다룬 논의는 크게 두 유형으로 나눠볼 수 있다. 우선 특정한 개인의 언설 주체에 초점을 맞춘 사상사적 연구가 있다. 각론의 성격을 띤 성과들은 개별적인 장소의 발견과 그에 대한 미시적 접근을 통해 후식민 인식 지형의 귀납적 (재)구성에 기여한다. 한편 복수의 자원으로 구성된 언설 지형을 넓은 시야에서 살펴보는 연구들도 꾸준히 이어지고 있다.[1] 이들은 전후 일본이 조선 문제를 '처리'해온 경향과 맥락을 전반적으로 파악하는 데 도움을 준다. 소설가이자 베헤이렌(ベ平連, '베트남에 평화를!' 시민 연합의 약칭)운동을 주도한 실천적 지식인으로 평가받고 있는 오다 마코토(小田實)의 행보를 규명하는 이 글은 전자의 범주에 속한다. 오다 마코토는 당시 일본(인)으로서는 파격적이라 할 만한 세계여행을 하고 그 체험을 기록해 『나는 이렇게 보았다(何でも見てやろう)』(1961)를 출간했다. 이 책이 큰 반향을 불러일으키면서 그는 "겁 없는 전후 청년의 대표격"[2]으로 부상했다. 1965년 무렵 베트남전쟁 반전 운동과 관련해 젊은 세대에서 지도적 인물을 구하던 쓰루미 슌스케(鶴見俊輔) 등에 의해 베헤이렌 활동에 동참하게 되면서 오다 마코토는 중요한 전환의 계기를 맞게 된다.[3] 이후 '평화', '민주주의', '시민' 이념을 기반으로 한 사회운동

---

[1] 논의 진행 과정에서 참고문헌으로 대신한다.

[2] 小熊英二, 『民主と愛国』(新曜社, 2002), p.758.

을 지속해나갔고 이 과정에서 한국 및 북한과도 특별한 인연을 맺게 된다.

2004년 한국에서 『전쟁인가 평화인가』가 출간되었을 때 그는 "20세기 후반 동아시아에서 가장 중요한 평화 및 민주주의 사상가·활동가 중 한 사람으로 기억될 생애를 살아온", "전후 일본 사회에서 가장 높은 수준의 양심적인 지식인의 상을 보여"[4]준 인물로 소개되었다. 시간을 거슬러 올라가 보면 오다 마코토가 한국에서 대중적으로 알려진 것은 1962년 무렵으로, 『나는 이렇게 보았다』가 출판되면서부터이다. 유명세 때문이었는지 한국 공보부는 1963년 8월 그를 초청했다. 그는 열흘 간의 공식 일정을 마치고 20여 일을 더 머물렀는데 이 기간에 지방으로 여행을 다니며 한국 사회의 이모저모를 본 것으로 알려져 있다. 한국에서 보고 느낀 바를 적어 「내가 본 한국(韓国, 何でも見てやろう)」이라는 글을 발표한 것이 1963년 11월이다.[5] 박정희 정권이 초청의 형식으로 이례적인 '호의'를 표했지만 정작 돌아가서 쓴 인상기가 한국 측의 기대 이하 또는 기대 이반(離叛)이었던 까닭에, 그간 "일본의 젊은 작가"[6]로 소개되었던 그는 곧 별 볼 일 없는 "수업 작가"[7]로 강등되고 만다. 그리고 다시 "시민운동을 통해서 극좌운동을 벌이는"[8] "좌경 작가",[9] "반한적 좌경 인사"[10]로

3　같은 책, 16장 참조. 베헤이렌에 관한 연구는 권혁태, 「'국경' 안에서 '탈/국경'을 상상하는 법」, ≪동방학지≫, 157집(2012.3); 남기정, 「베트남전쟁의 현실과 일본의 평화담론: 베평련과 전공투를 중심으로」, ≪통일과 평화≫, 6집 2호(2014.12) 등 참조.

4　오다 마코토, 『전쟁인가 평화인가』, 이규태·양현혜 옮김(녹색평론사, 2004), 6~8쪽.

5　첫 발표는 ≪中央公論≫ 1963년 11월호이다. 이후 이 글의 제목은 「それを避けて通ることはできない」로 바뀌어 1970년에 출간된 전집(7권)에 실렸고 『私と朝鮮』(東京: 筑摩書房, 1977)에도 재수록되었다.

6　"나는 이렇게 보았다", ≪동아일보≫, 1962년 9월 15일 자.

7　"나는 일본을 보았다", ≪경향신문≫, 1963년 11월 19일 자.

8　"재일반한단체 그 정체", ≪경향신문≫, 1974년 8월 22일 자.

9　"김일성 도끼 살인 첫 시인", ≪경향신문≫, 1976년 11월 29일 자.

10　"월남 적화 도운 좌경 지식인들", ≪경향신문≫, 1980년 11월 28일 자.

명명되기에 이른다. 한국에서 오다 마코토를 놓고 '좌경' 운운한 데는 연유가 있었다. 당시 언론에도 간단히 보도되었지만 한반도로의 이동이 한국만으로 그친 게 아니었기 때문이다.[11] 그는 1976년, 1985년 두 차례에 걸쳐 방북했고 두 권의 북한 방문기를 출간했다.

오다 마코토의 한국·북한에 대한 논의는 좁게 보면 몇 번의 방문과 단기 체류 경험을 바탕으로 한다. 1960~1970년대 한국, 북한, 일본의 지정학적 상황을 생각해볼 때, 일본인이 국경을 넘어 두 지역을 모두 직접 체험한다는 게 그리 흔한 일은 아니었다. 게다가 공간을 왕래하는 주체로서 그는 의례성이나 공식성을 넘어서(려)는 특유의 개성을 발휘하며 움직였다. 오다 마코토가 수행한 한국·북한 발견이 독특한 질감을 갖는다면, 무엇보다도 이 같은 실행의 형식이 동반한 현장성이란 것의 기여가 크다. 잘 알려져 있듯이 그는 펼쳐져 있는 세계를 향해 부지런히 일본을 넘나들었다. 따라서 그의 현장성은 단지 한국·북한만이 아니라 자국인 일본, 그리고 미국, 유럽 각지, 이집트, 이란, 인도, 소련, 베트남 등을 가로지르는, 그야말로 세계 곳곳을 누빈 수차례의 장단기 여행을 통해 지속적으로 축적되어온 특징이라 할 수 있다. 오다 마코토가 특유의 세계 유람 체험을 갖고 있었다는 점, 또 (동)아시아 답파를 시도했다는 점은 그가 남긴 한국 및 북한에 대한 기록을 독해할 때 기본적으로 고려되어야 할 것이다.

오다 마코토에 대한 논의는 국내 학계에서는 거의 이루어지지 않았다. 본격적인 연구로는 두 편 정도가 있을 뿐인데 먼저 그의 단편소설을 분석한 작

---

11 한국에서 오다 마코토가 '좌경' 인사가 된 데에는 방북 외에 다른 이유도 있었는데, 그의 서술에 따르면 베헤이렌운동 당시 참전을 거부한 김동희를 돕고 김지하 구원운동을 벌였기 때문이다. 그는 한국인 지인으로부터 자신이 "위험인물"이라는 말을 들은 적이 있다고 언급했다. 小田實, 「二人の人間」, 『私と朝鮮』(東京: 筑摩書房, 1977).

품론을 들 수 있다.[12] 이 논문은 「아버지를 밟다(「アボジ」を踏む)」(1997)에 나타난 재일조선인상을 재일 문학의 재일조선인상과 비교하면서 그가 "담백"한 서사를 통해 어떤 식으로 식민 역사를 증언하고 있는지 규명한다. 또 다른 연구로는 『나는 이렇게 보았다』에 나타난 미국 인식을 살펴본 작업이 있다.[13] 여기서는 오다 마코토의 "탈이항대립적" 시각이 동시대 일본 지식인의 미국관과 어떤 차이를 갖는지가 탐색된다. 그 밖에 전쟁 비판의 핵심을 압축하고 있는 난사(亂死)론에 대한 부분적 언급과 북한 인식에 대한 고찰이 이루어진 바 있다.[14] 오다 마코토가 상당한 양의 저작을 발표하고 아시아 및 한국·북한에 대해 특별한 관심을 표했던 데 비하면 그에 대한 학술적 접근은 의외로 아주 드문 편이다. 이런 현상은 그가 베헤이렌 활동을 중심으로 주로 평화운동가, 시민운동가로 기억되는 경향과 맞닿아 있을지도 모르겠다.

이 글은 오다 마코토의 한국·북한 관련 텍스트를 전후 일본 지식인의 세계인식 - 자기인식 - 타자인식이라는 문제계에 놓고 읽을 것이다. 시기적으로는 대략 한국과 북한 방문이 이루어진 1960~1970년대에 해당한다. 한국과 북한을 둘러싸고 구성·표출된 사회·정치적 판단과 이념적 지향을 검토하기 위해 초점을 맞추게 될 대상은 두 지역 여행기에 해당하는 「내가 본 한국」,[15] 『나

---

12 이헬렌, 「일본문학에서 자이니치(在日) 읽기: 오다 마코토의 「아버지를 밟다」가 제시하는 아버지, 그리고 고향」, ≪동국대학교 일본학≫, 41집(2015.11).

13 조정민, 「오다 마코토(小田実)의 '미국': 「무엇이든 보겠다(何でも見てやろう)」를 중심으로」, ≪동북아문화연구≫, 15집(2008).

14 난사론에 대해서는 다음을 참조. 심정명, 「3·11과 전후의 끝: 무의미한 죽음과 애도의 문제」, ≪일본학보≫, 제106집(2016.2). 전체적으로 필자의 관점에 동의하기는 어렵지만 오다 마코토의 북한인식에 대한 논의에 대해서는 다음을 참조. 한상일, 『지식인의 오만과 편견』, 189~199쪽.

15 「내가 본 한국」은 「韓國, 何でも見てやろう」·「それを避けて通ることはできない」의 한국어 번역본으로, 오다 마코토, 『이것이 일본이다』, 한치환 옮김(휘문출판사, 1964)에 '부록'으로 실려 있다.

와 조선(私と朝鮮)』, 『북조선의 사람들(北朝鮮の人びと)』(潮出版社, 1978)이다.
그리고 한국·북한 인식을 규명하는 데 반드시 참조해야 할 『나는 이렇게 보
았다』,[16] 『이것이 일본이다』,[17] 『의무로서의 여행(義務としての旅)』,[18] 『세상
을 바로잡는 윤리와 논리(世直しの倫理と論理)』를 대화적 관계에 놓고 다루고
자 한다. 한국·북한에 대한 시선이 그의 인식론적 체계나 이념적 지형에서 돌
발적이거나 이탈적인 게 아니었음은 당연하다. 일본(인)이라는 위치에서 고개
를 돌려 한국·북한을 향하는 행위의 구조에는 일본, 미국, 중국과 같은 로컬
들, 그리고 좀 더 상위의 아시아라는 지역(region) 세계가 긴밀하게 관련되어
있다. 이들은 실재하는 공간이기도 했고 이념을 표상하는 심상지리의 기호이
기도 했다. 이 글에서는 월경적 발착을 즐긴 주체의 내부를 들여다보기 위해
물리적 행로와 이념적 운행의 흔적이 담긴 자료를 종합적으로 파악할 것이다.

2. 여행과 현장: 현지주의와 현재주의

오다 마코토의 지정학적 사유를 규명하는 데 여행 또는 여행자 정체성에
대한 검토는 필수적이다. 세계 정황과 인간 상황에 대한 그의 인식과 감각은
여행에서 오는 실감 = 체감의 방법론을 주요 계기로 삼았고 이 점을 스스로
분명하게 의미화했기 때문이다. 숱한 여행과 이를 근거로 한 파악, 그리고 자
유로운 형식의 기록은 엄숙주의나 추상성의 색채를 거둬내는 역할을 한 것으

16　『나는 이렇게 보았다』는 小田實, 『何でも見てやろう』(東京: 講談社, 1961)의 한국어 번역
본이다. 인용은 한국어 판본으로 한다.

17　『이것이 일본이다』는 小田實, 『日本を考える』(東京: 河出書房新社, 1963)의 한국어 번역
본이다. 인용은 한국어 판본으로 한다.

18　인용은 『義務としての旅』(東京: 岩波書店, 1967), 1974년(9쇄) 판본으로 한다.

로 보인다. 그의 여행이 관공적 성격을 띤 경우는 거의 없었으며, 활동가로서의 공무를 동반한 경우라도 언제나 여기저기를 다니면서 여러 사람과 조우하는 시간이 뒤따랐다. 1950년대 말의 세계여행은 그가 사회운동의 장에 깊이 들어오기 전에 행한 것으로, 개인적인 여행의 역사에서 보자면 원(原)체험에 해당한다. 이것은 "한번 아메리카엘 가봐야겠다고 난 마음먹었다. 삼 년 전 가을의 일이다. 이유는 극히 간단했다. 나는 미국이 보고 싶어진 것이다. 요컨대 단지 그것뿐이었다"[19]라는 경쾌한 태도로 도모한 '거대한' 여행이었다. 이렇게 시작된 유람은 거칠 것 없는 솔직함, 뒷골목을 전전하는 모험심, 복잡함을 지워버리는 쾌활함, 유머 등의 코드를 한껏 살려 『나는 이렇게 보았다』에 세세하게 기록되었다.

이 책은 일본뿐 아니라 한국에서도 베스트셀러가 되었다.[20] 한국어판은 1962년에 출간되었다. "여행자들이 대개 남의 나라의 정문으로 들어가서 응접실이나 구경하고 돌아오는 게 보통인데 이 책은 남의 집 안방까지 거침없이 들어가 자질구레한 주방 등등을 주로 구경한 기행문이라는 점에서도 타서의 추종을 불허한다. 사실 우리가 남의 집의 참된 모습을 알려면 대뜸 거실과 주방과 변소 같은 것을 보아야 할 것이 아니던가. 그런 점에서 이 책은 일찍이 보지 못한 파격적인 기행문"[21]이라는 감상은 골목과 구석 체험을 선호한 여행(기)의 성격을 적절하게 포착하고 있다. 한국에서 이 책이 많이 읽힌 배경에는

---

19 오다 마코토, 『나는 이렇게 보았다』, 인태성 옮김(휘문출판사, 1962), 5쪽.

20 당시 이 책의 인기를 보여주는 기사는 다음과 같다. "1, 2위가 모두 일본 것", ≪경향신문≫, 1962년 9월 21일 자; "다시 판치는 일어번역서", ≪경향신문≫, 1962년 10월 15일 자; "활기 찾은 가을 출판계", ≪동아일보≫, 1962년 10월 18일 자. 이 책의 역자는 '역자후기'에서 "이 책이 나온 다음 그 반향은 엄청났다. 만 1년 만에 120판을 찍어냈다면 짐작하기 어렵지 않을 것"이라고 언급하고 있다.

21 정비석, "나는 이렇게 보았다", ≪경향신문≫, 1962년 10월 8일 자.

1960년대 초반 일본 문화상품의 수요와 수용의 확대라는 전반적인 사회문화적 경향이 깔려 있겠지만, 무엇보다도 허름한 행색을 하고 의욕적으로 세계를 배회하는 한 이국 청년의 자유여행이 그 자체로 신선하게 감지되었을 확률이 크다. "하루 1달라"의 무전여행은 취재나 조사를 위한 여행과는 달리 퍽 '일상'적이고 친근하게 다가왔을 테지만, 따지고 보면 1960년대 초반 한국인에게 이토록 멀고 특별한 일도 없었을 것이다.

'무엇이든 봐주겠다'는 의지는 "나는 한번 그러자고 마음먹을라치면 세상없어도 보러가지 않고는 못 배긴다는 어처구니없을 만큼 왕성한 호기심이 있다. 그것이 날 아메리카로 내몰았다고 해도 좋다"[22]라고 한 것처럼 개인적 기질과 무관하지 않다. 실제로 오다 마코토의 기행을 읽다 보면 환원 불가능한 개성과 열정이 곳곳에서 배어 나온다.[23] "의욕은 배울 수 없는 것"[24]이라는 명제가 그를 통해 충분히 증명받는다 해도 무리는 아닐 듯하다. 더불어 자신의 의욕을 알고 이를 얻고자 노력하는 주체의 명랑성이나 의연함이란 것 역시 생생하게 파악된다.[25] 하지만 역사적·사회적 맥락에서 좀 더 중요한 것은 이 같은 개인성, 그리고 명랑성이나 의연함이 큰 장애나 훼손 없이 발현되고 실현될 수 있었던 환경과 조건에 대한 검토일 것이다. 이와 관련해 오다 마코토가 일본인이고 그리스어문학을 전공하는 학생이자 작가이며 풀브라이트 유학생이었다는 사실, 즉 중첩되고 있는 정체성들의 종합적인 강점 내지 이점이 우리 눈

---

22 오다 마코토, 『나는 이렇게 보았다』, 16쪽.
23 같은 책, 22쪽. "원래부터가 나란 무엇이든지 보는 것을 좋아하는 사내였다. 그것은 내 성질이기도 하고 주의이기도 하였다. 도오꾜에서도 오오사까에서도 그 밖에 어디에서도 나는 무턱대고 노상 걸어 다니며 무턱대고 구경을 하고 그런 일로 아깝게도 귀중한 청춘을 낭비하고 있었던 것이다."
24 아르투어 쇼펜하우어, 『의지와 표상으로서의 세계』, 홍성광 옮김(을유문화사, 2015), 476쪽.
25 같은 책, 525쪽.

에 들어온다. 국제적으로 통할 만한 유효한 수준의 학력 자본, 문화 자본, 반문화 자본은 물론이요 결정적인 '국적 자본'에 이르기까지, 그는 많은 것을 확보하고 있었던 셈이다.

학력 자본과 문화 자본은 지적·감각적 능력과 연관되어 있고, 아마도 이 시기 세계를 여행할 만한 자라면 갖추고 있을 기본 '자격'에 해당할 것이다. 이에 더해 그가 소유한 반문화 자본은 기존 질서를 이용하면서도 그것을 조롱해 버리는 기술과 닿아 있다. 오다 마코토는 풀브라이트 유학생이 되어 미국으로 떠났는데, 유학을 선택하게 된 애초 동기부터 '진지함'과는 거리가 멀었던 것으로 제시된다. "한번 아메리카엘 가봐야겠다"[26]라는 결심, "'유학생업'을 개업"하고 싶었다는 "이상",[27] "공부했다고도 아무렇게도 쓰지 못"하고 단지 "하버드 대학에 1년 있었다"라거나 '무엇을 했었느냐고 묻는다면 내게 관해서만은 낮잠을 자고 있었습니다'라고 대답할 수밖에는 없다[28]는 일련의 고백이 말해주듯이 그의 관심은 학업보다는 그 이외의 것을 향해 왕성하게 움직였다. 생활과 내면의 실제가 어떠했든 간에 자기를 설명하는 어조와 태도에는 전체적으로 하위문화적 취향을 강하게 풍긴다. 가벼움, 배짱, 무모함, 솔직함, 치기 등 전체적으로 권위에의 거부로 이어지는 정서와 품행은 텍스트 곳곳에 전시되어 있다. 『나는 이렇게 보았다』의 서문에서 한국인 필자들이 언급한 "웃지 않고는 못 배기게 하는", "개방적이고 착상이 기발한 기행", "재치 있는 문장력"[29]도 같은 맥락에서 이해할 수 있다.[30]

---

26 오다 마코토, 『나는 이렇게 보았다』, 15쪽.

27 같은 책, 18쪽.

28 같은 책, 36~37쪽.

29 같은 책, 6~7쪽.

30 한국어 번역본에는 4개의 짧은 서문이 실려 있는데, 각각의 필자는 동아일보 편집국 부국장, 그리고 서울신문, 조선일보, 부산일보 편집국장이다.

그런데 오다 마코토의 세계여행이 지닌 사회·정치적 토대를 묻는다면, 앞서 '국적 자본'이라 표현한 '일본' 또는 '일본인'이라는 지점을 눈여겨볼 필요가 있다. 국적 자본은 당시 일본(인)이 국제적으로 어떤 위치에 있었는가라는 사안과 직결되어 있다. 국가나 국적은 누군가 세계를 활보할 수 있다는 상황과 관련해 현실적으로 특별한 의미와 기능을 갖는다. 오다 마코토의 국가 일본도 그러했음을 여행기에 여러 차례 나오는 직접적인 진술을 통해 쉽게 찾아볼 수 있다. 말하자면 그는 일본·일본인·일본 문화를 향한 서구 사회의 문화적 관심과 제도적 수용 또는 인정이라는, 광범위한 우호의 체제 안에 있었던 것이다. 우호의 체제는 국경을 넘어 외지에서 종종 실감되었고 별다른 거부감 없이 활용되곤 했다. 세계 각국의 일본 유학생 모집 열기와 미국에서의 일본 붐에 대한 기록은 이 상황을 잘 보여준다.

다행히도 유학생 제도가 있다. 특히 전후에는 무슨 바람이 불어서인지 세계 각국이 서로 다투어 일본의 학생을 초청하기 시작했으므로 이를 이용하는 것이 묘책이었다. 게다가 오래전부터 나의 이상은 유학생업을 개업하는 데 있었다. 현재 일본인 유학생을 모집하고 있는 나라는 아메리카, 영국, 프랑스, 서독, 오스트리아, 이탈리아, 스페인, 이스라엘, 인도, 비율빈(필리핀) 등 십지(十指)로 다 꼽을 수 없으니까 한 해씩 차례로 찾아다닌다 치더라도 그것만으로도 훌륭히 십 년 동안은 거저 밥을 먹을 수 있지 않으냐. …… 제일 우수한 것이 미국 정부에서 모집하는 풀브라이트 유학생이었다.[31]

아까 끽다점을 아메리카어로 프렌치 커피 하우스라고 부른다고 썼지만 그것은

---

31   오다 마코토, 『나는 이렇게 보았다』, 18쪽.

재파니즈 커피 하우스라고 하는 쪽이 낫지 않을까. 어느 때 언젠가 일본의 끽다점을 이 세상의 천국이라고 말한 아메리카인에게 제안했더니 즉석에서 찬성해주었다. 그리고 그는 웃으며 덧붙였다. "유행될 것입니다. 어쨌든 일본은 시방 환영받고 있으니까요." …… 그리고 저 ZEN이라는 것도 남들이 그토록이나 일컫는 것이니까 한 번 연구해볼 만도 하지 않을까. 어쨌든 거기엔 무엇이 있을는지도 알 수 없다고 하는 무어 그런 식의 과정으로써 일본 붐은 일어난 것인가 보다.[32]

전체적으로 이러한 조건과 환경에서, 왕성한 호기심과 의욕을 지닌 전후 청년은 1958년 무렵 첫 세계여행에 나섰다. 1960년대 중반, 호기로운 유학생 - 여행자 단계를 벗어난 뒤로도 여행은 줄곧 계속되었다. 기록에 따르면 1965년 4월 베헤이렌운동을 시작한 초기 약 2년 동안 오다 마코토는 세 번의 해외여행을 한다. 1965년 9월부터 1966년 4월까지 약 8개월에 걸쳐 아메리카, 소련, 유럽, 인도를 돌았고, 1966년 6월부터 7월까지 유럽을 방문한 후에 1966년 9월에는 소련에 갔다. 세 번의 외유는 각각 미시간대학교에서 열린 베트남 반전국제집회, 제네바에서 개최된 세계평화평의회, 아제르바이잔 바쿠에서 있었던 베트남인민지원작가집회에 참석하기 위한 것이었다. 이 무렵 그는 베헤이렌운동을 하면서 자기와 베트남 사이에 가로놓인 거리를 문제시하게 되었고 이를 조금이라도 좁힐 수 있는 길이 무엇인지를 묻고 있었다. 두 해에 걸친 여행은 베트남전쟁과 반전운동을 둘러싼 성찰과 모색 과정에서 이루어진 것이다. 1960년대 중반, 운동 주체로서 새로운 정체성과 활동성을 획득하면서 오다 마코토의 역사, 정치, 세계 이해에 공공적 관심이 더해지고 일련의 관점의 변화도 나타나지만, 여행이 지닌 중요성은 줄곧 유지된다.

1958년의 세계여행에서 1976년 북한 방문에 이르기까지[33] 오다 마코토의

---

32 같은 책, 58쪽.

여행이 갖는 성격과 의미는 크게 두 가지로 요약할 수 있다. 우선 국경을 가로지르는 체험을 통해 '서양', '동양', '아시아', '아프리카', '아메리카' 등 지정학적이고 역학적인 단위들에 대한 사유를 도모했다는 점이다. "미국이라고 하는 '서양'의 한 모서리에 가면 그 본바탕인 유럽을 보는 것이 내게는 필연적"이고 "유럽엘 간다면 내가 소속한 아시아를 보는 것이 필연적"[34]이라는 구도가 말해주듯이, 이념 지도 작성과 지리적 이동은 긴밀하게 대화적이었다. 여행은 그에게 '실감'과 '체감'이라는 효과를 발휘하면서, 국제정치적·역사적·문화적 관계의 거시적인 파악과 판단을 자극하고 그 틀을 채우는 미시적인 '실물' 자료를 제공하는 계기로 기능했다. 일본 바깥을 향하는 일은 자국 일본을 향하는 일과도 연결되어 있었다. 그는 "외국으로 나가보는 것의 최대 이점"을 "자기 나라의 사회를 상당한 거리를 두고 객관적으로 볼 수 있다는 것"에서 찾으면서 "유럽이라든지 중근동의 유우드 호스텔의 침대에서 홀로 외로이 있을 때의 일본은, 좀 과장해서 말한다면 그 활 모양의 열도처럼 보였다. 일본에 있을 때는 활 속의 소용돌이에 휩쓸려 보이지 않던 '일본이란 것', 그것이 눈에 보였다"라고 했다.[35] 여행이 자기와 타자를 맞비추고 되비추는 과정이라는 점은 새삼스러울 게 없다. 하지만 여행을 세계 - 아시아 - 일본 이해의 결정적이고 필수 불가결한 경로로 정위하고 수행하는 데 그는 유독 열정적이었다.

오다 마코토의 여행이 갖는 또 다른 특징은 "현지주의"에서 찾아볼 수 있다. 현지주의는 그가 직접 쓴 용어로, 앞서 말한 체감과 실감에 대한 강조와 관련되어 있다. 베헤이렌 활동 전에 쓴 글에서 그는 "나는 현지주의자이다.

---

33 오다 마코토는 1976년 10월 22일 도쿄를 출발해서 베이징을 경유해 다음날 북한에 입국했다. 북한에 머문 기간은 3주였다.

34 오다 마코토, 『나는 이렇게 보았다』, 26쪽.

35 같은 책, 164쪽.

책을 읽기 전에 아니 읽은 후라도 또 읽는 도중이라도 좋지만 어쨌든 그곳, 즉 현지로 가본다. 현지의 까다로운 현실 속으로 파고들어가서 그곳의 먼지투성이인, 습기 찬, 구중중한, 그 밖의 어떤 형용사를 붙여도 좋지만 현지에 가득 차 있는 공기를 스스로 호흡해본다. 그러고 나서 다른 사람의 연구라든가 보고 같은 것을 읽는다"[36]라고 언급했다. 현지주의는 국제적 위상이 상승 중인 국가의 패기만만한 유학생 - 여행자였을 때부터 활동가 - 여행자가 된 이후까지 지속된 '이념'이었다. 이것은 베헤이렌 활동기에 명시한 "의무로서의 여행"[37]이라는 입장에도 고스란히 반영되어 있다. 이 시기에 그는 운동의 방향을 전망하기 위해 일본을 벗어나 다른 세계를 경험하는 기회를 만들었고[38] 그 과정을 『의무로서의 여행』으로 써냈다. 여행은 실천적 자의식과 결합하면서 예전에 비해 규범성과 당위성을 강하게 띠게 되었지만 '직접 가서 아주 많이 본다'는 원칙은 변함없이 실행되었다. 단적으로 말하면 현지주의란 "현지의 문제를 자기 자신의 문제로서 파악하는 주의"[39]이다. 오다 마코토는 현지주의가 단지 "현명한 눈"이 아니라 "강한 눈"을 길러줄 것이라고 주장하면서 둘의 차이를 이렇게 설명한다.

이해가 얽힌 까다로운 거미줄을 하나하나 헤쳐가면서 '현명한 눈'으로 볼 때는 어리석은 노력으로 보일지라도 하나의 사회면 사회를 좀 더 전체적으로 파악하고 싶다고 생각한다. 현지주의는 그러한 '강한 눈'을 필요로 하는 것이며 또 반대로

---

36   오다 마코토, 『이것이 일본이다』, 255쪽.
37   그가 여행에 "의무"라는 명목으로 당위성과 규범성을 부여한 것은 "한 명의 일본인이자 문학자", "현대 세계에 살고 있는 한 인간으로서의 나"를 베트남전쟁 앞에 놓고 성찰할 필요를 느꼈던 때이다. 小田實, 『義務としての旅』, i.
38   같은 책, ii.
39   오다 마코토, 『이것이 일본이다』, 272쪽.

그것을 만들어낼 것이다. 그 눈은 강하고 대담하지만, 그러면서도 완고하거나 딱딱하지는 않다. 그것은 부드럽다. 그것은 첫째로 현지의 공기에 직접 부딪쳤기 때문이며, 둘째로는 성급한 단정이 얼마나 틀린 것인가 또는 틀릴 가능성이 있는가라는 것을 알았기 때문이며, 셋째로는 미주리 주의 시골에서 나타낸 것 같은 자기 자신의 약함, 추함을 깨달았기 때문이며, 자기도취에 의한 자기기만이 얼마나 위험한가를 인정했기 때문이다. 그리고 그것은 그런 것들과 꼭 같은 이유 때문에 강한 것이다.[40]

"현명한 눈"이 대상에 대한 빠른 파악, 일방적 정리, 추상적 이론 대입에 급급하다면 "강한 눈"은 섣부른 단정, 고정관념, 안이한 파악의 위험으로부터 벗어나 있다. 현지주의의 강한 눈을 강조함으로써 그가 추출하려 한 것은 모험적 투기와 살아 있는 경험, 생산적 동요, 그리고 이로부터 가능한 '모든 딱딱한 것'의 파기였던 것으로 보인다. 현지주의는 살아 있는 현장의 한가운데에 자신을 던졌을 때 비로소 국외자의 위치에서 벗어나 상황의 복잡성을 인지하고 자신의 전지성(全知性)을 상대화할 수 있다는 것을 전제로 한다. 현장 체험 없는 앎이란 경직되기 쉬우며 허구적일 위험이 크고 근거 없는 확신에 기댄다는 점에서 문제가 있다. 이런 이유로 오다 마코토는 현지주의를 고집했고 여행은 필수 불가결한 방법이 되었다. 거리 좁히기, 직접성의 확보는 말하자면 '원거리 추상성'을 극복하기 위한 시도인 셈이다. 그렇다면 그는 현지주의를 제일의적 원리로 삼아 세계를 향해 어떤 시계(視界) 구도를 취했는가. 그리고 아시아와 남북한의 무엇을, 어떻게 보았는가. 이는 여행 - 현지주의 - "강한 눈"의 논리가 실제로 작동한 양상과 이것이 포착한 장면에 대한 분석을 통해 답할 수 있을 것이다.

---

40   같은 책, 278쪽.

3. 신흥국 또는 제3세계의 발견: 아시아·아프리카와 한국, 그리고 북한

1) 아시아·아프리카행

오다 마코토의 한국·북한 인식을 규명하기 위해서는 먼저 아시아·아프리카에 대한 사유를 살펴봐야 한다. 아시아·아프리카는 첫 여행기에서부터 꾸준히 논의되어온, 그에게는 가장 중요한 문제였다.[41] 그가 아시아·아프리카를 바라보는 방향과 의도는 한국·북한을 바라볼 때의 방향 및 의도와 맞닿아 있다. 아시아·아프리카라는 넓은 지정학적 범주에 대한 입장이 한국·북한이라는 상대적으로 작은 단위에 대한 입장을 심층에서 포괄하면서 재연되는 것이다. 오다 마코토는 한국·북한을 방문하기에 앞서 이미 첫 세계여행 때 아시아·아프리카 지역의 국가들을 탐방했다. 따라서 아시아·아프리카에 대한 이해는 『나는 이렇게 보았다』에서부터 출발해야 한다. 이 시기의 그는 사상적 체계를 구성하거나 이념적 논리를 구축하는 것과는 성격과 의도가 좀 다른 작업을 했기 때문에 『나는 이렇게 보았다』의 아시아·아프리카론이 이론의 언어로 정련되었다고 보기는 힘들지만, 관심의 밀도와 입장의 명도는 분명하게 확인 가능하다. 아시아에 초점을 맞추자면, 그의 아시아 대면의 핵심은 아래와 같은 고백에서 찾을 수 있다.

---

[41] 1960년대 일본 문학자들의 아시아 인식을 아시아아프리카작가회의 도쿄대회를 중심으로 고찰한 연구로는 다음을 참조. 오미정, 「1960년대 일본의 아시아 인식」, ≪일어일문학연구≫, 87권 2호(2013). 이 연구는 일본의 경제력이 커진 1960년대, 일본을 제3세계에 포함시킨 언설을 "자기 환시"라는 면에서 비판적으로 분석한다. 이들의 아시아 인식은 사실상 많은 한계를 지닌 일종의 허위의식 같은 것이었는데, 오다 마코토를 비롯한 예외적인 몇몇 작가가 아시아에 대한 지속적인 관심을 이어나간 것으로 보고 있다.

나는 앞서 아시아를 보는 것은 내게 자명한 것이었다고 쓴 후에 그러나 그것은 숙제 같은, 의무감 같은 귀찮은 자명이었다고 덧붙였다. 고백하면 그것은 좀 마음 내키지 않는 것이기도 했다. …… 확실히 나는 도망하고 싶다고 생각했다. 그러나 도망쳐서 대체 어디로 가는가, 가면 좋은가. …… 그러나 나는, 아시아 사람인 나는 아시아의 바닥 속으로 내려가지 않으면 안 된다. 내려가는 수밖에 없는 것이다. 거기서 기다리고 있는 것이 비록 드러난 사실로서의 방도도 없는 빈곤이라고는 해도 우리는, 그리고 우리만이 그것을 정면으로 대하지 않으면 안 될 것이리라.[42]

인용문이 보여주듯이 아시아에 '직면'하기를 내심 두려워했던 그가 결국 긴 세계 체험기의 말미에 써놓은 것은 "아시아로 돌아간다" 또는 "돌아갈 수밖에 없다"는 깨달음이었다. 이것은 단지 문헌의 끝에 '기록된' 과제가 아니라, 여행 내내 지니고 다니다가 끝에 와서 확실하게 인지된 피할 수 없는 과제였다. 『나는 이렇게 보았다』에서 '아시아'는 '동방', '일본', '인도'로 대체되기도 하면서 '서양', '아메리카', '유럽', '인종주의', '일본 붐'[43] 등과의 관련 속에서 빈번하게 제기되고 다뤄진다.

오다 마코토의 아시아 인식에서 주목해야 할 점은 그가 아시아(아프리카)를 '사상(事象)'[44]이라는 차원에서 주시하고 체험하고 있다는 사실이다. 이 같은 각도 선택과 위치 설정은 그가 표방하는 현지주의, 그리고 현지주의와 불가분의 관계를 지닌 여행이라는 형식 자체에 이미 예약되어 있던 것인지도 모른

---

42   오다 마코토, 『나는 이렇게 보았다』, 325쪽.

43   같은 책, 61쪽. 그는 일본 붐을 목도하면서 "일본 붐에는 여러 가지 엉뚱한 일 또 피상적이고 천박한 데가 있다"라고 평한다. 더불어 일본 붐에는 "정치적으로는 물론이고 문화적으로도 동방에 냉담할 수 없는 미국의 입장"이 깔려 있다고 분석한다.

44   같은 책, 324쪽.

다. 넓게 보면 세계의 사상(事象)을 어떤 이론이나 사유에 앞서 즉각적으로 대면하고 실감하는 것은 여행자 주체에게 주어진 일반적인 조건이자 특권일 것이다. 그러나 그가 주장해온 여행론의 맥락에서 환기해볼 때, 사상에의 집중은 특정한 입장의 구성물인 동시에 특정한 입장의 생산 장치로 파악하는 게 적절하다. 사상으로의 정향은 환언하자면 주체가 이른바 실물, 실제, 실상, 현장에 밀착하려 한다는 의미이고 이것이 다른 어떤 것보다도 '사실'을 말해주고 있다는 판단에 기반을 두고 있다는 의미이다. 이러한 틀에서 그가 주의를 기울이고 지속적으로 발견하고 있는 것이 바로 아시아·아프리카의 빈곤이라는 점은 주목할 만하다. 오다 마코토의 아시아·아프리카 인식은 빈곤이라는, 눈에 거듭 들어오고 명료하게 확인되는 가시적이고 자명한 현상을 중심으로 형성되는 것이었다. 방문지의 공적 장보다는 보통의 생활의 장을 즐겼기에 그는 빈곤의 면면들을 많이 모을 수 있었고, 이를 아시아·아프리카가 당면한 심각한 문제로 구성할 수 있었다. 아시아는 빈곤의 스펙트럼처럼 거칠고 거대하게 펼쳐져 있다. "아시아 최대의 문제 빈곤"[45]에 관해 『나는 이렇게 보았다』에서 오다 마코토는 이렇게 언급한다.

아니 바로 오 미터 건너에 자고 있는 노인인지 청년인지 분간할 수도 없는 바짝 마른 사나이도 손에 더러운 붕대를 감고 있는 것으로 보아 분명히 그런 것이리라. 나는 무서워지고 우울해져 마지막에는 울고 싶기까지 했다. 이것이 과연 아시아의 '빈곤'인가. 지저분하구나 하고 생각했다. …… 아시아의 빈곤 따위는 지저분하지 않은가. …… 더위와 병과 그리고 무엇보다도 빈곤. 여기 존재하는 것은 추상적 괄호가 있는 '빈곤'이 아니라 아무런 형용사도 허식도 과장도 필요 없는

---

45   같은 책, 320쪽.

드러난 사실로서의 빈곤 그 자체였다.[46]

캘커타에서 그는 날것으로서의 빈곤을 보았다. 빈곤의 비참함 때문에 아시아를 여행하는 일은 "조각구름의 바람에 이끌려서" 떠나는 가볍고 경쾌한 미국 - 유럽 여행과는 질감을 아주 달리한다. 아시아는 무겁고 '불편한' 세계인 것이다. 아시아를 대면하기가 꺼려졌다고 고백한 것도 이런 까닭에서였다.

빈곤을 아시아·아프리카를 관통하는 공통항으로 놓는 틀에서 일본 역시 빈곤 지대에 들어간다. 전체적으로 전후 일본에 대한 그의 평가는 자긍, 옹호, 비판 사이를 왔다 갔다 하며 양가적이지만, 아시아라는 문제와 결부될 때 특히 전면화되는 것은 일본의 '약소한' 면모이다. 빈곤은 약소함을 드러내는 중요한 징표이다. 첫 여행에서 그는 "중근동, 인도 더욱이 인도의 저 맹렬한 빈곤을 보고난 뒤에는 '일본은 빈국입니다'를 발라맞추는 말로도 할 수 없을 것 같다"[47]라고 했지만, 그럼에도 역시나 일본은 아메리카 = 서구와 같은 풍요 사회는 절대 아니었다. 아시아·아프리카 지역의 여타 국가들과 분명 다르다 해도 일본은 여전히 가난을 품고 있었다. 1950~1960년대에 걸쳐 사회·경제적으로 안정되기 시작했다고 평가되지만 낙후된 지역은 아직도 존재한다. 1960년대 초반 일본을 여행할 때도, 그는 남쪽의 소도에서 빈곤을 목도했다. 「일본기행의 현지보고」의 일부가 그 기록인데, "빈곤을 직접 눈으로 보고 싶으면 어디라도 좋으니 길가의 민가를 방문하면 좋다"[48]라고 할 정도로 그는 만연해 있는 궁핍에 주목했다. 열도의 남쪽만 그런 게 아니다. "맑고 청아한 공기 속의 빈곤"이라는 "남방형 빈곤"과 더불어 "동북 지방의 그것처럼 그저 덮어놓

---

46 같은 책, 321~322쪽.

47 같은 책, 67쪽.

48 오다 마코토, 『이것이 일본이다』, 330쪽.

고 어둡고 음참한" "북방형 빈곤"[49]도 눈앞에서 함께 벌어지고 있었다. 전후의 극빈 상태에서 벗어나 절대 빈곤의 선을 넘어섰다 해도 서구적 풍요와는 전혀 다른 과거와 현재를 가진 까닭에, 일본은 아시아·아프리카 국가들과 밀접하게 연결된 것으로 인식되었다.[50]

그렇다면 아시아를 배경으로 빈곤 체험과 빈곤 풍경을 전면화하는 사유에서 무엇을 읽어낼 수 있을까. 먼저 빈곤이라는 띠로 아시아·아프리카 국가들과 일본을 하나로 묶는 작업에 대해 생각해보자. 단적으로 말하면 이 작업이 아시아와 일본이 맺은 역사적 관계를 온전히 고려하고 있다고 보기는 어렵다. 여기서 '아시아·아프리카'라는 지정학적 단위 또는 기획이 정치적으로나 이념적으로 부상해 자기 - 타자 규정의 유효한 패러다임으로 작용하기 시작한 것이 1950년대 중반이었다는 점을 환기할 필요가 있다. 이 맥락에서 생각해보면 아시아·아프리카를 출발선으로 삼는 인식은 경우에 따라 이전의 시공간을 이미 지워버리고 사고의 출발선에 진입시키지 않은 결과이거나 또는 그렇게 할 가능성 자체일 수 있다. 이 위험에 특히 일본은 필연적으로 노출될 수밖에 없는데, 오다 마코토의 문법 역시 이로부터 자유로워 보이지 않는다. 그는 전후 일본을 "아메리카합중국, 소련, 지금은 아마도 중국"으로 대표될 "구천의

---

49 같은 책, 334쪽.

50 같은 책, 327쪽. 남쪽 섬을 돌아본 후, 섬의 '문제점'이 무엇인지를 묻는 지인에게 그는 이렇게 답한다. "교통의 불편, 빈곤, 생활수준, 낮은 의식, 나태, 느린 것, 남에게 의뢰하는 것, 사탕수수, 대자본의 진출, 밀수, 오키나와를 눈앞에 보는 감개, 물이 없는 것, 현저하게 부족한 노동력, 섬 밖으로의 유출, 미래의 관광자원. 그러나 돈이 없다. 변소가 더럽다. 길이 나쁘다. 온 섬에 얼음이 없다. 그렇기 때문에 생선을 저장할 수 없다. 11시가 되면 전기가 나간다. 오후 5시면 섬 밖과의 통신 두절. 연수 만 원 이하라는 존재. 학교 도서관에 책이 없다. 좀 더 가옥 구조를 개선했으면 어떨까. 그 원시적 피난민적인 부엌은 어떻게 안 될까." 이어 그는 문제점이 수없이 많은데 서로 복잡하게 얽혀 있다고 지적하고 이를 "조그마한 일본"이라 명명한다. 그리고 "그 작은 일본은 무수히 있을 것"이라고, 수많은 외딴 섬에 퍼져 있을 거라고 생각한다.

높이에 있는" 큰 나라들 사이 "어느 구석에 있"는, "분명히 있지"만 "하나가 독립으로 있는 것이 아니고 틈에 가냘프게 존재하고 있는"[51] "소국"[52]으로 파악했다. 정치적으로든 경제적으로든 일본은 소국인 것이다. 그가 소국화를 유감스러워한 것은 물론 아니었다. 오히려 대국이 되려고 하지 말 것을 주문했고 "세계의 소국 중 하나로 강등된" 상황을 "착실한 출발을 할 수가 있는 토대로써 긍정적이고 적극적으로 포착"[53]해야 한다고 강조했다.

이 같은 소국 또는 빈국 내러티브를 통해 그는 일본을 아시아·아프리카의 현실과 연접시키고, 함께 울려 퍼지는 빈곤의 메아리를 들곤 한 것이다. 아시아와 일본의 관계는 "일본이라는 표면의 바닥 깊숙이 숨겨졌던 빈곤의 외침으로 들렸다. 더 귀를 기울여보자. 그러면 그 빈곤이 아시아·아프리카의 빈곤과 연결되어 있다는 것, 아니 거꾸로 누가 그 빈곤을 가져왔느냐 하는 점에서 원래는 하나하나가 갈피를 잡지 못할 만큼 다른 아시아·아프리카의 여러 나라가 연결되어 있다는 것, 그 연결 속에 아마 일본도 들어가 있는 모양이라는 것"[54]이라는 식으로, 1945년 이전의 역사적 연관보다는 1945년 이후의 '동질적' 병렬 관계가 주가 되는 방식으로 설정된다. 이런 식의 당대화는 지금 그가 엮는 연계망의 기원과 구조에 대한 길고 깊은 통찰을 그다지 크게 요구하지 않는다. 그가 쓴 "우리들"이라는 범주에는 일본, 아랍, 인도 등이 함께 들어간다. 이들이 이런저런 차이에도 불구하고 같이 묶이는 것은 서양이라는 대척지를 상정하기 때문이다. 그는 "서양이 하는 대로 착취당하고 반죽음을 당하던 '우리들' 피지배국, 식민지국, 후진국, 그리고 빈궁. 거기에서 어쩌면 아시

---

51 같은 책, 142쪽.

52 같은 책, 155쪽. "소국"과 더불어 "서민국"이라는 표현도 쓰고 있다. 국제적으로 봤을 때 일본은 소국 또는 서민국의 위치에 있다는 것이다.

53 오다 마코토, 『나는 이렇게 보았다』, 339쪽.

54 오다 마코토, 『이것이 일본이다』, 86쪽.

아는 하나가 된다"[55]라고 설명한다.

"드러난 사실"에 충실한 현지주의적 수행을 통해 아시아·아프리카의 빈곤 지도를 작성하는 방식이 지닌 효과는, 이것이 정치적·이념적 기획으로서 아시아·아프리카를 향해 있던 당시의 기대를 상대화하거나 전복시켰다는 데 있다. 오다 마코토가 아시아·아프리카의 가능성을 부정했다는 의미는 아니다. 분명히 그는 신생국가들의 부상과 노력을 목도했고, 그 역사·정치적 의의를 긍정했다. 필자가 강조하고 싶은 것은 그가 아시아·아프리카의 가치화나 평가와 관련해 좀 다른 경로를 갖게 되었다는 점이다. 다른 경로가 무엇이었는지에 관해 논하기 전에 앞에서 말한 상대화와 전복의 양상을 먼저 살펴보기로 하자. 그는 아시아·아프리카 또는 아시아·아프리카 민족주의를 열렬하게 지지하는 자들의 기대, 그들이 기대고 있던 이른바 정치적 올바름이라는 지지대의 이면을 뒤집어 보이려 했다. 이들의 외침에 추상화와 무책임이 깔려 있다고 판단했기 때문이다. 그는 실제 또는 실체를 보지 못한 자들에 의해 아시아·아프리카가 "이상화"되고 "신격화"[56]되고 있다고 비판했다. 아시아·아프리카는 일본의 진보파가 알고 있는 게 다가 아니라고 오다 마코토는 주장하고 있는 셈이다. 이 같은 발언의 근거는 당연히 빈곤이다.

　　다른 아시아·아프리카 제국의 지도자들과 인민은 세계사의 위대한 전환의 시대에 살고 있다는 것을 잘 인식하고 행동하는 데 반해 일본은 그렇지 못하니 글렀다라는 언설을 읽고 놀란 일이 있었다. 그 글을 읽은 순간 밤의 콜카타 거리에서 말할 수 없이 많은 집 없는 백성들의 노숙하는 모습이 눈에 선했던 것이다. 또 그들을 마치 벌레 정도로밖에 취급하지 않는 인텔리들 ……

55　오다 마코토, 『나는 이렇게 보았다』, 268쪽.
56　오다 마코토, 『이것이 일본이다』, 126쪽.

전자는 확실히 인민이고 후자는 지도자의 말단인 사람들이었음에 틀림없었지만, 바로 그들이 세계사의 위대한 전환의 시대에 살고 있는 자신을 잘 자각하고 있다고는, 적어도 일본인 이상으로 자각하고 있다고는 아무래도 나에게는 믿어질 수 없었던 것이다.[57]

요컨대 빈곤이라는 현실을 직시한다면 아시아·아프리카를 무조건 지지할 수는 없다는 것, 그리고 이런 이유로 일군의 논자들이 펼치는 아시아·아프리카 찬사는 공허하고 "무책임한 미사여구"[58]에 지나지 않는다는 것이다. 그는 "일본에서 아시아·아프리카를 떠들어대는 진보파 사람들이 유럽에 갈 기회가 있어도 그 도중에 실지로 아시아·아프리카 땅을 밟아보려고 하지 않는 데 언제나 화를 내고 있는 것"[59]이라고 부연했다. 빈곤이라는 '실정'을 알고 있는 그로서는 아시아·아프리카의 가능성을 다른 방향에서 찾게 된다. 즉, 아시아·아프리카의 암흑은 빈곤에서 연원하므로, 이 긴박한 문제를 해결할 의지와 역량을 얼마만큼 발휘하는가에 따라 아시아·아프리카의 "정당성"[60]이 강하게 공인될 수 있다는 논리가 성립한다. 멀지만 가야 할 길을 직시하고, 힘겹지만 지금 바로 출발하는 것. 이것이 바로 아시아·아프리카 내셔널리즘의 '진가'를 좀 더 선명하게 증명할 계기인 것이다.

어찌할 바를 모를 빈곤, 그리고 그것과 떨어질 수 없이 붙어 있는 부패, 그리고 두 가지는 또한 고여 있고 그 밑에서 민중은 정체하고 고여 있다. 아니, 그렇게 보

---

57 같은 책, 248쪽.
58 같은 책, 125~126쪽.
59 같은 책, 266쪽.
60 같은 책, 94쪽.

인다. 그러나 어떻게 보이든 간에 그들은 거기에서 출발해갈 수밖에 없다. 그것이 나의 중근동 인도의 최저 걸식 여행에서 얻은 결론이었는데, 그 결론을 나는 자신에게도 말하는 것이다. 찌푸린 얼굴을 지으면서, 그러나 굳세게, 어떻게 보이든 간에 우리들은 여기서 출발하는 수밖에 없다고.[61]

인용문이 알려주듯 오다 마코토는 빈곤상을 보고 전하면서 궁극적으로는 빈곤을 (재)생산하는 구조를 비판하고 있다. 빈곤의 (재)생산 구조라 하면, 현상하는 빈곤을 생성하고 고착화하는 정황 전체를 고려하게 된다. 이와 관련해 지배층과 인민의 역학은 핵심이 될 것이다. 그는 "민중"이나 "서민"이라는 말로 인민의 영역에 초점을 맞추면서 "아시아·아프리카는 서민의 눈으로" 접근해야 한다고 강조한다. '인민'은 오다 마코토의 주요 인식소라 할 수 있다. 그는 아시아·아프리카 인민의 실상과 요구를 중심에 놓고 아시아·아프리카 연대의 주창자들 및 지도자 = 통치권의 역할을 설정하고 평가했다. 이러한 관점은 "아래로부터의 파악"[62]이라고 명명되었다. "민중", "서민", "아래" 등으로 치환된 인민 개념 및 인민 지향은 1970년대 초에는 "무수한 하나하나의 인간", "살고 있는 인간", "(통치나 운동에) 휘말려 들어간 쪽"[63] 등으로 재개념화되면서 생생한 인민의 생생한 움직임을 포착하는 방향으로 전개되었다. 오다 마코토는 인민을 거점으로 '아시아·아프리카의 통치 = 지도권'의 무책임과 무

---

61 같은 책, 100쪽.

62 같은 책, 155쪽.

63 이에 대한 본격적인 논의로는 다음을 참조. 小田實, 『世直しの倫理と論理(上)』(東京: 岩波書店, 1972), 1~2章. 그가 세계, 정치, 운동을 파악하는 관점과 목적은 "휩쓸려 들어간 쪽의 정치학"을 살펴보는 것으로, 그 핵심을 "어떻게 휩쓸려가면서도 휩쓸려 들어가지 않는가"(19쪽)로 요약하고 있다. 이는 곧 자신에게 작용하는 어떤 힘에 굴복하면서도 그것으로 끝내는 것이 아니라 주어진 조건 위에서 나름의 새로운 역학과 삶의 논리를 생성·변형시키는 인민의 요령과 힘을 의미한다.

능, 부도덕을 짚어냈다. 아시아·아프리카가 진정한 내셔널리즘 또는 국제 연대를 실현하기 위해서는 사회문제를 해결해야 한다는 것이다.

실제로 아시아·아프리카의 역사, 현실, 이념을 파악하는 데 인민은 매우 중요한 계기였다. 비자이 프라샤드(Vijay Prashad)가 제3세계(론)의 전개를 살펴보면서 간파했듯이 제3세계란 시행착오를 거치면서 신뢰를 구축하고 투쟁 속에서 참여와 위기로 믿음을 쌓아가며 정당성을 확보한, 치열한 정치적 기획이었다. 하지만 이것이 결국 "문서상"으로 "찬란하게 빛났"[64]을 뿐이라고 평할 수밖에 없는 이유는 이 기획에 심각한 이반이 일어났기 때문이다. 프라샤드는 실제 통치의 장에서 제3세계 인민은 필요에 의해 동원되었을 뿐 정당하게 처우 받지 못했다는 점을 지적한다. 그는 제3세계가 겪은 이러한 사태를 인민의 "동원 해제"라는 말로 압축했다. 제3세계 인민은 국가 건설 프로젝트에서 평등한 지분을 차지하도록 배려되지 않았고 하향식 체계에서 단지 뒤따르는 존재로 위치 지어졌다.[65] 이는 곧 인민이 정치·경제적 민주주의 구축에 얼마만큼 개입하고 진입할 수 있었는가, 그리고 민주주의를 누릴 몫을 제대로 보장받았는가라는 문제와 맞물려 있다. 제3세계 기획을 인민이라는 지점에서 다시 보도록 추동하는 이 논의에 기대면 오다 마코토의 아시아 - 아프리카 - 빈곤 - 인민론은 인민이 배제되어버린 구조를 포착한 것으로 볼 수 있다. 단, 그의 사유가 심층적이거나 입체적이었다고 평가하기는 어려운 면이 있다. 여기서 그가 지닌 관점의 전제와 논리를 재고해보자.

먼저 "무수한 하나하나의 인간"론을 적극적으로 전개한 1970년대 초반에 비하면, 1960년대 초반의 오다 마코토는 (아시아·아프리카의) 인민을 역동적 능력을 지닌 능동적 주체가 아니라 비참을 증거하는 집단 또는 철저하게 소외된

64　비자이 프라샤드, 『갈색의 세계사: 새로 쓴 제3세계 인민의 역사』, 34~34쪽.

65　같은 책, 177쪽.

존재로 상정하고 있다. 그들은 "자라고자 하는, 무턱대고 키가 자라려고 하는 의지"가 "이끌고 다녀야 할 잠든 절반"[66]으로 묘사된다. 1960년대 초반의 인민론에는, 이후 뚜렷하게 표출된 인민의 기술, 즉 통치받는 집단이 발휘하는 나름의 삶 - 능력 - 힘, 그리고 현실주의적 활기에 대한 인식이 적극적으로 나타나지 않는다. 더불어 오다 마코토의 아시아·아프리카 인식이 빈곤을 전면화함으로써 아시아·아프리카 국가 및 인민의 존재와 수행성을 경제적 차원으로 치환해 판단하게 한다는 점 역시 눈여겨볼 만하다. 그가 비판한 일본의 아시아·아프리카 지지자들은 주체성, 주권성, 자주성, 능동성 등 반식민, 반제국주의, 반냉전의 정치적 역능에서 아시아·아프리카 내셔널리즘의 진보성과 시대성을 보고 있었다.[67] 반면 오다 마코토는 사회경제적 이면으로 중심축을 바꿔 다른 진단을 하고 있는 것이다. 정치적 가능성과 사회·경제적 가능성이 서로 연결되어 공재하는 문제이고 공진해야 하는 과제라면, 그가 비판한 진보파가 전자를 보면서(또는 보기 위해) 후자를 지웠듯 그 역시 같은 작업을 반대 방향에서 한 셈이다. 어느 쪽이든 서로 다른 얼굴을 전면화한 아시아·아프리카론에서 벗어나기 위해서는 사회·경제적인 것이 정치적인 것과 맺는 연관, 더 정확하게 말하자면 사회·경제적인 것의 정치성을 복합적으로 이야기했어야

---

66 오다 마코토, 『이것이 일본이다』, 130쪽.

67 같은 책, 125~126쪽. 글에서 밝히고 있듯이 오다 마코토가 비판적으로 거론하고 있는 것은 ≪사상(思想)≫(1961.6)에 실린 교오고쿠 준이치(京極純一)와 오카쿠라 코시로(岡倉古志郎)의 글이다. 오카쿠라 코시로는 아시아·아프리카 제국의 지도자와 인민이 반식민주의투쟁을 자신들의 임무로 자각하고 실행하고 있는데, 이를 통해 세계사는 위대한 전환을 맞을 것이라 논하고 있다. 교오고쿠 준이치는 일본인의 "기생적 객체"화를 문제 삼으면서 이로 인해 일본이 다른 제국민의 문명에 공헌하지 못하는 2등의 존재로 전락하고 있음을 지적한다. 오다 마코토가 반박하는 것은 크게 세 가지인데 이들이 A·A의 환영에 빠져서 무의미한 연대를 주장하고 있다는 점, 다른 나라 국민에 대한 근거 없는 상찬을 바탕으로 일본과 단순 비교하고 있다는 점, 그리고 이런 비교를 하면서 '위로부터의 내셔널리즘'을 부추긴다는 점이다.

할 것이다.[68] 연관을 충분히 고려하지 않는다면 둘은 분리되어 마치 양자 택일의 사안인 듯 인지된다. 이런 맥락에서 그의 '빈곤 중심주의'의 인식론적 기제는 정치적 영역을 축소하는 배타적 집중, 그리고 정치적 영역을 누락하는 폐쇄적 구획화라 할 수 있다.

거대한 빈곤 공동체로서의 아시아라는 1960년대 초반까지의 인식은 베헤이렌 활동의 시작과 함께 전체적으로 변화를 겪는다. 빈곤 또는 비서구(적인 것)라는 틀에서 일본을 아시아·아프리카 국가들과 가까이 놓던 작업도 1960년대 중반 이후의 그에게는 더 이상 중요하지 않게 되었다. 오히려 일본이 '소국'의 위치에서 벗어나 '대국'이 되었고, 아시아 경제 침략의 선병이 되어가고 있음을 신식민주의적 관점에서 비판하고 있다.[69] 일본은 어느새 아시아에 억압을 가하는 대국이라는 힘의 일부가 되어버린 것이다.[70] 그리고 일본의 전쟁범죄와 관련해서도, 전후 세대가 이를 어떻게 자기화할 것인지 논하게 되었다. 베헤이렌 활동이 소년기에 겪은 전쟁의 참상에 깊은 뿌리를 두고 있음은 그 스스로 누차 밝힌, 널리 알려진 사실이다. 전후 세대로서 그가 강조한 것은 "거짓으로 성급하게 자기의 '범죄성'을 '고발'하기보다는 자신이 왜 '자기 안에 내화된 전쟁범죄(自己のうちなる戰爭犯罪)'를 충분히 자기의 문제로 삼지 못하

---

68 사회(경제)적인 것과 정치적인 것의 구별이나 차등화를 논할 때 한나 아렌트(Hannah Arendt)의 논의를 환기하지 않을 수 없다. 그녀는 빈곤, 풍요, 행복을 사회(경제)적인 것으로, 자유를 궁극의 정치적인 것으로 놓았고, 두 가지가 동일하거나 동질이거나 동급일 수 없음을 강조했다. 관련 논의로는 다음을 참조. 한나 아렌트, 『혁명론』, 홍원표 옮김 (한길사, 2004).

69 그의 입장은 1960년대 초 일본에서의 신식민주의 비판과 궤를 같이한다. 당시 일본은 내부적으로는 고도경제성장을 도모하고, 외부적으로는 경제원조 외교를 강화하면서 신식민주의적 진출을 가속화하고 있다는 비판을 받았다. 이는 미국의 주니어 파트너가 되어가는 일본의 종속성에 대한 비판이기도 했다. 岡倉古志郎, 「低開發国援助と日本の役割」, 『A·A.LAと新植民地主義』(勁草書房, 1964) 참조.

70 小田實, 「「土民」と日本好兵」(1972), 『二つの世の中』(筑摩書房, 1973), p.43.

는지, 도리상으로는 판단한다 해도 왜 몸의 어딘가에 납득할 수 없는 부분이 남는지, 이런 의문을 지속하는 것"이다. 이러한 고민이 섣부른 자기 고발보다 중요한 이유는 "'자기에게 내화된 전쟁범죄'를 몸으로 충분히 느끼지 못하는" 상황 자체가 '범죄'이며 이런 식으로 "과거의 '범죄'도 일어난 것이고 이 지점에서 나는 지금 '공범자'와 다름"[71]없다는 것을 인식할 수 있기 때문이다.

이처럼 1960년대 중반 이후 오다 마코토의 인식과 활동에서 "아시아를 알고 아시아와 연대한다"는 지역적 차원의 공공성과 공식성은 현저하게 뚜렷해졌다. 그는 일본에서 아시아·아프리카론이 '유행'했을 때조차도 정작 일본인은 아시아에 대해 제대로 아는 것도 없고 알려고도 하지 않았다고 비판했다. 관여하고 있던 A·A작가회(Afro-Asian Writer's Association)도 사정은 마찬가지였는데, 그가 특히 문제로 지적한 것은 A·A의 문제에 깊은 관심을 갖고 연대를 부르짖는 작가회 회원들조차도 아시아 지역에 나가본 적이 거의 없다는 사실이었다. 그리고 아시아를 논할 때도 중국을 제외한 다른 작은 나라들에 대해서는 아예 관심을 갖지 않는 경향 역시 지적했다.[72] 아시아 국가들의 사회·정치 문제를 공유하고 아시아인들의 네트워크를 만들어낸다는 목적하에 1974년에 조직한 '아시아인회의(アジア人会議)'는 그의 이념적 지향을 잘 보여준다.[73] 이 회의는 아시아 각 지역의 참석자들이 자국의 사회·정치적 문제에 관해 발언하는 형식으로 진행되었는데 현장의 목소리를 직접 듣는다는 점, 그리고 보통 사람을 '아래로부터' 연결한다는 점에서 그가 추구한 모델을 구현하려는 것이었다.

---

71 小田實, 「二つの中国, 二つの世の中」(1971), 『二つの世の中』, p. 21.

72 小田實, 「土民'と日本好兵」(1972).

73 이 회의 내용의 기록은 다음을 참조. 小田實 編, 『アジア人会議』(潮新書, 1976).

2) 한국행과 북한행

　지금까지 살펴본 아시아·아프리카론을 바탕으로 이제 한국 및 북한에 대한 인식을 고찰해보자. 한국 첫 방문은 1963년이고 북한 첫 방문은 1976년이므로, 두 여행 사이에는 13년의 시간차가 있고 여행기들 역시 그러하다. 따라서 그의 한국 인식과 북한 인식에는 긴 시간에 걸친 사유와 체험의 흐름이 반영되어 있을 것이다. 여기서는 차이나 변화를 고려하면서도 시간의 간극에 크게 구애받지 않고 작동한 틀과 이념소를 중심으로 살펴보고자 한다. 한국과 북한을 직접 경험하기 전까지 오다 마코토는 두 지역에 별다른 관심을 갖고 있지는 않았다. 한국행 후에도, 밀접한 연관 지역인 북한에 주의를 기울인 것도 아니었다. 그러니까 서로 다소 단절되어 있는 두 여행은 그로서는 새삼스러운, 혹은 뒤늦은 한반도 = 조선 '발견'의 계기였던 것이다. 전체적으로 오다 마코토의 아시아·아프리카 인식과 남북한 인식은 동심원 관계에 있는데, 아시아·아프리카 인식이 지름이 큰 바깥 원에 해당한다. 아시아·아프리카는 그가 즐겨 쓴 '신흥국'이라는 호칭과도 맞물려 있다. 이른바 신흥국의 탄생에는 제국주의와 식민화라는 기원이 있는 법인데, 그의 인식에서는 이 역사의 길고 어두운 그림자가 크게 부각되지 않았다. 대상을 신흥국이라고 호명하고 정체화함으로써 '신흥한' 또는 '신흥 중'인 상황에 집중할 수 있는 기반을 확보하기 때문이다. 이때, 무엇으로부터 벗어났는가가 아니라 벗어난 이후 어떻게 하고/되고 있는가가 더 크게 들어온다. 여행에 기반을 둔 현지주의는 그에게 지금 막 보고 있는 현재 진행형의 풍경에 즉각적으로 압도될 가능성을 열어준다. 그는 답파하고 있는 바로 그 장소에서, 쏟아져 들어오는 현상(現狀)에 휩쓸리고 몰입한다. 그리고 시간의 두께를 담은 지층보다는 얇고(부정적인 의미는 아니다) 강한 표층의 호소력에 훨씬 더 민감해진다.

한국과 북한에 대한 인식도 유사한 경향을 드러낸다. 그의 한국·북한론의 기본 틀은 현재주의로 요약할 수 있다. 필자는 현재주의를, 역사적 연속선상에서 과거와 현재를 같이 보기보다는, 둘 사이의 거리화를 통해 상대적으로 현재에 집중하는 사고 유형을 지시하기 위한 개념으로 쓴다. 현지주의가 장소 중심적 개념이라는 점에서 공간화된 지시어라면, 현재주의는 이에 조응하는 시간화된 지시어이다. 현재주의의 핵심은 그것이 과거를 '처리'하는 방법이라는 데 있다. 즉, 대상을 현재의 시간에 맞춰놓으면서 통어하는 기술인 것이다. 한국 방문기에 제시되어 있듯이 한국행은 "너무나 중압감을 느끼게 하는 문제이므로 파고들어가는 것을 무의식적으로 피해왔"던 일이자 한국전쟁 이후로는 "잊어버리기 시작한" 대상을 대면하는 일이었다. 그가 한국을 "마음 바깥으로 밀어내고 살아왔"던 것은, "옛 상처처럼 쑤실 때가 있"는 일본과 한국 사이의 "꽤 까다로운 관계" 때문이었다.[74] 이런 점에서 한국행은 보고 싶지 않은 과거를 물리적으로 직면하는 길이자 궁극적으로는 과거를 처리하는 길이었다고 할 수 있다. 그 과정과 상념을 담은 방문기는 과거 처리의 인식론적 경위를 보여주는 기록인 셈이다.

오다 마코토가 한국과 북한을 여행하는 시간은 두 지역이 신흥국임을 절실하게 확인하는 시간이기도 했다. 한국을 방문한 후 발표한 「내가 본 한국」을 채우고 있는 것은 군사정권하의 한국의 현실 및 한국 사람들의 의식에 관한 논평이다. 그는 "한국이라는 말에서 받은 인상은 결코 '새로운 나라'라는 그것이 아니었"는데, 그 까닭은 군사정권의 출현, 박정희·김종필 등이 "일본의 악몽 시대"라 할 구질서를 환기시킨다는 데 있었다. 이 점이 "우리들에게 한국이 신흥국이라는 사실을 잊게 한다".[75] 그러나 한국에 와서 상황을 직접 보고

---

74   같은 책, pp.339~340.
75   같은 책, p.363.

사람들을 만나본 후에 자신의 입장 또는 '편견'이 바뀌었다고 고백한다. 그는 도처에서 신흥국의 기대와 열기, 그리고 이들과 공존하는 정체와 울혈을 목도한다. 이 과정을 거치면서 한국이 "아시아·아프리카의 신흥국 중 하나"[76]임을 확인하고 확언하게 되는 것이다.

> 그래도 한국은 역시 신흥국인 것이다. 나라 전체에 넘치고 있는 공기는 그 공기가 고이고 정체하고 있는 부분까지 포함해서, 그것은 의심할 바 없이 미래를 향해서 무엇인가를 하지 않으면 안 된다는 공기이고 또는 그것이 잘되어가지 않는데서 오는 고민이며 정체였다. …… 확실히 많은 사람들이 '우선' 군사정권을 지지하고 있다 하더라도, 그것은 막다른 골목으로 쫓긴 나머지의 '우선'이기보다는 미래에의 교량으로서 그렇게 해왔을 것이다. 군사정권은 그만한 힘과 매력을 가지고 있었던 것이 아니겠는가. 나는 이것을 간과해서는 안 될 사실이라고 생각한다.[77]

한국의 신흥국-됨을 거듭 강조하는 상황은 특정한 이념적 작동을 기반으로 한다. 오다 마코토는 방한 당시 한국인들이 자신의 한국관을 일본 구세대의 의식과 같을 것이라 여기는 현상을 불편해했고 그렇게 오해받지 않기 위해 자기는 이들과 전혀 다른 입장에 있음을 분명히 하려 했다.[78] 동행한 일본인 연장자들이 종종 내뱉는 "옛날의 …… "라는 표현, 그리고 이들에게 한국을 설명하고 있는 한국인도 똑같이 구사하는 "옛날의 …… "라는 표현을 두고 그는

---

76 오다 마코토, 『이것이 일본이다』, 342쪽.

77 같은 책, 363쪽.

78 한국문제와 무관하게, 오다 마코토는 전후에 나타난 문화적·이념적 변화를 세대적 관점에서 설명하면서 과거의 일본 내셔널리즘을 비판하는 작업을 해왔다. 관련 글로는 『이것이 일본이다』의 1부에 실린 글들을 참고할 수 있다.

끊임없이 거리 두기를 시도했다. 그는 과거에 매달린 대화가 '옛날의 ……'라는 문법으로 계속 이어지고 있다고 보았다. 그래서 제국주의 - 식민화 역사를 공통의 고리로 삼아 이어지는 답답하고 께름칙한 소통 - 불통의 궤도에서 벗어나고자 했다. 그는 "나에게 서울은 서울이지 옛날의 경성은 아닌 것"이라며 한국을 "이미 '옛날의 일본 식민지'라는 눈으로 보고 있는 것은 아니"[79]라고 강조했다. 오다 마코토는 제국의 기억과 무게로 한국을 버무리고 있는 일본(인)의 지배적이고 전형적인 시선을 문제시했다. 그렇다면 그는 이 시선을 어떻게 바꾼 것인가?

시선을 바꾸기 위한 새로운 각도 조절에서 그가 쥐고 있던 명찰이 바로 "신흥국"이었다. "지금까지의 한국관에서 가장 결여되었던 것은 한국을 아시아·아프리카의 신흥국 중 하나로 간주하는 시점이었을 것"[80]이라는 언급에서 뚜렷하게 제시되듯이, 그는 한국 명명법을 바꾸고 이에 따라 한국의 정체성도 바꾼다. 이러한 선택의 효과는 복합적이다. 앞서 본 대로 식민지 노스탤지어에 기반을 둔 이데올로기가 일상적으로 여전히 편재하는 현실에 대항해서 그는 다른 방식과 질감으로 당대적 관계를 모색하려고 시도한다. 그런데 이러한 모험에는 복잡한 역사를 퍽 간단하고도 명쾌하게 떼어내버리는 일종의 탈각의 메커니즘이 동반되는 것으로 보인다. "이별한 '남편'도, '형님'도 아닌, '아주 남'이란 입장에서 다시 한 번 새로운 출발을 한 친구로서의 일본이 구체적으로 무엇을 할 수 있을까. 그것을 찾아내는 것이 우리들의 당면 과제인 것으로 보인다"는 미래지향적 주장이 말해주듯, '신흥국' 패러다임은 두 국가의 현재와 미래, 그리고 무엇보다도 과거를 모두 쉽게 푸는 장치로 기능하고 있다.

---

79 같은 책, 344쪽. 의도나 내용이 유사한 글로는 다음을 참조. 小田實, 「新しい視點: 韓国での一つの感想」, 『壁を破る』(東京: 中央公論社, 1964).

80 오다 마코토, 『이것이 일본이다』, 343쪽.

그가 1970년대에 한국의 민주주의 또는 민주화투쟁에 적극 동참한다는 동시대적 조력의 과제를 찾아낸 것도 이 같은 현재주의적 틀에 힘입어 가능했다.

오다 마코토는 한국 방문기에서 한국과 한국인의 가능성을 보았고 또 역동적인 움직임을 감지했다고 기록했다. 하지만 한국에 대한 판단이 긍정적이거나 희망적이었던 것은 아니다.[81] 전체적으로 그의 글은 한국(인)에 대해 아직은 뭐라 판단하기 어렵다는 쪽으로 읽힌다. 오다 마코토가 확정적인 논조를 띨 수 없었던 것은 어찌 보면 당연하다. 그가 지적한 경제개발과 빈곤의 해결, 그리고 정치적 자유라는 복수의 긴급한 과제와 관련해, 1963년 무렵의 박정희 정권은 경제적 차원의 본격적인 투여는 발동을 걸고 있었지만 민주주의에 대해서는 정반대의 길을 걷고 있었기 때문이다. 그는 애매한 상황에 놓인 '신흥국' 한국을, 일찍이 세계여행을 하면서 반복적으로 찾아냈던 아시아·아프리카적 문제를 압축하고 있는 결정체로 파악했다. 1960년대 초반 한국에 보인 유보적 태도나 우려는 이후로도 여전히 지속되지만, 1970년을 전후해서 그의 한국 인식은 미국과 일본을 시야에 넣은 좀 더 확장된 구도를 갖추게 된다. 그가 한국 문제의 핵심으로 든 것은 1965년 한일국교정상화를 발판으로 진행된 일본 경제의 한국 진출, 박정희 정권의 정치·경제적 일한 유착, 그리고 이 상황에서 벌어질 사람들의 권리와 자유의 훼손, 민주주의의 침해였다.[82] 1970년대 초·중반은 오다 마코토가 김지하 구원 활동을 벌이기도 하고

---

[81] 小田實, 『戰後を拓く思想』(東京: 講談社講談社, 1965), p.206 참조. 그는 한국과 일본의 젊은 세대를 비교하면서 한국의 젊은 층이 "어딘가 가고 싶다"라고 하는 말에는 절실함이 있는데, 이 점은 같은 말을 하면서 낭만적인 기대를 품는 일본 젊은이와는 큰 차이를 보인다고 언급한다. 한국에서는 어디론가 간다 해도 북으로는 갈 수 없는 상태여서 곧 막혀버린다. 일본의 젊은 층이 어딘가 가고 싶다고 할 때는 당연히 외국이나 외국과 마찬가지인 홋카이도 정도를 가리키는 데 비해 한국 젊은이들은 자신의 나라를 떠나고 싶은 것이라고 비교하고 있다. 한국인이 자국의 상황에 답답함과 염오를 느끼고 있다는 분석으로 보인다.

[82] 小田實, 「一本の竿を立てよう」, 『私と朝鮮』, pp.8~9.

'한국문제긴급국제회의'[83]를 열기도 했던 때이다. 특히 한국문제긴급국제회의에서 행한 기조연설에는 한국 상황을 미국, 일본과의 연관 속에서 파악하는 시선이 잘 드러나 있다.

> 해방 후, 그리고 분단 후의 한국의 정치, 경제, 군사도 전반적으로 아메리카합중국의 아시아 전략 안에서 살아온 정치, 경제, 군사입니다. 그리고 이 가운데서 일본이 번영을 이룰 수 있었다면, 역으로 한국은 희생을 강요당해왔습니다. 일본은 스스로 아메리카합중국의 아시아 전략에 부응해 전후 역사를 형성하는 방식으로 많은 이점을 얻어온 것은 아닐까 생각합니다. 조선전쟁이 일본 경제 부흥의 기회가 되었다는 것은 공공연한 사실입니다. 아메리카합중국이라는 대국에 달라붙어 우리는 힘없는 나라를 제물로 삼으면서 살을 찌웠습니다. …… 같은 전략으로 편입되어 거기서 사는 길밖에는 없던 한국은 마지못해 일본과 가까워지지 않을 수 없었습니다.[84]

오다 마코토는 미일 냉전 전략에 동조해 이익을 채우는 정권을 향한 한국인들의 저항을 자유·평등·민주주의 회복운동 또는 "제3세계의 해방투쟁"[85]으로 보았다. 그렇다면 그에게 북한은 어땠을까. 잘 알려져 있듯 북한에 대한 평가는 매우 긍정적이었다. 평양을 방문하기 전까지 그의 "머릿속 지도에는

---

83 박정희에 대한 비판과 김지하 구원 활동에 관한 기록으로는 小田實, 「二人の'人間'」, 『私と朝鮮』 참조. 한국문제긴급국제회의는 세 번째 아시아인회의를 한국문제에 관한 국제회의로 변경해 개최한 것으로 1967년 8월 12일부터 14일까지 도쿄에서 열렸으며, 오다 마코토가 기조연설을 했다. 아시아인회의가 한국문제긴급국제회의의 형식으로 개최될 무렵의 상황과 관련해서는 다음을 참조. 이수자, 『내 남편 윤이상(하)』(창작과비평사, 1998), 50~53쪽.

84 小田実, 「〈韓国問題緊急国際会議〉基調報告」(1976), 『私と朝鮮』, p. 272.

85 같은 책, p. 274.

북의 반쪽이 공백"[86]이었고, 조선이라 하면 대체로 한국을 떠올리는 정도였다. 하지만 북한에 다녀온 후, 북한 체제를 향한 경이와 호의를 담아『나와 조선』과『북조선의 사람들』를 발표한다. 북한의 국가, 통치자, 그리고 인민에 대한 전적인 신뢰는 어디에서 비롯된 것일까. 긴 분석이 필요 없을 정도로 북한에 대한 오다 마코토의 기대는 직설적으로 제시되고 있다. 김일성과 주체사상, 그리고 인민 모두 "자주독립"과 "자력갱생"[87]을 기본으로 "대국의 지배에 굴하지 않고 전진해나가"면서 "제3세계의 주의·주장"[88]을 실현한 것으로 상찬된다. "제3세계의 소국"인 북한과 북한 인민은 그에게 아시아·아프리카 지역의 가능성을 증명하는 놀라운 증거인 것이다. 북한 방문 중에 체험한 인민들의 생활, 감각, 그리고 이로부터 느낀 감격을 묶은 두 개의 텍스트는 김일성 체제가 인민의 삶을 어떻게 '지켜왔는지', 또 인민 스스로 어떤 의식을 갖고 통치에 응대하고 협조하면서 국가의 주인이 되었는지를 들려주고 있다.

　북한에 대한 우호적인 의식을 명쾌하게 표출하고 있는 북한 방문기는 그간 일본에서 가려지고 왜곡되어온 북한의 '실제'를 알리겠다는 의지로 가득 차 있다. 그래서인지『북조선의 사람들』의 경우에는 일상의 미시적인 사상에 관심을 둔 고현학적 탐색의 성격도 드러낸다. "인간 생활의 기본"이 되는 것을 제대로 보지 않으면 그 사회의 정치, 경제, 이데올로기 같은 거시적인 차원도 온전히 파악할 수 없다는 전제하에 그는 아파트 형태, 욕조, 변기, 농가, 온돌 등 미시적인 일상 공간을 보고 다녔다. (탈)냉전 - 인류학의 시선이라고 할 수 있을 정도의 과잉된 관찰·조사·탐색욕이 읽히기는 하지만, 전체적으로 두 권의 여행기는 북한의 사회 보호[89]의 노력과 실험이 힘겨운 투쟁을 통해 자력으

86　같은 책, p.12.

87　같은 책, p.23.

88　같은 책, pp.23~24.

로 성취된 것임을 역설하고 있다. 그는 노동자와 농민에 대한 복지, 여성과 아동에 대한 배려를 설명하면서 북한의 인민이 체제와 통치권에 의해 결코 소외되지 않았으며 나아가 자신들의 사회와 정치를 지키고 갱신하는 데 헌신하면서 주체적인 삶을 영위하고 있다고 강조했다. 아시아·아프리카의 빈곤 구조를 지속적으로 이슈화하면서 제3세계의 고통과 숙제를 말해온 그가 북한에서 자립과 갱생의 성취를 찾은 것도 무리는 아닐 듯하다.

시간을 좀 거슬러 올라가 계보화하자면, 북한에 대한 이 같은 고평은 일본 진보파의 북한관과 이어져 있다. 1950~1970년대에 걸쳐 몇몇 논자의 북한 방문기를 게재한 ≪세계≫는 경제 발전, 안정, 사회복지 등 여러 면에서 북한이 뛰어난 성과를 거두면서 발전하고 있다고 언급했다.[90] 오다 마코토의 우호와 우정에 찬 접근 역시 남한을 "새로운 나라"로 치환시킨 것과 동일한 전치의 구조에서 이루어진다. 북한은 아시아·아프리카의 '진정한' 신흥국이고, 남한이 실패한 중요한 과제들을 다른 방식으로 성공시킨 뜻깊은 지역이다. 박정희 정권이 자신을 제3세계의 일원으로 생각하지 않는 데 비해,[91] 북한은 "제3세계의 소국"[92]이라는 뚜렷한 자기의식을 바탕으로 "자본주의 대국"과 "사회주의

---

89 "사회의 보호"는 자본주의 전개 과정에서 출현한 대항-운동에 관한 폴라니의 분석을 관통하는 핵심 개념이다. 이와 관련해서는 다음을 참조. 칼 폴라니, 『거대한 전환』, 홍기빈 옮김(길, 2009).

90 앞서 인용한 「一本の竿を立てよう」 역시 1977년 ≪세계≫에 게재된 것이다. 오다 마코토는 1980년대 중반에도 북한을 방문했는데, 1984년 12월 호부터 1985년 2월 호까지 세 차례에 걸쳐 ≪세계≫에 방문기를 게재했다. 관련 정보 및 ≪세계≫의 북한 방문기에 대한 연구는 다음을 참조. 한상일, 『지식인의 오만과 편견』, 2~3장; 임성모, 「전기 일본 진보파 지식인의 한국 인식」, ≪동북아역사논총≫, 33호(2011.9). 일본에서의 북한문학 소개 현황에 대해서는 오미정, 「전후 일본의 북한문학 소개와 수용: 민주조선을 중심으로」, ≪우리어문연구≫, 40집(2011.5); 「1950년대 일본의 북한문학 소개와 특징: 『신일본문학(新日本文學)』과 『인민문학(人民文學)』을 중심으로」, ≪한국근대문학연구≫, 25호(2012년 상반기) 참조.

91 小田實, 『私と朝鮮』, p.37.

대국"[93]의 틈에서 성공적으로 자립의 길을 걸었던 것이다. 오다 마코토가 일찍부터 전개한 소국주의는 북한에 대한 고평에 그대로 적용된다. 북한의 국가공학과 사회공학을 향한 오다 마코토의 감탄과 찬사는 "인간 생활의 기본과 관련된 것들을 봐도, 북조선 사회가 일본 사회가 가진 것을 갖고 있고 이에 더해 일본 사회가 갖고 있지 않은 인간 행복과 직결된 방도도 갖고 있다면, 당연히 북조선이 일본보다 앞선 나라, 즉 선진국"[94]이라는 생각으로 이어진다. 여기에는 1960년대에 강력하게 표명되고 전면화된 제3세계의 꿈, 즉 탈종속 = 자립 = 주체성에의 열망을 공유했던 전후 지식인의 일본 비판도 반영되어 있다. 또한 일본의 지배적인 대북 인식에 대한 반동(reaction)으로 형성된, 일종의 제3세계를 향한 오리엔탈리즘도 배어 있는 듯하다. 이것은 국가 - 통치권 - 지도자와 인민이 서로 갈등하거나 길항할 가능성을 상상하지는 않는다. 북한 국가와 인민 - 사상의 생기를 조응·조화시키면서, 그는 아시아·아프리카 = 제3세계의 풍경을 '빈곤론' 시절과는 아주 다른 구도로 그리고 있는 것이다.

4. 두 개의 윤리: 안다는 것과 알지 못한다는 것

오다 마코토는 1960년대 초반의 글에서 "아메리카가 오늘의 비극을 맞이한 원인 중의 하나는 이런 것을 죄다 간과했던 것에 있으리라. 아메리카인은 신흥 제국이 모순과 당착과 에너지에 가득 찬 미완성품이라는 것을 걸핏하면 잊고서 날씬하게 완성된 모습을 찾고자 한다"라고 비판하면서 아메리카가 아시

---

92   같은 책, p.37.

93   같은 책, p.33.

94   같은 책, p.130.

아를 제대로 이해할 수 없는 이유를 설명했다. 미국은 아시아라는 상대에 "제 멋대로 일종의 관념적인 추상체를 만들어서 자기만족"하거나 자기 틀에 맞지 않는다고 초조해할 뿐인 것이다.[95] 더불어 미국과 서구 사회는 너무 풍요롭기 때문에 역사와 현실이 전혀 다른 아시아·아프리카를 온전히 알 수 없다고도 했다. 오다 마코토가 왜 그토록 현지를 향한 출발을 고집했는지, 그 답도 이 진술에서 다시 한 번 확인할 수 있다. 그는 일본이 아시아·아프리카를 대하는 아메리카의 의식구조를 일본이 재생산하지 않기를 바랐고, 일본인인 자신 역시 이런 오류와 몰이해를 범하지 않기를 원했을 것이다.

그래서 그는 저편에 있는 상대를 '정말로', '진정으로' 알기 위해서 인도, 이집트, 아메리카, 그리스, 한국, 북한 그 어디든 개의치 않고 이동해 현장으로 깊숙이 들어가려 했다. 이동과 모험과 직면과 목격이 대상 또는 상대를 진정으로 '알게' 할 것이라 믿었다. 동시에 이를 수행하면서 그렇지 않은 주체는 도저히 알 수 없을 실제를 자신은 정확히 파악하고 있다는 믿음 역시 축적해 갔다. 이러한 의식에 깔려 있는 것은 앎에의 욕구이자 확신일 것이다. 다소 산만하고 혼란스럽긴 하지만 그의 언설은 직접 경험한 자가 갖기 마련인 확고한 자기 신뢰로 차 있다. 한국과 북한을 그만의 방식으로 '현장화'하고 '현재화'할 때도, 오다 마코토는 이 미지의 장소를 조금이라도 더 알게 될 것이라 생각했고, 또 자신이 알게 된 것들을 일본(인)의 오해와 오인 앞에 내밀고 싶었을 것이다. '물리적'이라 해도 틀리지 않을 가시성, 접근성, 밀착성에의 지향, 그리고 이를 자원으로 한 앎에의 의지와 수행 능력의 발휘는 그가 아시아·아프리카 및 한국·북한을 만나온 특유의 원리와 방법론을 잘 보여준다. 아시아·아프리카나 남북한을 향해 구사한 '활달한' 정신, 낙관적 기대, 참여주

---

95   오다 마코토, 『이것이 일본이다』, 154쪽.

의, 실천적 개입력[96] 등은 전후 일본의 아시아 인식이나 남북한 인식의 지평에 독특한 열정과 열의의 자취를 남겼다.

그러나 현지주의와 현재주의의 연관망을 고려해 재고해보면 오다 마코토의 원리와 전략은 '알 수 있음'과 '판독 가능성'에서 발원하는, 대상을 전유한다는 인식론적 위험에서 자유롭지 않다. 특유의 긍정성이 지닌 힘과 실행력을 앞에 두고 이와는 아주 반대되는 복잡한 시선의 힘 또는 불가지성의 윤리학을 떠올리게 되는 것도 이런 이유에서이다. 조선을 사유와 운동의 대상으로 전면화했다는 점에서는 함께 묶을 수 있겠지만 양식과 경로 면에서는 거의 대척점에 놓일 만한 인물로 고바야시 마사루(小林勝)가 있다. 식민 2세 작가로서 그는 오다 마코토식 현지주의나 현재주의와는 상당히 다른 입장에서 조선이라는 문제를 취급했다. 고바야시 마사루의 저력은 오다 마코토와는 달리 조선(인)은 자신이 도저히 알 수 없고 잡을 수도 없으며, 선명하게 볼 수도 없는 존재라고 절감하는 '불행한' 의식에서 나온다. 그가 그린 소년기 시절의 식모, 병원을 드나드는 환자, 화염병을 든 청년을 떠올려보자. 그/그녀가 누구든 간에 일본인 주체에게 이들은 다가갈 수 없다는 공포, 다가가고 싶다는 열망, 다가가야 한다는 윤리, 다가가지 못하는 자괴감을 불러일으키는, 읽히지 않고 알 수 없는 강렬한 상대인 동시에 그래서 한 순간도 놓여날 수 없는 존재이다.

이러한 타자와의 멀고도 가까운 연루는 끈질기게 주체를 따라다니고, 과거는 현재에 깊이 침투해서 떼어낼 수 없이 유착되어버렸다. 그래서 대상을 향한 깨끗한 정리, 거리의 조절, 편의적 분리, 투명한 기대, 낭만적 매혹 같은 것

---

96 같은 책, 279쪽. 이러한 논리를 그는 "자기는 자기일 뿐이다"라고 표현하면서 "확실히 일본은 일본일 뿐이며 아시아·아프리카 또한 아시아·아프리카일 뿐이다. 이 세 가지 것이 모두 불만족하기 짝이 없다고 인정할 수밖에 없지만, 그러면서도 그것들은 변한다. 아니 자기를 손으로 변화해나가지 않으면 안 된다는 것을 알고 있는 것"이라고 덧붙인다.

은 아예 불가능하다. 그래서 고바야시 마사루는 "일본인과 조선인이 만들어낸 과거의 역사와 현실의 격렬함 때문에 나의 소설 자체는 출구가 없는 상황을 드러내고 현실의 뒤에서 비틀거리며 걸어가버리"곤 한다고 고백했다. 또 그 고통을 누구보다 잘 알지만 "그렇다고 해도 일거의 비약이란 나에게 있을 수 없는 일이기에" 조금씩 꾸준히 나아가는 길밖에 없다고 했다.[97] 고바야시 마사루의 불투명성과 불가지론을 오다 마코토의 논리와 나란히 놓아 보면, 조선 = 한국·북한과 관련해 운동하는 '알 수 없음'의 힘과 '알 수 있음'의 힘이 선명하게 대비를 이룬다. 이 대비의 장에서 우리는 후자가 과거의 산뜻하고 과감한 정리를 통해 동시대적이고 동반자적인 관계를 구상할 수 있었음을, 더불어 지금 또는 미래를 위해 절삭된 채 현지화되고 현재화된 그 무엇이 실은 더 고민되었어야 했던 것임을 함께 확인하게 된다. 이는 오다 마코토가 고바야시 마사루와 다른 방식을 취했기 때문에 생겨난 차이일 수도 있다. 고바야시 마사루가 일본에 머물면서 그 내부에서 과거와 현재를 고스란히 안고 사는 재일조선인에 집중했다면, 오다 마코토는 일본을 떠나 이국인 남북한을 향해 월경하는 형태로 인식과 활동의 지평을 만들었다. 분리된 공간으로의 이동이 현재를 돌출시키고 입체화하는 데 기여했기에 한국 및 북한과 관련해서 과거는 일단 과거로 정위되는 구도 자체가 조성된 것이다. 이런 환경에서 그는 '신흥국'이라는 사유의 플랫폼을 상대적으로 얇고 납작한 '지금 - 여기'의 터에 세우고, 그로부터 '신흥국'의 오늘과 내일을 보는 '관심'과 '연대'의 실험을 시도할 수 있었다.

지금까지 오다 마코토의 세계 여행기와 한국·북한 여행기를 중심으로 심상지리의 지형을 분석해보았다. 그러나 텍스트 양식과 초점을 고려해 방대한

---

97 고바야시 마사루, 「나의 조선」, 이원희 옮김, 『쪽발이』(소화, 2007), 303쪽.

문헌을 배치하고 조율하는 과정에서 중요한 영역을 충분히 포괄하지는 못했다. 재일조선인 관련 자료들이 그것이다. 이 부분을 그의 남북한 인식의 지평에 끼워 넣을 때 어떤 지세가 펼쳐질지 해명하는 문제가 남았다. 1963년의 한국 방문기 첫머리에서 밝혔듯이, 오다 마코토는 재일조선인이 많은 지역에서 살았기 때문에 이들의 생활에 비교적 익숙했고 한국전쟁 무렵 조선에 큰 관심을 갖기도 했으며 1956년에는 조선인 친구와의 교제를 소재로 소설을 발표하기도 했다. 하지만 이어지는 고백에 따르면 그는 곧 조선을 잊기 시작했고 무의식적으로 피해왔다고 한다.[98] 실제로 그가 재일조선인 문제에 새롭게 관심을 두기 시작한 것도 1960년대 중반 이후 아시아, 한국, 베트남, 북한 등을 (재)발견하면서부터이고,[99] 본격적인 소설 재현 작업에 다시 착수한 것도 1990년대에 들어서면서부터이다.[100] 관련 활동과 작품을 고찰하면 전쟁 - 반전 - 평화 - 민주주의라는 문제계와 제국주의 - 식민주의라는 문제계의 편제 및 절합의 양상 전반을 입체적으로 규명할 수 있을 것이다. 이에 대한 논의는 차후의 과제로 남긴다.

---

98 오다 마코토, 『이것이 일본이다』, 339쪽.

99 하나의 사례로 그가 주도한 1974년의 '아시아인회의'에 어젠다로 올라와 있는 "재일 한국인 차별" 문제를 들 수 있다. 小田實 編, 『アジア人会議』, pp.215~220 참조. 더불어 제국 - 식민화 문제와 연관된 오무라 수용소와 관련한 것으로, 1968년 베헤이렌 활동가들과 함께한 오무라 수용소 데모 행진에 관한 짤막한 소회로는 다음을 참조. 小田實, 「土民'と日本好兵」(1972), 『二つの世の中』, pp.33~34.

100 『オモニ太平記』(1990), 「アボジを踏む」(1997)가 대표적이다.

08

'원폭'을 둘러싼 상상력의 틀*
베트남전쟁과 '아시아' 담론을 중심으로

고영란

1. 원폭 조종사의 등장과 '가해'의 상상력

1960년대에 들어서면서 피폭을 체험하지 않은 작가들이 쓴 주목할 만한 작품이 다수 등장했다. 나가오카 히로요시(長岡弘芳)는 『원폭문학사』(1973)[1]에서 1963년 "오타 요코(太田洋子)의 죽음을 전후로 무대가 한 번 회전한 느낌이 든다"라고 했다. 그러면서 오타 요코의 죽음과 갈마들 듯 등장한 작품으로 홋타 요시에(堀田善衛)의 『심판』(1960), 이노우에 미쓰하루(井上光晴)의 「땅의 무리」(1963년 7월), 이다 모모(いいだもも)의 『미국의 영웅』(1964), 다카하시 가즈미(高橋和巳)의 『우울한 당파』(1965) 등을 들었다. 이 가운데 새로운 경향으

---

* 이 글은 「「原爆」をめぐる想像力の枠組み: ベトナム戦争と「アジア」言説を手がかりに」라는 제목으로 ≪原爆文学研究≫, 14(2015.12)에 실은 글을 심정명이 한글로 옮긴 것이다.

1 長岡弘芳, 『原爆文学史』(風媒社, 1973).

로 주목을 받은 것이 원폭을 떨어뜨린 미국인 조종사를 시점 인물로 도입한 홋타 요시에와 이다 모모의 작품이다.

두 작품의 모델이 된 조종사는 모두 클로드 로버트 이덜리(Claude Robert Eatherly) 소령이다. 이덜리는 1945년 8월 6일에 기상 관측기인 스트레이트 플러시 호에 기장으로 탑승해 동료 비행기인 에놀라 게이 호에 기상정보를 타전하는 역할을 했다. 그는 1959년 4월 20일 자 ≪산케이신문(産経新聞)≫ 기사를 계기로 일본에 알려졌다. 이덜리가 특히 주목을 받은 것은 1959년 8월 4일 자 ≪아사히신문(朝日新聞)≫에 귄터 안데르스(Günther Anders)와 주고받은 첫 번째 편지가 소개된 뒤부터이다.[2]

귄터 안데르스는 원수폭금지일본협의회(原水爆禁止日本協議会)의 초대를 받아 도쿄에서 열린 1958년 제4회 원수폭금지 세계대회에 유럽 대표로 참가했다. 이듬해 그는 미국과 유럽에서는 이미 화제의 인물이었던 이덜리의 직접적인 메시지를 일본에 소개했다. 안데르스는 이덜리에게 처음 쓴 편지에서 1959년 8월 6일 히로시마 평화 기념식전에 모인 일본 사람들에게 메시지 보내기를 권했다. 이 편지와 그에 응답하는 형태로 쓰인 이덜리의 답장이 세트로 ≪아사히신문≫에 실렸다. 두 사람은 2년에 걸쳐 편지를 주고받았는데 안데르스가 이들 편지를 편집해 1961년 10월에 독일어로 출판했다. ≪아사히저널≫은 독일에서의 출판에 맞추어 "양심: 출입금지"라는 제목으로 두 사람의 편지 일부를 1961년 10월 15일 호부터 12월 31일 호까지 총 12회 연재해 큰 화제를 모았다. 이듬해에는 히로시마 평화 기념식전 전날 날짜가 찍힌 『히로시마, 나의 죄와 벌: 원폭 조종사가 쓴 고뇌의 편지』가 간행되었다.[3]

---

2   이덜리가 어떤 경로로 일본 미디어에 소개되었는지에 대해서는 다음을 참조. 佐藤とよ子, 『"原爆ヒロ"エザリの神話』(朝日新聞社, 1986).

3   일본어 번역이 나오기까지의 과정은 다음을 참조. 藤原正暎, 「訳者あとがき」, 『ヒロシマわ

독일어로 나온 원저의 제목이 『양심 출입금지: 히로시마 조종사 클로드 이덜리와 귄터 안데르스의 편지(Off limits für das Gewissen: der Briefwechsel zwischen dem Hiroshima-piloten Claude Eatherly und Günther Anders)』였음을 생각하면 일본어 번역은 일본 독자의 바람에 부응하는 제목으로 바뀌었다고 해도 지나친 말은 아니다. 미국에서조차 잊혔던 이덜리에게 '비극의 영웅'이라는 이미지를 강하게 새긴 계기는 ≪스타텔레그램(Star Telegram)≫에 실린 기사 "고뇌하는 제2차 세계대전의 영웅: 전우에게 연행되어 형무소로 향하는 길을 걸은 원폭 폭격 대원"이었다.

이 신문기자는 기삿거리를 찾다 우연히 들른 포트워스의 태런트 군(郡) 형무소에서 우체국 강도로 복역 중이던 이덜리를 발견했다. 그에게 흥미를 느낀 기자는 1957년 3월 18일부터 사흘 연속 그의 이야기를 기사로 썼다. 이 기사가 주목을 받아 4월 1일에는 ≪뉴스위크(Newsweek)≫에서 같은 내용의 기사를 다루었고 독일에 있던 안데르스까지 이를 알게 되었다. 유럽과 미국의 언론은 원·수폭 실험을 비판하는 기사와 병행하는 형태로 이덜리의 자살 미수 사건, 식료품 가게 난입 사건, 우체국 강도 사건 등을 정신착란 때문이라고 판단했다. 그리고 퇴역 군인 전용 병원에 입원과 퇴원을 반복한 전력을 모두 1945년 8월 6일 히로시마 원폭 투하에 대한 '죄의식' 또는 미국에 대한 '저항'으로 다시금 정의했다.[4]

당시의 미디어 보도와 실제 자료 사이의 어긋남을 주의 깊게 조사한 사토 도요코(佐藤とよ子)에 따르면, 미디어 보도의 추이나 안데르스와의 편지 왕래를 경험하면서 이덜리 본인의 발언에도 상당한 변화가 생겼다고 한다. 일본

が罪と罰』(筑摩書房, 1962).

4 ≪스타 텔레그램≫을 비롯한 서양 미디어가 전한 기사 내용에 대해서는 다음을 참조. 佐藤とよ子, 『"原爆ヒロ"エザリの神話』.

에서 제기한 물음에 대한 응답에서도 같은 현상이 나타났다. 예컨대 ≪도쿄신문(東京新聞)≫(1960년 11월 24일 자)과의 인터뷰에서 "원폭 투하 후 15년이 지났는데 이 기회에 일본인, 특히 원폭 피해자에게 전하고 싶은 말은?"이라는 질문에 이덜리는 그 자신이 목격했을 리 없는 "폭발한 원폭을 보며"라는 입장에서 '원폭 피해자'에게 메시지를 보냈다. 또 "당신이 정신착란에 걸린 직접 원인은 히로시마 원폭 투하에 참가했기 때문인가?"라는 질문에서 볼 수 있듯이 당시 일본 미디어에서 이덜리의 '정신착란'과 히로시마 원폭 문제는 떼려야 뗄 수 없는 불가분의 관계였다.

'정신병'이 원폭 조종사의 '죄와 벌'을 가장 효과적으로 가시화하는 장치로서 기대되었다고 해도 과언이 아니다. 이는 '정신병'과는 무관해 보이는 에놀라 게이 호의 폭격수 로버트 루이스(Robert A. Lewis)가 이 같은 소설의 모델이 되지 못했음을 생각할 때 더욱 분명하다. 루이스는 1955년에 미국 NBC 텔레비전의 〈디스 이즈 유어 라이프(This is Your Life)〉에 출연해 일본에서 온 피폭자 앞에서 사과했다.

홋타 요시에의 『심판』[≪세계(世界)≫, 1960년 1월 호~1963년 3월 회]이나 이다 모모의 『미국의 영웅』[≪신일본문학(新日本文學)≫, 1964년 1월 호~9월 호, 후반을 단행본으로 출간] 같은 작품은 전술한 이덜리를 둘러싼 미디어 보도와 병행하는 형태로 연재된다. 두 소설의 서사가 '원폭 조종사'의 시점에서 전개되기 때문에 지금까지는 미일 관계를 축으로 한 가해/피해 구도와 '윤리'의 문제를 논점으로 삼는 경우가 많았다. 존 트리트(John Treat)가 내린 "핵전쟁의 윤리적 문제들을 탐구한 일본의 원폭 문학작품"[5]이라는 평가가 전형적이었다. 구로코

---

5   "미국과 일본, 그리고 핵전쟁의 윤리적 문제들 사이의 관계를 탐구한 일본의 원폭 문학작품이 적기는 하지만 일정 수 존재했다. 흥미롭게도 이러한 작품은 모두 클로드 로버트 이덜리 소령이라는 실제 인물을 다룬다. 그는 에놀라 게이 호와 함께 히로시마 상공을 비행

가즈오(黑古一夫)는 『심판』과 『미국의 영웅』에 공통된 "'광기'를 초래하는 것으로서의 피해 - 가해의 동의성"에 주목하며 다음과 같이 썼다.

이들 작품은 B29 폭격기로 히로시마·나가사키까지 세계에서 처음 원자폭탄을 운반한 승무원(조종사)인 주인공이 자신이 투하한 원폭 때문에 지상에 출현한 '지옥' 같은 현실을 알게 됨으로써 고뇌의 구렁텅이에 빠지는 모습을, 이 나라 피폭자와의 관계를 통해 그린 작품이다. 여기에서는 가해자가 피해자로, 피해자 또한 가해자가 될 가능성이 존재한다는 '전쟁'의 가장 큰 비극과 역설을 솜씨 좋게 그려내고 있다.[6]

특히 "가해자가 피해자로, 피해자 또한 가해자가 될 가능성이 존재한다"라는 점을 잘 포착한 것으로 주목을 받는 작품이 홋타 요시에의 『심판』이었다. 쓰루미 슌스케는 두 작품의 차이를 언급하면서 이다 모모의 『미국의 영웅』은 "일본인이 지금까지 쓴 소설로서는 드물게도 작품에 일본인이 전혀 나오지 않는다"라는 점에서 "일본 문학사에 처음으로 등장한 작품인 반면, 홋타 요시에의 『심판』은 세계 현대사의 일부로 원폭을 다루고 있다"[7]라고 의미를 부여했다. 이를 히라노 겐(平野謙)의 표현으로 바꿔 말하면 "전쟁 책임의 대결"이 될 것이다. 히라노 겐은 『심판』에 대해 "히로시마 작전을 수행함으로써 일상적 시간으로부터 배제된 폴 리포트와 중일전쟁에서 몇 명의 남녀를 죽인 전쟁

한 기상관측기(스트레이트 플러시 호, 트럼프가 아니라 수세식 변기에서 딴 이름)의 유명한 조종사로 그가 만년에 걸린 정신병은 (착오이기는 하지만) 오로지 히로시마 임무 때문이라 여겨졌다." ジョン・トリト, 『グラウンド・ゼロを書く-日本文学と原爆』, 水島裕雅・成定薫・野坂昭雄監 譯(法政大学出版局, 2010), p.515.

6   黒子一夫, 「解説」, 『日本の原爆文学(7) いいだもも』(ほるぷ出版, 1983).
7   鶴見俊輔, 『戦時期日本の精神史』(岩波書店, 1982).

책임 때문에 자살을 시도했다가 미수에 그치고 이인중에 걸리는 다카기 교스케"[8]의 두 가지 "전쟁 책임의 대결"이 이 이야기의 축을 이룬다고 강조했다.

원폭을 제재로 한 작품은 대부분 미국의 원폭 투하를 기점으로 삼았다. 이로 인해 중국 이외의 아시아에서 있었던 침략 전쟁과 식민지 지배의 기억은 뒤편으로 밀려날 수밖에 없었다. 구로코 가즈오는 '원폭 조종사' 관련 소설이 1960년대에 집중적으로 등장하는 맥락을 '60년 안보(투쟁)'에서 찾는다.[9] 1960년은 미일안보조약이 냉전 구조 속에서 개정됨으로써 일본이 서방 각국에 일원으로서의 역할을 요청받는 동시에 "자립한 제국주의 국가로서 홀로서기" 시작한 상황이었다. 구로코 가즈오는 이러한 분위기가 "반미 감정을 기저로 원폭 투하의 가해 책임을 미합중국에 묻는" 작품이 출현하는 토대로 기능했다고 말한다.

한편 〈표 8-1〉에서 볼 수 있듯 홋타 요시에의 『심판』에서부터 이다 모모의 『미국의 영웅』에 이르는 시간은 베트남전쟁을 매개로 한 미군과의 기억을 다시금 떠올리게 했다. 따라서 한일국교정상화 교섭을 매개로 식민지 지배의 기억까지 부상해 서로 복잡하게 교착하는 시기였다는 점에 주목해야 한다. 또한 원폭 조종사를 제재로 한 소설의 작가들은 베헤이렌의 발족을 제안한 이들이며, 특히 홋타 요시에는 탈영한 미군 병사를 자택에 숨겨준 일로 유명하다는 점도 의식할 필요가 있다. 이 글에서는 이러한 역사적인 우연에 입각해 베트남전쟁이나 한일국교정상화를 둘러싼 논의에서 나타난 '아시아' 담론에 주목한다. 그리고 이것이 같은 시기의 '원폭 문학'과 '재일(在日) 문학'이라는 장르 틀의 편성에 어떠한 역할을 했는지 생각해보고자 한다.

---

8   平野謙, 「解説 現代における個人の責任」, 『堀田善衛全集(6)』(筑摩書房, 1975).
9   黒子一夫, 「解説」.

표 8-1 한국의 베트남 파병과 한일국교정상화 관련

연도	미군의 흐름	일본 미디어와 반전운동	한국군 파병·한일국교정상화
1962		- 8월: G.안데르스, C.이덜리, 『히로시마, 나의 죄와 벌』 출간	
1963		- 7월: 오카무라 아키히코, 남베트남에(PANA통신사와 특약) 파견 - 10월: 홋타 요시에, 『심판』 출간	- 10월: 대통령 선거 실시
1964	- 10월: 북베트남·남베트남에 전략 부대 투입 시작	- 10월 10~24일: 도쿄 올림픽 개최. - 11월: 가이코 다케시, 아사히신문사 임시 해외 특파원으로 베트남에 파견 - 12월: 히노 게이조, 요미우리신문사 초대 사이공 상주 특파원으로 남베트남에 파견	- 6월 3일: 국교정상화 반대 시위→계엄령 선포, 한일회담 완전 중단 - 12월 3일: 한일회담 재개
1965	- 1월 1일: 해방전선, 남베트남군에 승리(빈지아 전투) - 2월 7일: 미·북베트남의 동허이 기지를 공격(북베트남 폭격 개시) - 3월 2일: 미군이 항시 북베트남 폭격을 개시 - 3월 8일: 미 해병대 3500명이 남베트남 다낭에 상륙(미국 직접 개입 시작) - 4월 17일: 워싱턴에서 1만 명이 반전시위, 즉각 정전을 요구 - 6월 19일: 응우옌까오끼 군사정권 수립. 테일러 대사 사임	- 1월 1일: 오카무라 아키히코, 『남트남 전쟁 종군기』, 이다 모모, 『미국의 영웅』 출간 - 1월 8일: 가이코 다케시, "남베트남 보고"를 ≪주간아사히≫에 연재(3월까지) - 2월 14일: 가이코 다케시, 사마크 작전에 동행 - 3월: 가이코 다케시, 『베트남 전기』 출간 - 3월 4일: 베헤이렌·'베트남에 평화를!' 시민연합운동이 시작됨 - 4월 24일: '베트남에 평화를! 시민·문화단체연합'(베헤이렌) 발족, 1500명 시위 - 6월 22일: 한일기본조약(도쿄에서 정식 조인)	- 1월 8일: 한국, 남베트남에 2000명 파병 결정 - 2월 20일: 한일기본조약[서울에서 가(假)조인] - 2월 17~20일: 시나 에쓰사부로(椎名悦三郎) 외무부 장관 방한, 착륙 성명에서 '사죄'의 말 발표. 반대운동 재개 - 2월 25일: 한국군 제1진, 사이공에 도착 - 7월 2일: 전투부대 파병 결정 - 7월 14일: 한일조약 비준 동의안, 공화당 단독으로 본회의 통과

2. 베트남 반전과 아시아 침략 전쟁 기억을 둘러싼 원근법

1965년 11월 16일 ≪뉴욕타임스≫에 "폭탄으로 베트남에 평화를 가져올 수 있는가? 일본 시민들의 호소(Can bombs bring peace to Vietnam? An appeal from citizens Japan)"라는 전면 광고가 실렸다. 이 의견 광고를 낸 곳은 베헤이 렌이었다.[10] 이 광고의 첫머리는 "아시아에서 미국의 가장 좋은 친구는 일억 일본인입니다"라는 문구로 시작한다. 이어서 "중국 본토에서 있었던 15년에 걸친 싸움에서 일본인은 엄준한 교훈을 배웠습니다. 즉, 무기로 민심을 얻을 수는 없다는 것입니다"라는 말을 덧붙이면서 미국의 북베트남 폭격과 일본의 중국 침략을 나란히 놓으며, 일본의 실패를 반면교사로 삼아 북베트남 폭격을 그만두라고 촉구했다. 그뿐만 아니라 ≪아사히신문≫이 "일본에서 가장 큰 중 립 계열 신문사 중 하나"임을 강조하면서 이 신문에서 같은 해 실시한 여론조 사 결과, 조사 대상 중 94%가 베트남전쟁을 주시하고 있으며 60%가 "전화(戰 禍)에 휩쓸리지나 않을까 진지하게 우려"하고 있다고 밝힌다. 첫머리에 등장 하는 이 수치는 미국이 일으킨 전쟁에 휩쓸릴 가능성을 '우려'하는 일본 시민 이 이미 휩쓸린 미국 시민에게 "가만히 있지 말고 목소리를 내십시오!"라며 "우리와 함께" 싸우자고 하는 마지막 말과 서로 반향하는 구도를 이룬다.

여기서 베헤이렌이 제창한 '보통 시민'은 두말할 필요도 없이 '일본 국민'으 로 바꿀 수 있는 말이다. 앞에서 언급한 '반전 광고' 하단에는 "무수한 개인의 헌금"에 의한 이 광고가 "정치 이데올로기나 신앙을 넘어선 대다수 일본 국민 의 의견을 보여주는" 것이라는 사실도 함께 쓰여 있다. '과거' 일본 대 중국의 관계와 '현재' 미국 대 베트남의 관계가 포개지고, '일본 시민'과 '미국에 계시 는 여러분'의 친밀함이 전경화된다. 그런 공간에서 일본 대 베트남의 관계, 즉 과거의 전쟁에서 일본 제국의 군대가 북베트남 지역을 군사 점령했던 사실은 거론되지 않는다. 그저 미국 때문에 "베트남인의 피가 흐르는 것을 좌시할 수 없는" 일본 시민이 베트남전쟁 아래 놓인 베트남 농민의 마음(아시아인의 마음)

---

10 市民連合 編, 『資料·「ベ平連」運動(上)』(河出書房新社, 1974), p.59. 여기에는 광고 전 문과 일본어 번역이 수록되어 있다.

을 대변한다고 하면서 아시아에 있는 '우리 = 일본인'이라는 입장에서 평화를 이야기한다. 베트남전쟁을 둘러싼 '아시아'의 지금·여기에 대해 대등하게 이야기를 나눌 수 있는 존재로 전경화되는 것은 '일본(인)'과 '미국(인)'뿐이다. 이는 베헤이렌과 캘리포니아 반전시위의 '동시성'을 연출하기 위해 오다 마코토가 "비싼 국제전화"로 양쪽 회장을 연결해 미일 시민의 대화를 연출한 것과 같은 구도라고 할 수 있다. 뒤에서 밝히겠지만 당시 베트남전쟁 보도에 구조화되어 있던 '개발도상국'과 '선진국'이라는 선긋기가 '아시아'의 지금·여기를 위계화하는 또 하나의 분할 선으로 기능했으며, 이것이 미국과 일본의 인접 - 친화 관계를 담보하고 있었다는 사실이 여기에 개재한다.

한편 베트남 반전을 이야기하는 담론에는 또 하나의 과거가 개재하고 있었다는 점에도 주의할 필요가 있다. 과거 미국과 일본의 '관계 - 전쟁'이 '원폭'을 매개로 소환됨으로써 미국에 베트남전쟁 반대를 향한 연대를 촉구하는 일은 정당성을 획득했다. 일본인 기자로는 처음으로 베트남전쟁을 취재하러 남베트남으로 들어간 오카무라 아키히코(岡村昭彦, 당시 PANA통신사)의 말을 들어보자. 참고로 오카무라 아키히코는 특파원들 사이에서 경험이 풍부한 리더 격의 존재로 존경 받았고 다른 신문기자의 종군기에 등장하는 경우도 많았다.[11]

나는 아시아의 일원으로서, 그리고 세계에서 유일하게 원폭의 무서움을 피부로 아는 일본인으로서 미국인에게 아시아를 배우라고 충고하고 싶다. 오랜 세월 굴욕적인 식민지 지배로 동물 같은 취급을 받아온 베트남 민족에게 평화로운 생

---

11 이를테면 開高健, 『ベトナム戦記』(朝日新聞社, 1965); 日野啓三, 『ベトナム報道 特派員の証言』(現代ジャ: ナリズム出版会, 1966)에는 오카무라 아키히코에게 베트남에서의 취재 방법을 듣거나 정보를 제공 받는 장면 등이 나온다. 가령 히노 게이조는 "오카무라 아키히코 씨처럼 이미 일찍부터 베트남 문제에 대한 확실한 인식과 사명감을 가지고 취재에 임한 이도 있다"라고 하면서 그 자신을 포함한 다른 특파원들과의 차이를 강조했다.

활을 보장하는 것은 바야흐로 인도적인 문제이다.[12]

"원폭의 무서움을 피부로 아는 일본인"이라는 말 뒤에는 '미국'이 떨어뜨린 원폭이라는 말이 생략되어 있다. '일본인'과 '아시아인' 사이에는 거리가 없고, 아시아인이자 일본인이기도 한 '나'는 "미국인에게 아시아를 배우라고 충고" 한다. 여기서 베트남 민족의 "굴욕적인 식민지 지배"와 관련한 기억 뒤에 생략된 말은 '프랑스'일 것이다. 베트남 민족과 일본인이 유럽과 미국으로부터 고통을 당한 같은 아시아인으로 나란히 놓이는 공간에서, 일본과 베트남 사이에 벌어진 침략 전쟁의 기억이 전경화되는 일은 없었다.

일본 미디어의 베트남 취재 체제는 1964년 말부터 본격화되었다. 대형 미디어가 앞다투어 남베트남에 특파원을 파견했다. 1964년 12월에 ≪요미우리 신문(讀賣新聞)≫ 특파원으로 사이공에 들어간 히노 게이조(日野啓三)는 아시아의 분쟁 지역 취재가 전문이었다. 그는 "1964년 말에 일본 저널리즘은 처음으로 본격적인 베트남 보도 체제를 취하기 시작했다"[13]라고 지적하면서 "1964년 여름까지 일본이 보기에 베트남 문제는 바다 건너에서 일어나는 문제였다. 성질상으로는 콩고 내전과 별 차이 없었다", "1964년 말부터 1965년 봄에 걸친 시기가 이른바 베트남 보도의 정점이었는데, 사실 우리 자신은 무아지경으로 뛰어다니면서 마구 쓰고 마구 찍었다 뿐, 이것이 일본에 어떠한 영향을 주고 있는지는 몰랐다"라고 썼다. 마침 이 시기에 일본이 아니라 베트남에 있었기 때문에 오히려 "어째서 베트남에 대한 관심이 그렇게 갑자기 고조되었는지 잘 이해할 수 없는 측면이 있었다"라는 것이다.

베트남에서 뉴스를 발신하던 기자 본인이 어리둥절해할 정도로 당시 '베트

---

12   岡村昭彦, 『岡村昭彦写真集 これがベトナム戦争だ』(毎日新聞社, 1965).
13   日野啓三, 『ベトナム報道 特派員の証言』.

남 열기'는 고조되었다. 다만 이것이 미군이 조작했다고 일컬어지는 1964년 8월 통킹 만 사건과 북베트남 폭격 시작의 영향 때문이었다고 생각하기는 어렵다. 왜냐하면 8월 통킹 만 사건과 11월 이후의 베트남을 둘러싼 미디어 이벤트 사이에는 도쿄 올림픽(10월 10~24일) 관련 뉴스가 채우고 있었기 때문이다. 히노 게이조가 말한 베트남 보도 체제의 정비가 도쿄 올림픽 직후부터 이루어졌음을 생각하면, '베트남'을 둘러싼 미디어 이벤트가 "이 무렵 우리의 오락 중 하나는 베트남의 잔혹한 뉴스를 보는 것입니다"라는 편지를 보내주는 그의 친구 같은 독자나 시청자를 양산했을 가능성을 부정할 수 없다. 마침 이 시기 일본공산당에서 제명되어 장차 베헤이렌의 사무국장이 되는 요시카와 유이치(吉川勇一)는 1965년 "2월 중에는 매스미디어의 영향으로 일반 국민의 일상적인 인사 속에서까지 날씨 다음에는 베트남전쟁이 화제가 될 정도"였지만 그에 비해 기성 정당, 노조, 평화 단체에서는 행동을 호소하는 목소리가 "전혀 나오지 않았다"라고 지적했다.[14]

이처럼 베트남 열기가 급상승하던 1965년 3월에 베헤이렌은 결성되었다. 베헤이렌의 역사를 보면 1965년 2월 7일에 시작된 미군의 북베트남 폭격이 계기였다고 기록되어 있다. 당시 상황에 비추어 생각해보면 초기의 고조는 베트남 열기 때문이라고 말할 수밖에 없다. 베헤이렌의 정식 발족도 겸한 4월 24일 첫 시위에는 약 1500명이 참가했고, 5월 22일 두 번째 시위에는 3000명이 참가했다. 7월에 가이코 다케시(開高健)의 제안으로 앞에서 본 ≪뉴욕타임스≫에 실을 반전 광고를 위한 모금이 시작되자 불과 석 달 만에 목표액인 250만 엔에 도달했다. 1965년 3월부터 4월 사이 베헤이렌을 결성하기 위해 쓰루미 슌스케가 전화를 걸면 오다 마토코뿐 아니라 대부분의 사람들이 그 자

---

14 吉川勇一, 「ベトナム戦争と平和の組織: 平和運動組織論の再検討」, ≪月刊新世界≫(1965.7).

리에서 참가를 표명했는데, 이에 대해 쓰루미 슌스케는 미국의 베트남 폭격을 반대하는 기운이 거세기 때문이라고 느꼈다고 한다. 전쟁을 경험한 세대에게 미군이 베트남을 공습하는 영상과 사진이 총력전의 기억, 특히 미군의 공습으로 피해를 입었던 기억을 불러일으켰을 것이라 상상하기란 어렵지 않다.

오다 마코토를 비롯한 초기 베헤이렌 멤버는 베트남 반전운동에 '오키나와 문제'나 '한일국교회복 문제' 등의 "색깔이 스며드는" 것을 경계했다. ≪현대이론≫(1965년 8월 호)에 게재된 오다 마코토, 사토 노보루(佐藤昇), 안도 진베(安東仁兵衛), 이케야마 시게오(池山重郎) 등이 참여한 좌담 「베트남전쟁에 대한 대응과 운동이 가야 할 길」에 주목해보자.

> 오다 마코토: 일본은 다른 중대한 문제도 안고 있습니다. 오키나와 문제나 한일국교회복이라는 문제도 있지요. 오키나와 문제로 강연회를 열었습니다. 올해 초에 제가 오키나와에 갔을 때 끌려 나갔는데, 사람이 거의 없었어요. 듣고 있는 사람은 늘 오키나와에 대해 외치고 있는 사람들뿐이에요. 즉, 좋은 의미로나 나쁜 의미로나 색깔이 들어 있는 거지요. 그런 사람들이 참여해요. 자신들의 언어로 이야기가 진행됩니다. 아마 한일도 그렇지 않을까 싶어요. 하지만 베트남의 경우에는 전혀 모르는 사람이 옵니다. …… 저는 극단적으로 말해 한일과 베트남을 붙이는 데에는 반대입니다.
>
> 사토 노보루: 하나의 대중운동을 일으킬 경우 관계가 있다거나 똑같이 중요하다는 이유로 여러 투쟁 과제를 가지고 들어와서는 무슨 일이 있어도 동시에 추구하려는 게 습관화되어 있어요. 한일 문제나 오키나와 문제의 중요성을 이야기해야 하지만 이걸 꼭 베트남전쟁 반대투쟁과 연결하려는 건 곤란해요.

오다 마코토와 사토 노보루 둘 다 '한일 문제'나 '오키나와 문제'의 중요성을 부정하지는 않았다. 하지만 조직 운동이라는 이미지가 강한 두 문제를 새롭게 일어나는 베트남 반대투쟁에 '연결'하는 데에는 저항했다. 1970, 1980년대에 한국 민주화운동을 적극 지원했던 오다 마코토를 생각하면 뜻밖일지 모른다. 여기서 주목할 것은 오다 마코토의 말에서 엿볼 수 있는, 당시 '보통 시민'의 흥미가 어디에 있느냐이다. 오키나와 문제, 한일 문제는 늘 같은 사람들밖에 모이지 않는 '자기'만의 세계이고, '보통 시민'은 아무런 흥미도 없는 세계이다. 같은 논리는 '한일조약'에 관한 좌담회에서도 엿볼 수 있다.

시즈노 세이자부로(静野精三郎), 하야시 다케히코(林健彦), 나카지마 다쓰미(中嶋竜美), 후지시마 우다이(藤島宇内)의 좌담을 다룬 「한일조약 1년째의 현실」[≪현대의 눈(現代の眼)≫, 1966년 12월 호]에서는 오키나와 문제, 한일 문제, 피차별부락 문제에 관한 르포를 쓰던 후지시마 우다이조차 "베트남 침략 반대와 한일조약 반대를 연결하는 것은 고려해야 한다"라고 했다. 왜냐하면 '베트남 침략전쟁 반대운동'으로만 특화했을 경우 "이거라면 알기 쉽고 매우 폭넓은 사람들이 따라와주기" 때문이다. "만약 제가 한일조약 반대까지 외쳤다 생각해보세요. 저를 따라오던 많은 사람들이 놀라서 달아나버릴 겁니다. 운동의 폭을 넓히기 위해서 저 같은 위치에 있는 사람은 한일에 손대지 않는 편이 득책이라고 생각해요"라고 하면서 대중이 거부반응을 일으키는 한일 문제는 베트남 반전운동의 방해물이 된다고 명확히 단언했다.

〈표 8-1〉에서 분명히 드러나듯 베헤이렌을 중심으로 한 베트남 반전운동의 움직임은 한일기본조약, 한국군의 베트남 파병 시기와 겹친다. 미국 시민과 함께 미군의 베트남 파병에 강한 반대를 외치던 일본의 '보통 시민'이 한국 시민에게 한국군의 베트남 파병 반대를 함께 외치자고 제안하는 일은 없었다. 앞에 언급한 좌담회에서 나온, 한일조약에는 찬성이지만 베트남전쟁에는 반대하는 '보통 시민'을 배제해서는 안 된다는 오다 마코토의 발언이 '운동'의 목

소리로서 설득력을 지녔음은 말할 필요도 없다.

일본에서는 베트남 반전운동이 베트남전쟁의 최전선이던 '오키나와'나 일본의 식민지 지배 문제가 제기되는 '한일국교정상화'라는 말을 배제하며 진행되었다. 여기서 일본인의 피폭 경험을 이야기하는 이는 앞서 거론한 종군기자 오카무라 아키히코만이 아니었다. 전술했듯 『미국의 영웅』을 쓴 이다 모모 역시 베헤이렌 제안자 중 한 사람이었다. ≪뉴욕타임스≫에 반전 광고를 게재하기 위한 모금운동 과정에서 만든 책 『평화를 부르는 목소리: 베트남 반전·일본인의 바람』에서 그는 "헌법 제9조의 '전쟁 포기' 조항"과 "히로시마·나가사키의 폐허에서의" 재출발을 나란히 "평화라는 가치를 최고의 가치"로 삼아온 전후 민주주의 이념으로 놓았다.[15] 이 책에는 광고 게재를 위해 모금에 참가한 사람들의 목소리가 실려 있다. 이 책에서도 원폭 경험을 이야기하는 과정에서 미국의 일본 공습에 대한 기억과 미군에 의한 베트남 공습의 기억을 같은 구조에 놓으면서 가시화한다. 예를 들어 10년 이상 원폭 반대운동에 참가해왔다는 어떤 사람은 홋카이도에서 편지를 보내와 "조국 일본 땅이 20여 년 동안이나 미군 병사에 의해 짓밟히고, 나아가 세계 전쟁의 위기를 강요당하고 있다는 데 한없는 분노를 느낍니다"라면서 "미국인 스스로를 위해, 세계를 위해" 모금에 찬동한다는 말을 덧붙인다.[16]

전쟁을 저지하기 위한 운동의 주체를 이야기하는 자리에서 전경화되는 것은 미국과 일본의 시민이다. 그런 한편 미국의 '북베트남 폭격'에 연결되는 것은 같은 공중 폭격 피해자인 과거의 일본인과 현재의 베트남인이다. 흥미로운 부

---

15 いいだもも, 「ベトナム戦争と日本人」, 鶴見俊輔·開高健·小田実 編, 『平和を叫ぶ声 ベトナム反戦·日本人の願い』(番町書房, 1967).

16 いいだもも, 「寄せられた声々 第四編 主婦·婦人の声」, 『平和を叫ぶ声 ベトナム反戦·日本人の願い』. 이 글에는 "아들과 함께 싸워 왔습니다"나 "원폭을 맞은 나라의 인간"처럼 원폭의 피해를 강조한 문장들이 보인다.

분은 여기서 베트남인은 미국과 연합한 남베트남이 아니라 북베트남, 즉 과거에 일본군이 군사 점령했던 지역의 사람들이라는 점이다. 그럼에도 불구하고 과거의 일본과 과거의 베트남이 절합되는 일은 없다. 그렇다면 이러한 흐름을 경유하며 성립된 '원폭 문학'이라는 장르의 문제를 어떻게 생각해야 할까?

3. 문화 현상으로서 '원폭 문학'과 '재일 문학'의 교착

먼저 1960년대 후반이 "원폭 문학이라는 장르가 영역화되고 그 인지를 둘러싼 다양한 갈등이 발생한 시기"였다는 가와구치 다카유키(川口隆行)의 지적에 주목하고자 한다. 가와구치는 1973년 나가오카 히로요시의 『원폭문학사』에서 "조선인 피폭자를 둘러싼 문제가 여기저기서 조금씩 보인다"라고 언급했다. 그러면서 '원폭 문학'이라는 장르가 영역화되는 시기와 "조선인 피폭자가 발견되고 문제화되는" 시기가 겹친다는 사실을 분명히 했다. 여기서 말하는 조선인 피폭자의 발견이란 한국 측의 움직임으로 시작된 재한 피폭자 실태조사 움직임이다.

1964년부터 한국 적십자사나 재일한국거류민단은 재한 피폭자 실태조사에 나섰다. 1967년 7월에는 한국원폭피폭자원호협회가 설립되었고 11월에는 재한피폭자가 서울의 일본 대사관에 보상을 요구했다. "이러한 한국 측 움직임에 응답하듯 일본 미디어도 조선인 피폭자·재한 피폭자에 대해 보도하게 되어" 1968년에는 핵무기금지평화국민회가 주도한 히로시마전국집회를 계기로 한국피폭자구원한일협회가 결성되었다고 한다.[17]

---

17   川口隆行, 『原爆文学という問題領域』(創言社, 2008).

홍미로운 부분은 재한 피폭자에 대한 관심이 고조된 시기가 제국 일본의 식민지 지배의 '산 증인'이기도 한 '재일조선인'의 존재가 현저하게 줄어들던 시기와 겹친다는 점이다. 재일조선인이 줄어든 것은 일본과 북한의 연계를 통한 귀국사업 때문이기도 하고, 일본과 한국 정부의 연계로 재일조선인의 일본 귀화율을 높이기 위해 취해진 완화정책 때문이기도 했다. 테사 모리스 스즈키는 2000년대 중반에 공개된 자료(특히 제네바 적십자 자료)를 사용해 1959년 12월에 시작된 귀국사업을 둘러싸고 소련·중국·미국·일본·한국·북한의 의도가 어떻게 교착되었는지 분석했다. 여기서 일본 정부의 적극적인 공작이 드러났다.

미일안전보장조약 개정이 기시 노부스케(岸信介) 정권에 점점 더 큰 중압으로 작용하던 시기, 조선인의 "귀국은 인기를 유지하는 데 지극히 도움이 되었다"라고 테사 모리스 스즈키는 말한다. 게다가 귀국사업에 한해 야당의 협력을 얻을 수 있었다. 이러한 일본 정권의 의도는 동아시아 정치에 개입하고 노동력을 확보하기 위해 재일조선인을 원하던 북한 김일성 정권의 의도와도 잘 부합해 8만 명이 넘는 재일조선인의 대이동이 시작되었다. 이에 대한 한국 정부의 격렬한 방해 공작은 당시 일본 미디어에서도 화제가 되었다.[18] 그 때문에 귀국사업을 둘러싼 담론 공간에서는 일본 정치권력의 개입이 아니라 남북의 대립 구도가 전경화되었다. 다만 북한으로의 이동을 저지하는 데 필사적이었던 한국 정부가 재일조선인을 한국으로 받아들이기를 원했던 것은 아니었다. 오히려 "재일조선인을 일본과의 외교적인 고착을 타개하는 교섭 재료로 이용하는 쪽에 열심이었다"고 한다.[19]

---

18   テッサ·モーリス·スズキ, 『「帰国事業」の影をたどる 北朝鮮へのエクソダス』(朝日新聞社, 2007), pp.14~16.

19   같은 책, p.257 참조.

재일조선인의 불안정한 법적 지위는 1965년 한일국교정상화 이후 남북의 '국적'을 둘러싼 공방을 매개로 다시금 부상했다. 한일협정과 함께 체결된 '재일한국인 법적 지위 협정'에 근거해 한국 국적을 가진 재일조선인에게만 협정 영주권이 부여되었다. 그리고 같은 해 10월 26일에 일본 법무성은 외국인 등록 증명서의 국적 기재란에 '한국'은 '국적'이지만 '조선'은 '부호'라고 보는 '정부 통일 견해'를 발표했다. 이에 대항하는 형태로 총련 계열의 재일조선인은 '조선민주주의 인민공화국의 해외 공민'을 나타내는 것으로서 '조선적'을 인정하라고 요구했다.[20] 즉, 한일국교정상화 이후 양국 정부 차원에서 '한국적'을 국적화하려는 움직임이 총련 관계자의 '조선적' 국적화 움직임을 유발했다.

바로 이 시기 일본에서는 "장기적인 치안 정책의 관점에서 귀화라는 법적 수단을 통한 재일조선인의 동화(일본인화)정책"을 내세웠다. 이에 보조를 맞추 듯 한국의 이동원 외무부 장관은 "재일 교포는 머잖아 자연스럽게 일본인으로 동화될 운명이다"라는 발언을 했다. 김영달은 "재일조선인 귀화 정책이 한일회담을 통해 한국 정부 측의 암묵적인 양해를 얻어냈다"라고 했다. 그러면서 "귀국사업은 한편으로는 귀화에 대한 임팩트가 되기도 했다"라는 일본 정부 측 견해를 인용하면서 "조선인의 귀화를 허가한 숫자가 정점에 달하는 시기는 1964년"이라고 지적했다.[21] 1964년은 앞에서 보았듯 한국 측 요구에 따라 재한 피폭자 조사가 본격화되던 시기이다. 결국 한국 정부는 '과거'를 둘러싼 교섭 공간에서 북한을 배제한 채, 일본 내부에 있는 재일조선인의 소거에 가담하면서 한반도에 있는 피폭자의 존재(= 한국)를 강하게 가시화하는 전략을 취했던 셈이다.

---

20 金泰植, 「在外国民国政参政権と在日朝鮮人の国籍をめぐる政治」, 獨協大学国際教養学部, ≪マテシス・ウニウェルサリス≫, 13巻 2号(2012), p.100.

21 金英達, 『在日朝鮮人の帰化』(明石書店, 1990) 참조.

그렇다면 '원폭 문학'이라는 장르가 영역화된 것과 같은 시기에 부상한 '재일조선인 문학' 문제를[22] 어떻게 보아야 할까? 이효덕은 1960년대 후반부터 1970년대 초반을 주목하며 "재일조선인 작가의 문학작품이 '재일조선인 문학'"으로 인정받은 시기였다고 말한다.[23] 이 시기에 김학영(1966년 분게이 신인상 수상), 이회성(1969년 군조 신인 문학상, 1972년 아쿠타가와 상 수상), 김석범, 고사명 등이 새롭게 부상하기 시작했다. 이효덕의 논의에 따르면, 이 현상은 '재일조선인'이라는 아이덴티티가 강하게 자리 잡음에 따라 동아시아의 냉전 구조가 각인된 형태로 저마다 다른 개성을 발휘하는 작품을 쓰더라도 '재일조선인 문학'이라는 틀에서만 사고하게 되었음을 의미한다.[24]

당시 오다 마코토는 이회성과의 대담 「문학자와 조국」(≪군조≫, 1972년 5월)에서 재일조선인 문학을 "비교적 추켜올리는 현상"이라고 지적했다. 그러면서 이 현상 때문에 재일조선인 문학이 "일본 문학 풍토 속에서 그야말로 풍화되어갈 가능성이 어쩌면 있지 않을까요? 그건 정말 싫습니다"라고 했다. 이 문제를 가와구치 다카유키가 제기한 '원폭 문학'이라는 장르의 영역 문제와 함께 생각해보면 흥미로운 교착점이 보인다. 가와구치 다카유키는 "원폭 문학(사)의 기원에는 내셔널한 욕망이 충전되어" 있다는 점, "원폭 문학이라는 장르의 성립 자체가 전후 일본이라는 내셔널한 공간의 동일한 구축, 탈구축, 재구축 같은 실천과 매우 깊이 연결되어" 있었다는 점을 지적했다. 이효덕과

---

22   李孝德, 「ポストコロニアルの政治と「在日」文学」, ≪現代思想≫(2001.7).

23   전술한 논의에서 이효덕은 "재일조선인 작가의 문학작품이 '재일조선인 문학'으로 전후 일본 사회에서 가시화되고 인정받은 것은 그리 오래된 일이 아니라 1960년대 후반부터 1970년대 초에 걸친 일이라고 얼마간 가설적인 의미를 담아 주장하고 싶다"라고 쓴다.

24   '재일' 작가의 '민족적·국적'을 둘러싼 일본, 한국, 북한의 공방에 냉전과 글로벌 경제문제가 어떻게 접속되면서 문화정치의 장을 움직여 왔는지에 대해서는 다음을 참조. 高榮蘭, 「多民族国家日本」, 苅部直·黒住真·佐藤弘夫·末木文美士 編, 『岩波講座 日本の思想(3)』(岩波書店, 2014).

가와구치 다카유키의 지적에 따르면, 동시대의 역사적·문화적 맥락 위에 사고의 틀로서 편성된 두 장르가 서로 다른 벡터를 작동시켜버렸던 셈이다.

재일조선인 문학의 경우 그 영역이 승인을 얻자마자 승인하는 측에 의해 '우리의 문제'로 생각하지 않아도 되는 것으로 처리되어, 한반도의 맥락으로 밀려나는 벡터가 본격적으로 작동했다. 반면 '원폭 문학'의 경우 미일 관계뿐 아니라 '조선인' 피폭자를 의식한 피해/가해의 틀을 발견했다고는 해도, 이것이 되레 강력한 내셔널한 틀로의 포섭을 낳는 벡터를 작동시키고 말았다. 하지만 여기서 또 하나 생각해야만 할 것은 한일국교정상화를 둘러싼 논의에 절합되는 경우가 많은 장르의 문제가 과연 '사죄하는(가해)/사죄받는(피해)'이라는 틀을 축으로 하고 있었는지의 여부이다. 여기서는 연구자가 서 있는 위치에 따라 원근법이 작동할 가능성이 있기 때문이다. 이를 분석하기 위한 실마리로 가와구치 다카유키의 다음과 같은 설명을 읽어보자.

> [구리하라 사다코(栗原貞子)의 작품_인용자)] 「히로시마라고 할 때」에서 침략의 기억이란 대체 누가 누구를 향해 어떠한 목적으로 상기하는 것일까? '아시아'와 응답하고 교환하는 수행적 작업을 통해 '일본', '일본인'이라는 주체가 구축되는데, …… 내셔널한 표상에서 누락되는 존재는 규탄하는 '아시아'와 사죄하는 '일본'(= 히로시마)의 틈바구니로 내몰림으로써 한층 더한 침묵을 강요받을 것이다. 이러한 논리의 연장선상에서 가령 '조선인' 피폭자를 언급했다 해도 사죄받는 '아시아'에 속한 '조선인' 피폭자와 사죄해야 할 측에 속하는 '일본인' 피폭자라는 확연한 분단선의 삽입은 '히로시마'의 기억을 내셔널한 틀로 일원화시킬 것이 분명하다.

우선 여기서 가와구치 다카유키는 '아시아'를 '일본'의 침략을 받은 측으로 상정한다. 대표적인 예로는 조선인 문제가 소환된다. 앞에서 인용한 설명은 원폭 문학 장르의 영역화를 설명하는 과정에서 발견된 구도인데, 일본 제국 시대에 조선 반도 내에 머물러 있던 조선인의 경우 아시아와의 문제가 더욱 복잡해진다. 왜냐하면 조선인은 일본의 신민으로서 아시아·태평양전쟁이나 제2차 세계대전에 관여했기 때문이다. 이 때문에 '전쟁 책임'과 '식민지 지배 책임'을 같은 차원에서 논의하는 일은 다소 어려운데, 특히 1960년대 중반을 분석 대상으로 삼을 경우 베트남전쟁에 파병한 한국군의 문제까지 복잡하게 얽힌다.

이 글의 2절에서 언급했듯이 오다 마코토를 비롯한 초기 베헤이렌 멤버가 베트남 반전운동에 '오키나와 문제'나 '한일국교회복 문제' 등의 "색깔이 스며드는" 것을 경계한 이유는 '보통 시민'의 감각을 강하게 의식했기 때문이다. 이는 오다 마코토 자신도 예외가 아니었다. 오다 마코토는 한국 정부로부터 1963년 '8월 15일 식전'에 초빙되었다. 당시 한국에서 오다 마코토는 젊은 층을 중심으로 인기가 높았다. 그의 책『나는 이렇게 보았다』는 1962년도 비소설 부문 1위를 차지했다. 1932년 오사카에서 태어나 "재일조선인이 많이 사는 지구 옆"에서 자랐다는 오다 마코토는 군사정권의 초빙을 계기로 한국전쟁 이후 '나도 모르게' 조선에 대해 스스로 "잊기 시작했다. 아니, 솔직히 말하면 너무나도 괴로운 문제여서 깊이 개입하는 것을 무의식적으로 피해왔으리라", "한국 문제는 전부 저 군사정권이 해소되고 생각하면 된다. 극단적으로 말해 이런 식으로 문제를 환원했다"는 사실을 깨달았다.

하지만 일본의 식민지 지배에서 '해방'되었음을 기념하는 식전에 참가하는 것은 '가해/피해'의 구도가 아닌 새로운 한일관계를 모색하는 계기가 되었다. 오다 마코토는 한국 정부가 준비한 열흘 간의 공식 일정 후에 20일 동안 '통역' 없이 외국 관광객이 거의 찾지 않는 한국의 지방 도시나 농촌 등지를 여행했다. ≪중앙공론≫에 게재된 「이것을 피해갈 수는 없다: 한국·그 현실과 미래」
는 그때의 기록이다. 이 에세이는 한국어로 번역되어 ≪경향신문≫에 "한국
도 보았다"라는 제목으로 1963년 10월 24일부터 11월 14일 사이에 총 9회에
걸쳐 게재되기도 했다. 이 에세이에 따르면 오다 마코토와 거의 같은 세대인
30대, 그리고 그 윗세대 중 많은 수가 일본어로 대화할 수 있었던 당시 한국
상황이 그에겐 결코 마음 편하게 느껴지지 않았던 모양이다.

> 서른 살이 넘은 한국인은 물론 일본어로 유창하게 이야기하지만 그들과 영어
> 로 이야기할 때와 일본어로 이야기할 때에는 미묘한 차이가 있었다. 한마디로 말
> 하면 영어로 이야기할 때는 "옛날의 ……"가 튀어나오지 않지만 일본어로 이야기
> 할 때는 "옛날의 ……"가 그야말로 과거의 괴로운 기억, 역사의 무게를 뒤에 줄줄
> 달고 나타나는 것이었다. 아마도 모국어로 이야기할 때 사람은 모국 역사의 문법
> 에 편입되나 보다.[25]

오다 마코토는 "대개는 상대방이 일본어를 알면 일본어로 이야기하지만 일
본어가 유창한 한국 사람들과의 대화에 많이 나오는 "옛날의 ……를 끊어버
리기" 위해 영어로 대화하기를 선택했다. 한국인의 일본어 발화 자체에 새겨
진 제국 일본의 지배 기억이 그가 말하는 어떤 "문제를 논할" 때 방해가 된다
고 느꼈던 모양이다. 1963년 한국의 '해방' 기념식전과 여행을 경험한 뒤 그가
꺼내든 것은 '경제' 관계에 바탕을 둔 '강대한 일본'이라는 말이었다. 그는 구
식민지에 대한 의식에서 나타나는 "전전파와 전후파의 차이를 분명히 인정
한" 뒤 "'강대한 일본'은 과거 조선에 군림한 지배자로서의 일본 이미지와 결

25　小田実, 「それを避けて通ることはできない: 韓国·その現実と未来」, ≪中央公論≫(1963.11).

코 결합되지 않는다"라고 강조한다. 이 맥락에서 '전후'라는 말을 직접 쓰지 않았지만 그 후의 일본은 "식민지 지배와 같은 어리석은 짓에 기대지 않고" "성장해왔다"는 것이다. 그는 이 강대함이 "군사력은 아니다"라는 말을 일부러 덧붙이며 한국을 '아시아 신흥국 중 하나'로 자리매김하고 한일의 새로운 위계 관계를 의식할 필요가 있음을 이야기했다. 이러한 관점은 1972년에 이회성과 나눈 대담에서도 거듭 나타나는데, 여기서 더 나아가 오다 마코토는 '재일 문학' 개념을 '아시아 문학'으로 재정의했다. "늘 일본과 비교하지 말고 다른 아시아 일국 안의 문제라고 생각할 필요가 있다"라며 '과거'를 매개하는 일본과의 연결 고리를 잘라내려고 한 것이다.

이러한 논리에서 생각하면 한국이 속한 아시아는 강대한 일본과 위계 관계에 놓인다. 가와구치 다카유키가 비판적으로 파악한 원폭 문학 장르의 영역화를 지탱했을 '사죄하는 일본'과 '규탄하는 아시아'라는 구도는, 한일국교정상화 문제를 논의하는 장에서만 한정된 형태로 나타나는 현상일 가능성도 있다. 그렇다면 이러한 가해/피해 구도를 근거로 하면서 원폭 문학이 국민문학으로의 회로를 확보하는 것은 매우 어려울 수밖에 없다. 왜냐하면 오다 마코토의 말에서는 오다 마코토라는 개인의 차원으로 환원하기 어려운 형태, 즉 당시 베트남전쟁 보도에서 나타나는 아시아 담론과 유사한 구도를 볼 수 있기 때문이다.

4. 아시아 속의 일본, 아시아를 잃어버린 한국

베트남 종군기자의 '아시아' 담론은 전장의 최전선에 있던 '병사'를 매개로 구조화되는 경우가 많았다. ≪요미우리신문≫ 특파원이던 히노 게이조는 식민지 조선에서 소·중학교 시절을 보냈다. 히노 게이조는 요미우리 특파원으로 서울에 부임해 1960년 '4·19 학생운동' 등을 취재했다. 1964년 12월, 일본 미디어가 본격적으로 베트남 보도 체제 만들기에 나섰던 시기에 베트남에 건너간 그는 자신이 베트남과 같은 '문명권'에 속한 것이 "일본인 특파원이 되는 데 무엇보다 유리한 조건"이었다고 말한다. 『베트남 보도』(1966)에서 히노 게이조는 베트남 기자와의 일화를 들어 베트남에서 일본인과 한국인이 놓인 서로 다른 위치 관계를 소개했다. 가령 일본인 기자에게는 "거의 동족 같은 친근감 어린 감정을 가지고 있었던" 데 반해 한국인에게는 "한국군이 사이공 강에 상륙해 보무당당하게 행진해오는 모습을 보면서 '외국인 용병 놈들'이라며 땅바닥에 침을 탁 뱉었다"라는 식이다. 여기서 두드러지는 것은 베트남과 일본의 친밀함과 대비되는 베트남과 한국 사이의 메울 수 없는 틈이다.

이는 베트남 반전 활동을 견인하던 ≪주간안보(週刊アンポ)≫의 가메야마 아사히(龜山旭)가 쓴 "베트남의 한국 병사"(제6호, 1970년 1월 26일)에서도 확인할 수 있다. "당시 일본인 기자는 미국인 기자나 한국인 기자와 달리 사이공이든 지방이든 꽤 자유롭게 취재할 수 있었"다. 특히 "지방에 갈 때는 자동차 앞유리에 베트남어로 '보도'를 의미하는 'BAOCHI' 표식과 함께 일장기를 달았다"라고 한다. 베트남의 전장에서 '일장기'가 부적으로 기능했다는 이야기는 다른 종군기에서도 많이 볼 수 있다. 가메야마 아사히가 베트남전쟁이 막바지에 이른 1972년에 일본이 "남베트남에 파병하지 않았다는 것을 금과옥조처럼 믿고 베트남인이 일본인을 높이 평가한다고 생각하는 것 또한 자만이었다"[26]라고 썼듯 베트남 전선 보도에는 일본 제국의 기억, 특히 침략적 점령에 대한 배상조차 긍정적으로 해석하는 회로가 만들어져 있었다.

26　龜山旭, 『ベトナム戦争-サイゴン·ソウル·東京』(岩波書店, 1986).

가이코 다케시의 『베트남 전기』(1965)에서는 배상 차원에서 다님 강을 막아 흙 댐을 만든 일본 공영 사람의 이야기를 소개한다. NLP[27]와 교섭할 때 "우리는 일본인이다. 배상으로 댐을 만들고 있다. 베트남전쟁과는 아무런 관계도 없다"라고 설명해 댐 공사가 "이 나라에 이익이 되는" 행위라고 상대방을 납득시켰다는 이야기이다. 이는 오다 마코토의 한국 여행기와는 동떨어진 구도이다. 오다 마코토는 "다른 나라에서는 중근동의 위험한 시골을 걸어 다닐 때도 뭐라고 할까, 가령 그곳에서 폭동이 일어나 무정부 상태가 되어도 '나는 일본인이니까' 괜찮다는 의식이 있었다. 한국에서는 정반대였다. 동해안의 삼포에서는 히타치(日立)사의 사람들이 예순 명쯤 합숙 생활을 하면서 발전소를 만들고 있었는데 그들은 저마다 이러한 공포감을 이야기했다. '항상 모두의 감시를 받고 있는 느낌이 들어요'"라고 썼다.

베트남을 매개로 침략 전쟁의 주체인 미국이나 그 용병인 한국과는 다른 일본, 즉 베트남과 친밀권에 있는 일본을 전경화하는 것은 불과 20년 전에 일본 제국군의 병사로 북베트남에 상륙했을 가능성이 있는 '식민지 조선 출신 병사 - 한국군'과의 기억을 후경으로 밀어냄으로써 가능했다. 베트남, 한국을 비롯한 아시아 나라들과의 국교정상화 실현은 이러한 틀과 평행하는 형태로 아시아를 향한 일본의 새로운 경제적 팽창을 둘러싼 면죄부로서 기능하고 있던 셈이다.

북베트남 잠입 취재에 성공한 오모리 미노루(大森実)도 『북베트남 보고』 (1965)에서 미군 정예들이 "공산주의를 미워한다"라는 것은 알아도 "아시아 민중의 심리를 이해할" 수는 없다고 하면서, 베트남전쟁은 B52나 네이팜탄으로는 해결할 수 없다고 미군을 강한 어조로 비판했다. 그리고 "일본이 현재 누

---

27   NLP는 'National Liberation Front'의 약자로, 민족해방전선을 뜻한다. 당시 문헌에서는 베트콩 또는 VC라 표시되는 경우가 많았다.

리는 번영과 평화"를 끝까지 지켜내는 일의 중요성을 강조하면서 "우리와 같은 피부색"을 지니고 공통점도 많은 "아시아 사람들의 평화를 하루라도 빨리 되찾기 위해" 일본인은 노력해야 한다고 썼다.

일본 미디어는 살육을 하지 않기 때문에 전쟁 책임을 지지 않는 '일본인'과는 대조적으로 '미군 병사'와 '한국군 병사'에 대해서는 전쟁범죄를 엄하게 추궁했다. 요시나가 다메고로(吉永為五郎)는 "경제 대국의 동남아시아 진출과 그 뒤에 오는 것"(≪주간안보≫ 제6호, 1970년 1월 26일)이라는 글에서 일본의 '베트남 특수'가 일본의 "독점 자본을 살찌운다"라고 했다. 또 많은 베트남인이 "전후 25년이 지나 일본이 또 다시 '대국 의식'을 과시하며 경제 면에서 위세를 부리기 시작했다"라는 감정을 가지게 되었으며 일본의 "경제 침략에 대한 반감·두려움"이 "일본 군국주의 부활에 대한 경계심으로 이어진다"라고 지적했다. 하지만 요시나가 다메고로처럼 말하는 논자는 적었다. 또 가메야마 아사히가 『베트남전쟁: 사이공·서울·도쿄』에서 쓴 것처럼 일본의 식민지 지배 책임을 명확히 이야기하면서 "한국은 베트남인의 마음을 잃어버렸다. 타국에 군대를 파견하고 다른 민족을 죽인 대가"는 "한국인 스스로가 지불해야만 할 것이다"라고 한국군의 전쟁 책임을 추궁하는 논자 역시 소수였다.

베트남에서 미군이나 한국군이 저지른 전쟁범죄를 가장 빨리 전달한 곳은 일본 미디어이다. 베트남 보도와 연동하는 형태로 전개된 것은 반전운동만이 아니었다. 구일본군 병사들의 기억도 부활했다. 오오카 쇼헤이(大岡昇平)의 『레이테 전기(レイテ 戰記)』는 1965년부터 집필 준비에 들어가 1967년부터 1969년에 걸쳐 ≪중앙공론≫에 연재되었고 1971년에 단행본으로 나왔다. 이 책의 헌사는 "죽은 병사들에게"이다. 이 전기에는 방대한 병사들이 등장한다. 또한 지명 색인·인명 색인·부대명 색인 외에 서지·연표·부대 편성표를 합하면 100쪽이 넘을 정도로 많은 구일본 병사 - 죽은 병사들이 소환된다. 물론 이 책은

구 일본 병사의 전쟁 책임을 묻기 위한 것이 아니다. 이 책에서는 베트남 보도 - 신문 보도와 유사한 방법, 즉 많은 취재를 통해 구성되고 '병사'의 시점에서 있는 그대로의 역사를 기록하려는 자세가 엿보인다. 미디어 보도와 차이가 있다면 병사 개인에게 전쟁 책임의 문제를 개재하지 않는다는 점이다.

이 글의 도입부에서 다룬 홋타 요시에의 『심판』은 미즈타마리 마유미(水溜 真由美)가 지적했듯 "병사의 전쟁 책임을 묻는 시점"을 "처음으로 일본 문학에 도입"한 작품이다. 잘 알려져 있듯 이 작품의 특징은 히로시마·나가사키의 원폭 투하에 관여한 옛 미군 병사 '폴 리포트'와 중일전쟁에 참전해 중국인 노파를 학살한 옛 일본군 병사 '다카기 교스케'의 죄(의식)를 대비해 다루고 있다는 점이다. 미즈타마리 마유미는 다카기 교스케의 '중국인 학살 죄'는 폴의 "원폭 투하 죄의 고유성을 돋을새김하는 중요한 의미를 지닌다"라고 하면서도, 중국인 학살 죄가 그저 원폭 투하 죄를 "더 잘 인식하기 위한 단순한 참조 항에 그치는 것은 아니"라는 점을 강조한다.[28]

하지만 문제는 작품에서 서로 다른 형태로 처리되는 양쪽의 속죄 방법이다. 『심판』 마지막에서 폴은 히로시마를 방문해 "나… 는… 괴물… 입니다…"라고 외치면서 히로시마 거리를 헤매다 결국에는 평화 대교에서 뛰어내려 자살한다. 그의 죄(의식)는 자살로써 처리되는 셈이다. 반면 다카기 교스케는 다른 형태로 회복을 향해 나아간다. 다카기 교스케는 조카인 가라미코에게만 자신의 죄를 고백한다. 중국인 노파를 강간한 상관 시무라가 다카기 교스케에게 노파 살해를 명한다. 다카기 교스케는 그녀를 총으로 살해한 뒤 "나와 다른 병사 둘이 이 노파를 떠메고 가서 구덩이에 버렸"는데 그 "구덩이 속에서 노파가 거꾸로 서서 두 다리를 '〈' 자 모양으로 구부린 채 가만히 구덩이 위를,

---

28   水溜真由美,「堀田善衛『審判』論: 原爆投下の罪と裁き」, ≪北海道大学文学研究科紀要≫, 143号(2014.7).

그러니까 나를 응시하고 있었던 것"이 머릿속에 각인되어 잊을 수 없다. 결국 그는 원인을 알 수 없는 상태에서 두 다리가 "'〈' 자 모양으로 구부러진 채" 굳어져 입원한다. 마치 '노파'의 저주처럼 보이는 이 상황을 조카인 가라미코가 전환시킨다.

그녀(가라미코_인용자)는 또 남자의 성욕이라는 것의 노골적인 모습도 보았다. 교스케가 옷을 갈아입는 것을 돕다 '〈' 자 모양으로 오므라든 두 다리 한복판에서 대낮부터 억제하지 못하고 물건처럼 발기된 교스케의 남근을 보았다. …… 하지만 병실에서 나와 가라미코는 이번에는 스스로에게 온통 물에 젖고 하복부는 팽창한 채 두 다리를 벌리고 성기를 그대로 드러내며 구덩이에 던져진 저 노파의 혼이 들린 것은 아닐지 두려워했다. 그녀는 차츰 교스케의 인생을 살게 되었다.

가라미코가 노파의 다리와 똑같이 굳어진 다카기 교스케의 몸에서 성욕을 '보는' 장면은, 그녀가 '구덩이 속'에 있는 노파의 몸에 그녀 자신의 몸을 포개는 형태로 "노파의 혼이 들렸을 가능성"을 두려워하는 장면으로 전개된다. 이 문제에 대해서는 섬세한 논의가 필요하지만 여기서 간단히 정리하면, 결국 다카기 교스케가 "노파의 혼이 들린" 가라미코의 몸을 매개로 치유되는 것이 문제이다. 다카기 교스케가 중국에서 저지른 전쟁범죄가 혈통주의에 근거한 국적 = 민족의 경계를 만들어내는 일본어의 문맥에서는 근친상간을 통해 해소되는 것이다. 이는 자신이 원폭을 떨어뜨린 지역을 찾아가 한층 더 깊은 절망에 빠지는 폴이 스스로의 목숨을 내놓는 구도와는 명백히 다르다고 할 수밖에 없다. 다카기 교스케는 과거의 타자와 대면하지 않고 일본 영토 안에서 전쟁범죄와는 무관하다고 상정되는 무구한 일본 여성의 신체를 매개로 전쟁범죄를 처리해간 것이다.

'원폭'을 둘러싼 상상력의 틀이 역사적·사회적·문화적인 맥락과 깊은 관련을 맺으면서 편성되어왔음은 잘 알려져 있다. '원폭 문학'이라는 영역의 승인을 베트남전쟁이나 한일국교정상화와 함께 생각할 경우 여기서 드러나는 '아시아'는 지금과는 다른 구도였음을 의식해야만 한다. 2015년에는 안전보장 관련 법안 문제와 얽히는 형태로 전후 70주년, 한일국교정상화 50주년, 북베트남 폭격 50주년, 베트남전쟁 종결 40주년 등 갖가지 과거의 기억이 소환되었다. 그리고 이 기억들이 서로 착종하면서 투쟁의 언어가 모색되었다. 그 가운데 특히 헌법 9조를 둘러싼 논의 공간에서는 '전후' 일본이 '평화 국가'였다는 주장을 많이 볼 수 있었다. '평화'라는 말을 안정된 형태로 사용하기 위해서는 오키나와 기지 문제나 미국이 주도하는 전쟁에 대한 자금 제공 문제, 한국전쟁이나 베트남전쟁에서 얻은 이익 문제 등을 후경으로 밀어낼 수밖에 없다.

이러한 상황이기 때문에 '원폭'의 틀에 대한 상상력을 '아시아' 담론과 절합시켜 사고하지 않을 수 없었다. 하지만 홋타 요시에의 『심판』에 각인되어 있는 중국 침략 전쟁의 기억이 1963년에 만들어진 '한자 문화권'이라는 조어의 주변에서도 가시화되고 있다는 점에 대해서는 충분히 논의하지 못했다. 아시아권의 오래된 경제적·문화적·군사적 침략자로서의 '중국' 표상을 편성하는 '한자 문화권'을 둘러싼 논의[29]는 '원폭 문학'이나 '재일 문학'을 둘러싼 논의와 같은 시기에 있었고, 거기서 사용된 '아시아' 담론 역시 이 둘과 같은 토대 위에 놓여 있다. 이에 대해서는 향후 연구 과제로 삼겠다.

---

[29] 상세한 논의는 다음을 참조. 高榮蘭, 「グローバリズムが呼び覚ました「ゾンビ」に遭遇した時-ベトナム戦争·日韓国交正常化·漢字文化圏の交錯を手掛かりに」, 汪暉·王中忱 編, 『區域 (3)』(社会科学文献出版社, 2014).

'아시아적 신체'의 각성과 전형(転形)
일본 신좌익운동과 쓰무라 다카시

조경희

1. '68년'과 쓰무라 다카시

1968년을 전후로 한 세계적인 신좌익 학생운동은 일본에도 사회문화적 전환을 가져왔다. 신좌익운동은 기성 당파에 대해 급진적인 변혁을 지향했던 세계적인 혁명운동으로, 반전과 반권위, 학생 자치, 흑인 공민권, 페미니즘, 환경문제 등 광범위한 반체제운동과 대항문화를 결합한 양상을 보였다. 일본의 경우 신좌익운동이 일반적으로 1960년대 미일안보조약 반대투쟁과 베트남 반전운동에서 일정한 대중적 기반을 얻었다고 정리된다. 특히 1960년대 전반까지 인종차별이라는 특수한 쟁점에 시달렸던 미국을 제외하면, 선진국 중에서 신좌익이 크게 정치세력화된 경우는 일본밖에 없었다는 평가도 있다.[1]

---

1   大嶽秀夫, 『新左翼の遺産: ニューレフトからポストモダンへ』(東京: 東京大学出版会, 2007), p.250.

그런데 1968~1969년 대학생들의 전공투(全共闘)운동으로 결실을 맺은 신좌익운동은 고도성장이 완성된 1970년 이후 잠잠해졌고, 이를 섹트(sect) 간 항쟁을 뜻하는 '우치게바'의 늪에 빠져 쇠퇴했다고 보는 것이 일반적이다.[2] 일본에서는 글로벌 혁명운동으로서의 '68년'이 헬멧과 각목, 화염병과 바리케이드 봉쇄 등 직접행동의 측면으로 부각된 경향이 있다. 따라서 전공투 세대의 사상적 기반이라 할 수 있는 '자기부정' 등의 내재적 문제 제기가 제대로 계승되거나 평가·극복되었다고 보기는 어렵다. 특히 1972년 나가노 현 아사마산(浅間山)에서 일어난 연합적군 숙청사건이 가져다준 충격은 일본 신좌익을 부정적으로 인식하게 되는 결정타가 되었다.

주류 미디어를 통한 이와 같은 정형화된 이미지의 반복은 전공투 또는 그것과 동시대성을 가진 '68년'을 부당하게 과소평가하거나 고도성장기 청년들의 반란이라는 일국적인 이야기 속으로 가둬냈다. 각각의 운동 경험은 당사자들에게 늘 회고와 극복의 대상이었지만, '68년'이 일본에서 적극적인 사상적 성찰의 대상이 되기 시작한 것은 그리 오래된 일이 아니다. 대표적인 논자인 스가 히데미(絓秀実)는 여전히 우리가 신좌익운동이 추구했던 사상적·문화적 헤게모니 속에 있다면서 회고적인 방식이 아닌 '68년'의 현재적인 재구성을 시도했다. 1960년대에 태어난 오구마 에이지(小熊英二)는 '68년' 운동을 정치운동보다는 청년들의 표현 행위이자 자아실현의 방식으로 보고 접근했다.[3]

---

2 '전공투'는 전학공투회의의 약칭이다. 1968~1969년에 걸쳐 전국 대학에서 결성된 초당파 조직이며 특히 도쿄대학교와 니혼대학교의 전공투가 유명하다. '우치'는 내부를 뜻하며, '게바'는 독일어 게발트(Gewalt, 폭력)를 줄인 말이다. 2001년 11월 당시 사망자 수는 대략 113명, 부상자는 4600명 이상으로 추정된다. いいだもも 編, 『検証内ゲバ: 日本社会運動史の負の教訓』(東京: 社会批評社, 2001), p.6. 마쓰이 다카시·후지이 다케시, 「1960년대 일본에서의 사회운동」, ≪역사문제연구≫, 통권 28호(2012.10), 148쪽 재인용.

3 絓秀実, 『1968』(東京: 筑摩書房, 2006); 小熊英二, 『1968(上)(下)』(東京: 新曜社, 2009).

하지만 '68년'에 대한 총체적인 검토나 평가는 이 글의 주된 목적이 아니다. 이 글의 관심은 신좌익운동 중에서도 1970년대 초에 분출된 '아시아와의 만남과 갈등'이라는 일련의 쟁점을 확장시켜 검토하는 것이다. 특히 1970년 전후 '출입국관리 반대투쟁(이하 입관투쟁)'에 비판적으로 개입한 쓰무라 다카시(津村喬)의 평론 활동과 그를 둘러싼 논쟁 과정을 다룰 텐데, 이를 통해 당시 일본에서 아시아 또는 제3세계와의 만남이라는 과제가 어떤 논리 속에서 인식되었는지를 추적하고, 그 현재적 의미를 검토할 것이다. 그전에 먼저 쓰무라 다카시라는 인물과 그의 배경에 대한 정리가 필요하다.

쓰무라 다카시는 노동운동가인 다카노 미노루(高野実)의 차남으로 1948년 도쿄에서 태어났다.[4] 1969년 와세다대학에 입학한 후 당시 논섹트 래디컬(Non-sect Radical)로 불린 무당파 학생들의 동인지를 중심으로 활동을 시작했고, 1970년 이후 주간지와 월간지로 평론의 장을 옮겼다. 20대 초반의 나이에 이론적·실천적 투쟁에 개입하게 되었는데, 그 글의 일부가 1974년까지 여섯 권의 책으로 출간되었다.[5] 데뷔작인『우리 안의 차별: 일본문화대혁명(われらの内なる差別: 日本文化大革命)』은 출입국관리체제로 인해 아시아 인민들과 분리된 일본의 상황과 신좌익 내부의 자국 중심주의를 비판한 내용으로 당대 대학생들의 필독서가 되었다. 쓰무라는 1960년대 후반 중국에서 발생한 문화대혁명(이하 문혁)과 마오이즘에 경도되어 대학 시절을 보냈다. 그러다 입관투쟁

---

4 쓰무라 다카시의 본명은 다카노 다케시(高野威)이다. 쓰무라의 아버지는 전후 노동조합 중앙 조직인 일본노동조합총평의회(총평) 사무국장을 역임한 노동운동의 중심인물이었다. 또 쓰무라의 형 다카노 하지메(高野孟) 또한 저명한 리버럴 좌파 저널리스트로 알려져 있다.

5 『われらの内なる差別: 日本文化大革命』(1970), 『魂にふれる革命』(1970), 『革命への権利』(1971), 『戦略とスタイル 増補改訂新版』(2015), 『歴史の奪還: 現代ナショナリズム批判の論理』(1972), 『メディアの政治』(1974).

과정에서 재일조선인이나 중국인들과 구체적으로 접하게 되면서 '차별구조
연구소'를 만드는 등 왕성한 활동을 펼치기 시작했다. 이 과정에서 그의 정치
평론의 비판적 화살은 일본 신좌익운동 내부의 관념적인 프롤레타리아 국제
주의를 향하게 되었다.

전공투 또는 일본의 '68년'을 말하는 데 쓰무라 다카시를 대표적인 논객으
로 꼽기는 어렵다. 주로 1970년대 초반에 이뤄진 쓰무라의 짧고 굵은 정치 활
동은 그 자체로는 흥미를 끌기에 충분하다. 하지만 왕성한 집필량에 비해 그
에 관한 언급은 결코 많지 않다. 그 이유는 무엇보다 쓰무라 자신이 20대의
어린 나이에 집중적으로 정치운동과 평론 활동을 펼치다가, 1970년대 후반
이후 요가나 기공(氣功) 체조 등을 통해 정신세계를 추구하는 이른바 '뉴에이
지운동'의 선구자로 거듭났기 때문이다. '뉴에이지'는 미국 서해안의 히피들
과 베트남 반전운동 세력들이 추진한 탈근대적 생활양식을 지향하는 대항문
화운동이다. 그는 1980년대 이후에도 꾸준히 글을 발표했지만, 환경, 원전,
서브 컬처, 의식주, 보건 체육 등 현실 정치보다는 생활의 기술로 관심을 옮겨
갔다. 결국 1990년대 이후 동양건강법 전문서적에서만 그를 찾을 수 있게 되
었다. 그런 책의 수만 현재까지 서른 권을 넘는다.[6]

서양 근대의 과학주의를 비판하는 대항운동이라는 맥락에서 보면 뉴에이
지로의 쓰무라 다카시의 전향은 '68년적인 것'에서 크게 벗어나지 않았다. 다
만 일본에서는 '카운터컬처'에서 '뉴에이지'로의 이행이 제대로 인식되지 않았
고, 쓰무라의 행보는 '수상한' 기공 전문가로의 변신으로 받아들여졌던 것으

---

6 『風土食の発見: 生活料理の深層』(1983), 『太極拳第一歩: 読んですぐできる·からだと対話
する』(1986), 『気功心の森を育てる』(1989), 『気·イメ-ジ·身体: 気功と人間の潜在力』
(1991), 『2000年危機から身を守る本』(1999), 『健身気功入門: こころとからだを養生する』
(2011), 『きれいになる気功: 激動の時代』(2013), 『気脈のエコロジ-天人合: と深層体育』
(2015) 등 다수. 현재 NPO법인 기공문화연구소 대표로 활동하고 있다.

로 보인다.[7] 이 과정에서 1970년대 초 신좌익운동에서의 그의 위치와 역할은 급속히 잊혔다. 특히 1980년대 일본에서 붐을 일으킨 뉴에이지운동은 1995년 옴진리교 사건으로 인해 신흥종교에 대한 부정적인 인식이 확대되면서 타격을 입었다. 쓰무라는 자신의 변화를 결코 비약이나 단절이 아닌 새로운 운동 방식의 모색, 즉 내적 연속성을 가진 전형(転形)이라고 했지만, 이와 같은 전환이 쓰무라의 사상과 활동을 제대로 평가하는 데 방해가 되었던 것은 분명해 보인다.

그럼에도 스가 히데미가 쓰무라 다카시를 '68년 최대의 이데올로그'로 명명한 것처럼, 그의 광범위한 텍스트들은 전공투 세대 특유의 급진성과 대중성, 탈중심성을 확실히 보여주었다. 특히 2011년 후쿠시마 원전사고 이후 일본 사회에서 쓰무라는 다시 주목받게 되는데, 이는 앞서 언급한 스가의 공헌이 크다. 스가는 쓰무라를 차별론, 신체론, 도시론, 미디어론, 문화 연구와 탈식민주의, 탈핵 논의에 이르기까지 다양한 문제 영역을 횡단해온 선구자로 인식해 적극적인 재평가 대상으로 끌어올렸다. 실제로 1970년대에 집필된 쓰무라의 평론들은 20대 청년이 썼다고는 믿기지 않을 만큼 통찰력이 돋보인다. 예컨대 그는 거의 아무도 원전을 문제 삼지 않았던 1978년에 『반원전사전』을 펴내고 원전이 입지한 지역의 반대운동 세력과 반원전 지식인들을 결합시키고자 했다.[8] 동시대를 살아온 스가는 지금이야말로 쓰무라의 사상과 운동이 현재성(actuality)을 갖는다고 평가하면서 1970년대에 집필된 쓰무라의 글들을 모아 평론집을 간행했다.[9] 그 외에도 한정된 범위이지만 쓰무라의 미디어

---

7   스가 히데미는 1980년대 쓰무라 다카시에 관해 언급하면서 "뉴에이지적인 것은 논단 저 널리즘 주류에서는 컬트 냄새가 나는 수상한 사상으로 간주되었다"라고 말했다. 絓秀実, 『反原発の思想史: 冷戦からフクシマへ』(東京: 筑摩書房, 2012), p.165.

8   反原発事典編集委員会 編, 『反原発事典』(東京: 現代書館, 1978). 편집위원은 津村喬, 西尾漠, 太田雅子였다.

론과 문화 연구 공적에 대해서도 중요한 연구 성과가 나오고 있다.[10]

한편에서는 신좌익운동에 '소수자 차별'이라는 문제의식을 적극적으로 도입한 쓰무라 다카시를 냉소적으로 바라보는 시각 또한 존재한다. 전공투 이후 신좌익운동의 '인권주의'를 비난해온 구레 도모후사(呉智英)가 대표적인데, 그 내용은 대략 두 가지 차원에서 정리할 수 있다. 하나는 중국의 문혁을 예찬하다가 논단에서 사라진 쓰무라의 행보에 관한 것이고, 다른 하나는 그의 반차별론이 신좌익운동의 아나키즘적 열망을 윤리주의에 빠지게 만들었다는 것이다.[11] 구레 같은 보수 평론가가 아니어도 쓰무라의 논의를 부정적으로 평가하는 시각은 일정하게 존재한다. 전 ≪마이니치신문≫ 기자인 사사키 도시나오(佐々木俊尚)는 1970년대 일본 사회의 새로운 패러다임을 '소수자 빙의'로 일컬으며, 이를 통해 일본 사회가 다른 사람들을 가해자로 단죄할 수 있는 신의 관점을 획득했다고 비판했다. 사사키는 이 패러다임의 변화를 이끈 중심인물 중 하나로 쓰무라를 거론하고 있다.[12]

---

9 津村喬 著・絓秀実 編, 『津村喬精選評論集―≪1968≫年以後』(東京: 論創社, 2012). 그 외 스가 히데미가 쓰무라 다카시를 적극적으로 언급한 책은 다음과 같다. 絓秀実, 『「超」言葉狩り宣言』(東京: 太田出版, 1994); 『革命的な、あまりに革命的な』(東京: 作品社, 2003); 『吉本隆明の時代』(東京: 作品社, 2008); 『反原発の思想史: 冷戦からフクシマへ』(東京: 筑摩書房, 2012); 絓秀実 編著, 『LEFT ALONE: 持続するニューレフトの「68年革命」』(東京: 明石書店, 2005).

10 北田暁大, 『嗤う日本の「ナショナリズム」』(東京: 日本放送出版協会, 2005), pp.95, 125; 鎌倉祥太郎, 「津村喬における『日常性』批判の射程: 戦略的「読み(レクチュール)」の可能性をめぐって」, ≪文化/批評≫, 2(2010.7); 「『メディア』になる、ということ: 新日本文学会第十五回大会における津村喬の大会報告をめぐって」, ≪待兼山論叢(日本学篇)≫, 48(2014.12) 등 참조. 이들의 연구에 따르면 쓰무라 다카시는 텍스트와 사람의 몸짓이 갖는 형식과 의미를 조직화하는 미디어 전략을 중요시했다. 다만 쓰무라 다카시의 미디어론과 기호론은 이 글의 주제를 벗어나므로 필요에 따라서만 참조한다.

11 呉智英, 『危険な思想家』(東京: 双葉社, 2000), p.99; 三上治 編, 『保守反動思想家に学ぶ本』(東京: 宝島社, 1985), p.133.

12 佐々木俊尚, 『当事者の時代』(東京: 光文社, 2012). 그 외 오키나와, 부락, 한반도 문제를

이처럼 쓰무라 다카시에 대한 상반된 평가는 현대 일본의 좌익적 유산에 대한 평가와 직접 이어진다. 스가 히데미의 지적대로 '68년'이 만들어낸 사상적·문화적 헤게모니는 현재까지도 일본의 사회질서와 대중적 감수성을 강하게 규정하고 있으며, 동시대적인 반발 또한 일으키고 있다. 따라서 쓰무라를 검토하는 작업은 전후 일본에서 아시아 문제가 어떻게 다시 부상했으며, 신좌익운동이 이에 어떻게 호응했는지, 그 역사적 맥락과 현재성을 생각하는 데 유익할 것이다.[13] 이 글은 기본적으로 그동안 스가가 제시해온 '68년'의 평가에 바탕을 두지만, 혁명운동으로서 '68년'의 총체적 평가보다는 아시아의 타자와 소수자 차별 문제에 집중한 쓰무라의 사상과 운동론을 검토하는 데 집중할 것이다. 다만 '68년'이 여전히 현재성을 지니는 만큼, 1970년대 쓰무라의 사상사를 넘어 그의 텍스트를 현재의 정치적 담론과도 적극적으로 연결할 것이다. 2절에서는 입관투쟁의 전환점으로 거론되는 화교들에 의한 신좌익고발 사건의 지평을 확인하고, 3절에서는 쓰무라의 사상과 활동을 신체성 또는 일상성의 정치로 파악해 그 기본적인 특징을 살펴볼 것이다. 끝으로 4절에서는 일본 신좌익운동의 추상적 성격에 대한 쓰무라의 비판 논리를 검토한 후, 결론에서 그가 주장한 반차별론의 특징과 현재적 의의, '68년' 이후 쓰무라의 위치를 자리매김할 것이다.

적극적으로 다룬 저널리스트로는 후지시마 우다이(藤島宇內)와 작가 오다 마코토를, 이를 대중에게 매개한 인물로는 ≪아사히신문≫ 기자였던 혼다 가쓰이치(本多勝一) 등을 들고 있다. 교묘하게도 이 책은 '68년'의 동시대성에 대한 기본 인식을 누락해 쓰무라 다카시의 논의가 마치 전후 일본 특유의 정치적 올바름과 엄숙주의적 태도를 낳은 것처럼 서술한다는 점에서 문제를 보인다.

13 이와 관련된 선행 연구로는 다음을 참조. 권혁태, 「1960년대 일본의 사회운동과 '자기부정'의 사상: 출입국관리체제 반대운동을 중심으로」, 권혁태·이정은·조경희 엮음, 『주권의 야만: 밀항, 수용소, 재일조선인』(한울, 2017). 입관투쟁의 구체적인 내용에 대해서는 다음을 참조. 노은명, 「일본의 출입국관리체제 반대운동 연구: 1969~71년 일본인의 반대운동을 중심으로」, ≪역사문제연구≫, 통권 22호(2009.10).

2. '화청투 고발'의 지평

'68년' 이후 신좌익이 직면한 시대적 과제의 맥락을 좀 더 구체적으로 살펴
보자. '전공투 이후'라는 구분이 '전후'라는 구분보다 결정적인 단절을 일으켰
다는 주장은[14] 경험자들의 향수나 자기만족에서 오는 과잉 평가로 치부할 수
만은 없다. 신좌익운동을 그 이전의 운동과 구분짓는 요소는 무엇보다 논섹트
래디컬이라 불리는 무당파 급진파들의 존재이다. 1960년 미일안보조약 반대
투쟁에서는 기존 당파에 속한 자들이 통일전선을 추구했었다. 그에 비해 1969
년 전공투운동에서는 말 그대로 '논섹트'에 가치를 둔 운동 방식이 주류가 되었
다. '섹트'와 '논섹트' 사이에는 운동의 방식이나 스타일에서 구별되는 특징이
있었고, 이는 외국의 신좌익운동과 마찬가지로 세대 간 투쟁의 양상을 보였다.
그러나 그 쟁점은 나라마다 달랐다. 중요한 것은 같은 패전국으로서 구세대의
과거를 고발하고 극복하고자 했던 독일과는 달랐다는 점이다. 일본 신좌익의
주된 과제는 일본의 전쟁 책임과 아시아 침략의 역사를 극복하는 게 아니라 대
학 권위의 부정과 학생 자치의 확립, 학비인상 반대투쟁, 혹은 추상적인 반미,
반안보투쟁이었다.[15] 예컨대 도쿄대학 전공투의 삐라에서 재일조선인이나 오
키나와, 식민지 지배에 대한 언급은 찾을 수 없었다.[16]

그러나 1960년대 후반 아시아의 큰 물결은 일본의 상황에 질적인 전환을
가져왔다. 1960년대 후반 한일협정 반대투쟁과 베트남 반전투쟁, 한국인 탈
영병 김동희의 망명 요구와 이에 따른 지원운동, 오무라 수용소 반대운동, 재

---

14 津村喬, 「異化する身体の経験: 全共闘世代について」(1979), 『横議横行論』(東京: 航思社, 2016), p. 222.

15 자세한 내용은 다음을 참조. 馬場公彦, 「文化大革命在日本: その衝撃と波紋(下篇)」, ≪アジア太平洋討究≫, 12(2009), p. 204.

16 小熊英二, 『1968(下) 叛乱の終焉とその遺産』(東京: 新曜社, 2009), p. 230.

일조선인 김희로의 살인 및 농성 사건 등이 있었고,[17] 또 냉전적 질서와 정치적 분단에 대항한 조선적 재일조선인들의 국적전환운동, 중화인민공화국 국적을 요구하는 타이완 출신 유학생 류차이핀(劉彩品)의 재류 자격 요구 등 아시아인들의 권리 요구와 인정투쟁이 시작되고 있었다. 쓰무라 다카시는 이에 대해 "'제3세계'의 그림자, 그리고 아시아의 공공연한 복수가 한일회담 시점에서 시작"되었다고 지적했고, 또 그 직후 상하이에서 문혁이 시작되었음을 상기시켰다.[18] 이와 같은 질적 전환은 일본 국민과 재일조선인, 중국인들을 제도적으로 분리시키는 입관투쟁의 배경으로 작용했다.

1969년 3월에 제출된 출입국관리법안은 일본 식민지 지배의 유산으로서 재일조선인과 중국인의 정치 활동을 금지하는 등 일상적 감시 체제를 만드는 내용을 포함하고 있었다. 이 법안은 1969년에서 1973년까지 네 차례에 걸쳐 국회에 상정되었으나 야당과 재일외국인 당사자들의 거센 반발 끝에 폐안되었다. 이 과정에서 신좌익의 각 당파들에게도 입관투쟁은 하나의 중요 과제가 되었다. 다만 입관투쟁은 일상적 수준의 '진지전'으로, 권력 탈취를 위한 신좌익들의 '기동전' 노선과 근본적으로 성격이 달랐다. 입관투쟁을 주도적으로 이끈 것은 일부 재일조선인(민단계)들과 화교 청년들, 그리고 극히 일부의 일본인들('쪽발이 모임' 등)이었다. 세계혁명을 지향하는 신좌익의 각 당파에게 입관투쟁은 어디까지나 '삼류개량투쟁' 그 이상은 아니었다.[19] 쓰무라 다카시

---

17 일본에서 1960년대 후반 반전평화운동을 주로 이끈 것은 1965년에 결성된 베트남 반전운동 시민 단체인 '베헤이렌'이다. 이 내용에 대해서는 권혁태와 노은명의 글 외에 다음을 참조. 권혁태, 「국경 안에서 탈/국경을 상상하는 법: 일본의 베트남 반전운동과 탈영 병사」, ≪동방학지≫, 157집(2012.3).

18 津村喬, 「日本文化大革命と差別の構造」(1969), 『われらの内なる差別: 日本文化大革命』 (東京: 三一書房, 1970), p.223.

19 津村喬, 「出入国管理法案粉砕闘争: 一九六九年の経験」(1969), 『われらの内なる差別』, p.102. 중핵파 간부도 "인도적 견지에서의 참여는 필요하다"라고 하는 정도였다.

는 "투쟁하는 재일중국인과 조선인이 없으면 우리는 입관투쟁을 하지 않을 것인가?"라고 물으면서 다음과 같이 쓰고 있다.

> 어느 집회에서 …… 단식투쟁 경과를 보고한 중국인 청년이 "일본인을 고발하며 ……"라고 한 것에 대해 "일본인이 아니라 일본의 반동파지, 반동파"라고 말하며, 그 정도도 모르는가라는 말투로 야유한 사람은 나의 바로 앞자리에 있었던 '마오파'를 자임하는 그룹에 속한 부인이었다. 단상에 있던 보고자가 순간 말을 끊고 가엾이 여기는 듯한, 그러나 뭔가 불같은 시선을 '우리'에게 던졌을 때의 그 수치심을 나는 평생 잊을 수 없을 것이다.[20]

이 시점에서 신좌익 내부에 충격을 줬던 사건이 바로 1970년 7월 7일, 화교청년투쟁위원회(이하 화청투)가 일본 신좌익을 고발한 일이었다. 화청투는 일본의 출입국관리법 반대운동을 위해 1969년 3월에 조직된 재일화교 단체로, 입관 문제를 전투적으로 해결하기 위해 일본 신좌익 세력과 공동투쟁을 벌이고 있었다. 여기에는 1967년 일본공산당계 중일우호협회와 마오쩌둥파 화교 학생들 사이에서 일어난 선린학생회관투쟁[21]에 개입한 청년들이 다수 포함되었다. 1970년 7월 7일 노구교사건 33주년 집회 실행위원회 준비 모임에서 화청투는 집회의 주도권을 둘러싸고 중핵파를 비롯한 각 당파와 대립한 끝에 실행위 자리를 퇴장했다. 집회 당일 화청투는 4000명의 학생들이 모인 자리에서 입관투쟁에 대한 일본 신좌익의 불성실한 태도를 맹렬하게 비난하고 결별

---

20   같은 글, p.107.
21   선린학관투쟁에 대해서는 권혁태, 「선린학생회관과 중일관계: 국민국가의 논리와 진영의 논리」, 김미란·오영숙·임우경 엮음, 『이동하는 아시아: 탈/냉전과 수교의 문화정치』(그린비, 2013) 참조.

을 선언했다. "억압 민족으로서의 일본 제군!"으로 시작하는 화청투 대표 연설은 1965년 한일협정의 문제를 직시하지 못하고 1969년 입관투쟁을 소홀히 해온 일본 신좌익에 대한 불신으로 가득 차 있었다.[22]

당시 화교 2세 청년들의 투쟁 목표는 계급투쟁보다는 반제국주의 민족 해방에 있었던 만큼, 대학 해체를 과제로 삼았던 일본 신좌익과는 상당한 온도 차가 있었다. 즉, '화청투 고발'은 우연히 발생한 해프닝이 아니라 일본 신좌익 내부의 일국주의적 성격, 즉 일본 내부의 아시아 문제에 대한 무관심을 저격한 사건이었다. 이는 신좌익운동의 어젠다를 계급 중심에서 인종, 국적, 젠더, 환경 등 소수자 중심의 반차별투쟁으로 전환하는 계기가 되었다고 평가된다. 다시 말해 프롤레타리아 계급의 세계혁명이라는 기동전에서 입관투쟁, 부락 차별, 페미니즘, 공해 문제 같은 진지전으로의 이행이었다. 따라서 신좌익운동에 대한 총체적 평가와 화청투 고발은 현재까지도 밀접히 연관된다. 스가 히데미는 '68년' 운동의 전환점을 이 화청투 고발에 두면서, 신좌익들의 무자각적인 민족 차별 이데올로기에 대한 중국인 학생들의 고발이 없었다면 "일본에서 '68년'의 사상적 의미는 반감되었을 것"이라고 말하고 있다.[23]

1절에서도 언급했듯이 이에 대한 정반대의 평가 또한 존재한다. 신좌익 활동가 출신의 소설가 가사이 기요시(笠井潔)는 '68년' 운동 특유의 멋이 상실되는 계기로 화청투 고발을 들었다. 그러면서 당시 신좌익의 상황을 혈채주의(血債主義)와 도착적 윤리주의로 설명했다.[24] 이와 같은 논조는 현재 일본 사회

---

22 編集部, 「七・七集会における華青闘代表の発言」, ≪前進≫(1970.7.13)(http://konansoft. com/zenrin/html/huajingtou77.htm). 화청투 운동에 대해서는 다음을 참조. 森宣雄, 『台湾/日本 連鎖するコロニアリズム』(東京: インパクト出版会, 2001), 終章.

23 絓秀実, 『1968』, p.9. 스가 히데미는 쓰무라 다카시가 차별 문제를 도입한 것은 신좌익을 사상적으로 논할 때 반드시 거론되는 연합적군 사건보다 훨씬 중요한 문제를 포함하고 있다고 일관해서 논한다.

에서 정치적 올바름에 대한 반감의 기저를 형성하고 있다. 또한 "전공투운동의 유일한 계승자"임을 자부하는 1970년생의 정치 활동가이자 음악가인 도야마 고이치(外山恒一)는 '우치게바'를 감행하는 열정과 반차별론을 강조한 데에는 공통의 심성이 있다고 말한다. 그는 스가 히데미와 마찬가지로 1970년의 화청투 고발을 전공투운동의 전환점으로 찍지만, 그 평가는 정반대로 내린다.

> 화청투 고발 이전의 전공투 기록은 마냥 즐겁다. 읽으면서 가슴이 설렌다. 그러나 화청투 고발이 일어나자마자 갑자기 음침한 분위기가 풍기기 시작한다. 마침 쓰무라 다카시의 『우리 안의 차별』이라는 책이 화제가 된 시기와 겹치는 것도 바로 알아차렸다. ……
>
> '자기부정' 슬로건도 그전까지는 "이대로 계속 착한 아이가 되면 쓸데없는 사회에서 쓸모 있는 인간이 되어버린다"라는 …… 자신을 고무하기 위한 구호 정도로 이해했었는데 이 말이 반차별론과 결합되면 바로 지루해진다. …… 화청투 고발 이전의 전공투는 좋다. 화청투 고발 이후 모든 것이 이상해졌다. 그래서 화청투 고발은 전공투운동의 연장선상에서 필연적으로 일어나야 했는지, 그 외의 방향으로 전개될 가능성은 없었는지가 전공투를 생각할 때 나에게 가장 중요한 주제라고 판단하게 되었다.[25]

화청투의 고발과 그 지지자였던 쓰무라 다카시의 글들이 신좌익 내부의 노선이나 분위기를 결정적으로 바꿨다는 평가에는 더 면밀한 검토가 필요하다.

---

24 笠井潔·藤田直哉·仮面女子, 『文化亡国論』(東京: 響文社, 2015), pp.39~40. 스가 히데미의 정리에 따르면 가사이 기요시 또한 마오이즘과 뉴에이지적 신비주의에 의거한다는 점에서 쓰무라 다카시와 멀지 않은 거리에 있다.

25 外山恒一, 「私と全共闘」(2009.5), 『外山恒一と我々団』(http://www.warewaredan.com/zenkyoto.html).

다만 화청투 고발 이후 각 당파들은 그 심각성을 받아들였고, 각각의 입장에서 자기비판과 결의를 표명했으며 그 후 혼란과 분열로 이어진 당파도 있었다.[26] 이런 분위기를 도덕주의로 바라보는 심성은 당시부터 존재했는데, 쓰무라 자신도 이에 대해 민감하게 대처했다. 『우리 안의 차별』의 추기(追記)에서 쓰무라는 '우리 안의~'라는 내성적 표현에 대해 "주의 깊은 독자라면 '~안'이 '내면 = 주관성'의 문제가 아니라 '구조 내적'이라는 의미임을 알 것이다"라고 하면서도 혼란을 조장하지 않기 위해 출판사가 달았던 이 표현을 취소하겠다고 써놓았다.[27] 그 한편에서 그는 '이방인'들이 던지는 물음을 "도덕주의적인 잔소리로만 받아들이는 자는 ─ 실제로 신좌익 각파들은 그러한 반응이었지만 ─ 뼛속까지 근대주의에 침범되어 있다"라고 규탄한다.[28] 당시부터 쓰무라는 전공투의 '자기부정', '자기비판'에 조심스럽게 접근했고, 차별이나 내셔널리즘의 문제를 의식이 아닌 구조의 차원에서 파악할 것을 강조했다. 차별의 구조화, 구조의 차별화라는 논점이 인도주의와 도덕주의 등 '내면의 문제'로 수용되는 것에 대해 그는 다음과 같이 말하고 있다.

청산주의적 자기비판 흉내 내기에 반대한다. 그것은 7·7 집회 이후 잠시 일종의 지적 유행의 모습을 보이기까지 했다. …… 일본 혁명운동 시장의 맥락에서 항상 그랬듯이 여기서도 '자기비판'은 도덕주의적인 것으로 환원되어 "잘못했습니다"와 동의로 사용되었다. 따라서 사태에 대한 과학적 분석은 방기되고 실제로는 타인(타 당파)에 대해 "그따위 이미 자기비판했으니 되지 않는가"라고 할 수밖에 없는 수준에서 경쟁이 일어났다. 자기 학대적으로 무시무시한 태도를 취할 수도

---

26   蔵田計成, 『新左翼運動全史』(東京: 流動出版, 1978), pp. 262~266.

27   津村喬, 『われらの内なる差別』, p. 8.

28   津村喬, 「或る≪異邦人≫の死」(1970), 『われらの内なる差別』, p. 20.

있는 것이다. 억압 민족으로서의 자기부정? 그게 문제이다. 그런데 무엇을 부정하고 무엇을 바꿔나간다는 것인가?[29]

화청투 고발 이후 차별론에 거리를 두고 있었던 신좌익의 각파들이 자기비판을 시작한 것과 관련해 쓰무라 다카시는, 저널리즘의 악의와 자신들의 미숙한 사고가 합작해서 "윤리주의가 존재한다"라는 '사회적 허구'를 만들었다고 토로했다. 그는 인간의 전체성(全体性) 추구에는 윤리적인 것에 대한 요구가 수반된다고 인정했지만, 그 입장은 화청투의 고발과는 많이 달랐다. 화청투가 '억압 민족으로서의 일본'의 민족적 책임을 추구했다면 쓰무라는 민족적 책임을 '교통 형태의 문제'로 파악했다. 여기서 교통이라는 말은 결코 통하지 못하는 역사를 밝힌다는 역설을 함축하고 있다.[30] 그러면서 일본과 아시아 사이의 분리를 두 가지 층위의 '교통사고'로 파악한다. 하나는 일상성에 각인된 역사의 낙차, 다른 하나는 이로부터 오는 투쟁 형태의 낙차이다. 이 두 가지를 근저에서 잇는 것이 재일아시아인의 존재였다.[31] 따라서 쓰무라에게 입관투쟁이란 이 두 종류의 교통사고 경험을 통해 아시아인들과의 교통 형태를 주체적으로 창출하는 투쟁이었다.

이렇게 볼 때 화청투 고발이나 쓰무라 다카시 개인의 정치 활동에 전공투운동이 내부 분열한 원인을 귀속시키는 것은 부당해 보인다. 윤리적 엄숙주의 경향은 청년들이 일반적으로 빠지기 쉬운 관념성의 결과로 봐야 할 것이다. 화청투 고발 직후인 1970년 8월 초에 중핵파와 가쿠마루(革マル)파가 치

---

29 津村喬, 「歴史の奪還のために: 入管闘争と〈整風〉をめぐる若干の提案」(1971), 『歴史の奪還』(東京: せりか書房, 1972), p.138.

30 津村喬, 「〈戦後〉の超克とはなにか: 日本帝国主義と入管体制」(1970), 『歴史の奪還』, p.70.

31 津村喬, 「差別の構造」, 『戦略とスタイル 増補改訂新版』(東京: 航思社, 2015), pp.81~88.

열한 내부투쟁을 시작한 것처럼[32] 당시 신좌익운동의 세계혁명은 논리적 모순을 불가피하게 내포하고 있었고, 내부를 향해 행해진 폭력은 결국 자신들을 파국적 상황으로 몰고 갔다. 쓰무라가 내세운 혁명투쟁은 지구전이자 구조 내적인 '게릴라투쟁'으로 이와 같은 파국적 행동 양식과는 거리가 멀었다. 쓰무라는 마오쩌둥의 영향 아래 자신들의 혁명을 일상성의 변혁이라는 '영속적 문화혁명'으로 삼았다. 이와 관련해서 스가 히데미는 쓰무라의 저서 제목을 언급하며 "부제인 '일본문화대혁명'의 거창함과 본제목인 '우리 안의 차별'이라는 조신함 사이의 틈을 채우는 논리"가 당시에도 지금도 없다고 말한다.[33] 다시 말하면 그것은 쓰무라의 마오이즘과 반차별론 사이의 괴리이자, 무장투쟁과 일상투쟁 사이의 괴리이기도 했다. 이 괴리는 쓰무라에게 어떻게 인식되었으며 과연 그것은 해소 가능한 것이었는가? 다음 절에서는 쓰무라가 제시한 신체와 일상성의 정치를 그의 개인사와 함께 검토하겠다.

3. 신체성과 일상성의 정치

1) 원체험으로서의 아시아

쓰무라 다카시는 결핵을 앓던 아버지의 요양을 위해 1964년 고등학교 시절 3개월 동안을 중국에서 보냈다. 아버지 다카노 미노루가 중국에서의 요양

---

32 1957년에 결성된 신좌익 조직인 혁공동(혁명적공산주의자동맹)에서 분파된 두 조직이다. 1970년 8월 초에 중핵파(전국위원회) 멤버들이 가쿠마루파(혁명적 마르크스주의파)의 활동가를 살해하며 시작된 처참한 내부 항쟁은 신좌익운동의 부정적 유산으로 알려져 있다.

33 絓秀実, 『1968』, p.170.

을 택한 배경에는 서양의학에 대한 불신과 함께 중국에 대한 그의 남다른 애착이 작용했다. 다카노는 1950년 GHQ의 감독하에 재출발한 노동조합 중앙조직인 일본노동조합총평의회(총평) 사무국장에 취임한 후, 반공적 조직을 만들고자 했던 GHQ의 방침을 따르지 않고 전면강화(講和)와 재군비 반대를 내걸고 반미, 좌익 세력을 키우는 데 힘을 썼던 인물이었다. 그는 한국전쟁을 거치며 당시 많은 좌익들이 그랬던 것처럼 중국과 북한을 평화 세력으로 보고 지지하는 방향성을 확실히 취했다. 쓰무라가 중국에 대한 동경과 친근감을 가진 것도 이런 아버지의 영향이 컸다.

중국에 체류하는 동안 쓰무라 다카시에게 충격을 줬던 세 가지 구체적인 경험이 있다. 하나는 태극권과 기공이다. 아버지의 결핵 치료를 위해 중국 의학의 현장을 접하고 태극권과 기공을 습득하면서, 그는 생활 속 전통문화를 직접 접하게 되었다. 어렸을 때부터 비만 체질로 학교교육에서 강요되는 '올바른 몸짓'에 대한 거부감이 있었던 그에게 느긋한 동작의 태극권은 전혀 다른 신체 작용에 관심을 갖게 만드는 계기였다. 기공의 원리 또한 그저 조용히 앉아 있기만 하는 것으로, 몸을 움직이기 싫어하는 그에게 적격이었다.[34] 중국에서의 이 같은 원체험이 쓰무라의 평론이나 에세이에서 끊임없이 호출되고 강화되는 '아시아 경험'의 핵심이다.

또 하나 지울 수 없는 중국 경험은 같은 시기에 일본인의 중국인 학살 사실을 인식한 것이다. 그는 중국에 체류하는 동안 방문한 난징 대학살 박물관에서 잘린 머리를 들고 쑥스럽게 웃는 일본군 병사의 사진을 보고 큰 충격에 휩싸였다.[35] 일본군의 학살 수법에 관한 자세한 해설을 들으면서, 혐오스러운 감정과 함께 '나도 같은 일본인'이라는 감정을 동시에 느끼는 분열을 경험했

34   津村喬·藤岡喜愛, 『気·イメージ·身体: 気功と人間の潜在力』(東京: アニマ2001, 1991), p.2.
35   津村喬, 「2007年 南京で語ったこと」(http://bit.ly/2k434dw).

다. 그 후 1967년 두 번째 중국 방문 시 그는 베이징에서 노구교사건(1937) 30주년을 기념하는 집회에 참석하면서 아버지의 중일전쟁 협력에 대한 고백을 듣게 된다. 그는 큰 충격을 받음과 동시에 중국인에 대한 아버지의 죄책감과 속죄의 마음을 이해하게 되었다. 그때 아버지가 저항을 했더라면 자신은 태어나지 않았다는 생각에, 그는 난징 박물관에서의 기억이 "처음으로 자신의 핏줄과 관련된 것으로 되살아났다"라고 회상하고 있다.[36]

마지막 경험은 1967년 중국 방문 시 문혁의 열기 속에서 홍위병들의 전성을 피부로 느꼈던 것이다. 그는 1967년 여름 상하이의 공장과 학교를 방문해 자유롭고 활달한 '대민주의 분위기'를 직접 접했다.[37] 그때 쓰무라 다카시는 1만 명의 홍위병들 앞에서 파리혁명과 베트남 인민들의 투쟁, 홍위병투쟁과 전공투의 동시대성을 연설하고 자신이 "문화대혁명의 아들"임을 선언했다. 또한 거리에서 100부가 넘는 소보(小報)를 받는 과정에서 홍위병들의 소년 자치, 그리고 대자보와 소보를 통한 미디어 혁명에 깊은 감명을 받았다. 이 과정에서 그는 미적인 것과 윤리적인 것, 섬세함과 남성적인 힘, 도시적인 것과 공업적인 것이 뒤섞인 지속적 축제와 같은 '도시적 보편성'을 처음으로 경험하게 되었다.[38] 그리하여 그는 이 문화혁명의 방법론을 일본에서 실천하고자 했다.

태극권·기공을 통한 신체적 해방감과 중국인 학살에 연루되었다는 자각, 그리고 '조반파'들의 열기. 이 세 가지가 중국에서의 원체험으로서 운동 과정에서 끊임없이 지각되고 승화되었다. 특히 난징과 상하이에서의 두 경험은 그의 삶의 종축(민족적 책임)과 횡축(계급적 연대)을 구성하는 좌표가 되었다.[39]

---

36 津村喬 著·絓秀実 編, 『津村喬精選評論集－≪1968≫年以後』, p.394.

37 津村喬, 「反逆には やっぱり 道理がある」, ≪悍≫, 創刊号(2008.10), p.33.

38 津村喬, 「中国文化大革命の基礎視座」, 『魂にふれる革命』(東京: ライン出版, 1970), p.71; 「文化革命の継承者たち」, ≪現代の眼≫, 18(1977.10), p.40.

39 津村喬, 「民族的責任論の地平」(1970), 『歴史の奪還』, p.111.

다시 말하면 되돌릴 수 없는 역사적 관계와 열린 가능성으로서의 사회적 관계의 중첩 속에서 그는 '아시아'를 재구상했다. 1970년대의 쓰무라 다카시는 중국 문제와 차별 문제의 대표 논객이었다. 동시에 미디어와 광고, 도시, 환경 등 문화연구의 광범위한 영역을 횡단하면서 방대한 글을 쏟아냈다. 하지만 그를 추동한 것은 일관되게 '신체성'과 아시아와의 '상호 관계성'이었다.[40] 쓰무라는 2000년대에 스가 히데미와의 대담에서 "중국의 정치가 아닌 전통문화와 민중 생활의 지혜를 세계에서 통용되는 형태로 만들고 싶다"라는 지속적인 욕구를 고백한다. 그리고 이를 문혁의 구호인 '활학활용(活学活用)', 즉 "마오쩌둥을 자신이 읽고 싶은 대로 읽기"라고 해석한다.[41] 그는 정치 생활과 일상생활의 분열에서 탈출하기 위해 정치의 내용이 아닌 생활문화의 혁신이 필요하다고 봤으며 정풍(整風)운동을 다음과 같이 해석했다.

'정풍'이란 방법화된 '방향 전환'이고, 세간에서 말하는 도덕주의적인 것이 아니며 더구나 '숙청' 등과는 관계가 없다. 마오쩌둥 사상에서는 R. 바르트적 의미에서의 '문체(스타일)'를 '풍(風)'으로 부르는데 이것이 '풍속 습관의 혁명'의 '풍'이자 '작풍(作風, 반성된 습관)의 '풍' …… 이다. 이 '풍'을 바꿔나가는 것, 인민의 역량에, 그 일상성에 형태(포름)를 부여하고 이에 따라 자본의 물신성이 지속되는 근거가 되는 '풍'을 근저에서 반성하는 것이 '정풍'이며 …….[42]

이때 '정풍'은 밑을 향해(구체성을 향해) 자신들의 생활 스타일을 바꾸는 것을 의미했다. 일상성의 기준을 그 사회의 주요 생산력이 형성하는 수준으로

---

40 津村喬 著·絓秀実 編, 『津村喬精選評論集─≪1968≫年以後』, p.232.

41 같은 책, pp.241~243.

42 津村喬, 「歴史の奪還のために」, p.136.

잡고 상층으로 갈수록 주요 생산력에 대한 기생성(寄生性)이 증대한다고 봤다. 이는 "프롤레타리아트의 상부구조로의 진주(進駐)"라는 표현으로 1970년대 쓰무라 다카시의 텍스트에 반복적으로 등장했다. 쓰무라는 마오쩌둥 사상과 바르트(Roland Barthes)의 기호론, 르페브르(Henri Lefebvre)의 도시론과 메를로-퐁티(Merleau-Ponty)의 현상학 등을 횡단하면서 신체와 일상성의 문화혁명론을 전개했다. 이는 주위에 있는 도구를 일단 활용하는 실천적 '브리콜라주(bricolage)'였다.[43] 하지만 그 기저에는 중국에서의 원체험을 통한 '아시아적인 것'에 대한 추구, 다시 말하면 일본에서 상실된 '아시아적 신체'에 대한 욕망이 있었다.

아시아적 신체라는 말은 원래 오카니와 노보루(岡庭昇)가 제3세계에 대한 일본의 신체 수탈 시스템을 비판하면서 썼던 말이다. 또한 양석일은 이 말을 통해 백인주의적 서양의 신체론을 모방한 일본 사회를 '육체성의 상실'이라는 관점에서 비평했다.[44] 여기서 오카니와와 양석일은 일본이 상실한 인간의 본능적이고 야생적인 신체감각을 '아시아적 신체'라는 말로 표현하고 있는데, 쓰무라 다카시가 추구한 아시아적 신체성은 농본주의와 친환경주의, 또는 신비주의에 가까웠다. 유럽의 신좌익들이 마오이즘에 경도된 것과 마찬가지로 여기서 오리엔탈리즘적 관점을 읽어내기는 쉽다. 다만 쓰무라에게는 입관투쟁이나 전공투에 앞서 태극권과 기공 체험이 있었고, 신체에 대한 남다른 관심이 있었다는 점이 특기할 만하다. 그렇다면 이 아시아에서의 원체험이 운동 과정에서 어떻게 지각되고 승화되었는가?

---

43 絓秀実, 『革命的な、あまりに革命的な』, p.310.

44 岡庭昇, 『身体と差別』(東京: 新泉社, 1990), p.7; 梁石日, 『アジア的身体』(東京: 平凡社, 1999), pp.275~300. 양석일은 일본에서 '아시아적 신체'란 "지저분함, 가난, 무교양, 혹은 질병" 등으로 규정되는 것인데, 이 신체의 대명사에 대한 멸시 자체가 일본 신체감각의 결락을 나타낸다고 했다.

2) 이화(異化)하는 신체

쓰무라 다카시의 신체에 대한 각성은 단적으로 언어에 대한 불신과도 밀접한 인과관계를 갖고 있다. 1969년 쓰무라가 출입국관리 반대투쟁에 뛰어들게 된 계기는 화교 청년 이지성(李智成)의 자살이었다. 22살의 이지성은 "만강(滿腔)의 분노를 느껴 사토(佐藤) 반동 정부의 '출입국관리법안', '외국인학교법안'에 대해 항의한다"라는 짧은 유서를 남기고 음독자살했다. 이지성의 소식을 처음 접했을 때 쓰무라는 "사람이 이런 것으로 자살하는가"라는 의문을 품었고 그저 사무적으로 삐라를 쓰기 시작했다고 한다.[45] 그러나 다음 순간 이지성이 남긴 짧은 유서의 배후에서 어두운 구멍을 느끼면서 1968년 학생투쟁의 특징인 '자발성', '정감', '놀이' 같은 것과는 심각한 괴리를 느끼게 되었다.

> 우리는 정말로 '평화와 민주주의'를 '극복'한 것인가? 현실성이 가장 가벼운 사회의 표층에서 어쩔 수 없이 '소수자 집단', '내적 가치', '나의 복권', '감성의 해방', '분출하는 자기표현'과 같은 이념을 언어로 보충대위(補充代位)하면서 뭔가 극복한 것처럼 착각하는 것 아닌가?
>
> 그런데 이지성은 죽었다. 왜? 40자의 유서는 전후 민주주의의 초극에 관한 전공투 서적 몇 권보다 웅변적으로 우리 전후의 총괄을 제출하지 않았는가? 언어의 세계, 언어의 민주주의 세계에 사는 어느 누구도 그를 구할 수 없었다. …… 언어로 추도하는 일이 어느 누구에게 가능하겠는가.[46]

쓰무라 다카시는 논리적으로 이해하기 어려운 이지성의 죽음의 이유를 "일

---

45   津村喬, 「差別構造とナショナリズム批判の論理」(1970), 『われらの内なる差別』, p. 22.

46   津村喬, 「或る≪異邦人≫の死」(1970), pp. 13~14.

본의 혁명운동 또는 중일연대운동에 대한 절망", "언어화되지 않는", "역사적·집합적 원한" 등으로 표현하면서[47] 아시아인들과의 교통의 불가능성을 되뇌었다. 죽음을 통한 이지성의 침묵은 일본인들의 요설보다 그에게 많은 것을 말해주었다. 이로 인해 입관투쟁은 법안의 문제임과 동시에 '일본 민족이 지닌 정념'의 문제가 되었으며, 단식투쟁을 벌이는 화교 청년들이 짊어진 육체의 무게에 또 다른 육체적 충격으로의 호응이 투쟁의 극복 과제가 되었다.[48]

전공투 세대의 일반적인 특성이기도 했지만, 쓰무라 다카시는 '제도로서의 표현'을 과신한 '60년대 사상'의 요설에 강한 반감을 갖고 있었다.[49] 그는 일본 좌익의 일관된 주지주의적 경향에 맞서 신좌익의 특징으로서 '신체성의 정치'를 내세웠다. 그는 전공투의 '정치'를 그들의 정치 언어의 내용이 아니라 신체성의 특징으로 보고 그것을 '이화(異化)하는 신체' 또는 '조반(造反)하는 신체'로 표현했다. '자기부정'이라는 성찰적 방법론도 다르게 보면 '자기 야유'와 패러디의 표현이기도 했다. 쓰무라가 초기에 속했던 와세다대학의 논섹트 집단인 '반전연합'은 '무사상, 무전망, 무절조'의 '삼무주의'를 내걸고, (조반유리가 아닌) '조반무리(造反無理)'라는 구호를 외치는 등 자유롭고 유희적인 분위기를 조성했다. 전공투의 실천적 스타일 – 헬멧과 수건으로 만든 복면, 각목, 화염병, 바리케이드 – 도 신체성의 정치에 중요한 요소였다. 쓰무라는 이와 같은 스타일과 기본적인 무장 자위권의 표현으로서의 폭력이 일본의 일상을 '이화'시키고, 사람들의 정치적 상상력을 자극했다고 적극적으로 평가하면서[50] 이를 '스타일

---

47 津村喬, 「日本近代の≪原罪≫とマルクス主義」, 『われらの内なる差別』, p.23.

48 津村喬, 「≪帝大解体≫と沖縄·部落·朝鮮の視点」, 『われらの内なる差別』, pp.38~41.

49 津村喬, 「内なる〈異邦人〉との出会い: ≪在日朝鮮青年の証言≫にふれて」, 『歴史の奪還』, p.165.

50 津村喬, 「全共闘経験における『身体性の政治』」, 『全共闘 解体と現在』(東京: 田畑書店, 1978), pp.64, 73~74.

의 복권'이라고 불렀다. 즉, 사람들의 일상에 내재하는 질서에 균열을 일으키고 신체를 자율적으로 관리하는 기법을 전공투운동의 성과로 삼은 것이다.

이와 같은 신좌익운동의 탈중심성과 신체성, 유희성은 이지성의 죽음과 '화청투 고발' 등을 거치면서 쓰무라 다카시에게 좀 더 확고한 전환을 가져온 것으로 보인다. '이화하는 신체'라는 표현은 "지의 영역에서는 권력과 사회가 대립하지만 신체성의 영역에서는 기성 문화에 매몰되는 구조"를 극복하기 위한 하나의 방법론적 개념으로 볼 수 있다. 즉, 이는 신체에 대한 언어의 우월성을 해체하고 양자 사이의 괴리를 극복하기 위한 것이었다. 화려한 언사가 많으면 많을수록 서로의 사이는 멀어진다는 것이 전공투에서 입관투쟁으로의 전개 과정을 거치며 그가 획득한 지평이었다. 그런데 이 과정은 연속적인 동시에 단절적이다. 언어 과잉에 대한 불신, 신체 해방이라는 측면에서는 연속적이지만, 전공투운동의 정감과 유희성, 자기 패러디는 아시아라는 타자와의 조우 속에서 중단될 수밖에 없기 때문이다. 쓰무라는 이 단절의 계기에 '정풍'이라는 방법론을 통해서 확실히 의식적으로 개입했다.

차별 해체 요구는 전공투운동에 의한 스타일 복권의 요구와 연속적인 것으로, 그 계승임과 동시에 그 부정이기도 했다. …… 스타일의 요구는 정신노동과 육체노동의 분리 = 차별의 해체를 그 숨겨진 주제로 삼았다. '지'의 게토, 언어의 게토의 존재야말로 '우리'의 전체화의 질곡이었기 때문에 …….

전공투 세대는 전혀 새로운 철학적 지평을 열었다. 그것은 현상에 대한, 현존에 대한, 있는 그대로의 생활에 대한, 일상성에 대한 집착으로 정의된다. 이 집착으로부터 도출되는 스타일의 요구는, 그러나 곧바로 이 집착의 불가능성을 밝힌다.[51]

---

51 津村喬, 「差別の構造」, pp.75~76.

쓰무라 다카시는 '전후'적 일상을 이화시키는 전공투운동의 스타일을 찬양하면서도, 그 속에서 환원 불가능한 관계의 적대성을 발견한다. 전공투에서 반차별투쟁으로의 단절을 포함한 연속성은 일상 속에서 이 은폐된 적대성을 어떻게 발견할 것인가의 문제였다.

3) 쓰무라 다카시와 요시모토 다카아키의 거리

그런데 일상성의 수준에서 차별 구조의 존재를 제시한 쓰무라 다카시에게 거세게 반발했던 자가 요시모토 다카아키였다. 2절에서 본 바와 같이 쓰무라는 아시아인 차별에 대한 내면적 접근이나 '양심의 꺼림칙함'에서 벗어날 것을 주장했음에도, 그 후 역사 속에서 이와 정반대로 수용된 경향이 있었다. 대부분의 신좌익 세력은 쓰무라가 제시한 차별 문제를 인도주의적 양심에서 받아들이거나, 또는 자신의 내면에서 주관적으로 해소 가능한 것으로 봤다. 쓰무라가 차별의 '구조'를 그토록 강조한 것도 이와 같은 주관주의적 차별론을 배제하기 위해서였다. 당시 신좌익의 각 당파에 압도적인 영향력을 가졌던 요시모토 또한 차별을 주관적인 수준에서 파악하거나, 거꾸로 자신이 관여하지 못하는 국가구조의 문제라고 초월적으로 파악했다. 예컨대 요시모토는 재일조선인 문제의 본질과 관련해 '귀화인'이라는 호칭을 문제 삼으면서 다음과 같이 썼다.

나는 '귀화인' 문제에도 '조선인' 문제에도 아무런 책임이 없다. 나는 인종적 편견 따위는 없는 편이고 어렸을 때도 대학 시절에도 그들과 친했고, 호의를 받았다는 기억을 갖고 있다. …… 조선인을 학대하고 중국인을 학살한 죄책감이라고? 그런 건 내가 알 바 없다. …… 그 책임은 시대를 구획하면서 특히 귀화인 문제를 만들어낸 천황제와 …… 근대 일본 국가가 져야 할 책임이다.

그러면서 그는 "조선인들이 갖는 비참함과 순진함, 그리고 과민한 굴욕감과 집단적 보복감. 또는 필요 이상의 동화 의식. 이 관계 의식의 오차 사이에 조선인 문제의 핵심이 있다"라고 썼다.[52] 입관투쟁이 벌어지고 있었던 1970년 시점에 '조선인 문제'의 핵심을 '귀화인 문제'로 보는 비역사성과, "호의를 받았다"라고 인식하는 순진함을 제외해도 그의 평론에 허위와 편견에 넘쳤음은 명백했다. 이에 대해 쓰무라는 "무지를 나무랄 수는 없다. 모르는 것을 레비스트로스 등을 인용하면서 아는 것처럼 쓰는 나태한 글쟁이 근성이, 이 위선이 넘치는 뻔뻔한 자세가 문제이다"[53] 라고 신랄하게 비판했다. 이에 대해 요시모토는 곧바로 다음과 같이 썼다.

이 세상에 '차별문제연구소'라는 것이 존재한다는 것을 처음 알았다. 세상에 있는 모든 차별로 먹고사는 남자들. 이러한 '연구소'가 존재함으로써 계급적·종족적 차별의 존속이 필수 조건이 된다는 것을 이 남자는 자각하는가. …… 이 세상에 금기해야 할 말이라곤 존재하지 않는다. …… 70년까지의 정치사상 과정은 이와 같은 애매한 윤리주의 꼬맹이를 낳았다. 마오이즘과 애매하게 야합한 사상의 말로이다.[54]

요시모토 다카아키는 이 글에서 쓰무라 다카시 외에도 여러 평론가들에 대

52 이상 요시모토 다카아키의 발언은 吉本隆明, 「解説」, 平岡正明, 『地獄系(24)』(東京: 芳賀書店, 1970); 津村喬, 「内なる〈異邦人〉との出会い」, pp.163~164 재인용.

53 津村喬, 「内なる〈異邦人〉との出会い」, p.164.

54 吉本隆明, 「状況への発言: 恣意的感想」, 『吉本隆明全著作集〈続10〉思想論』(東京: 勁草書房, 1978), pp.238~239.

한 비난을 이어갔다. 그것은 그가 '사상과 문예의 스탈리니즘'으로 표현하는 윤리주의 또는 정치주의적 사상을 과도하게 경멸한 것과 관련이 있다. 한편 쓰무라는 요시모토를 자신의 사상적 '굴욕'을 현실화시킨 경험이 없는 가짜 급진주의로 보고, 마치 중일국교회복운동에 대해 '국가의 죽음'을 말하는 고독한 전위주의자와 비슷하다고 평가했다. 이 논쟁 아닌 논쟁은 요시모토가 쓰무라의 차별론을 윤리주의로 왜곡하고, 쓰무라는 실천적 경험주의를 내세우는 방식으로 진행되었다. 그런데 스가 히데미의 지적이 맞는다면 요시모토의 첫 반론은 1970년 7월 7일 이후에 쓰였다.[55] 즉, 이것은 쓰무라와 화청투에 대한 요시모토의 솔직한 반발로 읽을 수 있으며, 갑자기 등장하는 중핵파에 대한 비난도 화청투 고발 이후에 나온 중핵파의 자기비판을 겨냥한 것으로 읽힌다. 이에 대해 쓰무라는 적극적인 자세를 보이지는 않았다. 요시모토가 차별에 당당한 것은 '매개'의 기제를 배제하고 언어관을 구축한 그의 사상적 영위의 필연적인 결과라고만 했을 뿐[56] 그 이상의 구체적인 비판은 없었다.

요시모토 다카아키의 평론은 논리적 일관성보다 '정치 경험주의'와 '혁명적 감상주의'에 대한 혐오와 반발로 가득 차 있었다. 대부분의 논쟁이 그렇듯 "조선인 문제는 계급 문제에 지나지 않는다"라는 요시모토와 아시아인들과의 차별 구조의 극복을 말하는 쓰무라 다카시 사이에는 토론이 가능한 공통의 지평을 찾을 수가 없었다. 이와 같은 결정적 엇갈림의 배경에는 쓰무라와 요시모토 사이의 '일상성'에 대한 서로 다른 접근 방식이 있었다. 예컨대 요시모토는 일본 좌익 세력이 노동자와 대중을 조직화해야 할 존재로 보고 접근하는 '전위적 소통'을 비판하면서, 이와 반대로 노동자 대중이 생활 실체의 방향을 향

---

55   絓秀実, 『吉本隆明の時代』, p.340.
56   津村喬, 「〈差別研〉のための墓碑銘: あわせて吉本隆明に答う」, 『われらの内なる差別』, p.170.

해 자립하는 '콘트라(Contrarevolucion, 반혁명의 약어) 전위적 소통'의 방법을 제기한다. 그는 일상생활에 집중하는 노동자 대중의 경우, 고도자본주의의 사회 구성 속에서 생활의 실체 자체를 의식화하는 방향으로 나아가야 한다고 했다.[57]

구좌익의 전위주의에 반대하고 노동자와 대중의 일상성을 사상적 기반으로 설정하는 것은 쓰무라 다카시도 요시모토 다카아키도 마찬가지였으나 그 방향은 대조적이었다. 쓰무라는 요시모토의 '콘트라 전위'를 "일상생활에서 어떤 언어화되기 어려운 것 앞에 머무르는", "일상성에 몰입"하는 것으로 규정했다. 그러면서 "콘트라 전위주의자들은 대체로 한동안 정치에 열중하다가 피폐해져서 운동을 떠나 일본적인 것에 안겨 그 따뜻함에 가슴이 덜컥해본 적이 있는 사람들이기에 어깨 너머 '정치'에 대해 지속적인 열등감을 가진다"고 비꼬았다.[58] 요시모토가 대중의 일상성을 변하지 않는, 매몰하는 실체로 여겼던 데 반해 쓰무라가 말하는 일상성은 균열을 일으키는 변혁의 영역이었다. 일상성은 균질적이거나 절대적인 것이 아니며, 그 일상성의 분리 속에 차별이 내재되어 있었다. 쓰무라에게 대중의 생활 실체를 절대화하는 요시모토의 사상은 차별을 온존하는 것과 다름없었다. 1960년대 '대중의 원상(原像)'이라는 말로 좌익적 전위주의에 날카로운 비판을 가했던 요시모토는 아시아의 대중과의 조우를 경험한 1970년대적 지평을 그 일상성에서 제대로 파악하지 못했다.

스무 살 이상 나이 차이가 나는 쓰무라 다카시와 요시모토 다카아키의 짧은 논쟁이 동시대에 얼마나 주목을 받았는지는 의문이다. 분명한 것은 1970

---

57   吉本隆明, 「前衛的コミュニケーションについて」, 『吉本隆明全著作集13 政治思想評論集』 (東京: 勁草書房, 1969).

58   津村喬, 「毛沢東の思想方法: 日常性と革命」(1970), 『津村喬精選評論集─≪1968≫年以後』, p.170.

년대 후반 이후 쓰무라가 서서히 논단에서 잊힌 반면, 노동자와 대중, 서민과 생활자들의 생활 실체를 사상화하려 한 요시모토는 고도자본주의 소비사회에 친화적인 ('자기부정'이 아닌) '자기 긍정'의 사상가로 연명했으며, 소수자운동의 '윤리주의적' 패러다임에 지친 신좌익 출신자들에게 압도적인 영향력을 행사했다는 점이다. 스가 히데미는 쓰무라와 요시모토의 논쟁을 당대의 중요한 사건으로 거론하면서, 1990년대 일본과 아시아 희생자들의 애도의 '순서'를 둘러싼 이른바 '역사 주체 논쟁'도 이 1970년의 지평에서 벗어나지 못했다고 평가했다.[59] 현재 동아시아의 역사 인식을 둘러싼 논쟁의 수준이 1990년대보다도 훨씬 자기 긍정적인 모습을 드러내고 있다고 할 때, 쓰무라와 요시모토의 결정적인 엇갈림은 '68년' 이후 타자와의 만남이라는 문제를 분석하는 데 여전히 참조할 만하다.

4. '내셔널'과 '인터내셔널'을 매개하다: 적군파와 재일조선인

앞에서 언급한 바와 같이 쓰무라 다카시는 전공투에서 입관투쟁으로 넘어오면서 투쟁의 장과 전략을 기동전에서 진지전으로, 혁명에서 일상으로 변화시켰다. 일본이라는 내셔널한 공간을 이화시키는 '재일아시아인'들과의 마주침, 그리고 '교통사고'는 그가 지닌 사유의 초점을 계급적 연대보다는 민족적 분단의 문제로 이행시켰다. 이 과정에서 쓰무라의 비판의 화살은 자연스럽게 일본 신좌익들의 추상적인 국제주의로 향했다. 이를 말해주는 대표적인 사건

---

59 絓秀実, 『吉本隆明の時代』, pp.350, 359. 1990년대의 역사 인식 논쟁은 1970년대의 그것과 질적으로 다르다는 점에서 필자는 스가의 의견에 동의하지 않는다. 그 점과 관련해서는 다음 기회에 논하기로 한다.

중의 하나는 적군파들의 하이재킹이었다. 1970년 3월 공산주의자동맹 적군파는 조선민주주의인민공화국(북한)으로 망명하기 위해 일본 항공 여객기를 하이재킹했다. 여객기는 후쿠오카와 서울로 위장 착륙하다가 나흘 만에 평양에 도착했고, 16세부터 27세까지의 적군파 멤버 아홉 명은 곧바로 망명을 신청했다. 그들은 세계동시혁명을 위한 국제 근거지를 마련하기 위해 평양으로 들어갔다. '국제 근거지론'은 선진국의 계급투쟁과 제3세계의 민족해방투쟁 및 '노동자 국가'의 관료 독재 타도를 동시에 진행해 세계혁명을 실현한다는 이론으로[60] 그 후 미국이나 쿠바, 팔레스타인 등지에서 적군파가 활동하는 근거가 되었다. 평양을 국제 근거지로 만든다는 계획은 좌절되었지만 북한 정부는 그들을 소극적으로나마 수용했다.

중국의 저우언라이(周恩來)가 적군파들의 망명을 긍정적으로 평가했다는 소식이 알려지면서 일본 신좌익 내에서도 적군파들의 행동주의에 일정한 지지가 모이고 있었다. 쓰무라 다카시 또한 적군파들에게 공감하는 심정이 없지는 않다고 하면서도, 어느 재일조선인이 말한 "아무리 좌익이라도 침략자는 침략자"라는 평가를 중요하게 받아들였다. 혁명가로서의 입장(저우언라이)과 피억압 민족으로서의 입장(재일조선인)에 새겨진 중국 인민과 조선 인민 각각의 역사적 규정성을 전제할 때, 일본 '프롤레타리아 국제주의'는 심각한 추상성과 일방성을 드러내고 있었다.

일본인은 침략 이외에 과거에 현해탄을 넘은 적이 있었는가? 없었다고 한다면, 다소 다른 언어 체계를 가진 청년들이라 할지라도 폭력적으로 국경을 넘어오더라도 조선 인민들이 그것을 국제주의로 보지는 않을 것이다. …… 우리는 국경을 넘

---

60   山本正晴, 『過激派集団の行動と理論』(東京: 法務総合研究所, 1975).

을 적에 그들(제국주의자_인용자)과 우리를 구분하는 어떤 인식표(아이덴티티 카드)를 손에 쥘 수 있을 것인가? 우리들의 언어인가? 의식인가? 아니면 ⋯⋯ 폭력인가?[61]

쓰무라 다카시는 적군파들의 하이재킹을 말 그대로 '상공 비행적' 국제주의라고 부르면서 이와 같은 몰역사적인 연대론이 얼마나 자기만족과 자기도취에 빠진 것인지를 환기시킨다. 다른 하나의 에피소드는 다음과 같다. 1969년 미국 흑표당(Black Panther Party) 멤버가 일본을 방문했을 때 미국의 현장 보고보다는 이론투쟁을 하자고 하는 일본 신좌익들을 보고 그는 "일본 학생들은 다 내셔널리스트"라고 말했다. 그 일화를 소개하면서 쓰무라는 "토착 언어밖에 모르는 산리즈카(三里塚)나 기타후지(北富士)의 농민들도 아니고[62] ⋯⋯ '세계동시혁명'의 슬로건까지 내세우는 신좌파 학생들을 내셔널리스트로 부르는 것은 어찌된 일인가?"[63]라는 야유를 던졌다. 신좌익들이 내세운 '플라토닉한 국제주의'의 황당한 사례들은 국제주의가 결코 의식의 문제가 아님을 말해주고 있었다. 이는 쓰무라에게 "혁명가는 국가를 넘을 수 있는가?"라는 질문을 던지며 끊임없는 딜레마로 다가왔다. 일본과 아시아 사이에는 역사적으로 형성된(그러나 은폐된) 상호 의존성과 적대성이 있었다. 이를 '상공 비행'적인 국제 연대로 대체하기 전에 일상성의 수준에서 파악하고, 한 장의 비자나 여권에 자신의 운명을 거는 사람들에 대한 상상력을 키우는 것이야말로 은폐된 분단선을 끄집어내는 현장투쟁으로서의 입관투쟁이었다.

---

61 津村喬, 「ラディカリズムとナショナリズム」(1970), 『歴史の奪還』, pp.178~179.

62 산리즈카는 나리타공항건설 반대투쟁이 일어난 지역이며, 기타후지는 미군기지 반대투쟁이 일어난 야마나시 현의 농촌 마을이다.

63 津村喬, 「先進的なアジア 後進的な日本」(1970), 『歴史の奪還』, p.37.

그런데 입관투쟁을 축으로 한 쓰무라 다카시의 반차별운동은 동시에 진행해야 할 몇 가지의 실천적 과제를 안고 있었다. 하나는 중일국교정상화를 혁명 세력의 국제운동으로 진행하는 일이었고, 다른 하나는 조선적 재일조선인들의 국적서환(書換)운동을 일본의 '지역투쟁'으로 지원하는 일이었다. 전자와 관련해서는 이미 자민당 우파 세력을 중심으로 한중일 간 정치적 접근이 시작되고 있었고, 1972년 닉슨이 중국을 방문한 이후에는 중일국교회복에 이르는 현실 외교 정치가 급하게 진행되었다. 지배 세력의 분열을 노린 쓰무라의 중일국교운동 구상은 이미 때늦은 전략이었다.

한편 재일조선인들의 국적 문제는 냉전 체제가 심화되는 시점의 일본과 한반도의 복잡한 정치 상황을 깊은 수준에서 드러냈다. 1965년 체결된 한일협정에서 한일 정부는 '한국'을 국적으로 선택하는 자들에게만 영주권을 부여함으로써 조선적의 분리 또는 전향을 추진했다. 이에 대해 조선적 재일조선인들은 '국적 선택의 자유'를 내걸고 다시 조선적을 회복하는 운동을 벌였다. 협정 영주권의 신청을 마감하는 기일이 다가오던 1970년 전후에는 양쪽에서 치열한 공방이 벌어졌다.[64] 해방 후 총련/민단 조직을 중심으로 국가 지향적 운동을 벌여온 재일조선인들은 원래부터 일본 신좌익운동 세력과의 연계가 거의 없었다. 그러나 한편에서 한일협정 체제가 형성되고 다른 한편에서 북한으로의 귀국사업이 일단락된 1970년 전후는 재일조선인 사회와 일본 지역사회, 운동 세력, 지방자치체, 정당 등과의 다양한 통로가 형성되는 전환점이었다.

그러나 대부분의 신좌익에게는 중일국교회복운동도 재일조선인 국적 문제도 관심의 바깥에 있었음을 쉽게 상상할 수 있다. '화청투 고발' 이후 인도주

---

64 이 내용에 대해서는 다음을 참조. 조경희, 「한일협정 이후 재일조선인의 국적과 분단정치」, 《역사문제연구》, 통권 34호(2015.10). 이정은·조경희 엮음, 『나를 증명하기: 아시아에서 국적, 여권, 등록』(한울, 2017), 제4장에 재수록.

의적 관심이 확대된 입관투쟁과 달리, 국교 문제와 국적 문제는 정부나 부르주아 정치 세력들과의 적극적인 협조가 필요한 운동이기도 했다. 특히 자신들의 국적에 목숨을 거는 재일조선인들의 운동은 신좌익운동의 국제주의와는 대조적이었다. 사회당을 비롯한 기성 좌익 세력들과 달리, '논섹트 래디컬'의 국제주의를 표방하는 신좌익이 국적운동에 개입하기 위해서는 논리적인 우회로가 필요했다. 따라서 쓰무라 다카시는 복잡하고도 지난한 재일조선인 국적 문제에 '지역투쟁' 방식으로 개입하고자 했다. 실제로 재일조선인들의 국적 '서환'을 일본의 각 지자체 행정기관이 담당하는 전도된 현실이 이 운동의 전선을 가능하게 했다. 즉, 재일조선인들의 국적 문제가 "국적 선택의 자유라는 인권이 아닌, 단순한 절차상의 문제라는 일본 법무성의 '사상'"[65]에 대항해, 그들의 정당한 '거주의 권리'를 획득하기 위한 것이 바로 '지역투쟁'인 것이다.

> 소모적이며, 자칫 잘못하면 일본공산당형 내셔널리즘에 빠질 수도 있는 국적
> 서환운동을 추진했던 배경에는 은유로서의 인터내셔널리즘이 진정한 내셔널리즘
> 이고, 은유로서의 내셔널리즘이 구체적인 방향으로 심화될 인터내셔널리즘의 기
> 점이 되어야 한다는 직감이 작용했다.[66]

얼핏 보기에 역설적인 이 같은 상황 인식은 쓰무라 다카시가 지닌 관점의 탁월함을 보여준다. 이러한 인식은 신체성의 수준에서 타자와의 조우를 경험한 그의 직감에서 도출된 것이다. 구체적인 운동의 현장은 (하이재킹 규모와는 달리) 낡은 제도와 시시하게 싸우거나, 잔잔하고 소모적인 틀 속에서 진행되

---

65 津村喬, 「〈在日〉の言説: 田川市における朝鮮国籍書換えをめぐって」, 『歴史の奪還』, p. 204.
66 같은 글, p. 202.

었다. 그러나 재일조선인의 국적 문제가 그랬던 것처럼, 아시아 각지에서 진행된 이 작은 지역투쟁은 실제로 냉전 - 국민국가 - 자본주의 체제와 깊은 상호 규정성을 갖고 있었다. 그뿐만 아니라 이러한 복합적 시스템을 '이화'시킬 계기를 내포하고 있었다. 쓰무라가 눈앞에 있는 아시아인들의 내셔널한 현실에 '직관'적으로 개입했던 것은 이와 같은 인터내셔널로 매개하는 통로를 파악하고 있었기 때문이다. 입관투쟁도, 국교회복도, 국적 문제도 구체적인 일상의 '내셔널'과, 사상으로서의 '인터내셔널'을 이어가는 지역투쟁의 실천이었다. 다시 말하면 적군파와 재일아시아인 간의 괴리를 일상성의 수준에서 어떻게 매개할 것인가에 대한 모색이었던 것이다.

5. 나가며

이제까지 1970년대 쓰무라 다카시의 입관투쟁과 반차별론을 중심으로 그가 보여준 아시아와의 만남의 논리를 검토했다. '화청투 고발'의 충격과 입관투쟁에 대한 쓰무라의 이론적·실천적 개입은 신좌익운동의 어젠다를 '계급' 중심에서 '소수자' 중심의 반차별투쟁으로 전환했고, 그 후 정치적 올바름이나 윤리주의적 심성을 강화시켰다고 평가되어왔다. 그러나 쓰무라 자신은 윤리주의나 도덕주의가 아닌 (결코 통하지 못한다는 역설을 포함한) '교통'의 문제로 아시아인들에게 접근했고, 언어적 내용보다도 자신들의 일상성에 균열을 일으키는 '이화하는 신체'를 정치의 핵심으로 봤다. 그의 사상과 운동의 중심에는 중국에서의 신체 경험, 마오쩌둥과 문혁에 대한 열망과 존경, 그리고 좀 더 구체적이고 일상적인 '교통사고'를 일으키는 재일아시아인들의 존재가 있었다.

쓰무라 다카시의 사상 및 운동론에는 항상 근대적 이분법을 역설적으로 해체하고자 하는 계기가 포함되었다. 즉, 그의 사상 및 운동론은 일본/아시아(중국), 지식인/대중, 계급/소수자, 혁명/일상, 언어/신체, 인터내셔널/내셔널 등의 관계 속에서 전자의 관념성을 변증법적으로 극복하려는 실천 과정이었다. 운동의 주체를 소수자로 설정하는 반차별운동은 자본주의 체제하에서의 일상투쟁으로, 권력 탈취와 공산주의를 지향하는 혁명과 결정적으로 달랐다. 무장투쟁과 일상투쟁, 기동전과 진지전을 매개하는 논리는 자본에 규정된 신체성의 혁신으로서의 '정풍'이었다. 다만 신체의 각성은 언어 표현의 필요성과 추동력을 약화시킨다는 점에서 역설적이다. 결과적으로 쓰무라는 '아시아적 신체'를 이론이나 언어적 비유가 아닌, 기공 체조라는 실천의 장에서 추구하게 되었기 때문이다.

끝으로 쓰무라 다카시의 '전형(転形)'을 언급하면서 이 글을 마무리하고자 한다. 1976년 그는 처음으로 동양 체육을 다룬 『BODY의 책』을 출판해 "대항문화 세대의 청년들에게 동양 체육을 실천하는 '신체파'의 존재"를 알렸다.[67] 이른바 '뉴에이지'운동으로의 합류는 정치권력의 내용보다는 일상의 스타일에 대한 고민의 표출이자 삶의 기술혁명을 추구한 결과였다. 서양 근대의 과학주의를 비판하는 대항운동이라는 맥락에서 보면 쓰무라의 뉴에이지로의 전신은 '68년적인 것'에서 크게 벗어나지 않는다. 다시 말하면 히피나 뉴에이지를 포함한 '68년' 운동 자체가 고도로 발달된 자본주의사회를 전제로 한 운동이었으며,[68] 그 속에서 대항적이며 대안적인 삶을 추구한 일상 운동이었다.

다만 1970년대 후반 이후 쓰무라 다카시가 보여준 상대적 침묵의 맥락은 결코 단순하지 않다. 그의 전형은 동양적 생활 기술에 대한 믿음, 언어에 대한

---

67 前川理子,「『ニュ-エイジ』類似運動の出現をめぐって: 1960~70年代青年の異議申し立て運動との関連で」, ≪宗教と社会≫, 4(1998.6), p.82.

68 絓秀実, 『反原発の思想史: 冷戦からフクシマへ』, p.153.

불신, 그리고 동시에 입관투쟁의 종결, 중일국교정상화의 실현, 마오쩌둥의 죽음, 문혁의 종결 등 현실 정치가 '반혁명적'으로 귀결된 것과도 결코 무관하지 않기 때문이다. 이와 관련해 그는 "그 상황을 돌파해서 사람들을 납득시킬 만한 언어 작품을 만들 의욕이 없었다"라고 회상하고 있다.[69] 결국 '화청투 고발'로 분출된 1970년대 전선이 소멸되면서 쓰무라 또한 논단에서 후퇴하게 되었다. 결과적으로 그는 '아시아적 신체'의 각성을 정치운동이 아닌 기공 체조라는 일종의 하위문화로 만들어 현실 사회의 좁은 영역에 연착륙시키는 방식을 취했다. 물론 반자본적인 신체의 자기 관리가 가장 보편적이면서도 본질적인 일상투쟁이 될 가능성은 항상 열려 있지만 말이다. 1978년에 쓴 글에서 쓰무라는 문혁이 가져온 중국 도시의 열기와 문혁이 종결된 후의 변화들을 돌이켜보면서 "그 홍위병들, 소년들은 다 어디로 갔는가"라고 되묻는다.[70] 마찬가지로 이렇게 질문을 던질 수 있다. 그에게 신체적·정신적 각성을 가져온 아시아 이방인들의 존재는 다 어디로 갔는가? 이 물음에 대한 답은 다음 기회에 찾아야 할 것이다.

그럼에도 불구하고 권력과 신체, 일상성과 도시, 소수자 연구에서 쓰무라 다카시의 사상과 운동론은 압도적으로 선구적인 성격을 갖고 있다. 서양을 경유한 일본 현대사상 및 문화 연구의 맥락에서 쓰무라가 일군 성과는 재평가될 여지가 많다. 또한 탈냉전기 역사와 영토를 둘러싼 지역 갈등의 분출, 소수자들의 인정투쟁에 대한 반발, 나아가 역사적으로 축적된 신좌익운동의 유산에 대한 동시대적인 혐오의 정동을 이해하는 데에도 1970년대 쓰무라가 남긴 텍스트는 남은 이에게 풍부한 실마리를 제공한다.

69　津村喬·絓秀実, 「身体の政治性, 政治の身体性」, 『LEFT ALONE』, p.246.

70　津村喬, 「自分史と中国」, ≪思想の科学(第6次)≫, 99(1978.12).

참고문헌

1장 '조선학/한국학'의 국교정상화

The Asia Foundation, Hoover Institution Archives.

김사엽. 1961. 「일본 학회의 한국학 연구 동정」. ≪현대문학≫, 10월호.

미쓰이 다카시(三ッ井崇). 2011. 「전후 일본에서의 조선사학의 개시와 사학사상(像): 1950~60
년대를 중심으로」. ≪한국사연구≫, 153.

박광현. 2003. 「경성제대와 『신흥』」. ≪한국문학연구≫, 26.

손더스, 프랜시스 스토너(Frances Stonor Saunders). 2016. 『문화적 냉전 CIA와 지식인들』.
유광태·임채원 옮김. 그린비.

이병도. 1961. 「일본 '조선학회' 제12차 대회 보고」. ≪사상계≫, 11월.

이순진. 2016. 「아시아재단의 한국에서의 문화사업: 1954~1959년 예산서류를 중심으로」. ≪한
국학연구≫, 40.

장세진. 2012. 「라이샤워(Edwin O. Reischauer), 동아시아, '권력/지식'의 테크놀로지」. ≪상
허학보≫, 36.

정준영. 2013. 「경성제국대학 교수들의 귀환과 전후 일본 사회」. ≪사회와 역사≫, 99.

최태원. 2012. 「원점의 풍경: 전후 일본의 '조선학'과 '조선근대문학연구'의 성립」. 『고유성의 지
정학, 한국(문)학의 학술사적 변동』. 상허학회/인하대학교 한국학연구소 학술회의.

최호진. 1961. 「일본덴리대학 조선학회주최 제12차 한국학술연구대회의 참석보고」. ≪경제학
연구≫, 9권 1호.

헨더슨, 그레고리(Gregory Henderson). 1958. 「한국문화에 대한 기대」. ≪사상계≫, 9월.

≪동아일보≫. 1962.4.12. "일본에서의 한국연구".

_____. 1962.11.7. "韓國을 硏究하는 日本人들".

_____. 1964.4.10. "창가학회와 덴리교".

≪조선일보≫. 1961.11.19. "진지한 학문의 교류: 제12차 한국학회 연구대회 보고기".

Weissman, Steve and John Shoch. 1972. 9/10. "CIAsia Foundation." Pacific Research
and World Empire Telegram.

「座談會 25年をかえりみて(第27回大會記念)」. 1977. ≪朝鮮學報≫, 83輯(4月).

李丙燾. 1962. 「舊三國の墓制の二三について: 特に四神と護石・床石などどの發達について(要旨)」. ≪朝鮮學報≫, 23輯

市原麻衣子. 2014. 「冷戰期アジアにおける米国の反共支援と冷戰後民主化支援への影響: 自由ア ジア委員会・アジア財団を事例として」. ≪コスモポリス(Cosmopolis)≫, No.8.

平木實. 2000. 「朝鮮學會の創立と天理大學(試稿)」. ≪朝鮮學報≫, 174輯.

2장 강박으로서의 식민(지), 금기로서의 제국을 넘어

권두언. 1964. 「우상을 박멸하라!: 굴욕 외교에 항의한다」. ≪사상계≫, 긴급증간호.

권보드래·천정환. 2012. 「'1960'은 왜 일본문화를 좋아했을까」. 『1960년을 묻다: 박정희 시대 의 문화정치와 지성』. 천년의상상.

권혁태. 2015. 「한국과 일본 언설의 비틀림」. ≪현대문학의 연구≫, 55권 0호.

구재진. 2004. 「최인훈 소설에 나타난 기억하기와 '탈식민성': 서유기를 중심으로」. ≪한국현대 문학연구≫, 15집.

김경래. 1964. 「한·미·일 회담이란 말의 근거」. ≪세대≫, 5월호.

김현. 1991. 「헤겔주의자의 고백」. 『사회와 윤리』. 문학과지성사.

김려실. 2015. 「≪사상계≫ 지식인의 한일협정 인식과 반대운동의 논리」. ≪한국민족문화≫, 제 54호.

김성환. 2015. 「일본이라는 타자와 1960년대 한국의 주체성: 한일회담에 관한 논의를 중심으로」. ≪어문론집≫, 61호.

김정화. 2002. 「최인훈 소설의 탈식민주의적 연구」. 서울대학교 국어국문학과 석사학위 논문.

김현주. 2012. 「≪창작과비평≫의 근대사 담론: 후발자본주의 사회의 역사적 사회과학」. ≪상허 학보≫, 41호.

나카노 도시오(中野敏男)·권혁태. 2016. 「식민지와 전쟁민주주의」. ≪황해문화≫, 92호.

다카사키 소우지(高崎宗司). 1998. 『검증 한일회담』. 김영진 옮김. 청수서원.

박준규. 1964. 「구(舊)한 망국외교의 사적 배경: 독점 지배를 견제하는 다변적 정치 체제의 와해」. ≪사상계≫, 긴급증간호.

박태균. 2010. 「한일협정 반대운동 시기 미국의 적극적인 개입 정책」. 『한일회담과 국제사회』. 선인.

부완혁. 1965. 「조국의 미래를 저주하지 말라: 새 일본의 가장(假裝) 체질 개선에 무비판적일 수 없다」. ≪사상계≫, 5월호.

서은주. 2000. 「최인훈 소설 연구: 인식 태도와 서술 방식의 상관성을 중심으로」. 연세대학교 국 어국문학과 박사학위 논문.

송건호. 1963. 「식민주의와 제국주의: 보이지 않는 손이 더 무섭다」. ≪사상계≫, 3월호.

슘페터, 조지프(Joseph Schumpeter). 2011. 『제국주의의 사회학』. 서정훈 옮김. 울산대학교 출판부.

안병욱. 1964. 「왜 현 한일회담을 반대하나, 앙케트, 각계각층의 여론을 들어본다」. ≪사상계≫, 긴급증간호.

안병직. 1965. 「일본 통치의 경제적 유산(遺産)에 관한 연구」. ≪경제논집≫, 12월호.

양흥모. 1964. 「일본의 전후 배상 현황: 버마, 필리핀, 라오스, 월남, 인도네시아, 태국, 캄보디아, 싱가포르, 인도, 중국의 경우」. ≪사상계≫, 긴급증간호.

유주현. 2014. 『조선총독부』. 나남.

오스터함멜, 위르겐(Jurgen Osterhammel). 2006. 『식민주의』. 박은영·이유재 옮김. 역사비평사.

오제연. 2011. 「1960년대 전반 지식인들의 민족주의 모색」. ≪역사문제연구≫, 25호.

이규태. 1965. 「한국 속의 일본: 사회 편」. ≪세대≫, 10월호.

이기원. 1965. 「신식민주의와 민족주의의 갈등: 전후 두 물결의 기원적 고려」. ≪청맥≫, 2월호.

이보형. 1965. 「제국주의 연구의 새로운 동향」. ≪서양사론≫, 6호.

이순진 외. 2016. 『생활문화사: 1960년대 - 근대화와 군대화』. 창작과비평.

이정식. 1965. 「일본인의 대외의식」. ≪청맥≫, 5월호.

이흥우. 1965. 「한국 속의 일본: 언어」. ≪세대≫, 10월호.

임종철. 1968. 「구나르·미르달의 세계」. ≪창작과비평≫, 5월호.

장문석. 2015. 「후기 식민지라는 물음: 최인훈의 『회색의 의자』에 관한 몇 개의 주석」. ≪한국학연구≫, 36호.

장세진. 2013. 「시민의 텔로스(telos)와 1960년대 중반 ≪사상계≫의 변전」. ≪서강인문논총≫, 38호.

_____. 2013. 「안티테제로서의 반둥정신(Bandung Spirit)과 한국의 아시아 상상 1955~1965」. ≪사이≫, 15권 0호.

조보라미. 2010. 「한국적인 것의 심성을 찾아서: 최인훈 문학의 도정」. ≪한국현대문학연구≫, 30집.

최인훈. 1984. 「총독의 소리 1」. 문학과지성사.

_____. 1989. 「원시인이 되기 위한 문명한 의식」. 『길에 관한 명상』. 청하.

_____. 1994. 「하늘의 뜻과 인간의 뜻」. 『문학과 이데올로기: 최인훈 전집 12』. 문학과지성사.

_____. 2008. 『회색인: 최인훈 전집 2』. 문학과지성사.

_____. 2009. 『태풍: 최인훈 전집 5』. 문학과지성사.

_____. 2013. 『서유기: 최인훈 전집 3』. 문학과지성사.

프라샤드, 비자이(Vijay Prashad). 2015. 『갈색의 세계사: 새로 쓴 제3세계 인민의 역사』. 박소현 옮김. 뿌리와이파리.

≪경향신문≫. 1965.8.25. "반국가적인 구호 작성자, 내란 선동죄 적용".

≪동아일보≫. 1965.6.29. "비준 반대의 분화구, 대학가 파상 데모".
≪사상계≫. 1965. 「좌담: 어제와 오늘의 일본, 전후 일본을 어떻게 볼 것인가」(10월호)

3장 냉전기 일본 진보파 지식인의 한반도 인식

≪世界≫, 1946, 1954~1965, 2003年.

강상중. 2004. 『내셔널리즘』. 임성모 외 옮김. 이산.
김성보 외. 2004. 『사진과 그림으로 보는 북한 현대사』. 웅진닷컴.
모리스 스즈키, 테사(Tessa Morris-Suzuki). 2008. 『북한행 엑서더스』. 한철호 옮김. 책과함께.
_____. 2011. 『봉인된 디아스포라: 재일조선인의 '북한행 엑서더스'를 다시 생각한다』, 박정진 옮김. 제이앤씨.
박태균. 2005. 「1960년대 일본 중심의 동아시아 질서 형성과정: ECAFE와 아시아개발은행을 중심으로」. 백영서 외. 『동아시아의 지역질서: 제국을 넘어 공동체로』. 창비.
슈퇴버, 베른트(Bernd Stöver). 2010. 「피난처 동독?: 왜 50만 서독인은 분단시기에 동독으로 갔을까?」. 최승완 옮김. ≪역사비평≫, 91호(여름).
서동만. 2005. 『북조선 사회주의 체제 성립사, 1945~1961』. 선인.
윤건차. 2009. 『교착된 사상의 현대사: 1945년 이후의 한국·일본·재일조선인』. 김응교 외 옮김. 창비.
이재오. 1984. 『한일관계사의 인식 1: 한일회담과 그 반대운동』. 학민사.
이종석. 2000. 『새로 쓴 현대 북한의 이해』. 역사비평사.
이현진. 2008. 「한일회담 외교문서를 통해서 본 재일한국인의 북한 송환」. ≪일본공간≫, 통권 4호.
임성모. 2011. 「전후 일본의 역사인식과 역사교육: 쇼와사 논쟁과 교과서 검정을 중심으로」. ≪한국민족운동사연구≫, 66집(3월).
한상일. 2008. 『지식인의 오만과 편견: ≪세카이≫와 한반도』. 기파랑.
≪동아일보≫. 1964.4.1. "韓日會談의 再認識".

高崎宗司·朴正鎭 編. 2005. 『歸國運動とは何だったのか: 封印された日朝關係史』. 平凡社.
龜井勝一郎. 1956. 「現代歷史家への疑問」. ≪文藝春秋≫, 3月.
_____. 1957. 『現代史の課題』. 中央公論社.
菊池嘉晃. 2006. 「北朝鮮歸國事業の瓜痕」. ≪中央公論≫, 11~12月.
_____. 2007. 「北朝鮮歸國事業は日本の'策略'だったのか」. ≪中央公論≫, 12月.
宮城大藏. 2001. 『バンドン會議と日本のアジア復歸-バンドン会議と日本のアジア復歸』. 草思社.
吉本重義. 1957. 『岸信介傳』. 東洋書館.

大門正克 編. 2006. 『昭和史論爭を問う』. 日本經濟評論社.

渡邊治. 2007. 「戰後保守政治の中の安倍政權: 「軍事大國」派の系譜」. ≪現代思想≫, 35-1号.

朴壽南 編. 1979. 『李珍宇全書簡集』. 新人物往來社.

安倍能成. 1957. 『岩波茂雄傳』. 岩波書店.

岸信介. 1983. 『岸信介回顧錄』. 広済堂出版.

岩崎稔 外. 2005. 『繼續する植民地主義』. 青弓社.

野崎六助. 1981. 『李珍宇ノオト: 死刑にされた在日朝鮮人』. 三一書房.

遠山茂樹・今井清一・藤原彰. 1955. 『昭和史』. 岩波書店.

在日朝鮮人總連合會中央常任委員會. 1965. 『韓日會談を論ず』. 在日朝鮮人總連合會.

佐藤卓己. 2002. 『キングの時代』. 岩波書店.

酒井直樹. 2000. 「日本史と國民的責任」. 歴史と方法編集委員會 編. 『帝國と國民國家』. 靑木書店.

中村隆英・宮崎正康 編. 2003. 『岸信介政權と高度成長』. 日本經濟評論社.

坂中英德外. 2009. 『北朝鮮歸國者問題の歷史と課題』. 新幹社.

Godley, Michael R. 1989. "The Sojourners: Returned Overseas Chinese in the People's Republic of China." *Pacific Affairs*, Vol.62, No.3.

4장 두 개의 '전후', 두 가지 '애도'

공임순. 2013. 「4·19와 5·16, 빈곤의 정치학과 리더십의 재의미화」. ≪서강인문논총≫, 38집.

권보드래·천정환. 2012. 『1960년을 묻다』. 천년의상상.

권혁태. 2010. 『일본의 불안을 읽는다』. 교양인.

김승구. 2013. 「오시마 나기사 영화와 한국의 관련 양상」. ≪인문연구≫, 69호.

누스바움, 마사(Martha C. Nussbaum). 2015. 『감정의 격동 2·연민』. 조형준 옮김. 새물결.

도노무라 마사루(外村大). 2010. 『재일조선인 사회의 역사학적 연구』. 김인덕·신유원 옮김. 논형.

백승욱·이지원. 2015. 「1960년대 발전 담론과 사회개발 정책의 형성」. ≪사회와 역사≫, 107집.

야스모토 스에코(安本末子). 1959. 『구름은 흘러도: 재일 10세 한국 소녀의 수기』. 유주현 옮김. 신태양사.

양평. 1985. 『베스트셀러 이야기』. 우석.

오구마 에이지(小熊英二). 2003. 『일본 단일민족신화의 기원』. 조현설 옮김. 소명출판.

이동진. 2014. 「1960년대 초반 대구의 '영세민': '산체스네 아이들'과의 비교」. ≪인문연구≫, 72호.

이오덕. 1975. 「동심의 승리」. ≪창작과 비평≫, 42호(겨울).

이윤복. 1964~1965. 『저 하늘에도 슬픔이』. 신태양사.

천정환. 2011. 「서발턴은 쓸 수 있는가: 1970~80년대 민중의 자기재현과 '민중문학'의 재평가를 위한 일고」. ≪민족문학사연구≫, 47집.

프로이트, 지그문트(Sigmund Freud). 1997. 『무의식에 관하여』. 윤희기 옮김. 열린책들.

≪경향신문≫. 1959. 1. 26. "무단 출판 안 될 말".

_____. 1965. 5. 5. ""저 하늘에도 슬픔이"–허구성 삽입으로 교사의 명예 훼손".

_____. 1982. 10. 25. "근황『저 하늘에도 슬픔이』의 이윤복 씨".

≪동아일보≫. 1963. 7. 18. "미스터 미담: 자취하는 총각 교사 대구 명덕교 김동식 씨".

_____. 1964. 12. 5. "동심으로 외친 험악한 사회상, 피눈물이 어린 11세의 일기장, 저 하늘에도 슬픔이 출판되다".

_____. 1965. 5. 11. "영화단평: 남루 속에 빛나는 선의『저 하늘에도 슬픔이』".

_____. 1990. 1. 26. "『저 하늘에도 슬픔이』주인공 이윤복 씨「슬픔」못 풀고 숨져".

≪朝日新聞≫. 1959. 10. 30. "見るものに力强く訴える『にあんちゃん』(日活作品)".

_____. 1965. 8. 10. "韓国の『にあんちゃん』: イー・ユンボギ著『ユンボギの日記』".

むの たけじ. 1965. 「『ユンボギの日記』を読んで」. ≪歴史評論≫, 182号.

大島渚. 2004. 『大島渚 1968』. 青土社.

杉浦明平. 1966. 10. 2. 「戦後ベストセラー物語: 安本末子『にあんちゃん』どん底のなかの明るさ」, 『朝日ジャーナル』, Vol.8, No.41.

安本末子. 1958. 『にあんちゃん: 十歳の少女の日記』. 光文社.

李潤福. 1965. 『ユンボギの日記: あの空にも悲しみが』. 塚本勲 譯. 太平出版社.

林相珉. 2009. 「商品化される貧困: 『にあんちゃん』と『キュポラのある街』を中心に」. ≪立命館言語文化研究≫, 21巻 1号.

5장 오키나와인과 재일조선인, 상호 응시의 '전후'사

이승렬. 1997. 「일제하 조선인 자본가의 '근대성'」. 역사문제연구소 엮음. 『한국의 '근대'와 '근대성' 비판』. 역사비평사.

임경화. 2015. 「분단과 '분단'을 잇다: 미군정기 오키나와의 국제연대운동과 한반도」. ≪상허학보≫, 44집.

프라샤드, 비자이(Vijay Prashad). 2015. 『갈색의 세계사: 새로 쓴 제3세계 인민의 역사』. 박소연 옮김. 뿌리와이파리.

高橋順子. 2003. 「「復帰」前後における「沖縄問題」言説の変容過程: 教育研究全国集会の事例から」. ≪年報社会学論集≫, 16.

吉田嗣延. 1976. 『小さな闘いの日々』. 文教商事.

藤島宇内. 1959. 「在日朝鮮人帰国と革新勢力」. ≪学習の友≫, 70.

_____. 1960. 『日本の民族運動』. 弘文堂.

文部省. 1966. 『期待される人間像: 中央教育審議会答申』. 文部省.

朴壽南. 1963. 『罪と死と愛と: 獄窓に真実の瞳をみつめて』. 三一書房.

_____. 1967. 「在日朝鮮人のこころ: 半日本人の現実から」. ≪展望≫, 103.

比嘉康則·榎井縁·山本晃輔. 2013. 「日教組教研全国集会において在日コリアン教育はどのように論
じられてきたか: 1950·60年代における『民族』言説に注目して」. ≪大阪大学教育学年報≫,
18号.

比嘉春潮. 1969. 『沖縄の歳月』. 中央公論社.

森田俊男. 1970. 「部落·沖縄·在日朝鮮人をめぐる思想状況」. ≪部落問題研究≫, 26号.

霜多正次. 1959. 「沖縄と差別の問題」. ≪部落≫, 114.

_____. 1993. 『ちゅらかさ』. こうち書房.

_____. 2000. 『霜多正次全集(5)』. 霜多正次全集刊行委員会.

成田竜一. 2015. 『戦後史入門』. 河出書房新社.

笹本征男. 2006~2007. 「朝鮮戦争と沖縄: 『沖縄タイムス』を読んで」. ≪人民の力≫, 840~846.
人民の力編集委員会.

小熊英二. 1998. 『〈日本人〉の境界: 沖縄·アイヌ·台湾·朝鮮 植民地支配から復帰運動まで』. 新曜社.

_____. 2002. 『〈民主〉と〈愛国〉: 戦後日本のナショナリズムと公共性』. 新曜社.

宋恵媛. 2014. 『「在日朝鮮人文学史」のために: 声なき声のポリフォニ』. 岩波書店.

水野直樹. 2000. 「『第三国人』の起源と流布についての考察」. ≪在日朝鮮人史研究≫, 30.

新崎盛暉. 1982. 「沖縄人連盟」. ≪新沖縄文学≫, 53.

_____. 2005. 『新版沖縄現代史』. 岩波書店.

新川明. 1971. 『反国家の兇区』. 現代評論社.

屋嘉比収. 2003. 「近代沖縄におけるマイノリティ: 認識の変遷」. ≪別冊 環≫, 6.

儀間進. 1970. 「内なる日本との対決」. 日本教職員組合·沖縄教職会 共編. 『沖縄の先生たち: 本
土との真の連帯をもとめて』. 合同出版.

日本共産党中央委員会. 1994. 『日本共産党の七十年(上)』. 新日本出版社.

日本教職員組合 編. 1966. 『日本の教育(15)』. 日本教職員組合.

_____. 1968. 『日本の教育(17)』. 日本教職員組合.

日本教職員組合. 1953. 『日本の教育(2)』. 岩波書店.

鄭栄桓. 2013. 『朝鮮独立の隘路: 在日朝鮮人の解放五年史』. 法政大学出版局.

第二次大戦時沖縄朝鮮人強制連行虐殺真相調査団. 1972. 『第二次大戦時沖縄朝鮮人強制連行虐殺
真相調査団報告書』. 第二次大戦時沖縄朝鮮人強制連行虐殺真相調査団.

中野好夫 編. 1969. 『沖縄: 戦後資料』. 日本評論社.

進藤栄一. 1979. 「分割された領土: 沖縄、千島、そして安保」. 岩波書店. ≪世界≫, 401.

川上豊蔵. 1896. 「本県児童ニ日本国民タルノ精神ヲ発揮セシムベシ」. ≪琉球教育≫, 8.

沖縄県労働組合協議会. 1972. 『日本軍を告発する』. 沖縄県労働組合協議会.

戸邊秀明. 2004. 「『在日沖縄人』、その名乗りが照らし出すもの」. 同時代史学会 編. 『占領とデモ
  クラシ: の同時代史』. 日本経済評論社.

6장 주변을 포섭하는 국가의 논리

권혁태. 2010. 『일본의 불안을 읽는다』. 교양인.

루소, 장 자크(Jean Jacques Rousseau). 2003. 『에밀』. 박호성 옮김. 책세상.

야마무로 신이치(山室信一). 2007. 「공간 아시아를 둘러싼 인식의 확장과 변용」. 강상중 외 엮음.
  『공간: 아시아를 묻는다』. 이강민 옮김. 한울.

조정민. 2013. 「사상으로서의 야포네시아」. ≪오늘의 문예비평≫, 91호(겨울).

_____. 2014. 「시마오 도시오(島尾敏雄)와 남도(南道): 타자 서사와 야포네시아적 상상력」.
  ≪일어일문학≫, 63호.

岡本恵徳. 1990. 『「ヤポネシア論」の輪郭: 島尾敏雄のまなざし』. 沖縄タイムス社.

岡本恵徳・高良勉・仲里効・比屋根薫. 1987. 「座談会・「ヤポネシア」と沖縄」. ≪新日本文学≫, 71号.

谷川健一. 1996. 『沖縄』. 講談社.

_____. 2001. 『柳田国男の民俗学』. 岩波新書.

吉本隆明. 2016. 『全南島論』. 作品社.

島尾敏雄. 1977. 『ヤポネシア考: 島尾敏雄対談集』. 葦書房.

_____. 1982. 『島尾敏雄全集』(全17巻). 晶文社.

藤井令一. 1979. 『ヤポネシアのしっぽ』. 批評社.

鹿野政直. 1988. 『「鳥島」は入っているか: 歴史意識の現在と歴史学』. 岩波書店.

柳田国男. 1974. 『海南小記』. 角川文庫.

森宣雄. 2010. 『地のなかの革命: 沖縄戦後史における存在の解放』. 現代企画室.

小熊英二. 1998. 『日本人の境界』. 新曜社.

松島泰勝. 2014. 『琉球独立論』. バジリコ.

矢部貞治. 1976. 『近衛文麿』. 読売新聞社.

新崎盛輝. 2005. 『未完の沖縄闘争: 沖縄同時代史・別巻1962~1972』. 凱風社.

新川明. 2000. 『沖縄・統合と反逆』. 筑摩書房.

前利潔. 2008. 「〈無国籍〉地帯、奄美諸島」. 藤沢健一 編. 『沖縄・問いを立てる6: 反復帰と反国家』.
  社会評論社.

田仲康博. 2010. 『風景の裂け目: 沖縄、占領の今』. せりか書房.

川満信一. 1978.『沖縄・根からの問い: 共生への渇望』. 泰流社.

村井紀. 2004.『南島イデオロギーの発生: 柳田国男と植民地主義(新版)』. 岩波書店.

≪日本読書新聞≫. 1970.1.1. "〈ヤポネシア〉とは何か".

7장 여행하는 자와 세 개의 지도

고바야시 마사루(小林勝). 2007.『쪽발이』. 이원희 옮김. 소화.

권혁태. 2012. 「'국경' 안에서 '탈/국경'을 상상하는 법」. ≪동방학지≫, 157권.

남기정. 2014. 「베트남전쟁의 현실과 일본의 평화담론: 베평련과 전공투를 중심으로」. ≪통일과 평화≫, 6집 2호.

쇼펜하우어, 아르투어(Arthur Schopenhauer). 2015.『의지와 표상으로서의 세계』. 홍성광 옮김. 을유문화사.

스콧, 제임스(James C. Scott). 2010.『국가처럼 보기』. 전상인 옮김. 에코리브르.

심정명. 2016. 「3·11과 전후의 끝: 무의미한 죽음과 애도의 문제」. ≪일본학보≫, 106집.

아렌트, 한나(Hannah Arendt). 2004.『혁명론』. 홍원표 옮김. 한길사.

오다 마코토(小田實). 1962.『나는 이렇게 보았다』. 인태성 옮김. 휘문출판사.

_____. 1964.『이것이 일본이다』. 한치환 옮김. 휘문출판사.

_____. 2004.『전쟁인가 평화인가』. 이규태·양현혜 옮김. 녹색평론사.

오미정. 2011. 「전후 일본의 북한문학 소개와 수용: 민주조선을 중심으로」. ≪우리어문연구≫, 제40집.

_____. 2012. 「1950년대 일본의 북한문학 소개와 특징:『新日本文學』과『人民文學』을 중심으로」. ≪한국근대문학연구≫, 25호.

_____. 2013. 「1960년대 일본의 아시아 인식」. ≪일어일문학연구≫, 87권 2호.

이수자. 1998.『내 남편 윤이상(하)』. 창작과비평사.

이헬렌. 2015. 「일본문학에서 자이니치(在日) 읽기: 오다 마코토의 「아버지를 밟다」가 제시하는 아버지, 그리고 고향」. ≪동국대학교 일본학≫, 41집.

임성모. 2011. 「냉전기 일본 진보파 지식인의 한국 인식」. ≪동북아역사논총≫, 33호.

조정민. 2008. 「오다 마코토(小田實)의 '미국':『무엇이든 보겠다(何でも見てやろう)』를 중심으로」. ≪동북아문화연구≫, 15.

폴라니, 칼(Karl Paul Polanyi). 2009.『거대한 전환』. 홍기빈 옮김. 길.

프라샤드, 비자이(Vijay Prashad). 2015.『갈색의 세계사』. 박소연 옮김. 뿌리와이파리.

한상일. 2008.『지식인의 오만과 편견: ≪세카이≫와 한반도』. 기파랑.

≪경향신문≫. 1962.9.21. "1, 2위가 모두 일본 것".

_____. 1962.10.8. "나는 이렇게 보았다".

_____. 1962.10.15. "다시 판치는 일어번역서".

_____. 1963.11.19. "나는 일본을 보았다".

_____. 1974.8.22. "재일반한단체 그 정체".

_____. 1976.11.29. "김일성 도끼 살인 첫 시인".

_____. 1980.11.28. "월남 적화 도운 좌경 지식인들".

≪동아일보≫. 1962.9.15. "나는 이렇게 보았다".

_____. 1962.10.18. "활기 찾은 가을 출판계".

小田實. 1964. 『壁を破る』. 中央公論社.

_____. 1965. 『戰後を拓く思想』. 講談社.

_____. 1972. 『世直しの倫理と論理(上)』. 岩波書店.

_____. 1973. 『二つの世の中』. 筑摩書房.

_____. 1976. 『アジア人会議』. 潮新書.

_____. 1977. 『私と朝鮮』. 筑摩書房.

岡倉古志郎. 1964. 「低開発国援助と日本の役割」, 『A·A.LAと新植民地主義』. 勁草書房.

小熊英二. 2002. 『民主と愛国』. 新曜社.

8장 '원폭'을 둘러싼 상상력의 틀

ジョン·トリ-ト. 2010. 『グラウンド·ゼロを書く-日本文学と原爆』. 水島裕雅·成定薫·野坂昭雄監 譯. 法政大学出版局.

テッサ·モ-リス·スズキ. 2007. 『「帰国事業」の影をたどる 北朝鮮へのエクソダス』. 朝日新聞社.

岡村昭彦. 1965. 『岡村昭彦写真集 こればベトナム戦争だ』. 毎日新聞社.

開高健. 1965. 『ベトナム戦記』. 朝日新聞社.

高榮蘭. 2014. 「グロ-バリズムが呼び覚ました「ゾンビ」に遭遇した時-ベトナム戦争·日韓国交正常化·漢字文化圏の交錯を手掛かりに」. 汪暉·王中忱 編. 『區域(3)』. 社会科学文献出版社.

_____. 2014. 「多民族国家日本」. 苅部直·黒住真·佐藤弘夫·末木文美士 編. 『岩波講座 日本の思想(3)』.

亀山旭. 1986. 『ベトナム戦争-サイゴン·ソウル·東京』. 岩波書店.

吉川勇一. 1965. 「ベトナム戦争と平和の組織: 平和運動組織論の再検討」. ≪月刊新世界≫, 7月.

金英達. 1990. 『在日朝鮮人の帰化』. 明石書店.

金泰植. 2012. 「在外国民国政参政権と在日朝鮮人の国籍をめぐる政治」. ≪マテシス·ウニウェルサリス≫, 13巻 2号.

藤原正暎. 1962. 「訳者あとがき」. 『ヒロシマわが罪と罰』. 筑摩書房.

李孝徳. 2001. 「ポストコロニアルの政治と「在日」文学」. ≪現代思想≫, 7月.

小田実. 1963. 「それを避けて通ることはできない: 韓国・その現実と未来」. ≪中央公論≫, 11月.

水溜真由美. 2014. 「『堀田善衞『審判』論-原爆投下の罪と裁き」. ≪北海道大学文学研究科紀要≫, Vol. 143.

市民連合 編. 1974. 『資料・「べ平連」運動(上)』. 河出書房新社.

日野啓三. 1966. 『ベトナム報道 特派員の証言』. ナリズム出版会.

長岡弘芳. 1973. 『原爆文学史』. 風媒社.

佐藤とよ子. 1986. 『"原爆ヒロ"エザリ の神話』. 朝日新聞社.

川口隆行. 2008. 『原爆文学という問題領域』. 創言社.

平野謙. 1975. 「解説 現代における個人の責任」. 『堀田善衞全集(6)』. 筑摩書房.

鶴見俊輔. 1982. 『戦時期日本の精神史』. 岩波書店.

鶴見俊輔・開高健・小田実 編. 1967. 『平和を叫ぶ声 ベトナム反戦・日本人の願い』. 番町書房.

黒子一夫. 1983. 「解説」. 『日本の原爆文学(7) いいだもも』. ほるぷ出版.

9장 '아시아적 신체'의 각성과 전형(転形)

권혁태. 2012. 「국경 안에서 탈/국경을 상상하는 법: 일본의 베트남 반전운동과 탈영병사」. ≪동방학지≫, 157집(3월호).

_____. 2013. 「선린학생회관과 중일관계: 국민국가의 논리와 진영의 논리」. 김미란・오영숙・임우경 엮음. 『이동하는 아시아: 탈/냉전과 수교의 문화정치』. 그린비.

_____. 2017. 「1960년대 일본의 사회운동과 '자기부정'의 사상: 출입국관리체제 반대운동을 중심으로」. 권혁태・이정은・조경희 엮음. 『주권의 야만: 밀항, 수용소, 재일조선인』. 한울.

노은명. 2009. 「일본의 출입국관리체제 반대운동 연구: 1969~71년 일본인의 반대운동을 중심으로」. ≪역사문제연구≫, 22(10월호).

마쓰이 다카시(松井隆志)・후지이 다케시(藤井たけし). 2012. 「1960년대 일본에서의 사회운동」. ≪역사문제연구≫, 28(10월호).

조경희. 2015. 「한일협정 이후 재일조선인의 국적과 분단정치」. ≪역사문제연구≫, 34(10월호).

_____. 2017. 「한일협정 이후 재일조선인의 국적과 분단정치」. 이정은・조경희 엮음. 『나를 증명하기: 아시아에서 국적, 여권, 등록』. 한울.

岡庭昇. 1990. 『身体と差別』. 新泉社.

鎌倉祥太郎. 2010. 「津村喬における『日常性』批判の射程: 戦略的「読み(レクチュ-ル)」の可能性をめぐって」. ≪文化/批評≫, 2(7月).

_____. 2014. 「『メディア』になる、ということ: 新日本文学会第十五 回大会における津村喬の大

会報告をめぐって」. ≪待兼山論叢(日本学篇)≫, 48(12月).

絓秀実. 1994. 『「超」言葉狩り宣言』. 太田出版.

_____. 2003. 『革命的な、あまりに革命的な』. 作品社.

_____. 2006. 『1968』. 筑摩書房.

_____. 2008. 『吉本隆明の時代』. 作品社.

_____. 2012. 『反原発の思想史: 冷戦からフクシマへ』. 筑摩書房.

絓秀実編著. 2005. 『LEFT ALONE: 持続するニュ-レフトの「68年革命」』. 明石書店.

吉本隆明. 1969. 「前衛的コミュニケーションについて」, 『吉本隆明全著作集13 政治思想評論集』. 勁草書房.

_____. 1970. 「状況への発言: 恣意的感想」, 『吉本隆明全著作集〈続10〉思想論』. 勁草書房.

大嶽秀夫. 2007. 『新左翼の遺産: ニュ-レフトからポストモダンへ』. 東京大学出版会.

梁石日. 1999. 『アジア的身体』. 平凡社.

笠井潔・藤田直哉・仮面女子. 2015. 『文化亡国論』. 響文社.

馬場公彦. 2009. 「文化大革命在日本: その衝撃と波紋(下篇)」. ≪アジア太平洋討究≫, 12月.

反原発事典編集委員会編. 1978. 『反原発事典』. 現代書館.

北田暁大. 2005. 『嗤う日本の「ナショナリズム」』. 日本放送出版協会.

山本正晴. 1975. 『過激派集団の行動と理論』. 法務総合研究所.

三上治編. 1985. 『保守反動思想家に学ぶ本』. 宝島社.

森宣雄. 2001. 『台湾/日本 連鎖するコロニアリズム』. インパクト出版会.

小熊英二. 2009. 『1968(上)(下)』. 新曜社.

呉智英. 2000. 『危険な思想家』. 双葉社.

蔵田計成. 1978. 『新左翼運動全史』. 流動出版.

前川理子. 1998. 「『ニュ-エイジ』類似運動の出現をめぐって: 1960~70年代青年の異議申し立て運動との関連で」. ≪宗教と社会≫, 4(6月).

佐々木俊尚. 2012. 『当事者の時代』. 光文社.

津村喬 著・絓秀実 編. 2012. 『津村喬精選評論集-≪1968≫年以後』. 論創社.

津村喬. 1970. 『われらの内なる差別: 日本文化大革命』. 三一書房.

_____. 1970. 『魂にふれる革命』. ライン出版.

_____. 1972. 『歴史の奪還: 現代ナショナリズム批判の論理』. せりか書房.

_____. 1977. 「文化革命の継承者たち」. ≪現代の眼≫, 10.

_____. 1978. 「自分史と中国」. ≪思想の科学≫, 第6次(99).

_____. 1978. 「全共闘経験における『身体性の政治』」. 『全共闘 解体と現在』. 田畑書店.

_____. 2008. 「反逆には やっぱり 道理がある」. ≪悍≫, 創刊号.

_____. 2015. 『戦略とスタイル 増補改訂新版』. 航思社.

_____. 2016. 『横議横行論』. 航思社.

340

津村喬・藤岡喜愛. 1991. 『気・イメ-ジ・身体: 気功と人間の潜在力』. アニマ2001.

外山恒一. 2009.5. 「私と全共闘」. 『外山恒一と我々団』(http://www.warewaredan.com/zenkyoto. html).

≪前進≫編集部. 1970.7.13. 「七・七集会における華青闘代表の発言」. ≪前進≫(http://konansoft. com/zenrin/html/huajingtou77.htm).

지은이

권혁태(權赫泰)

일본 히도쓰바시대학에서 일본경제사 연구로 박사학위를 받았다. 야마구치대학 교수를 거쳐 현재 성공회대학교 일어일본학과 교수로 재직 중이다. 최근에는 일본 사회운동사 및 밀항연구를 진행하고 있다. 주요 저서로는 『일본의 불안을 읽는다』(2010), 『일본 전후의 붕괴: 서브컬처 소비사회 그리고 세대』(2013), 『平和なき平和主義 : 戦後日本の思想と運動』(2016), 『주권의 야만: 밀항, 수용소, 재일조선인』(2017), 『'전후'의 탄생: 일본, 그리고 '조선'이라는 경계』(편저, 2013), 『아시아의 시민사회: 개념과 역사』(공저, 2003) 등이 있다.

조경희(趙慶喜)

도쿄대학 대학원에서 사회정보학을 전공했고, 도쿄외국어대학에서 박사학위를 취득했다. 현재 성공회대학교 동아시아연구소 HK교수로 재직 중이다. 연구 분야는 식민지/제국의 사회사, 아시아의 이동과 소수자 등이다. 주요 공저로는 『주권의 야만: 밀항, 수용소, 재일조선인』(2017), 『'전후'의 탄생: 일본, 그리고 '조선'이라는 경계』(2013), 『귀환 혹은 순환: 아주 특별하고 불평등한 동포들』(2013), 『아시아의 접촉지대: 교차하는 경계와 장소』(2013) 등이 있다.

정종현(鄭鍾賢)

동국대학교 대학원 국어국문학과를 졸업하고 박사학위를 받았다. 현재 인하대학교 한국학연구소 HK교수로 재직 중이다. 연구 분야는 식민지조선의 문학/문화사, 식민지와 탈식민지의 연속/비연속, 미국의 원조와 한국의 냉전 문화, 독서문화사 등이다. 주요 저서로는 『동양론과 식민지 조선문학』(2011), 『제국의 기억과 전유』(2012), 『검열의 제국』(공저, 2016) 등이 있다.

장세진(張世眞)

연세대학교 대학원 국어국문학과에서 한국 현대문학을 전공했다. 현재 한림대학교 한림과학원 HK교수로 재직 중이다. 1945년 이후 미국이라는 글로벌한 타자를 매개로 냉전 문화가 한국 사회에 공고히 자리 잡게 된 과정에 관심을 가지고 지성사나 지식사회학, 문화 연구의 관점에서 논문을 써왔다. 주요 저서로는 『상상된 아메리카』(2012), 『슬픈 아시아: 한국 지식인들의 아시아 기행(1945~1966)』(2012) 등이 있으며, 역서로는 『냉전문화론』(2010)이 있다.

임성모(任城模)

연세대학교 문과대학 사학과에서 석·박사 학위를 취득했다. 현재 연세대학교 사학과 교수로 재직 중이다. 연구 분야는 일본 파시즘과 만주국, 냉전기 동아시아 사회사 등이다. 주요 공저로는 『동아시아의 민족이산과 도시』(2004), 『전후 일본의 보수와 표상』(2010), 『제국일본의 문화권력 2』(2014), 『언어학에서 인문언어학으로』(2015) 등이 있다.

차승기(車承棋)

단국대학교 국어국문학과 및 연세대학교 대학원 국어국문학과를 졸업해 박사학위를 취득했다. 현재 조선대학교 국어국문학과 교수로 재직 중이다. 식민지/제국 체제의 구조 변동이 초래한 문학 장과 언설 장의 효과들을 탐구해왔고, 현재는 식민지/제국의 언어-법-미디어 표상 체제를 재생산하는 식민주의적·본원적 축적의 장소를 탐구하는 작업에 집중하고 있다. 주요 저서로는 『반근대적 상상력의 임계들』(2009), 『비상시의 문/법』(2016) 등이 있다.

임경화(林慶花)

도쿄대학 대학원 인문사회계연구과를 전공하고 문학박사 학위를 취득했다. 현재 연세대학교 국학연구원 연구교수로 재직 중이다. 연구 분야는 코리안 디아스포라, 일본 사회운동사 등이다. 주요 저서로는 『1905년 러시아혁명과 동아시아 3국의 반응』(공저, 2017), 역서로는 『나는 사회주의자다: 동아시아 사회주의의 기원, 고토쿠 슈스이 선집』(2011) 등이 있다.

김예림(金艾琳)

연세대학교 대학원 국어국문학과에서 박사학위를 취득했다. 현재 연세대학교 학부대학 교수로 재직 중이다. 한국 근현대 문학 및 문화사, 동아시아 냉전 문화, 국가-노동-이주 문제에 관심을 가지고 연구하고 있다. 주요 저서로 『국가를 흐르는 삶』(2013), 『분단시대의 앎의 체제』(공저, 2016), 『전후의 탄생』(공저, 2013) 등이 있다.

고영란(高榮蘭)

전남대학교 일어일문학과를 졸업하고, 니혼대학에서 박사학위를 받았다. 현재 니혼대학 국문학과 교수로 재직 중이다. 문학 텍스트에 새겨진 '비전(非戰)', '연대', '저항'의 언설이 이동, 식민, 점령이 만들어낸 문화의 접촉에 의해 어떻게 변용되었는지 관심을 가지고 연구하고 있다. 최근에는 미일안보, 베트남전쟁, 한일국교정상화와 문화정치에 대한 연구를 진행 중이다. 주요 저서로는 『전후라는 이데올로기』(2013), 『1905년 러시아혁명과 동아시아 3국의 반응』(2016), 『검열의 제국』(공저, 2016) 등이 있다.

심정명(沈正明)

오사카대학에서 내셔널리즘과 일본 현대 소설에 대한 연구로 박사학위를 취득했다. 현재 한양대학교 비교역사문화연구소 HK연구교수로 재직 중이다. 주요 저서로는 『폭력과 소통』(공저, 2017)이 있고, 역서로는 『스트리트의 사상』(2013), 『유착의 사상』(2015) 등이 있다.

한울아카데미 2014

두 번째 '전후'
1960~1970년대 아시아와 마주친 일본

ⓒ 성공회대학교 산학협력단, 2017

기획 **성공회대학교 동아시아연구소**
엮은이 **권혁태·조경희**
펴낸이 **김종수**
펴낸곳 **한울엠플러스(주)**

편집책임 **신순남**
편집 **임현주**

초판 1쇄 인쇄 **2017년 6월 5일**
초판 1쇄 발행 **2017년 6월 15일**

주소 **10881 경기도 파주시 광인사길 153 한울시소빌딩 3층**
전화 **031-955-0655**
팩스 **031-955-0656**
홈페이지 **www.hanulmplus.kr**
등록번호 **제406-2015-000143호**

Printed in Korea.
ISBN 978-89-460-7014-1 93910

* 책값은 겉표지에 표시되어 있습니다.